OEUVRES COMPLÈTES

DE

W. SHAKESPEARE

TOME VII

LES AMANTS TRAGIQUES

SAINT-DENIS. — TYPOGRAPHIE DE A. MOULIN.

FRANÇOIS-VICTOR HUGO

TRADUCTEUR

ŒUVRES COMPLÈTES

DE

W. SHAKESPEARE

DEUXIÈME ÉDITION

TOME VII

LES AMANTS TRAGIQUES

ANTOINE ET CLÉOPATRE. — ROMÉO ET JULIETTE.

PARIS

PAGNERRE, LIBRAIRE-ÉDITEUR

RUE DE SEINE, 18

1868

Reproduction et traduction réservées.

A JULES JANIN

F.-V. H.

INTRODUCTION.

I

Lorsque messire Jacques Amyot, abbé de Bellozane, publia sa traduction des œuvres de Plutarque sous le patronage de très-haut et très-chrétien roi de France Henri Deuxième, l'émotion fut grande chez nos aïeux de la Renaissance. Les personnages antiques, que le Moyen Age avait relégués dans la légende, à côté des Arthur et des Roland, rentraient brusquement dans l'histoire. Grâce à l'interprétation du bonhomme Amyot, les ténèbres amassées autour de tant de noms illustres étaient enfin dissipées; les exagérations de la tradition orale tombaient devant le témoignage écrit. La déposition de Plutarque était là, traduite avec un scrupule implacable. Ces êtres prestigieux, auxquels une crédulité séculaire attribuait des proportions démesurées, reprenaient tout à coup la taille humaine. Le biographe de Chéronée racontait la vie intime de ces héros; il les montrait en robe de chambre, assis au foyer de famille : il disait leurs infirmités comme leurs vertus; il les faisait voir, dès l'enfance, soumis à tous les besoins et sujets à toutes les défaillances de la créature. Les générations modernes regardaient tous ces grands hommes qu'Amyot leur expliquait, et, stupéfaites, elles reconnaissaient des hommes. Elles contemplaient avec une incessante avidité ces vivants portraits : Thémistocle, Alcibiade, Agis et Cléomène, Coriolan, Annibal, les Gracques, Cicéron, Brutus. C'était donc là Pompée! C'était donc là César! Quoi! ce petit homme, c'était Alexandre!

Mais, dans cette galerie glorieuse, il y avait un groupe qui provoquait une curiosité inexprimable : c'étaient deux amants qui se tenaient étroitement embrassés. — L'un, vêtu de la laticlave romaine, était âgé de cinquante ans au moins; il avait « la barbe forte et épaisse, le front
» large, le nez aquilin... Il usait du style et façon de
» dire qu'on appelle asiatique, laquelle florissait et était
» en grande vogue en ce temps-là, et si avait grande
» conformité avec ses mœurs et sa manière de vivre qui
» était venteuse, pleine de braverie vaine et d'ambition
» inégale qui ne s'entretenait point... Si avait outre cela
» une dignité fort libérale et sentant son homme de
» bonne maison... Il ne faisait point difficulté de boire
» devant tout le monde et de s'asseoir auprès des soldats
» quand ils dînaient, et de boire et manger avec eux à
» leur table; il n'est pas croyable combien cela le faisait
» aimer, souhaiter et désirer d'eux... Il était grossier et
» peu subtil de nature, et s'apercevait à tard des fautes
» qu'on lui faisait; mais aussi quand il les connaissait,
» il en était bien fort marri, et les confessait rondement
» à ceux à qui sous son autorité on avait fait tort; bien
» avait-il le cœur grand, tant à punir les forfaits comme
» à rémunérer les bienfaits. » — L'autre, habillée à la mode macédonienne, était une femme de trente ans environ : « sa beauté seule n'était point si incomparable

» qu'il n'y en pût bien avoir d'aussi belles comme elle,
» ni telle qu'elle ravit incontinent ceux qui la regar-
» daient; mais sa conversation à la hanter était si
» amiable, qu'il était impossible d'en éviter la prise, et
» avec sa beauté, la bonne grâce qu'elle avait à deviser,
» la douceur et la gentillesse de son naturel qui assai-
» sonnait tout ce qu'elle disait ou faisait, était un ai-
» guillon qui poignait au vif; et si y avait outre cela
» grand plaisir au son de sa voix seulement et à sa pro-
» nonciation, parce que sa langue était comme un ins-
» trument de musique à plusieurs jeux et registres qu'elle
» tournait aisément en tel langage comme il lui plaisait,
» tellement qu'elle parlait à peu de nations barbares par
» truchement, mais leur rendait par elle-même réponse,
» au moins à la plus grande partie, comme aux Éthio-
» piens, Arabes, Troglodites, Hébreux, aux Syriens,
» Médois et aux Parthes et à beaucoup d'autres dont elle
» avait appris les langues. » Tels étaient Antoine et
Cléopâtre, d'après la véridique peinture de Plutarque;
tels apparaissaient, aux yeux de nos pères étonnés, ces
amants illustres que l'épopée érotique plaçait dans une
lumineuse apothéose à côté de ces couples fabuleux,
Pâris et Hélène, Achille et Briséis, Thésée et Hippolyte,
Hercule et Omphale.

Quelle légende tragique que cette biographie d'Antoine et de Cléopâtre, racontée naïvement par le digne précepteur de Marc-Aurèle! La fantaisie humaine ne pourra jamais rêver rien de plus merveilleux que ce drame, inventé par l'histoire, qui se noue par une amourette et se dénoue par le bouleversement d'un empire. Pascal a indiqué dans une phrase célèbre toutes les profondeurs de cet étonnant sujet : « Si le nez de Cléopâtre avait été plus court, toute la face de la terre aurait changé. » Ce qui frappe le penseur dans cette mémorable leçon donnée aux hommes par la destinée, c'est la prodigieuse disproportion entre le fait et la conséquence, entre le moyen et le résultat, entre les prémisses et la conclusion. « La cause est un *je ne sais quoi* et les effets en sont effroyables. »

Pour vous rendre compte de cette disproportion, réduisez à ses éléments essentiels l'action dont il s'agit : — un prodigue, épris d'une courtisane qu'il entretient à grands frais, se décide, pour réparer sa fortune, à épouser une femme qu'il n'aime pas ; à peine le mariage est-il conclu, qu'il retourne auprès de sa maîtresse pour manger avec elle la dot de sa femme. L'épouse délaissée se réfugie chez son frère qui, furieux, provoque le mari. Un duel a lieu: le prodigue succombe et la courtisane désespérée se suicide. — Supposez que les événements que je viens de dire se passent dans le cercle restreint de la vie *bourgeoise* : qu'en résultera-t-il? Une simple tragédie domestique dont la catastrophe n'atteindra que quelques existences immédiatement compromises. Faites au contraire que ces mêmes événements aient lieu dans les plus hautes régions de la vie publique; faites que la courtisane s'appelle Cléopâtre et porte une couronne ; faites que le mari prodigue s'appelle Antoine et règne sur l'Orient; faites que le frère qui venge l'épouse outragée se nomme Octave et soit maître de l'Occident : alors tout l'univers connu se trouvera engagé dans une querelle de ménage; le deuil d'une famille produira le deuil de l'humanité. La terre frémira sous le pas des armées, la mer sous le poids des flottes ; les peuples se provoqueront et se rueront les uns sur les autres; Alexandrie jettera le défi à Carthagène ; Rome se colletera avec Athènes. Pour soutenir la cause de la courtisane, cent mille hommes, douze mille chevaux, trois cents vaisseaux suffiront à peine; on verra accourir à la rescousse le roi des Libyens Bocchus, le roi de la Haute-Cilicie Tarcodemus, le roi de Cappadoce Archélaüs, le roi de Paphlagonie Philadelphus, le roi de Commagène Mithridate, le roi de Thrace Adallas, le roi de Pont Polémon, le roi d'Arabie Manchus, le roi des Lycaoniens et des Galathes Amynthas, le roi des Juifs Hérode, et enfin le roi des Mèdes. Pour défendre les droits de la femme légitime, ce ne sera pas trop de quatre-vingt mille vétérans, de douze mille chevaux et de deux cent cinquante vaisseaux; l'Italie, l'Espagne, la Gaule enverront leurs légions, et l'Europe s'ébranlera depuis l'Esclavonie jusqu'à la mer Océane. — O logique surprenante des faits! Se peut-il qu'une cause aussi mince ait d'aussi énormes résultats! Pour soulever le globe, le sourire d'une vierge folle est-il donc un levier suffisant?

Quoi! parce qu'un homme s'est amouraché d'une fille, parce qu'il s'est affolé d'un profil équivoque, voilà la guerre universelle allumée. Il faut que partout les mères pleurent leurs enfants, que partout les fiancés s'arrachent à leurs fiancées, que partout les cœurs se déchirent. La corvée enlève le laboureur à son sillon, le paysan à sa cabane, le berger à son troupeau. La presse dépeuple les maisons pour peupler les galères; on prend de force, — c'est Plutarque qui le raconte, — les muletiers, les moissonneurs, les voyageurs qui passent; le désert envahit les cités; la Guerre et le Chaos courent à travers champs, la torche à la main; le ciel s'empourpre de lueurs sinistres : ce sont les hameaux qu'on brûle, ce sont les escadres qu'on incendie. — L'Orient et l'Occident, après s'être longtemps défiés, se rencontrent. Le choc a lieu devant le promontoire d'Actium. L'Orient recule devant l'Occident. A peine le combat a-t-il commencé que Cléopâtre effarée s'enfuit; pour rejoindre sa maîtresse, Antoine s'enfuit à son tour; il laisse à Octave le champ de bataille et la victoire; il déserte ces peuples qui étaient venus là se faire tuer pour lui; il se dérobe à ces légions fidèles qui l'avaient si vaillamment soutenu à Pharsale et à Philippes. Que lui importent l'honneur et la gloire et la toute-puissance? Il n'écoute que sa passion; lui, le lieutenant de César, le vainqueur de Cassius, il s'est sauvé comme un lâche, et un baiser de Cléopâtre l'a déjà consolé de l'empire perdu. Mais Octave ne lui laisse pas de répit; il rallie à ses aigles implacables l'Europe et l'Asie, et vient assiéger l'adultère jusque dans Alexandrie. En vain les amants ont cru ressaisir la victoire dans une sortie heureuse. Le dieu Bacchus qui les protégeait les abandonne, le peuple fait comme le dieu et les trahit. La désertion va les livrer à Octave, mais, au moment où le vainqueur croit les tenir, tous deux lui échappent par le suicide. La dynastie des Ptolémées succombe à la morsure d'un aspic; la fière Égypte devient une province romaine; l'univers n'a plus qu'un maître; l'ère des Césars commence; Octavie est vengée et le monde est esclave.

On comprend à quel point ce drame, si éloquemment raconté par Plutarque, devait séduire le génie de Shakespeare. L'auteur d'*Hamlet* trouvait, dans ce sujet unique, l'éclatante confirmation de ses vues sur l'impuissance de la volonté humaine aux prises avec les forces mystérieuses qui dirigent la marche des choses. Pendant des siècles, une grande ville, qui représentait une grande idée, avait tenté de transformer l'univers à son image; aidée des plus vaillants capitaines et des hommes d'État les plus habiles, Rome avait voulu agglomérer les peuples sous sa suprématie tutélaire; elle avait essayé de rallier les nations ennemies dans une vaste communauté à laquelle elle avait donné d'avance le nom sublime de République. Chimérique espoir! L'effort de Rome vers l'avenir devait aboutir à la plus triste contradiction. L'événement allait donner à la ville éternelle le plus formidable démenti. Tandis que Rome élaborait la civilisation, l'événement produisait la décadence ; tandis que Rome s'évertuait pour le progrès, l'événement inaugurait le césarisme ; tandis que Rome ébauchait la République, l'événement formait le triumvirat et complotait l'empire. La glorieuse politique des Caton, des Brutus, des Gracques et des Scipion s'écroulait dans une intrigue ; l'entreprise de cent générations avortait dans un démêlé de famille. Dérision suprême de la destinée ! Trente ans avant Jésus-Christ, l'univers romain n'est plus qu'un patrimoine qu'un libertin dévore dans une orgie sans nom en compagnie d'une gourgandine. A Cléopâtre la Syrie ! A Cléopâtre l'île de Chypre ! La Lydie à Cléopâtre ! La maîtresse d'Antoine a-t-elle la fantaisie d'un peuple ? Elle n'a qu'à choisir.

Une aventure si triste pour l'initiative humaine offrait aux idées du poëte un symbole trop éclatant pour qu'il ne fût pas tenté de la mettre sur la scène. Mais ce sujet si profondément tragique présentait à l'exécution des difficultés presque insurmontables. Comment était-il possible, sans distraire et sans disperser l'intérêt, de produire sur le théâtre tous les incidents que l'annaliste indiquait au poëte : la mort de Fulvie, le départ d'Antoine pour Rome, son mariage avec Octavie, la réconciliation des triumvirs, leur pacte avec Cnéius Pompée, l'envue de Misène, la fête donnée par Pompée aux maîtres du monde, la rupture d'Antoine avec Octavie, son retour auprès de Cléopâtre, la déposition de Lépide, la bataille d'Actium, la fuite des amants, le débarquement d'Octave en Égypte, le combat d'Alexandrie, la victoire décisive d'Octave, enfin la mort d'Antoine et de Cléopâtre ? Comment grouper en un harmonieux ensemble tous ces faits accumulés par l'histoire universelle dans un intervalle de douze années? Une pareille tâche aurait fait reculer tous nos auteurs classiques : avant même de la tenter, il leur aurait fallu enfreindre toutes leurs règles, violer toutes leurs conventions, bouleverser toute leur poétique. Le théâtre de Shakespeare était seul assez vaste pour contenir une pareille action; son génie était seul assez puissant pour la condenser. L'auteur anglais a scrupuleusement recueilli les faits principaux consignés par le chroniqueur grec; mais il a eu l'art de les rattacher à un point central. Dans le drame, comme dans l'histoire, c'est Cléopâtre qui est l'âme des événements. C'est elle qui, en dominant le triumvir, soulève le monde; c'est elle qui, d'un signe, arrache Antoine à Octavie; c'est elle qui le brouille avec César; c'est elle qui le fait fuir à Actium; c'est pour elle qu'Antoine se débat sous Alexandrie; c'est pour elle qu'il se tue; c'est elle qui termine l'action par sa mort.

Le poëte a tout fait pour que son héroïne fût sans cesse présente à notre pensée. Ce n'est jamais que pour peu de temps que nous la perdons de vue. A peine Antoine a-t-il pu débarquer en Italie, qu'aussitôt l'action nous ramène en Égypte pour nous montrer Cléopâtre pleurant son amant.

— Charmion, donne-moi à boire de la mandragore.
— Pourquoi, madame?
— Pour que je puisse dormir ce grand laps de temps où mon Antoine est absent!...

Le mariage d'Antoine avec la sœur d'Octave ne s'est pas plus tôt conclu sous nos yeux, que vite le magique auteur évoque Alexandrie et Cléopâtre pour nous peindre, dans une scène superbe qui manque à Plutarque, l'impression que va faire sur l'impérieuse reine la nouvelle apportée de Rome.

LE MESSAGER.

Madame, il est marié à Octavie.

CLÉOPATRE, le frappant.

Que la peste la plus venimeuse fonde sur toi !

LE MESSAGER.

Bonne madame, patience !

CLÉOPATRE.

Hors d'ici, horrible drôle, ou je vais chasser tes yeux comme des balles devant moi ; je vais dénuder ta tête.

Le secouant violemment.

Je te ferai fouetter avec du fer, étuver dans la saumure et confire à la sauce ardente... Oh ! dis que cela n'est pas, et je te donnerai une province, et je rendrai ta fortune splendide, et je te gratifierai de tous les dons que ton humilité peut mendier.

LE MESSAGER.

Il est marié, madame.

CLÉOPATRE, tirant un couteau.

Misérable, tu as trop longtemps vécu.

Le messager s'enfuit.

Bientôt l'action nous rappelle à Rome où nous assistons à la séparation d'Octave et d'Octavie ; mais c'est comme à contre-cœur que le poëte cède cette fois encore aux exigences du sujet ; il écourte les adieux du frère et de la sœur, et il invente une nouvelle scène où la reine d'Égypte reparaît pour questionner le messager sur sa rivale :

— As-tu aperçu Octavie ?

— Oui, reine redoutée.

— Où ?

— A Rome, madame. Je l'ai regardée de face : elle marchait entre son frère et Marc-Antoine.

— Est-elle aussi grande que moi ?

— Non, madame.

— L'as-tu entendu parler ? A-t-elle la voix perçante ou basse ?

— Sa voix est basse.

— Cela n'a rien de si gracieux ! Elle ne peut lui plaire longtemps... Voix sourde et taille naine !... Quelle majesté a sa tournure ?

— Elle se traîne. Sa marche ne fait qu'un avec son repos. Elle a un corps plutôt qu'une animation. C'est une statue plutôt qu'une vivante.

— Estime son âge, je t'en prie.

— Madame, elle était veuve.

— Veuve ! Charmion, tu entends ?

— Et je crois qu'elle a bien trente ans.

— As-tu sa figure dans l'esprit ? Est-elle longue ou ronde ?

— Ronde à l'excès.

— La plupart de ceux qui sont ainsi sont niais. Et ses cheveux, de quelle couleur ?

— Bruns, madame, et son front est aussi bas qu'on peut le désirer.

— Tiens ! voilà de l'or pour toi. Tu ne dois pas prendre mal mes premières violences... Eh ! à l'en croire, cette créature n'est pas grand'chose.

C'est par de telles scènes que le génie de Shakespeare supplée à l'histoire et en comble les lacunes. C'est par ces traits-d'union ineffaçables que le poëte rejoint les incidents épars dans la chronique. Sans cesse il ramène l'intérêt vers cette figure souveraine qui donne à l'œuvre son unité. Absente ou présente, Cléopâtre anime le drame tout entier. Même dans la fête que le jeune Pompée offre aux triumvirs à bord de sa galère, même dans cette orgie monstrueuse où le vin tourne les têtes les plus hautes, où Lépide roule sous la table, où Antoine trébuche et où César balbutie, c'est Cléopâtre qui préside inaperçue. Cléopâtre est l'enchanteresse fatale qui a initié Rome aux effrayants mystères de la volupté orientale. Elle est la sorcière invisible qui entraîne les maîtres du monde dans le tourbillon vertigineux de la bacchanale égyptienne.

Et c'est ici surtout que se manifeste la toute-puissance de Shakespeare. Cléopâtre étant l'héroïne de son drame, comment s'y est-il pris pour attirer sur cette créature funeste les sympathies du public? A-t-il fait comme Corneille dans *Pompée* et nous a-t-il présenté la fille des Ptolémées comme le modèle de la grandeur d'âme et de l'intrépidité morale? A-t-il fait comme Dryden dans *Tout pour l'amour*, et a-t-il travesti la formidable reine d'Égypte en une timide Lavallière dont un Louis XIV romain méconnaît l'inaltérable dévouement? Non, Shakespeare n'a pas fait ainsi : il n'a pas triomphé de l'obstacle en l'éludant; il n'a pas tronqué la prodigieuse figure que Plutarque lui indiquait; il lui a laissé toutes ses laideurs et toutes ses beautés, toutes ses bassesses et toutes ses grandeurs. Dans le drame, Cléopâtre reparaît avec toutes les contradictions qui font sa physionomie dans l'histoire. Nous la retrouvons telle qu'elle dut être, tyrannique et généreuse, hautaine et familière, violente et tendre, mélancolique et rieuse, perfide et dévouée, peureuse et héroïque, lascive et sublime. « L'âge ne saurait la flétrir, ni l'habitude épuiser sa variété infinie. Les autres femmes rassasient les appétits qu'elles nourrissent; mais elle, plus elle satisfait, plus elle affame. Car les choses les plus immondes séduisent en elle au point que les prêtres la bénissent quand elle se prostitue! »

Cléopâtre est le type suprême de la séduction. Le prestige qu'elle exerce est le plus grand triomphe de la magie féminine. Ses sœurs, les autres héroïnes de Shakespeare, ne nous plaisent que par leurs vertus et par leurs qualités; elle, elle nous enchante par ses défauts, par ses faiblesses même. « Je l'ai vue une fois, dit le sceptique Enobarbus, sauter quarante pas à cloche-pied; ayant perdu haleine, elle voulut parler et s'arrêta palpitante, si gracieuse, qu'elle faisait d'une défaillance une beauté, et qu'à bout de respiration elle respirait le charme. » Sa grâce est telle qu'elle survit à l'odieux. Shakespeare peut impunément lui attribuer les paroles les plus monstrueuses. « Majesté, dit Alexas à Cléopâtre, Hérode de Judée n'ose vous regarder que quand vous êtes de bonne humeur. — J'aurai la tête de cet Hérode, répond-elle impassible. » Les peuples ne sont pas plus sacrés pour elle. « Je voudrais que tu mentisses, dit-elle au messager qui lui annonce le mariage d'Antoine, dût la moitié de mon Égypte être changée en citerne! »

Bien sûr de l'irrésistible charme de son héroïne, le poëte ne nous laisse pas d'illusions sur elle un seul instant. Dès le commencement du drame, au moment même où Cléopâtre entre en scène au bras de son amant, il nous dit ce qu'elle est avec une énergique franchise : « Faites bien attention, s'écrie-t-il, et vous verrez dans Antoine l'un des trois piliers du monde transformé en bouffon d'une prostituée. »

> Take but good note, and you shall see in him
> The triple pillar of the world transform'd
> In a strumpet's fool.

Ainsi, pas de réticence, pas de faux-fuyant, pas d'équivoque. Shakespeare n'a pas la timidité de Corneille ni de Dryden : il n'esquive pas le sujet, il l'aborde de front. Il ne renie pas son héroïne, il la proclame. C'est une « prostituée » qu'il intronise sur la scène; c'est sur une prostituée qu'il attire l'intérêt; c'est pour l'affection d'une prostituée qu'il réclame notre pitié; c'est pour la mort d'une prostituée et de son amant qu'il exige nos larmes. Omnipotence du génie! Dans ce drame, où une épouse outragée revendique ses droits contre une courtisane, ce n'est pas l'épouse qui nous émeut, c'est la courtisane! Celle que nous plaignons, ce n'est pas cette Octavie, si austère et si chaste, « dont la vertu et les grâces parlent une langue ineffable, » c'est cette fille perdue qu'Antoine a ramassée « comme un reste sur l'assiette de César mort! » Celle dont le malheur nous touche, ce n'est pas la matrone romaine, c'est la catin d'Égypte!

Mais par quel moyen le poëte a-t-il pu donner ainsi le change à la conscience infaillible du spectateur et concentrer sur Cléopâtre toutes les sympathies qui semblaient dues à Octavie? Pour opérer ce prodige, Shakespeare n'a eu qu'à dire la vérité : il n'a eu qu'à nous révéler le sentiment profond qui inspire son héroïne. Cléopâtre a dans le cœur la flamme qui purifie tout : elle aime. C'est par l'amour que la courtisane royale se relève à nos yeux; c'est par l'amour qu'elle se réhabilite.

Oui, cet Antoine qu'elle bafoue, qu'elle harcèle, qu'elle irrite, cet Antoine qu'elle renie par instant et qu'elle tromperait sans scrupule avec un Thyréus, elle l'aime; elle l'aime éperdument. En doutez-vous? Voyez. Dès qu'Antoine n'est plus là, tout manque à Cléopâtre. Elle ne pense qu'à lui, elle ne parle que de lui; elle s'enivre de mandragore pour dormir tout le temps de son absence : « Oh! Charmion, où crois-tu qu'il est maintenant? Est-il debout ou assis? Est-il à pied ou à cheval? O heureux coursier chargé du poids d'Antoine, sois vaillant! car sais-tu qui tu portes? Le demi-Atlas de cette terre, le bras et le cimier du genre humain! En ce moment il parle et dit tout bas : *Où est mon serpent du vieux*

Nil? » Et, quand Antoine a expiré, quels regrets! quelle désolation! La douleur éclata-t-elle jamais en sanglots plus pathétiques : « Veux-tu donc mourir, ô le plus noble des hommes? As-tu pas souci de moi? Resterai-je donc dans ce triste monde qui en ton absence n'est plus que fumier? Oh! voyez, mes femmes, le couronnement du monde s'écroule... Oh! flétri est le laurier de la guerre! L'étendard du soldat est abattu! Les petits garçons et les petites filles sont désormais à la hauteur des hommes; plus de supériorité! Il n'est rien resté de remarquable sous l'empire de la lune! « Elle s'évanouit, et, quand elle revient à la vie, c'est avec la résolution de la quitter. « L'acte vraiment brave et vraiment noble, nous allons l'accomplir à la grande façon romaine, et nous rendrons la mort fière de nous obtenir... Allons! sortons! L'enveloppe de ce vaste esprit est déjà froide... Ah! femmes, femmes, nous n'avons plus pour amis que notre courage et la fin la plus prompte. »

Shakespeare a scrupuleusement suivi le récit de Plutarque : il n'y a fait qu'une modification essentielle. Dans l'histoire, Antoine, après sa réconciliation avec Octave, cohabite avec Octavie et a d'elle des enfants. Dans le drame, Antoine n'épouse Octavie que pour la forme : il se refuse « à fouler l'oreiller conjugal et à engendrer d'elle une race légitime. »

> Have I my pillow left impress'd in Rome,
> Forborne the getting of a lawful race.

Qui ne voit dans cette correction de l'histoire par le génie un trait d'exquise délicatesse? Le poëte n'a pas voulu que son héros fût un seul instant infidèle à son héroïne : il n'a pas permis qu'une trahison, même légale, profanât cet adultère sacré. Pour Shakespeare, l'union d'Antoine avec Octavie n'a jamais été qu'un marché éphémère bâclé par la politique; mais son union avec Cléopâtre est un pacte éternel, conclu par le dévouement. Aussi le poëte n'hésite-t-il pas à sacrifier la première à la seconde. A ses yeux, ce qui sanctifie les rapports entre l'homme et la femme, c'est moins la convention sociale que la loi naturelle. Que deux êtres s'aiment, qu'ils vivent l'un pour l'autre, cela suffit : en dépit de tout engagement contraire, ils sont fiancés à jamais. Devant la postérité comme devant Shakespeare, l'épouse d'Antoine, ce n'est plus Octavie, c'est Cléopâtre.

L'intensité de la passion en est la légitimité : telle est la vérité morale qui ressort, éclatante, de l'œuvre admirable que nous venons d'étudier.

Quel contraste entre les deux couples qui remplissent ce livre de leurs émotions : Antoine et Cléopâtre, Roméo et Juliette! — Ceux-ci sont adolescents, loyaux et candides; ils n'ont pas une ride au front, pas un remords au cœur; leur caractère est pur comme leur affection; leur esprit est vierge comme leur corps. Leur accord est une continuelle effusion de tendresses; c'est un harmonieux duo où pas un murmure ne détonne. Ce qu'il rêve, elle le voit : ce qu'elle sent, il le pressent. Les soupirs répliquent aux soupirs, les larmes aux larmes, les baisers aux baisers : bouches qui s'effleurent! pensées qui se confondent! — L'innocence des amants chrétiens n'a d'égale que la corruption des amants païens. Antoine est aussi vicieux que Roméo est intègre; Cléopâtre est aussi dissolue que Juliette est chaste. L'union du Romain et de l'Égyptienne est l'accouplement néfaste de deux grandes âmes que le pouvoir absolu a faites monstrueuses : cette union est sombre comme l'orage, rauque comme la débauche, échevelée comme l'orgie. Les peuples écrasés par le despotisme contemplent avec effroi cette passion titanique qui gronde au-dessus de leurs têtes et jaillit en éclairs foudroyants. Entre le triumvir et la reine d'Égypte, ce ne sont que querelles, récriminations, sarcasmes, invectives! Qu'importe! Ils s'aiment; et telle est la grandeur de leur amour que nous en oublions leurs crimes. Oui, devant ce sentiment si réel et si profond, nous sommes tellement émus que nous ne nous rappelons plus les forfaits de ces amants, les nations asservies, la Grèce, l'Égypte et l'Asie rançonnées, l'univers mis au pillage. Nous regrettons la défaite, pourtant si méritée, d'Actium; nous déplorons le désastre, pourtant si nécessaire, d'Alexandrie. Tel est le prestige exercé sur nous par l'immense passion, que, malgré nous, nous pardonnons aux despotes. Notre compassion se rebelle contre notre équité, et la mort d'Antoine et de Cléopâtre nous frappe autant que la mort de Roméo et de Juliette.

C'est qu'en effet la même fatalité qui entraîne ceux-ci, précipite ceux-là. Pour les uns comme pour les autres, le suicide est une nécessité. L'affinité entre les deux catastrophes est telle qu'il semble qu'en les préparant, la destinée se soit plagiée elle-même. On n'a pas assez remarqué cette surprenante analogie qui, jusque dans les détails, provoque les rapprochements. Les deux dénoûments ont lieu dans le même décor funèbre : ici c'est le tombeau des Ptolémées, là c'est le tombeau des Capulets.

Traqués par l'adversité, les amants païens ont été, comme les amants chrétiens, acculés au sépulcre; c'est au sépulcre qu'ils se réfugient; c'est au sépulcre qu'est leur dernier rendez-vous. Dans les deux drames, la même erreur a les mêmes conséquences : Antoine croit Cléopâtre morte et se tue; Roméo croit Juliette morte et se tue. L'attachement des femmes est à la hauteur du dévouement des hommes : toutes deux refusent de se sauver. Celle-ci résiste aux sollicitations de César, comme celle-là aux prières de Laurence : « Je ne me fie qu'à ma résolution, » dit l'une, et elle s'applique l'aspic. — Je ne veux pas partir, s'écrie l'autre, et elle saisit le poignard.

Sublime conclusion ! Entre ces deux couples qui ont vécu si différemment, l'amour infini supprime toute différence : il efface toute distinction entre les innocents et les coupables ; il fait de l'Égyptienne expirante l'égale de la Véronaise à l'agonie, il donne à l'adultère l'auguste majesté du mariage. « Donne-moi mon manteau, mets-moi ma couronne. J'ai en moi d'immortelles convoitises. Vite, vite, Iras. Il me semble que j'entends Antoine qui appelle. Je le vois qui se lève pour louer ma noble action... Époux, j'arrive : que mon courage soit désormais mon titre à ce nom ! » Oui, le même nom que Juliette donne à Roméo, Cléopâtre a enfin conquis le droit de le donner à Antoine : au moment où elle se tue pour lui, il lui est bien permis de l'appeler son époux. Les deux amants ont échangé en mourant le baiser des éternelles fiançailles. Entre elle et lui, désormais plus de séparation à craindre, plus de divorce possible. Leur ennemi même est obligé de reconnaître cette union sainte, perpétuée par le sacrifice. « Enlevez-la, dit Octave à ses gardes, elle sera enterrée près de son Antoine : jamais tombe sur la terre n'étreindra un couple aussi fameux. »

Ensevelis par leur vainqueur, Antoine et Cléopâtre reposent côte à côte dans le cercueil nuptial. La mort a été pour eux l'hymen.

II

C'était après Marignan. La guerre que la république de Venise, aidée de la France chevaleresque, soutenait contre l'empereur d'Allemagne, durait encore. Un jeune officier vicentin au service de la sérénissime république, don Luigi da Porto, avait pris en affection un archer de sa compagnie, nommé Pérégrino, vétéran de cinquante ans environ, qui, comme tous ses compatriotes véronais, était un joyeux compagnon et un beau parleur. Chaque fois qu'il avait à faire quelque reconnaissance ou quelque excursion, don Luigi emmenait cet archer favori, qui charmait les heures du bivouac par sa verve intarissable. Un jour donc qu'il devait se rendre de Gradisca à Udine, comme les chemins du Frioul étaient peu sûrs à cette époque, il s'était fait suivre par Pérégrino et par deux autres archers. La route était âpre, sinistre et désolée. L'Autrichien avait laissé partout la trace de son passage : ce n'étaient que champs dévastés, arbres arrachés, maisons incendiées, hameaux déserts. L'officier cheminait triste et pensif en avant de son escorte, lorsqu'il fut interrompu au milieu de sa rêverie par une voix qui appelait derrière lui. Il se retourna et reconnut Pérégrino. L'archer, ayant remarqué la mélancolie de son commandant, s'offrait gracieusement à l'en distraire par le récit d'une aventure émouvante qui avait eu lieu jadis dans sa ville natale. Don Luigi accepta de grand cœur la proposition, et voici à peu près ce que, chemin faisant, le vieux soldat raconta :

« Au commencement du treizième siècle, à l'époque où Bartholoméo della Scala était seigneur de Vérone, il y avait dans cette ville deux familles qui se haïssaient d'une haine immémoriale. Entre les Cappelletti et les Montecchi les provocations et les querelles étaient continuelles, et c'était à grand'peine que le podestat était parvenu pour un moment à les faire cesser. Pendant cette trêve éphémère, le chef de l'une de ces familles, Antonio Cappelletti, avait réuni tous ses partisans dans une fête de nuit. Un jeune homme qui appartenait à la maison rivale, Roméo Montecchi, n'hésita pas, en dépit du danger, à pénétrer dans ce bal pour y poursuivre une dame qui lui tenait rigueur et dont il était épris. A peine fut-il entré dans la salle que Juliette, la fille d'Antonio, fixa les yeux sur lui et fut frappée de sa beauté. Roméo s'aperçut de l'impression qu'il avait produite sur la jeune personne ; bientôt il s'approcha d'elle et profita des libertés de la danse pour lui presser la main. Juliette répondit à la douce étreinte et avoua naïvement à Roméo sa tendre admiration. Roméo répliqua par la plus respectueuse protestation de dévouement, et, la fête étant terminée, se retira avec le reste des convives.

» Dès cette soirée, Juliette ne songea plus qu'à Roméo, et Roméo, oubliant la cruelle pour laquelle il avait soupiré vainement jusque-là, ne rêva plus que de Juliette. Les deux amants cherchèrent à se rencontrer de nouveau. Roméo passait ses nuits seul, au péril de sa vie, sous les fenêtres de sa belle ; quelquefois même, l'imprudent grimpait jusqu'au balcon de sa chambre ; et là, sans être vu d'elle ni de personne, il pouvait la voir et l'entendre. Une nuit que la lune brillait, au moment où Roméo se préparait à son escalade, Juliette ouvrit sa fenêtre et l'aperçut :

— Que faites-vous ici à cette heure ? murmura-t-elle stupéfaite.

— Hélas, répondit Roméo, tout ce qu'il plaît à l'amour de m'inspirer.

— Et si vous étiez surpris, ne courriez-vous pas risque d'être tué ?

— Certainement ; mais il me sera doux de mourir près de vous, si je ne puis vivre avec vous.

— Jamais je ne m'opposerai à ce que vous viviez près de moi. Plût à Dieu que l'inimitié qui existe entre nos deux maisons n'y mît pas plus d'obstacle que ma volonté!

— Qu'importe cette inimitié! Consentez à être ma femme, et je ne crains pas que personne ose vous arracher de mes bras.

» Cependant Juliette résista aux instances de Roméo, et les deux jeunes gens se séparèrent sans avoir pris de parti. Enfin, un soir que la neige tombait à gros flocons, le pauvre amoureux transi frappa au balcon de la jeune fille et la supplia de l'admettre dans sa chambre. Juliette s'y refusa avec irritation et répliqua tout net qu'elle n'accorderait une pareille faveur qu'à son mari. Toutefois, ne voulant pas que Roméo s'exposât plus longtemps pour venir la visiter, elle se déclara prête à l'épouser et à le suivre ensuite partout où il voudrait l'emmener. Le jeune homme fut ravi d'avoir obtenu le consentement souhaité. Pour célébrer le mariage, tous deux convinrent de s'adresser secrètement au moine franciscain Lorenzo, grand philosophe, très-expérimenté en beaucoup de sciences tant naturelles que physiques.

» Ce religieux était le confesseur de Juliette et l'ami de Roméo. Il n'eut aucune objection à consacrer une alliance qui, espérait-il, pouvait amener une réconciliation entre les familles rivales. Conformément à un plan arrêté d'avance, un jour de carême, Juliette quitta la maison paternelle sous prétexte d'aller à confesse, et se rendit au couvent de Saint-François-en-Citadelle, où Roméo l'attendait. Le mariage fut conclu dans le confessionnal même.

» Quelques semaines après cette union clandestine, une rixe éclate sur la promenade du Cours entre les Cappelletti et les Montecchi; Roméo, quoique présent, s'abstient d'abord d'y prendre part, mais il entend les cris de ses partisans blessés; il veut les venger, s'élance sur un certain Tebaldo, qui paraissait le plus enragé parmi les ennemis, et d'un coup d'épée l'étend roide mort sur la place. Les Cappelletti furibonds courent se plaindre au seigneur della Scala et, sur leurs instances, le meurtrier est expulsé de Vérone. A la nouvelle de cet arrêt, Juliette se rend à la cellule de Lorenzo où son mari est caché; là elle déclare à Roméo qu'elle l'accompagnera dans son exil; elle coupera ses tresses blondes et le servira comme son page, et jamais seigneur n'aura été mieux servi. Roméo repousse généreusement cette offre généreuse; convaincu qu'avant peu il obtiendra sa grâce, il décide sa femme à attendre à Vérone le résultat des démarches qui vont être faites auprès du podestat. — Voilà les époux séparés. L'un chevauche tristement vers Mantoue, tandis que l'autre retourne désolée sous le toit paternel.

» Les jours se passent. Le chagrin mine la santé de Juliette et altère ses traits. Sa mère s'inquiète de ce changement et veut en savoir la cause. Mais Juliette la lui dissimule; elle n'attribue qu'à des prétextes futiles la douleur qui la tue. Donna Giovanna, à bout de conjectures, finit par se persuader que la pauvre enfant meurt d'envie de se marier et qu'elle a honte d'en convenir. Toute fière de sa découverte, elle va la communiquer à son seigneur et maître, don Antonio, qui sur-le-champ ordonne que sa fille, pour se guérir, épousera sans délai le comte de Lodrone. Juliette a beau protester qu'elle ne désire pas se marier, don Antonio n'en veut pas démordre; il menace Juliette de toute sa tyrannie paternelle si elle se refuse plus longtemps à devenir comtesse. Mais la femme de Roméo aime mieux mourir que de violer la foi jurée. Conduite par sa mère, qui croit la mener à confesse, Juliette retourne au couvent de Saint-François et conjure Lorenzo de lui fournir les moyens d'accomplir sa résolution désespérée : si le bon père ne veut pas lui fournir un poison rapide, elle se frappera d'un coup de couteau. Le religieux la supplie énergiquement de renoncer à son projet de suicide, et lui propose un expédient : au lieu de poison Juliette avalera un narcotique qui l'endormira pendant quarante-huit heures. Ses parents, la croyant morte, la feront ensevelir et déposer, sur un cercueil découvert, dans le tombeau de famille qui est placé justement au milieu du cimetière du couvent. Le moment venu, Lorenzo la retirera du caveau, la transportera dans sa cellule, jettera sur elle une robe de moine, puis l'escortera jusqu'à Mantoue, où l'attendra Roméo, initié d'avance, par une lettre de sa femme, à tous les détails du stratagème. — Juliette accepte avec joie ce plan sauveur, elle prend la poudre que lui présente Lorenzo, promet de lui envoyer sur-le-champ la lettre destinée à prévenir Roméo et, radieuse, retourne auprès de sa mère à qui elle demande pardon de son obstination passée. Enchanté de cette conversion miraculeuse, don Antonio veut hâter les noces de sa fille et l'envoie, sous l'escorte de deux tantes, dans un château, situé à deux milles de Vérone où elle doit être présentée à la famille de son fiancé.

» Juliette se laisse conduire au manoir de fort bonne grâce ; mais, le soir venu, elle prétexte la fatigue du voyage, et se retire dans sa chambre avec une jeune camériste qui couche ordinairement près d'elle. Vite elle se déshabille et se met au lit ; la camériste en fait autant et s'endort. Au bout de quelque temps, Juliette la réveille, lui dit qu'elle a grand soif et la prie d'aller lui chercher un verre d'eau. La soubrette obéit machinalement et se recouche. Juliette prend le verre d'eau, y verse précipitamment la poudre narcotique, l'avale, puis se relève, se revêt de ses habits de fête, éteint sa lumière, s'étend de nouveau sur son lit, croise les bras et s'endort. Le lendemain matin, tout le monde était debout au château que Juliette n'était pas encore levée. Ses tantes et sa chambrière s'étonnent de ce retard inaccoutumé; elles se décident à la réveiller et l'appellent. Pas de réponse. Elles tirent les rideaux du lit, regardent et trouvent la jeune fille rigide et blême comme un cadavre. Plus de doute : Juliette est morte! Aux cris de douleur qui retentissent, don Antonio, arrivé depuis un moment au château, accourt dans la chambre de sa fille et fait vite appeler un médecin. L'homme de l'art déclare, après examen, que la malheureuse enfant est morte et qu'il ne reste plus qu'à l'ensevelir. On procède aux funérailles. Le corps de Juliette est ramené solennellement à Vérone et déposé dans le caveau de famille au cimetière Saint-François.

» La funèbre cérémonie terminée, un valet de Roméo, qui depuis longtemps servait d'intermédiaire entre les deux époux, Piétro, court à Mantoue pour raconter à son maître les tristes événements dont tout Vérone est ému. Par suite d'un contre-temps funeste, Roméo n'avait pas reçu la lettre qui lui expliquait le stratagème de Lorenzo : au récit circonstancié que lui fait son fidèle valet, il ne doute pas que Juliette soit morte ; dès lors il n'écoute plus que son désespoir. Il congédie Piétro, qui pourrait s'opposer à ses sinistres projets, revêt une défroque de paysan, prend dans une armoire une fiole d'eau de serpent, part pour Vérone, arrive pendant la nuit au cimetière du couvent de Saint-François, s'introduit dans le caveau des Cappelletti, dont il descelle la pierre, et boit le poison en embrassant pour la dernière fois sa bien-aimée. A ce contact suprême, Juliette s'éveille.

» Alors a lieu une scène déchirante entre le mari qui va mourir et la femme qui vient de renaître. Roméo explique de quelle fatale méprise il a été victime; Juliette déclare qu'elle suivra Roméo dans la tombe. Roméo combat d'une voix épuisée cette héroïque résolution.

— Si ma foi et mon amour vous ont été chers, vivez, je vous en supplie, vivez, puisque vous pouvez encore jouir de la vie!

— Ah! répond-elle, si vous avez sacrifié votre vie pour ma mort qui n'était que simulée, que ne dois-je pas faire, mon bien-aimé, pour votre mort qui n'est, hélas! que trop réelle? Mon seul regret est de ne pas avoir le moyen de mourir avant vous, et je m'en veux à moi-même de vivre encore au moment de vous perdre.

» Roméo essaye de répliquer à Juliette; mais les forces lui manquent; le râle le serre à la gorge et l'empêche de parler. A ce moment, le Père Lorenzo, qui doit venir chercher la jeune femme, apparaît à l'entrée du caveau. Il s'étonne des gémissements qu'il entend :

— Crains-tu donc, ma chère fille, dit-il à Juliette, que je te laisse mourir ici?

— Bien loin de là; ma seule crainte est que vous ne m'en retiriez vivante. Ah! par pitié, refermez ce sépulcre et éloignez-vous, que je puisse mourir tranquille. Mon père! mon père! est-ce donc ainsi que vous m'avez rendu à Roméo? Voyez! voyez! je le presse sur mon sein!

» Et Juliette montre au moine effaré son mari qui agonise. Lorenzo se penche sur Roméo et le supplie de parler à sa Juliette. A ce nom bien-aimé, le moribond rouvre les yeux, les fixe tendrement sur Juliette, soupire et rend l'âme.

» Le jour commençait à poindre. Lorenzo veut éloigner la jeune femme du cher cadavre qu'elle étreint encore : oh! qu'elle vienne dans un couvent prier pour Roméo! Mais Juliette refuse; son unique vœu est d'être enterrée avec lui. Elle se retourne vers son mari, lui ferme les yeux, puis reste quelque temps à le contempler, retient violemment sa respiration et retombe morte sur le mort.

» Cependant les gardes du podestat, en passant près du cimetière, ont remarqué avec étonnement la lumière qui brille dans le caveau des Cappelletti. Ils se dirigent vers le monument, surprennent Lorenzo à côté des deux cadavres, et, le soupçonnant d'un double meurtre, le somment de sortir du tombeau pour s'expliquer. Lorenzo, qui est clerc, résiste d'abord à la sommation des officiers laïques. Mais le seigneur della Scala, prévenu de cette étrange arrestation, envoie au moine l'ordre de comparaître devant lui. Lorenzo se justifie bien vite en racontant minutieusement la tragique histoire des amants véronais. Touché jusqu'aux larmes de ces tristes événements, ce brave seigneur se rend lui-même au cimetière, déjà envahi par une foule immense, et ordonne que les deux époux, transportés à l'Église Saint-François, soient inhumés dans le même sépulcre. Attirés par une douleur commune, les Cappelletti et les Montecchi se rendent en masse à l'église ; et les deux familles, si longtemps ennemies, se réconcilient enfin sur la tombe des deux jeunes gens que leur discorde a tués. »

Ainsi finit l'aventure tragique que l'archer Pérégrino racontait au capitaine Luigi da Porto sur le chemin de Gradisca à Udine.

Que va devenir ce récit, écouté au milieu des distractions de toute espèce qui peuvent assaillir l'esprit dans une excursion militaire à travers un pays désolé? Peut-être le vent qui souffle l'a-t-il emporté et jeté dans l'oubli, phrase à phrase, parole à parole ; peut-être n'en restera-t-il rien, pas même un souvenir.

Mais non, rassurez-vous. Le récit du soldat véronais ne doit pas périr : il est destiné à une prodigieuse fortune. Tout à l'heure la poésie va le recueillir et l'immortaliser. Roman, il va émouvoir l'Italie et la France ; comédie, il va amuser l'Espagne ; drame, il va passionner l'Angleterre et le monde.

En 1516, Luigi da Porto, ce même officier que je vous ai montré tout à l'heure cheminant sur la route du Frioul, est blessé grièvement en défendant l'entrée de Vicence à la tête de sa compagnie. Forcé de renoncer au service, il quitte l'épée pour la plume, et d'homme d'armes se fait homme de lettres. Alors, grâce à son excellente mémoire, il se rappelle la narration de Pérégrino, et la développe dans une nouvelle qui est publiée à Venise en 1535, six ans après sa mort, sous ce titre : *La Guiletta*.

Dix-huit ans plus tard, un romancier en vogue, le moine dominicain Mateo Bandello s'approprie la nouvelle de Luigi, l'amplifie, en rectifie certains détails secondaires, et, ainsi modifiée, l'insère sous son nom dans le recueil de ses contes, qui paraît avec grand fracas en 1553.

Six ans après, notre compatriote trop oublié, le breton Pierre Boisteau sous prétexte de mettre en français le roman de Bandello, le refait presque complétement, y introduit même un personnage de sa façon [1] et remplace la conclusion traditionnelle par un dénoûment tout nouveau où Roméo, meurt sans avoir assisté au réveil de sa femme, et où Juliette se tue avec le poignard de son mari.

C'est toujours par la France que l'Angleterre est initiée au mouvement volontaire de la Renaissance. Le ro-

---

[1] L'apothicaire qui vend le poison à Roméo. (Voir à l'appendice cette curieuse nouvelle, réimprimée ici pour la première fois depuis le seizième siècle.)

man italien, corrigé par Pierre Boisteau, passe le détroit, et aussitôt un rapsode anglais, Arthur Brooke, paraphrase la version française dans un poëme de quatre mille vers qu'il édite en 1562, avec ses initiales, sous ce titre prolixe : *La tragique histoire de Romeus et Juliette, contenant un rare exemple de vraie constance ainsi que les subtils conseils et pratiques d'un vieux moine, et leur fatal résultat.*

Cinq ans plus tard, un héraut d'armes de la reine Élisabeth, William Paynter, plus modeste qu'Arthur Brooke, traduit littéralement le texte de Boisteau et insère cette traduction dans une compilation banale. *Le Palais du Plaisir*, colportée par toute l'Angleterre dès 1567.

Shakespeare venait de naître.

C'est par cette série d'interprètes que la légende murmurée jadis sur une route par un passant est parvenue de souffle en souffle jusqu'à l'esprit souverain qui doit la vivifier.

Coïncidence frappante! Au moment même où la fable italienne traverse la Manche, évoquée par le génie du Nord, elle franchit les Pyrénées, réclamée par le génie du Midi. Elle prend possession à la fois de ces deux grandes scènes rivales, la scène anglaise et la scène espagnole. Pendant que là-bas, au milieu des brumes de la Tamise, William Shakespeare rêve *Roméo et Juliette*, ici, sous un soleil presque africain, Lope de Vega compose *Les Castelvins et les Montèses.*

Avant d'entrer dans le théâtre de Londres et d'y assister au drame que répètent les comédiens ordinaires de la reine Élisabeth, pénétrons, s'il vous plaît, dans le théâtre de Madrid et voyons un peu la pièce que joue la troupe du roi don Philippe.

Le rideau se lève. Le décor représente une place de Vérone. Au fond est un beau palais qui appartient au vieil Antonio, chef de la faction des Castelvins. Il y a bal dans ce palais. Le bruit des violons et des flûtes parvient jusqu'à nous. Sur le devant de la scène, Rosélo, jeune cavalier de la faction des Montèses, cause gravement avec son ami Anselme et lui confie son désir d'assister à la fête. Le prudent Anselme s'évertue à le dissuader de ce projet insensé : Rosélo n'ignore pas quelle haine implacable se sont jurée les Castelvins et les Montèses. Va-t-il donc, par pure fanfaronnade, se livrer à ses ennemis, s'exposer à quelque outrage éclatant, risquer sa vie? — Rosélo s'entête : une sorte de transport surnaturel le pousse, prétend-il, à entrer chez Antoine; il émet l'espoir que l'amour terminera toutes ces méchantes querelles, et que l'hyménée réconciliera les deux partis. Anselme tient bon, mais Rosélo persiste et finit par décider son ami à l'accompagner. Les deux jeunes gens se masquent et s'insinuent dans le palais, suivis du gracioso Marin qui proteste par sa terreur bouffonne contre l'extravagance de son maître.

Le décor change. Nous voici devant un vaste jardin où circulent allègrement des groupes de cavaliers et de dames travestis. Un jeune Castelvin, Octave, fils de Théobalde, fait la cour à sa fiancée, la charmante Julie, fille d'Antoine, qui répond froidement à ses fadaises. Dans ce moment paraissent nos trois intrus. Rosélo aperçoit Julie; frappé de sa beauté rare, il perd la tête et ôte son masque. Le maître de céans, Antoine, le reconnaît. « Peut-on pousser l'audace plus loin? s'écrie-t-il. Rosélo dans mon palais! » Et furieux il va s'élancer sur le jeune homme, la rapière au poing. Heureusement Théobalde retient son vieil ami et le rappelle au respect de l'hospitalité. Grâce à cette intervention, Rosélo peut impunément contempler Julie. « Hélas! pense-t-il, pourquoi suis-je né du sang des Montèses? En aurait-il coûté davantage au ciel de me faire Castelvin [1]? » De son côté Julie ressent un trouble étrange à l'aspect de cet étranger dont elle ignore le nom : « Si l'amour descendait chez les hommes, il prendrait le visage et la taille de cet inconnu. » Les deux jeunes gens se rapprochent dans le désordre du bal champêtre : Rosélo avoue à Julie qu'il l'aime; Julie, profitant d'un moment où Octave a le dos tourné, glisse une bague au doigt de Rosélo, et lui accorde un rendez-vous pour la nuit prochaine.

Cependant le jour baisse et le crépuscule met un terme à la fête. Tous les invités se retirent. Julie reste seule avec Célie, sa suivante, et lui révèle ses tendres sentiments pour le bel inconnu. Célie se récrie : « Ce bel inconnu, c'est le fils de Fabrice, l'ennemi de votre nom et de votre famille! » Elle supplie sa maîtresse de combattre cette passion néfaste. Julie voudrait bien suivre un si bon conseil, mais elle n'en a plus la force. D'ailleurs, comment pourrait-elle se dégager! Elle lui a répondu d'un ton qui n'annonce pour lui aucune horreur. Faut-il donc qu'elle passe dans l'esprit de Rosélo pour une âme double et sans foi?

— Quelques politesses pour un étranger, affirme Célie, ne tirent pas à conséquence.

— Mais je lui ai donné une bague.

— C'est une innocente galanterie qui peut échapper dans un jour d'allégresse.

— Mais...

— Quoi! encore un mais, madame.

---

[1] C'est dans le même sentiment que le Roméo de Shakespeare dit à Juliette : « Mon nom, sainte chérie, m'est odieux à moi-même, puisqu'il est un ennemi pour toi ; si je l'avais écrit là, je le déchirerais en pièces. »

— Célie, ne me désespère pas, il s'attend à me parler cette nuit dans le jardin. J'ai promis de m'y trouver.

— Ne vous y trouvez point ; il se piquera, vous ne le verrez plus, et c'est l'unique moyen de vous guérir promptement.

En dépit des remontrances de la soubrette, Julie s'est décidée à tenir parole. La nuit est venue. La jeune fille erre seule dans l'allée, et attend Rosélo qui apparaît après avoir escaladé les murs du jardin. Tête-à-tête.

— Rosélo, écoutez-moi. J'ai fait mes réflexions... Cet amour nous mènerait trop loin l'un et l'autre. Nous sommes sur le bord d'un abîme. Tâchons de nous en écarter. Vous êtes né Montèse et je suis Castelvine. Quelle horreur si l'on découvrait que je souffre vos assiduités ! Je vois votre mort certaine, mon désespoir, ma honte inévitable. Oubliez-moi et que mon nom ne sorte jamais de votre bouche. Adieu, Rosélo, retirez-vous ! Hélas ! je tremble au moment où je vous parle ! Si mon père vous surprenait ici !

Rosélo ne tient pas compte des prières de Julie ; il ne peut pas partir, il ne partira pas. « Chère ennemie, le ciel sait que je vous obéirais si je pouvais vous obéir ; mais l'amour qui me pénètre me rend incapable d'un si grand effort. Rien ne m'épouvante. Il me serait plus doux de perdre la vie que d'être privé de la joie de vous voir [1]. » Puis, se jetant aux genoux de sa bien-aimée : « Julie, frappe ce cœur qui t'adore, répands tout le sang odieux des Montèses qui coule dans mes veines, ou donne-moi ta main : songe que le ciel nous a peut-être

---

[1] De même Roméo à Juliette : « Si tu ne m'aimes pas, que tes parents me trouvent ici. J'aime mieux ma vie finie par leur haine que le mort prorogée sans ton amour. »

formés pour étouffer l'inimitié de nos pères et pour rétablir la paix dans notre patrie. »

A ce moment pathétique, on entend une rumeur au fond du jardin. Julie reconnaît la voix de son père : « Éloigne-toi, dit-elle tremblante, il te sacrifierait à sa haine.

— Non, je ne te quitterai point : dois-je vivre ou mourir? Parle. A quoi te résous-tu?

Julie se décide enfin ; elle aime mieux épouser Rosélo que de le laisser tuer ; elle accorde son consentement et le jeune homme se retire.

Ici finit la première journée. Quand la deuxième commence, le soleil de midi luit sur la place publique de Vérone et éclaire de ses plus ardents rayons le portail de la cathédrale. Rosélo fait part à Anselme de son union avec la fille d'Antoine : le mariage vient d'être conclu secrètement par le ministère du prêtre Aurélio. Au moment où les deux amis s'entretiennent, un cliquetis d'épées accompagné de vociférations retentit à l'entrée de l'église : bientôt débouchent sur la place des bandes furieuses, armées de rapières et de pertuisanes. Ce sont les Castelvins et les Montèses qui se sont provoqués et qui vont se battre. Rosélo intervient entre les deux factions : « Seigneurs, arrêtez-vous ! Je suis Montèse, mais je ne souhaite pas le malheur des Castelvins [1]. Souffrez qu'enfin la raison vous éclaire, et daignez m'apprendre quel sujet vous a mis les armes à la main. » Octave explique à Rosélo que les valets d'une dame Montèse ont eu l'audace de déranger un tabouret placé sous les pieds de sa sœur Dorothée. Rosélo ne peut voir là un motif suffisant pour que tant de personnes s'entr'égorgent. Il s'offre à

---

[1] De même Roméo à Tybalt : « Le nom de Capulet m'est aussi cher que le mien ; tiens-toi pour satisfait. »

réparer l'offense en allant lui-même replacer le tabouret, et propose en outre de prévenir toute discorde nouvelle par une double alliance entre les deux familles : Octave se marierait à dona Andréa, dame Montèse, et lui, Rosélo, épouserait Julie. — Cette proposition exaspère le jeune Castelvin, qui n'a nullement renoncé à ses prétentions sur la fille d'Antoine. Il s'élance sur son rival, l'épée nue. « Seigneurs, s'écrie Rosélo en s'adressant aux gentilshommes qui l'entourent, soyez témoins que je suis réduit à me défendre lorsque je ne cherchais que la paix. » Le duel s'engage. Après la deuxième botte, Octave tombe mort, et Rosélo n'a que le temps de fuir pour se soustraire aux peines terribles dont la loi menace les meurtriers. Au bruit de la querelle, le duc de Vérone, Maximilien, est accouru. Sa Grâce interroge les assistants pour connaître les coupables et les châtier. Toutes les dépositions sont à la décharge de Rosélo; Julie elle-même sort de l'église pour le justifier. Mais le duc craindrait d'irriter les Castelvins si Rosélo restait impuni : il l'exile.

Changement de décor. Nous reconnaissons le jardin d'Antoine éclairé vaguement par la lune. Avant de quitter Vérone, Rosélo a voulu revoir Julie et s'est rendu auprès d'elle, accompagné de Marin, qui, de son côté, désire faire ses adieux à Célie. — Julie est toute en larmes. Rosélo lui demande si c'est la mort d'Octave qui la désole [1] : si cela est, il lui offre son poignard pour en frapper le meurtrier. « Cruel, répond la jeune femme, ne sais-tu pas que ton absence est la seule cause de mes pleurs? Je n'ai plus d'autres parents que toi. Tu es mon bien, mon espoir, ma gloire et ma vie. La nature m'a

---

[1] Un doute semblable traverse l'esprit de Roméo : « Est-ce qu'elle ne me regarde pas comme un infâme meurtrier, maintenant que j'ai souillé l'enfance de notre bonheur d'un sang si proche du sien? »

faite Castelvine, mais l'amour me rend Montèse. » Tout en devisant avec une tendre effusion, les deux époux disparaissent sous la charmille, laissant la place au gracioso et à la soubrette, qui égayent la scène de leurs épanchements comiques. — Marin raconte que, pendant la dernière bagarre, il s'est réfugié au haut d'une tour, ne se sentant nulle envie de mourir, et trouvant d'ailleurs que Célie méritait bien qu'on vécût pour elle. Célie approuve fort la couardise, si flatteuse pour elle, de son bon ami. A l'en croire, les galants doivent être un peu poltrons pour rendre de longs services à leurs maîtresses. Un rodomont croit pouvoir entrer partout l'épée à la main; il s'attire des affaires, réveille le voisinage et nous met dans des transes continuelles. Parlez-nous d'un poltron! « Sa timidité nous assure de sa prudence; et nous goûtons avec lui des plaisirs tranquilles, sans craindre pour notre réputation. » Marin enchanté jure par les yeux mutins de Célie qu'on ne trouvera pas dans Vérone un lâche plus consciencieux que lui. A peine ce Figaro sans vergogne a-t-il eu le temps d'embrasser sa Suzanne que les deux époux reparaissent. — Rosélo, qui doit se réfugier à Ferrare, promet de revenir voir sa femme de temps à autre. Julie est déjà inquiète des suites de cette absence forcée; et, pour la rassurer, il faut que Rosélo se confonde en protestations de fidélité. A son tour, Marin exige des garanties de Célie, qui fait vœu d'être aussi constante... qu'un papillon. A ce moment pathétique, des torches luisent à travers la feuillée. Voici Antoine qui s'avance avec des valets armés jusqu'aux dents pour reconnaître d'où provient ce bruit inusité qu'il entend dans le jardin. Rosélo et Marin ont juste le temps de s'esquiver. Antoine trouve sa fille toute éplorée et veut savoir la cause de cette pluie de larmes. Julie l'attribue à la mort de son cousin Octave. Le vieillard la loue de cette sensibilité, et, pour consoler la pauvre enfant, se met en tête de la marier au comte Pâris, jeune seigneur aimable, riche et fort accrédité dans Vérone. Sans crier gare, il envoie au comte une lettre pressante : « Je vous donne ma fille, écrit-il, quittez tout, venez nous trouver[1]. »

Ici l'intrigue se complique. La comédie, qui jusqu'ici a suivi sans trop de divagation le scénario italien, s'en écarte brusquement et s'égare dans les méandres de l'imbroglio picaresque. A peine sorti de Vérone, Rosélo tombe en plein dans une embuscade que lui ont tendue les Castelvins. Au moment où il va succomber sous le nombre de ses agresseurs, survient fort à propos le comte Pâris, qui lui prête main-forte, le dégage et lui offre un asile dans une charmante villa qu'il possède aux environs. C'est là, en présence de Rosélo, qu'il reçoit la missive d'Antoine : il s'empresse de la montrer à son hôte pour lui faire part de la bonne nouvelle. Rosélo la lit, se croit renié par Julie, et part aussitôt pour Ferrare avec l'intention formelle de se venger de cette trahison dans les bras de quelque maîtresse.

La troisième journée nous montre Julie renfermée chez elle, et violemment persécutée par son père qui veut lui imposer le comte Pâris. La jeune femme désespérée écrit au prêtre Aurélio qu'elle est décidée à mourir plutôt que de subir ce second mariage, et envoie Célie porter la lettre. La soubrette revient avec un flacon que lui a remis le prêtre et qui contient, a-t-il dit, un calmant souverain. Que madame prenne cette potion, et elle sera délivrée de tous ses tourments! Cette affirmation laconique suffit à Julie : « Aurélio, pense-t-elle, est un grand

---

[1] Le vieux Capulet dit avec la même outrecuidance : « Sire Pâris, je puis hardiment vous offrir l'amour de ma fille. »

philosophe; toutes les propriétés des plantes lui sont connues, la nature n'a point de secrets pour lui. De plus, il aime Julie comme il aime Rosélo. Depuis qu'il les a mariés, il les appelle ses enfants. » Rassurée par ces réflexions, Julie boit la liqueur, les yeux fermés; mais aussitôt elle se plaint de souffrances intolérables; un feu ardent la dévore; elle ne voit plus qu'à travers un nuage. Plus de doute. Le prêtre s'est trompé et, au lieu d'un cordial, lui a envoyé du poison : « Arrête, Célie, ne trouble pas mes derniers moments... Je meurs contente... Quand tu verras Rosélo, dis-lui que je n'ai pas déshonoré mon titre d'épouse, dis-lui que j'emporte mon amour dans la tombe, dis-lui qu'il se souvienne de moi, mais qu'il se console... qu'il vive heureux... Adieu, Rosélo! Rosélo! »

A peine Célie a-t-elle emmené sa maîtresse défaillante, qu'une décoration nouvelle nous montre une rue de Ferrare. Rosélo, transformé en petit-maître, est installé sous le balcon de dona Sylvia, jeune coquette célèbre dans la ville, et fait à cette merveilleuse une déclaration qui semble fort bien accueillie. Ces pourparlers galants sont interrompus par Anselme, qui vient d'assister aux funérailles de Julie, et qui apprend à Rosélo tous les événements dont s'entretient à Vérone la douleur publique : la fille d'Antoine s'est empoisonnée; et elle a été trouvée morte dans son lit et enterrée le matin. Rosélo, indigné contre lui-même d'avoir méconnu un dévouement si héroïque, veut s'en punir par un coup de couteau. Mais Anselme lui retient le bras et révèle enfin à son ami le secret que le prêtre Aurélio lui a confié : ce n'est pas un poison que Julie a bu, c'est un narcotique; tous la croient morte, mais elle n'est qu'endormie. La nuit prochaine, elle s'éveillera, et Rosélo n'a qu'à partir bien vite pour retirer sa femme du monument funèbre.

— Rosélo ne perd pas un instant et se lance au galop sur la route de Vérone, en compagnie du gracioso Marin qui a peine à le suivre.

Changement à vue. Voici le tombeau de famille des Castelvins, vaste caveau encombré d'ossements et de têtes de mort. Au milieu est le cercueil où a été déposée Julie. La jeune femme vient de s'éveiller : elle ne sait pas où elle est, elle distingue vaguement les squelettes qui l'entourent et se croit sous l'influence d'un horrible cauchemar. Bientôt paraissent à l'entrée du sépulcre Rosélo et son valet. Marin éclaire la route avec un flambeau ; il s'avance, plus frémissant que Sganarelle traîné par don Juan ; il trébuche contre un crâne, il tombe : la lumière s'éteint ! Malgré l'obscurité qui règne, les deux époux se sont bientôt reconnus ; ils ont hâte de quitter cet horrible lieu et vont chercher asile dans une ferme qu'Antoine possède aux environs.

C'est là, dans un décor tout agreste, que nous retrouvons nos fugitifs, en compagnie d'Anselme qui s'est joint à eux. Tous ont revêtus des costumes champêtres et mènent une existence pastorale. Mais ces félicités bucoliques sont brusquement troublées par l'arrivée d'Antonio qui vient, avec une cohue d'invités, célébrer son mariage avec mademoiselle Dorothée, sœur du défunt Octave. Craignant d'être surpris par leurs ennemis, Rosélo, Anselme et Marin ont déguerpi au plus vite. De son côté, Julie a grimpé dans une logette pratiquée au-dessus de l'appartement même d'Antoine ; de cette retraite invisible, elle interpelle son père ; elle prétend être revenue de chez les morts pour lui reprocher son injustice et sa rigueur : c'est lui qui l'a tuée en la forçant à épouser Pâris, bien qu'elle fût déjà mariée à Rosélo ; aussi est-elle décidée à le hanter tant qu'il ne consentira pas à reconnaître son gendre et à l'aimer. Le bon Antoine, persuadé que c'est l'ombre de sa fille qui lui parle, est saisi de panique : pour apaiser les mânes de Julie, il jure qu'il aimera son mari comme un fils. Au moment où il vient de prononcer ce vœu solennel, arrivent Théobalde et d'autres seigneurs, entraînant Rosélo, Anselme et Marin qu'ils ont faits prisonniers. Les Castelvins furibonds proposent d'infliger à ces trois mécréants les plus affreux supplices; mais Antoine s'y oppose; il déclare vouloir tenir le serment qu'il a fait au spectre de sa fille; il prend Rosélo sous sa protection et, pour lui prouver sa tendresse toute paternelle, il offre de lui céder sa propre fiancée Dorothée. Le mariage entre Rosélo et la fille de Théobalde est sur le point de s'accomplir, quand apparaît Julie, qui descend du ciel pour réclamer en personne son mari. Surprise générale. Antonio, trop heureux de retrouver son enfant, excuse la ruse dont il a été dupe et ratifie l'union définitive de Julie et de Rosélo; lui-même épouse Dorothée, et Marin obtient Célie, ornée d'une dot de mille ducats. La paix entre les Montèses et les Castelvins est enfin conclue, au milieu de l'hilarité générale, par une triple noce.

La pièce de Lope de Véga est amusante, leste et spirituelle : on y trouve tous les mérites, comme tous les défauts de la comédie de cape et d'épée; elle a l'entrain, la variété, la saillie prompte, l'allure facile, le geste rapide; mais il lui manque les qualités suprêmes, l'observation qui scrute les passions, l'imagination qui crée les caractères, la concentration qui règle l'action. Dans l'œuvre espagnole, il y a le mouvement, il n'y a pas la vie : tous ces personnages s'agitent, mais ne respirent pas; parlent, mais ne pensent pas; crient, mais ne sentent pas; ils passent devant nous comme autant d'automates qu'agite au hasard un caprice irresponsable. Pourquoi Rosélo, qui semblait être passionnément épris de Julie, est-il prêt à la tromper avec la première fille venue? Nous ne savons. L'auteur ne se donne pas la peine d'expliquer cette contradiction. Lui-même ne croit pas plus que nous à la réalité des sentiments qui animent ses personnages : il doute de cette affection exceptionnelle que Rosélo et Julie professent l'un pour l'autre; voilà pourquoi il en altère sans scrupule le dénoûment tragique; voilà pourquoi il en fait la caricature dans l'amourette bouffonne du gracioso et de la soubrette.

Lope de Véga a fait la parodie de la légende italienne, Shakespeare en a fait le drame.

William a vengé les amants de Vérone des ironies de Lope : il leur a restitué leur tendresse éperdue, leur fidélité inébranlable, leur suicide sublime. Ces héros, fourvoyés dans la comédie, il les a livrés pour toujours à la fatalité tragique. Il les a soustraits au bonheur banal dont le poëte espagnol avait flétri leur union, et il les a voués à jamais au martyre dont ils étaient dignes. Il leur a rendu leur ennui, leur désespoir, leur agonie; il leur a rendu leurs sanglots, et les larmes du genre humain.

Le drame anglais n'est pas la reproduction de la légende italienne, il en est la résurrection. Shakespeare a ranimé de son souffle souverain toutes ces figures ensevelies dans la tradition : Roméo, Juliette, Tybalt, la nourrice, le moine, le vieux Capulet. Grâce à lui, chacune de ces ombres a acquis une individualité impérissable. Le poëte a fait revivre, non-seulement les personnages, mais l'époque disparue. Dès la première scène, dans cette Vérone qu'ensanglantent les querelles civiles, nous reconnaissons l'Italie du quatorzième siècle, cette misérable Italie pour laquelle le Dante mendie, du fond du purgatoire, la pitié de l'empereur Albert : « Viens voir les Montecchi et les Cappelletti, les Monaldi et les Filippeschi, ô toi, homme sans souci, les uns déjà tristes, les autres craignant de le devenir... Maintenant ne peuvent vivre sans guerre ceux qui habitent ces contrées, et l'on y voit se ronger l'un l'autre ceux qu'entourent une même muraille et un même fossé [1]. » Alors la discorde est partout, le déchirement partout, le morcellement partout. Cette société que nous avons vue, au temps d'Antoine et de Cléopâtre, limitée aux bornes de l'univers connu, est maintenant réduite aux proportions d'une cité ; non, pas même d'une cité, — d'une maison. Les enfants de la même ville se battent d'une rue à l'autre, Guelfes contre Gibelins, Blancs contre Noirs, Orsinis contre Colonnas, Capulets contre Montagues. A voir cette universelle manie de fratricide, il semblerait que chaque créature est possédée de l'esprit de Caïn. On croirait que l'humanité va disparaître, que la civilisation va s'éteindre et que la haine va triompher.

Mais non. Ne perdons pas espoir. Au fond même du cœur humain, il y a un instinct tutélaire que n'ont pas étouffé tous les appétits néfastes : il y a un sentiment divin qui résiste à toutes les passions bestiales. Cet instinct tutélaire, ce sentiment divin, c'est l'amour. Tandis que la haine pousse au désordre, à la guerre, au chaos, l'amour prêche la concorde, la paix, l'harmonie. L'amour tente de réunir ceux que la haine divise. Acharné comme la haine, il est, comme elle, aveugle : il ignore les obstacles. Peu lui importent les préjugés de caste, les acharnements de parti, les jalousies de race, les vendettas héréditaires. Il poursuit, en dépit de tout, sa mission providentielle : organe mystérieux du progrès, il

---

[1] Dante. *Le Purgatoire* (6ᵉ chant).

s'évertue à réconcilier les familles, à rapprocher les nations, à reconstituer l'humanité. La haine nie, l'amour affirme ; la haine détruit, l'amour vivifie. *Roméo et Juliette* est le splendide symbole de cet antagonisme éternel entre les deux principes contraires.

Tandis qu'on se bat dans les rues de Vérone et que les valets préludent à coups de couteau à la querelle des maîtres ; tandis que cette brute de Tybalt force à la riposte l'inoffensif Benvolio ; tandis que le vieux Capulet menace de sa rapière rouillée le vieux Montague, apercevez-vous ce jeune homme, pâle et défait, qui, dès l'aube, erre à l'aventure dans ce grand bois de sycomores ? Il soupire, il gémit, il pleure. Qu'a-t-il donc ? Il a besoin d'aimer : il est tourmenté de ces vagues désirs que révèle la puberté à l'adolescent inquiet ; il souffre de l'isolement où il a vécu jusqu'ici ; il cherche un cœur sympathique qui batte à l'unisson du sien ; il appelle l'âme égarée qui doit compléter son âme. — Cette âme prédestinée à la sienne, Roméo croit l'avoir retrouvée dans Rosaline. Mais Rosaline est un mythe ; c'est une créature insaisissable « qui échappe au choc des regards provoquants ; » nul ne l'a vue, nul ne la verra jamais ; elle n'existe que dans l'imagination de son platonique amant. Le nom de Rosaline est le pseudonyme de la beauté idéale dont Roméo est épris. Jusqu'ici Roméo a poursuivi vainement cette beauté fugitive, et voilà la cause de sa mélancolie. Voilà la cause de ce trouble étrange qu'il ressent ; « O tumultueux amour ! O amoureuse haine ! ô tout créé de rien ! informe chaos de ravissantes visions ! plume de plomb ! lumineuse fumée ! feu glacé, santé malade ! sommeil toujours éveillé qui n'est pas ce qu'il est ! Voilà l'amour que je sens et je n'y sens pas d'amour ! »

Ce conflit d'impressions contradictoires peut seul

donner une idée de la crise morale qui précède chez le jeune homme l'explosion de la passion. Roméo a peine à se rendre compte de ce qu'il éprouve; il est inquiet, agité; il a la fièvre de la sympathie. Il faut qu'il aime; mais qui? mais qui donc?

C'est l'époque où le carnaval agite ses grelots dans les rues de Vérone. Le soir vient. Voyez-vous ce palais dont les vitres s'illuminent? Eh bien, s'il est dans le monde un lieu funeste pour Roméo Montague, c'est cette demeure splendide. Là les Capulets sont en fête; là sont réunis tous les ennemis de Roméo : de tous les cavaliers, de toutes les dames qui entrent sous ce porche, il n'en est pas un, il n'en est pas une qui ne prononce avec exécration le nom de Montague. Que Roméo passe donc vite devant cette maison maudite, et qu'il se garde d'y entrer!... Mais je ne sais quelle séduction, plus forte que la raison, entraîne le Montague. Il semble fasciné par ce seuil fatal; il se sent entraîné vers ce salon doré par la même force mystérieuse qui attire Hamlet sur la sombre plate-forme. — Il entre, déguisé en pèlerin. Il regarde tous ces fronts menaçants, tous ces visages hostiles. O stupeur! « Quelle est, murmure-t-il, cette dame qui enrichit la main de ce cavalier là-bas? Oh! elle apprend aux flambeaux à resplendir! Sa beauté est suspendue à la joue de la nuit comme un riche joyau à l'oreille d'une Éthiopienne! Beauté trop précieuse pour la possession, trop exquise pour la terre!... Mon cœur a-t-il aimé jusqu'ici? Non, car je n'avais pas encore vu la vraie beauté. » Dès ce moment, Roméo ne s'appartient plus : la vague tendresse qu'il éprouvait naguère est devenue une irrésistible passion; la beauté qu'il rêvait a enfin pris forme devant ses yeux ravis. Dans son extase, le jeune homme ne remarque pas Tybalt qui le menace de son épée; il n'a qu'une préoccupation, contempler cette jeune fille; qu'un désir, lui parler. Il s'approche d'elle, il lui prend la main, il lui donne un baiser et, dans ce baiser, son âme. Mais cette inconnue qu'il adore, sous quel nom doit-il l'invoquer? Roméo s'informe : plus de doute, elle s'appelle Juliette, et c'est une Capulet! « O trop chère créance, s'écrie-t-il en se retirant, ma vie est due à mon ennemie. » De son côté Juliette demande avec anxiété les noms de ces cavaliers qui s'en vont : — Nourrice, quel est ce gentilhomme là-bas? — C'est le fils et l'héritier du vieux Tibério. — Quel est celui qui sort à présent? — Ma foi, je crois que c'est le jeune Pétruchio. — Quel est cet autre qui suit et qui n'a pas voulu danser? — Je ne sais pas. — Va demander son nom; s'il est marié, mon cercueil pourrait bien être mon lit nuptial... — Son nom est Roméo, c'est un Montague, le fils unique de votre plus grand ennemi. — Mon unique affection émane de mon unique aversion! Il m'est né un prodigieux amour, puisqu'il faut que j'aime mon ennemi exécré! » Ainsi la sympathie humaine est imprescriptible : la nature finit toujours par ressaisir ses droits méconnus. Qu'importe que Roméo ait appris dès l'enfance à détester les Capulets! Qu'importe que Juliette ait été élevée dans l'horreur des Montagues! L'éducation, si forte qu'elle soit, est moins forte que la passion. L'inimitié des deux familles se résout en tendresse, la haine acharnée des parents suscite chez les enfants un amour acharné qui lui donne le démenti et la brave.

Après la scène du bal, la scène du balcon. Dès que Roméo et Juliette se sont retrouvés, l'union est devenue pour eux la nécessité suprême. Pour atteindre ce but radieux, les deux amants sont prêts à tout, — oui, même à renier leurs pères et à abjurer leurs noms. « Tu n'es pas un Montague, lui dit-elle, tu es toi-même. Qu'est-ce qu'un Montague? Ce n'est ni une main, ni un pied, ni un bras, ni un visage, ni rien qui fasse partie d'un homme... Oh! sois quelque autre nom! Qu'y a-t-il dans un nom? Ce que nous appelons rose embaumerait autant sous un autre nom. Quand Roméo ne s'appellerait plus Roméo, il n'en garderait pas moins ses chères perfections... Roméo, renonce à ton nom, et, en échange de ton nom, prends-moi tout entière. — Je te prends au mot, répond-il, appelle-moi seulement ton amour, et je reçois un nouveau baptême, je ne suis plus Roméo. » La Juliette anglaise est bien plus fatalement éprise que la Giulietta italienne ou la Julia espagnole. Elle ne résiste pas, comme celles-ci, aux sollicitations de son amant; elle se donne tout de suite, à jamais : « Ah! je voudrais bien rester dans les convenances, je voudrais bien nier ce que j'ai dit. Mais adieu les cérémonies! M'aimes-tu? Je sais que tu vas dire oui, et je te croirai sur parole... Si tu penses que je me laisse trop vite gagner, je froncerai le sourcil, et je serai cruelle, et je te dirai *non*, pour que tu me fasses la cour : autrement, rien au monde ne m'y déciderait. En vérité, beau Montague, je suis trop éprise, et aussi tu pourras croire ma conduite légère; mais crois-moi, gentilhomme, je me montrerai plus fidèle que celles qui savent le mieux affecter la réserve. » Devant Roméo, Juliette laisse tomber tous les voiles; elle n'a ni honte, ni coquetterie, ni fierté; elle dédaigne la tactique banale de la défensive féminine; les ruses de la résistance lui répugnent comme autant d'hypocrisies. A quoi bon les équivoques? A quoi bon les faux-fuyants? A quoi bon les délais? A quoi bon les mensonges? N'est-elle pas à lui comme il est à elle? Qu'il la possède donc. Pudeur suprême de l'amour! la vierge s'offre avec l'empressement de la prostituée.

L'union, résolue entre les amants, doit être consacrée dès le lendemain. Mais où donc est le prêtre digne de bénir cette sainte fusion des deux âmes? Regardez, à la lueur de l'aurore, ce vieillard qui entre dans cette cellule, un panier au bras. Il vient de cueillir dans les champs les simples dont il a besoin pour composer ses philtres bienfaisants. Sans être magicien comme le Lorenzo de la légende, Laurence est un savant. Il est de ces clercs tolérants qui n'ont pas peur d'étudier Dieu dans son œuvre; il a beaucoup observé, beaucoup médité. Pour lui, « il n'est rien sur la terre de si humble qui ne rende à la terre un service spécial. » Il cherche la grâce dans ce qu'il y a de plus vil, comme dans ce qu'il y a de plus noble; il interroge les plantes, les herbes, jusqu'aux pierres. La nature lui révèle ses secrets aussi volontiers que la société; il est l'arbitre choisi des choses et des hommes. La fleur, comme Juliette, l'a pris pour confesseur. Observez-le bien. C'est un des plus vénérables caractères que le théâtre nous offre. Quel contraste entre ce religieux rêvé par le poëte hérétique, et le religieux vulgaire que les écrivains catholiques ont peint d'après nature! Combien ce ministre de la charité et de la science ressemble peu au moine intrigant, ignorant et fourbe, dont Boccace et Rabelais ont levé la cagoule! Laurence est le représentant le plus auguste du sacerdoce : c'est un philosophe, c'est un sage! Pour sanctifier l'amour de ses héros, le poëte a évoqué la majestueuse figure du pontife idéal.

Shakespeare, qui, comme chacun sait, a refait *Roméo et Juliette*, a complétement modifié la scène où les deux amants viennent trouver le moine dans sa cellule. Dans le drame primitif, publié en 1597, Laurence ratifiait le mariage entre le fils des Montagues et l'héritière des Capulets, sans témoigner aucune inquiétude sur les conséquences de cette union clandestine. « Père, lui disait Roméo en entrant, c'est de ton concours sacré que dépendent mon bonheur et celui de Juliette. — Sans plus de paroles, répondait Laurence, je ferai tout au monde pour vous rendre heureux, si cela est en mon pouvoir. » Dans le drame définitif, imprimé en 1599, le moine a perdu cette fausse confiance. Ce n'est plus sans appréhension qu'il accorde son concours : « Puisse le ciel, s'écrie-t-il, sourire à cet acte pieux, et puisse l'avenir ne pas nous le reprocher par un chagrin ! ». Il ne dissimule plus les inquiétudes qu'autorise sa vieille expérience ; le bonheur de ces amoureux lui paraît trop grand pour durer : « Ces joies violentes ont des fins violentes : flamme et poudre, elles se consument dans un baiser. » Ainsi le moine nous prépare par ses pressentiments à la fatale conclusion. Grâce à une retouche magistrale, il acquiert la puissance augurale qui lui manquait. Ce trait nouveau complète désormais sa figure. Le prêtre est devenu prophète.

Hélas ! la prédiction de Laurence ne se réalise que trop tôt. A peine Roméo a-t-il épousé Juliette, à peine a-t-il quitté la cellule, que Tybalt le défie sur la place publique. — Vous vous rappelez comment a lieu la rencontre entre Roméo et Tebaldo dans la légende italienne. Une rixe a éclaté sur la promenade du Cours entre les deux familles rivales : Roméo, d'abord neutre, se laisse émouvoir par les cris de ses partisans blessés ; il se jette sur Tebaldo et le tue. — Afin de justifier cette action de Roémo, Shakespeare a pris un surcroît de précaution : quelques coups d'épée donnés à d'obscurs partisans ne lui ont pas paru une provocation suffisante ; il a aggravé l'offense de Tybalt par le meurtre de Mercutio. Ce n'est pas seulement pour Roméo, son ami intime, que la mort de Mercutio est une perte irréparable, c'est pour la foule, dont il était le favori. Jamais figure plus aimable, plus gracieuse et plus gaie n'avait paru sur la scène. — Shakespeare avait trouvé dans des ébauches antérieures les autres personnages de son drame. Mais Mercutio était né de sa fantaisie : aussi avait-il traité ce fils unique en enfant gâté ; il avait prodigué, pour en doter celui-ci, tous les trésors de sa verve inépuisable ; il lui avait accordé les dons les plus enviés de l'intelligence. Mercutio n'était pas seulement un homme d'esprit dans l'acception moderne du mot, c'était un poëte. Il n'avait pas seulement tous les mérites superficiels, la saillie, la répartie soudaine, la raillerie, l'étincelle ; il avait toutes les facultés puissantes, l'intuition mystérieuse, la pensée profonde, l'imagination ardente, le feu sacré. Il ne savait pas seulement lancer l'épigramme mordante aux trousses de la nourrice ahurie ; il pouvait, quand bon lui semblait, atteler le quadrige effréné du rêve au char aérien de la reine Mab.

Dryden rapporte une tradition étrange à propos de la mort de Mercutio ; d'après cette tradition, l'auteur de *Roméo et Juliette* aurait déclaré qu'*il avait été obligé de tuer Mercutio au milieu de la pièce, pour ne pas être tué par lui.* Dryden, qui se plaît à croire à l'authenticité de ces paroles, ajoute assez méchamment que *Mercutio ne lui semble pas un personnage si formidable, et que l'auteur aurait bien pu, sans danger pour lui-même, le laisser vivre jusqu'à la fin de la pièce et mourir dans son lit.* Johnson, peu suspect de partialité pour Shakespeare, relève avec colère l'assertion malveillante de Dryden, et en fait justice en peu de mots : « La gaieté de Mercutio, son esprit, et son courage, dit le célèbre critique, feront toujours désirer par ses amis qu'il eût vécu plus longtemps ; mais sa mort n'est pas précipitée ; il a vécu le temps qui lui était assigné dans la construction de la pièce, et je ne doute pas que Shakespeare n'eût été capable de prolonger son existence, bien que quelques-unes de ses saillies dépassent la portée de Dryden. » La riposte de Johnson est dure, mais méritée. Conçoit-on, en effet, l'outrecuidance du poëte de la Restauration, raillant, sur un propos de coulisse, l'incapacité de Shakespeare! Comme il est vraisemblable que l'auteur de *Comme il vous plaira* et de *Beaucoup de bruit pour rien* eût proclamé son impuissance à soutenir jusqu'au bout un personnage comique ! Shakespeare, le père de Béatrice et de Rosaline, Shakespeare, l'auteur de l'intarissable Falstaff, se déclarant épuisé par Mercutio ! Quelle absurdité ! — L'affirmation de Dryden ne prouve qu'une chose : c'est qu'il n'a point compris la savante construction du drame] dont il parle. La mort de Mercutio n'est pas un accident intempestif, dû au caprice soudain d'un esprit fatigué; elle est l'événement nécessaire d'où doit sortir le dénoûment même.

Tybalt doit tuer Mercutio afin que Roméo tue Tybalt. Pour que cet Hamlet de l'amour s'arrache à son inaction, pour qu'il soit entraîné à se battre avec ce Laërtes farouche dont Juliette est la cousine, il faut une de ces causes suprêmes qui mettent l'épée à la main des plus lâches : il faut qu'il ait à venger, sinon un père, du moins un frère. « Donc ce gentilhomme, mon intime ami, a reçu un coup mortel pour moi, après l'outrage déshonorant fait à ma réputation !... Tybalt est vivant, triomphant, et Mercutio est tué. Ah! remonte au ciel, circonspecte douceur, et toi, furie à l'œil de flamme, sois mon guide !... Tybalt, reprends pour toi ce nom d'infâme que tu m'as donné tout à l'heure. L'âme de Mercutio n'a fait que peu de chemin au-dessus de nos têtes ; elle attend que la tienne aille lui tenir compagnie! Il faut que toi ou moi ou tous deux nous allions la rejoindre! » Ainsi parle Roméo. Devant le cadavre de Mercutio, il sent renaître en lui ses rancunes de Montague ; l'antique esprit des vendettas lui restitue ses vertiges ; il est possédé de nouveau de ce démon de la haine qu'avait exorcisé le doux regard de sa bien-aimée ; le sang de ses aïeux lui remonte à la face. Il menace de sa lame furieuse la rapière redoutable qui vient de frapper son ami. Le mari de Juliette croise le fer avec le cousin de Juliette. C'en est fait. Tybalt tombe et Roméo est banni.

Quelle scène étonnante que celle où Juliette apprend les terribles événements qui vont décider de sa vie ! Jamais poëte n'a combiné avec une plus savante audace ces deux éléments du drame, le comique et le tragique. — La nourrice arrive haletante, épuisée, toussant, crachant, n'en pouvant plus. A son geste de désespoir, Juliette comprend qu'une catastrophe est arrivée ; mais quelle est au juste cette catastrophe, elle ne peut parvenir à le découvrir : « Il est mort! il est tué! il n'est plus ! » Mais qui donc est mort? La nourrice ne le dit pas. Son essoufflement prolonge l'affreuse équivoque. Il faut que Juliette attende que la vieille femme ait repris haleine ; il faut que cette immense douleur reste suspendue aux intermittences de ce catharre : « Quel démon es-tu pour me torturer ainsi? s'écrie la pauvre enfant. C'est un supplice à faire rugir les damnés. Roméo est-il mort? Dis oui ou non, et qu'un seul mot décide de ma misère ! » L'asthme de la vieille est impitoyable. Quelques minutes, quelques siècles s'écoulent avant qu'elle parvienne à articuler ces mots décisifs : « Tybalt n'est plus et Roméo est banni ! Roméo qui l'a tué est banni ! » Enfin Juliette connaît la vérité tout entière : elle est frappée d'un double malheur ; elle a à pleurer en même temps son cousin mort et son mari proscrit. Pour un instant la perte de Tybalt paraît être le regret suprême de Juliette : on dirait qu'alors elle se rappelle cette douce enfance dont Tybalt fut le compagnon, et que ces souvenirs affluent dans son esprit pour accuser Roméo. Durant une minute, les prédilections de la jeune fille semblent dominer les affections de la femme. Juliette cesse d'être une Montague pour redevenir une Capulet. A l'écouter parler de Roméo, on croirait entendre la Chimène maudissant Rodrigue : « O cœur de reptile caché sous la beauté en fleur! Corbeau aux plumes de colombe! Agneau ravisseur de loups! Méprisable substance d'une forme divine! Se peut-il que la perfidie habite un si splendide palais!. » Mais l'Italienne n'a pas l'acharnement familial de l'Espagnole. Chez elle, cette apparente velléité de résistance à la passion n'a que la durée d'un éclair. Pour que ses vrais sentiments fassent explosion, il suffit d'un mot de la nourrice : « Il n'y a plus à se fier aux hommes, marmonne cette commère, ce sont tous des parjures, tous des vauriens, tous des hypocrites. Ah! où est mon valet? Vite, qu'on me donne de l'eau-de-vie!... Honte à Roméo! »

Travesties de cette façon bouffonne, les paroles que Juliette vient de prononcer contre son mari lui semblent autant de blasphèmes ; elle se tourne avec fureur contre la vieille qui lui renvoie cet écho burlesque de ses imprécations : « Maudite soit ta langue pour ce souhait! Il n'est pas né pour la honte, lui! La honte serait honteuse de siéger sur son front, car c'est le trône où l'honneur devrait être couronné monarque absolu de l'univers. Ah! quel monstre j'étais de l'outrager ainsi! » Le grotesque déchaîne le sublime. Provoqué par la ridicule interruption de la nourrice, l'amour reparaît chez Juliette dans toute sa pathétique grandeur; le désespoir de l'épouse foudroie le deuil de la cousine de ses dédains superbes : « Oh! il y a un mot plus terrible que la mort de Tybalt qui m'a assassinée ; je voudrais bien l'oublier, mais, hélas! il pèse sur ma mémoire comme une faute damnable sur l'âme du pécheur. Tybalt est mort et Roméo est banni. Banni! ce seul mot *banni* a tué pour moi dix mille Tybalt. Que Tybalt mourût, c'était un malheur suffisant, se fût-il arrêté là. Si même le malheur inexorable a besoin d'un cortége de catastrophes, pourquoi, après m'avoir dit *Tybalt est mort*, n'a-t-elle pas ajouté *ton père aussi* ou *ta mère aussi*, ou même *ton père et ta mère aussi?* Mais, à la suite de la mort de Tybalt, faire surgir cette arrière-garde : *Roméo est banni*, c'est tuer, c'est égorger à la fois père, mère, Tybalt, Roméo et Juliette! *Roméo est banni...* Il n'y a ni fin, ni limite, ni mesure, ni borne à ce mot meurtrier ! »

La scène suivante entre Laurence et Roméo est un des plus frappants exemples de la toute-puisssance du génie. Ici s'offrait à l'auteur une formidable difficulté : il avait à peindre l'état mental d'un homme que l'exil arrache à tout ce qu'il aime. Pour une pareille tâche, les éléments que fournit l'observation personnelle manquaient au poëte. — Tant qu'il ne s'agissait que d'exprimer les douleurs imposées à l'homme par la vie, Shakespeare pouvait trouver dans ses propres impressions les documents qui lui étaient nécessaires. Il avait été jaloux comme Othello ; il avait pleuré un enfant comme le roi Lear ; il avait éprouvé, comme Claudio, les terreurs de la mort; il avait épuisé, comme Hamlet, les amertumes de la mélancolie. Il avait été frappé par la nature, mais il n'avait pas été, comme Roméo, accablé par la société. Il n'avait pas subi l'épouvantable déchirement de l'homme qui est arraché par la même secousse à la patrie et à la femme adorées. Il n'avait pas été condamné à quitter pour toujours le foyer héréditaire, à rompre les douces habitudes de l'enfance, à briser les chères relations de la jeunesse. Il n'avait pas été réduit à abandonner la terre douce et triste,

> Tombeau de ses aïeux et nid de ses amours.

Il n'avait pas été suffoqué par les sanglots d'un éternel adieu ; il n'avait pas senti son cœur se fondre et son âme s'en aller sur ses lèvres dans le baiser suprême d'un dernier rendez-vous.

Comment donc le poëte pouvait-il exprimer les angoisses de Roméo, ne les ayant pas éprouvées? Toutes les données de l'expérience faisant défaut, un talent vulgaire aurait éludé ou écourté la terrible scène. Mais Shakespeare n'a pas eu cette défaillance. Il a affronté le sujet avec toute l'assurance du génie; il a suppléé par l'intuition aux lacunes de l'analyse ; ne pouvant voir, il a deviné, et, par un miracle d'imagination, il a évoqué le vrai.

O vous tous qui avez traversé ces épreuves, vous tous que la destinée a violemment enlevés aux joies natales, relisez cette scène où Roméo apprend la sentence qui le frappe, et dites-moi si le poëte n'a pas bien trahi le secret de vos souffrances. Ne sont-ce pas vos plaies cachées que voilà mises à nu? Ne sont-ce pas les douleurs stoïquement désavouées par vous qui hurlent par la voix de Roméo? « Ah! le bannissement! par pitié, dis : la mort! L'exil a l'aspect plus terrible, bien plus terrible que la mort!... Hors de ces murs, le monde n'existe pas : il n'y a que purgatoire, torture, enfer même! Être banni d'ici, c'est être banni du monde, et cet exil-là, c'est la mort!... Tu n'avais donc pas de poison subtil, pas un couteau affilé, un instrument quelconque de mort subite? Tu n'avais donc pour me tuer que ce seul mot : *banni! banni!* Ce mot-là, mon père, les damnés de l'enfer le prononcent dans les rugissements!... Au gibet la philosophie! Tu ne peux pas parler de ce que tu ne sens pas. Si tu étais jeune comme moi, éperdu comme moi et comme moi proscrit, alors tu pourrais t'arracher les cheveux et te jeter contre terre pour y prendre d'avance la mesure de ta fosse! »

Quelle nuit de noces ils ont eu, les époux véronais! Nuit de délices et de tortures! Nuit d'extase et d'effroi! Nuit d'immense ravissement et de désolation immense! Entre ces jeunes gens que l'amour marie ce soir, demain l'exil prononce le divorce. Les voyez-vous dans la chambre nuptiale, allant du balcon à l'alcôve et de l'alcôve au balcon, enchantés et effarés, maudissant et bénissant chaque minute qui s'écoule, échevelés à la fois par la jouissance et par l'horreur? Hélas! ces étreintes si douces doivent être les dernières; tous ces baisers sont des baisers d'adieu! La proscription, la hideuse proscription est à la porte et n'attend que le point du jour pour les enlever l'un à l'autre. Misérables bienheureux! il faut qu'ils rassasient en quelques heures l'infini de leurs désirs; il faut qu'ils vivent en quelques secondes toute une éternité de tendresses... Ciel! quel est l'oiseau qui a chanté. Est-ce le rossignol? Est-ce l'alouette? « C'est le rossignol, prétend Juliette; toutes les nuits il chante sur le grenadier là-bas. Crois-moi, amour, c'était le rossignol. — C'est l'alouette, affirme Roméo, c'est la messagère du matin! Regarde, amour, ces lueurs jalouses qui dentellent le bord des nuages à l'orient. Je dois partir et vivre ou rester et mourir. — Cette clarté là-bas n'est pas la clarté du jour, je le sais bien, moi! c'est quelque météore que le soleil exhale pour te servir de torche cette nuit. Reste donc! — Soit! qu'on me prenne, qu'on me mette à mort, je suis content si tu le veux ainsi. Non, cette lueur grise n'est pas le regard du matin, elle n'est que le pâle reflet du front de Cynthia, et ce n'est pas l'alouette qui frappe de ces notes stridentes la voûte du ciel. Vienne la mort et elle sera la bienvenue. Ainsi le veut Juliette... Comment êtes-vous, mon âme? Causons, il n'est pas jour. — Il est jour, il est jour! Va-t'en, pars. C'est l'alouette qui détonne ainsi. Sa voix nous dérobe l'un à l'autre et te chasse d'ici par son hourvari matinal. Ah! maintenant pars!... Allons, fenêtre, laisse entrer le jour et sortir ma vie. — Adieu, adieu! un baiser et je descends. » Et l'affreux arrachement a lieu et Roméo descend, et, quand il est descendu, les deux époux échangent un dernier regard; mais déjà ils sont méconnaissables; l'exil a jeté sur leur visage son crêpe lugubre. « O Dieu! s'écrie-t-elle, tu m'apparais comme au fond d'une tombe. Ou mes yeux me trompent, ou tu es bien pâle. — Crois-moi, ma bien-aimée, tu me sembles bien pâle aussi. L'angoisse a bu notre sang, adieu! » Pour les amants, la séparation, c'est la mort. Chaque pas qui les éloigne est un pas dans le sépulcre. Dès l'instant où ils se quittent, ce ne sont plus des vivants, ce sont des spectres.

Roméo et Juliette est, de tous les drames de Shakespeare, celui où l'action est la plus rapide. Voyez avec quelle logique inexorable les événements s'y sont précipités. L'entrée de Roméo au bal des Capulets a eu immédiatement une double conséquence, son mariage avec Juliette et son duel avec Tybalt. Son duel avec Tybalt a eu pour résultat son exil. Son exil a causé le désespoir de Juliette. Le désespoir de Juliette est le motif qui décide ses parents à la marier sans retard à Pâris. — Dans la légende italienne, un intervalle de plusieurs mois s'écoule entre le départ de Roméo et cette funeste décision. « Roméo ayant pris congé de Juliette s'en va à

Saint-François, et, après qu'il eut fait entendre son affaire à frère Laurens, partit de Vérone accoutré en marchand étranger et fit si bonne diligence, que sans encombrier il arriva à Mantoue, où il loua maison, et vivant en compagnie honorable, s'essaya *pour quelques mois* à décevoir l'ennemi qui le tourmentait. Mais durant son absence, la misérable Juliette ne sut donner si bonne trêve à son deuil que par la mauvaise couleur de son visage, on ne découvrît aisément l'intérieur de sa passion [1]. » — Dans le drame, pas de délai. La fatalité tragique, une fois en besogne, ne s'interrompt pas. A peine Roméo a-t-il quitté la chambre nuptiale que voici venir Capulet et lady Capulet, pour signifier à leur fille que dans deux jours elle doit épouser le comte Pâris. Placée entre la foi conjugale et le respect filial, Juliette agit comme Desdémona : elle résiste, avec déférence mais avec fermeté, à l'autorité paternelle.

Alors éclate sur la jeune femme la formidable colère du père offensé. Capulet est de la même race que Brabantio. C'est un de ces seigneurs de vieille roche habitués à exercer chez eux le pouvoir absolu. Devant lui tous plient, tous s'humilient, tous tremblent. Sa femme n'est que la première de ses servantes. Il traite ses gens comme sa famille, et sa famille comme ses gens. Doué de qualités réelles, affable, hospitalier, assez bon homme au fond, Capulet devient féroce à la moindre résistance. Vous vous rappelez, pendant la scène du bal, avec quelle indignation il gourmandait son neveu Tybalt. Jugez par là combien il doit être exaspéré par la désobéissance de sa fille : « Mignonne donzelle, s'écriait-il, dispensez-moi de vos fiertés et préparez vos fines jambes pour vous rendre jeudi prochain à l'église Saint-Pierre, en com-

---

[1] Nouvelle de Bandello, traduite par Boisteau.

pagnie de Pâris, ou je t'y traînerai sur la claie, moi! — Cher père, je vous en supplie à genoux, ayez la patience de m'écouter, rien qu'un mot! — Arrière, éhontée! » Repoussée par le vieillard qui vient de sortir furieux, Juliette se traîne aux pieds de lady Capulet. Si son père ne l'a pas comprise, peut-être sa mère la devinera-t-elle : « Oh! ne me rejetez pas, ma mère bien-aimée. Ajournez ce mariage d'un mois, d'une semaine. Sinon, dressez le lit nuptial dans le sombre monument où Tybalt repose! — Ne me parle plus, je n'ai rien à te dire, car entre toi et moi tout est fini. » Et lady Capulet court rejoindre son mari. Qui donc aura pitié de la pauvre enfant, si sa mère l'abandonne? Il est encore une affection sur laquelle Juliette compte : la nourrice! — Oui, cette vieille servante qui l'a allaitée, qui l'a tenue dans ses bras toute petite, qui a obtenu d'elle son premier sourire, et, vous vous en souvenez, sa première grimace, cette fidèle gouvernante qui l'a vue grandir sous ses yeux, qui toujours l'a gâtée, adulée, choyée, qui pour elle a tendu les langes du berceau et les draps du lit nuptial, celle-là du moins sympathisera avec Juliette : « O mon Dieu, nourrice, comment empêcher cela? Console-moi, conseille-moi! » Ici encore le sublime se heurte au grotesque. Le vulgaire raisonnement de la nourrice n'indique au noble délire de Juliette que le plus ignoble expédient : « Ma foi, écoutez! Roméo est banni; je gage le monde entier contre néant qu'il n'osera jamais venir vous réclamer... Puisque tel est le cas, mon avis, c'est que vous épousiez le comte. Oh! c'est un si aimable gentilhomme. Roméo n'est qu'un torchon à côté de lui! » Devant cet infâme conseil, la généreuse créature se révolte, Juliette récuse à tout jamais le lâche dévouement qui lui offre le bonheur dans le déshonneur : « O vieille damnée! abominable démon! Je ne sais quel est ton plus grand crime, ou de souhaiter que je me parjure, on d'outrager mon seigneur! Va-t'en, perfide conseillère. Entre toi et mon cœur, il y a désormais rupture. »

Maudite par son père, honnie par sa mère, trahie par sa nourrice, Juliette va s'adresser à la mort : elle se tuera plutôt que d'épouser Pâris. Mais, avant d'accomplir cette résolution désespérée, elle veut, pour l'acquit de sa conscience, invoquer une dernière fois l'arbitrage de la sagesse humaine. Elle se rend chez son confesseur, un poignard à la main : « Oh! donne-moi vite un conseil, dit-elle à Laurence; sinon, entre ma détresse et moi, je prends ce couteau pour médiateur. » A la situation extrême où est placée Juliette, Laurence entrevoit tout de suite la véritable issue : cette issue, ce n'est pas le suicide, c'est la fuite. Il faut que Juliette fuie, et fuie avec Roméo. Mais comment opérer cette évasion sans un scandale qui perde la jeune femme? Comment protéger la retraite des époux? Comment dépister à jamais les vendettas acharnées à les poursuivre? La science extraordinaire du moine lui révèle un moyen extraordinaire. Comme l'alchimiste païen de *Cymbeline*, le mage chrétien a la recette d'un narcotique inoffensif qui peut donner à un vivant toute l'apparence d'un cadavre. Endormie par ce narcotique, Juliette passera pour morte; ses parents l'enseveliront au caveau de famille; au bout de quarante-deux heures elle s'éveillera; Roméo, appelé de Mantoue par une lettre pressante, l'enlèvera de la tombe et tous deux pourront, sans être inquiétés, se réfugier dans quelque lointain asile. Tel est le plan qui doit sauver Juliette, « si aucune frayeur féminine ne vient abattre son courage au moment de l'exécution. » — Donne, oh! donne..., ne me parle pas de frayeur, s'écrie l'amoureuse qui ne doute pas d'elle-même, et elle emporte la précieuse fiole qui contient sa réunion à Roméo.

Rentrée à la maison, Juliette suit les instructions de son directeur; elle feint de consentir à épouser Pâris, et, tandis que Capulet, dupe de ce pieux mensonge, veille aux préparatifs de la noce, elle s'apprête pour les funérailles. Une fois seule dans sa chambre, elle saisit la fiole; mais, au moment d'avaler l'étrange liqueur, elle sent un frisson qui lui glace le sang; sa frêle et délicate constitution se révolte contre la violence qui lui est faite. Une lutte sinistre s'établit entre sa nature et sa volonté, entre les instincts de la femme et la résolution de l'épouse. Toutes les suppositions que peut suggérer l'effroi traversent en un instant sa pensée. Elle craint d'être empoisonnée; elle craint que Roméo n'arrive pas à temps; elle craint d'être suffoquée ou tout au moins de devenir folle dans ce caveau « où depuis des siècles sont entassés les os de ses ancêtres, où Tybalt sanglant pourrit sous son linceul, où, à certaines heures de la nuit, les esprits apparaissent. » Elle craint de s'éveiller avant l'heure « au milieu de gémissements semblables à ces cris de mandragore déracinée que les vivants ne peuvent entendre sans tomber en démence. Oh! alors elle perdrait la raison; et peut-être, insensée, voudrait-elle jouer avec les squelettes de ses ancêtres, et, saisissant l'os de quelque grand parent, en broyer sa cervelle désespérée! » Dans son délire, elle aperçoit le spectre de son cousin poursuivant Roméo... « Arrête, Tybalt, arrête! » Il semble qu'en ramenant sa pensée vers Roméo, Juliette ait repris courage. Elle porte la fiole à ses lèvres et avale le breuvage, dans un toast à son bien-aimé : « Roméo! Roméo! Roméo! voici à boire, je bois à toi. »

Mistress Jameson, dans une remarquable étude, a justement fait ressortir la différence qui existe entre Juliette et les autres types féminins de Shakespeare. L'énergie de

Juliette ne rappelle jamais celle que produit chez sa sœur Imogène la grandeur morale, ou chez sa sœur Portia la puissance intellectuelle; elle est fondée sur le sentiment, non sur le caractère; elle est accidentelle, non inhérente. Otez à Juliette son amour, vous retrouverez tout de suite la faible et pusillanime nature d'une naïve enfant. Au contraire restituez-lui sa passion, et aussitôt cette nature s'exaltera, sa faiblesse deviendra force, sa pusillanimité se changera en intrépidité, sa naïveté se transformera en éloquence. Elle aura tout courage et toute bravoure; elle affrontera toutes les épreuves, tous les périls, tous les épouvantails. L'enfant deviendra sublime, et l'héroïsme posera sur ce front de quinze ans son éblouissante auréole.

Jusqu'ici le stratagème imaginé par Laurence a réussi entièrement. Ce que le moine avait prémédité s'est accompli dans le moindre détail. Le matin même où Pâris devait l'épouser, Juliette, immobilisée par le somnifère, a été déclarée morte, et conduite au cimetière au lieu d'être menée à l'église. « Tous les préparatifs de fête se sont changés en appareil funèbre; le gai concert est devenu un glas mélancolique, le repas de noces un triste banquet d'obsèques, l'hymne solennel un chant lugubre. » La jeune femme, couchée dans un cercueil ouvert, dort au caveau de famille; avant vingt-quatre heures, elle doit s'éveiller. Qu'alors Roméo arrive, qu'il la retire du sépulcre, l'emmène de cette triste Vérone, et les deux époux, désormais à l'abri du péril, pourront transporter dans quelque désert éloigné l'Éden de leur amour! Oh! quelle existence d'extases, de ravissements et de délices leur promet ce paradis retrouvé! Quelle joie de vivre, loin des haines du monde, sous quelque humble toit, côte à côte, la bouche sur la bouche, le cœur sur le cœur, Roméo pour Juliette, Juliette pour Roméo! Le bon prêtre a tout arrangé et tout deviné ; il a tout prévu, oui, tout,—hormis l'imprévu ! Laurence a bien écrit à Roméo pour lui révéler son plan mystérieux, mais la lettre n'a pas été remise à Roméo. Le moine qui s'était chargé de la porter a été retenu par un accident. — Cet accident, c'est le veto mis par le sort au bonheur des amants véronais. Cet accident, c'est le trait oblique lancé sur les deux prédestinés par les astres ennemis. Cet accident, c'est par la brusque échappatoire opposée à la conjecture par mystère ! Cet accident, c'est l'infranchissable grain de sable jeté par la fatalité en travers de la volonté humaine.

Hélas ! les plus sages sont sujets à l'erreur : frère Jean n'ayant pu remplir sa mission, le projet de Laurence avorte. Balthazar arrive le premier ; et, au lieu de l'heureuse issue qu'avait rêvée le moine, arrive la catastrophe.

Persuadé par le récit du page que Juliette est morte, Roméo ne verse pas une larme, ne pousse pas un sanglot, n'articule pas un cri. Devant une telle douleur, le poëte a fait taire la parole : il n'a pas cherché à exprimer l'inexprimable, il n'a pas tenté de définir l'infini. A quoi bon pour ce désespoir les lieux communs de la plainte ? Juliette est morte. Il s'agit bien de la pleurer ! Il faut la rejoindre. « O ma Juliette, je dormirai près de toi ce soir ! » Pour arriver à ce but suprême, Roméo veut le moyen le plus infaillible et le plus rapide : il s'empoisonnera. Mais comment se procurer du poison ? La loi de Mantoue punit de mort le trafic de cette denrée-là. Bien misérable serait celui que l'appât du gain déciderait à braver une prohibition si terrible. C'est alors que Roméo se souvient d'avoir rencontré, il y a quelques jours, un pauvre apothicaire occupé à cueillir des simples. « Ce gueux que la famine a rongé jusqu'aux os » tient aux environs une chétive échoppe où se dessèchent une tortue, un alligator empaillé et des peaux de poissons monstrueux ; sur sa devanture « sont épars, pour faire étalage, des boîtes vides, des pots de terre verdâtres, des vessies, des graines moisies, des restes de ficelles et de vieux pains de rose. » Roméo se rappelle minutieusement ces détails qui confirment son plus cher espoir. Nul doute que cette pénurie squalide ne soit corruptible, et que ce meurt-de-faim ne lui vende à mourir. — Roméo frappe à la porte du bouge. L'homme ouvre. Roméo lui offre une fortune, quarante ducats, pour une dose de poison. « J'ai des poisons meurtriers, répond l'homme timidement, mais la loi de Mantoue, c'est la mort pour qui les débite. » Roméo est surpris du scrupule. Ce téméraire qui s'insurge contre la destinée s'étonne de ce pusillanime qui hésite à se révolter contre la société. Roméo viole bien la loi naturelle : pourquoi ce malheureux n'enfreindrait-il pas une convention factice ? Le Montague insiste avec une sinistre éloquence. La misère morale prêche l'insurrection à la misère matérielle pour en faire sa complice : « Le monde ne t'est point ami, ni la loi du monde ; le monde n'a pas fait sa loi pour t'enrichir, viole-la donc, cesse d'être pauvre et prends ceci. » Enfin le gueux se laisse tenter ; tout tremblant, il accepte la bourse en échange de la fiole. « Voici ton or, reprend Roméo impassible. Ce poison-là est plus funeste à l'âme des hommes, il commet plus de meutres en cet odieux monde que ces pauvres mixtures que tu n'as pas le droit de vendre. C'est moi qui te vends du poison ; toi, tu ne m'en as pas vendu. Adieu, achète de quoi manger et engraisse... Ceci du poison ! non ! viens, cordial, viens avec moi au tombeau de Juliette, c'est là que tu dois me servir ! »

La nuit est venue. Les ténèbres couvrent le cimetière au milieu duquel se dresse le mausolée des Capulets. Derrière les ifs et les cyprès dont les ombres s'agitent dans le champ funèbre, apercevez-vous cette lumière qui s'avance vers nous, sinistre comme un feu follet? C'est la torche qui éclaire la marche de Roméo vers le sépulcre où dort sa bien-aimée. À cette lueur fantastique, le proscrit apparaît, drapé dans un manteau sombre. Son œil fixe, ses traits contractés, son geste saccadé, sa face spectrale annoncent une détermination irrévocable. Que va-t-il se passer? — Arrivé devant le tombeau, Roméo prend un levier des mains de Balthazar qui l'accompagne, puis, congédiant le fidèle serviteur : « Va-t'en, lui dit-il, éloigne-toi ; si tu oses revenir pour épier ce que je vais faire, par le ciel! je te déchirerai lambeau par lambeau, et je joncherai de tes membres ce cimetière affamé. Ma résolution est farouche comme le moment, elle est plus inexorable que le tigre à jeun ou la mer rugissante. — Je vais me retirer, murmure le page attéré, je ne vous troublerai pas. — C'est ainsi que tu me prouveras ton dévouement... Prends cet or, vis et sois heureux. Adieu, cher enfant! » Dès que le page a disparu, Roméo s'élance vers la tombe, le levier à la main : « Matrice de mort, s'écrie-t-il, je parviendrai bien à ouvrir tes lèvres pourries et à te fourrer de force une nouvelle proie. » Mais au moment où il va crocheter la porte, une voix menaçante l'interpelle du fond de l'ombre : « Suspends ta besogne, vil Montague! Misérable condamné, je t'arrête. Obéis et viens avec moi, car il faut que tu meures. » Roméo, déjà tourné vers la tombe, se retourne vers ce vivant qui ose le déranger, et le conjure de ne pas intervenir follement entre lui et la tombe : « Oh! va-t'en. Par le ciel, je t'aime plus que moi-même, car c'est contre moi-même que je viens ici armé. Ne tarde pas, vis, et dis un jour que la pitié d'un fou t'a forcé de fuir. » Mais l'inconnu brave la commisération de Roméo et le provoque de son épée. Le Montague pare le coup et riposte : son adversaire tombe expirant, Roméo ne sait pas encore qui il a tué : il approche la torche du cadavre, et reconnaît — qui? Son rival, Pâris.

Nombre de critiques ont blâmé comme une complication inutile ce duel entre Pâris et Roméo que le poëte a ajouté à la légende italienne. Ces critiques auraient dû mieux comprendre la pensée du maître. Si Shakespeare s'est ici départi de sa scrupuleuse fidélité au scénario original, c'est qu'un motif puissant l'y a déterminé. Sans doute la conscience du poëte a protesté contre l'impunité accordée par la tradition au persécuteur de Juliette. La coupable obstination de Pâris lui a paru mériter un châtiment. N'est-ce pas en effet Pâris qui a réduit Juliette au désespoir? Voulant épouser la fille de Capulet, cet homme ne l'a même pas consultée! Au lieu de s'adresser à elle afin d'obtenir son aveu, il a provoqué contre elle toutes les rigueurs du despotisme paternel. En vain Laurence lui avait reproché cette conduite déloyale; Pâris n'a pas tenu compte de ces objections. En dépit de Juliette elle-même, qui ne lui dissimulait pas ses antipathies, il s'est entêté dans ses poursuites avec la froide persévérance d'un calculateur qui ne voit dans le mariage que le contrat, et qui traite, comme des affaires d'argent, les plus délicates questions du cœur. Poussé par la plus prosaïque convoitise, le comte a voulu faire violence aux goûts de Juliette; il a attenté aux franchises les plus sacrées de cette belle âme. Le téméraire! il n'a pas vu où devait l'entraîner sa triste cupidité. En s'acharnant ainsi, il n'a pas vu à quelle rivalité formidable il allait se heurter; il n'a pas deviné qu'il essayait de séparer deux existences inséparables. Cette erreur lui a coûté la vie. Pâris a succombé pour s'être interposé jusqu'au dernier moment entre Roméo et Juliette ; il a été broyé dans le suprême embrassement des époux prédestinés.

Pâris tué, le Montague peut enfin accomplir sans obstacle sa résolution. Il pénètre dans le tombeau, traînant le corps sanglant qu'il ensevelit de ses mains, en adversaire généreux ; puis, ce pieux devoir accompli, il contemple pour la dernière fois la forme terrestre de la beauté idéale qu'il croit, hélas! enfuie ailleurs. — Un instant, on espère qu'il va reconnaître sa méprise. A voir ce teint blanc et rose, ces traits si calmes, cette figure si sereine, Roméo semble soupçonner d'abord que Juliette n'est qu'assoupie. « O ma bien-aimée, la mort ne t'a pas conquise ; la flamme de la vie est encore toute cramoisie sur tes lèvres et sur tes joues, et le blême drapeau de la mort n'est pas encore déployé là. » Mais ce doute ne fait que traverser son esprit comme une poétique image. Roméo ne prend pas au mot la tutélaire métaphore qu'une secrète inspiration lui suggère. Pour lui, Juliette est morte, bien morte : Balthazar ne le lui a-t-il pas dit ? Allons! il faut mourir! « Chère Juliette, je veux rester près de toi, et ne plus sortir de ce sinistre palais de la nuit. Je veux rester ici avec la vermine que tu as pour chambrière. Oh! c'est ici que je veux fixer mon éternelle demeure et soustraire aux étoiles ennemies cette chair lasse du monde... Viens, amer conducteur, viens âcre guide. Pilote désespéré, lance sur les brisants ma barque épuisée par la tourmente... A toi! mon amour! » A peine Roméo a-t-il été foudroyé par le poison, que Juliette tressaille. Elle ouvre les yeux ; son premier cri est pour demander Roméo. Encore engourdie par le sommeil, elle ne voit pas ce cadavre qui l'étreint. Il faut que Laurence, qui vient d'entrer, lui révèle l'affreuse vérité : « Un pouvoir au-dessus de toute contradiction a traversé nos projets. Viens! partons! Ton mari est là gisant sur ton sein... Viens, je te placerai dans une communauté de saintes religieuses. Pas de question! » — « Va-t'en d'ici, répond-elle au prêtre, moi, je ne m'en irai pas!... Qu'est ceci? Une fiole dans la main de mon bien-aimé! Le poison, je le vois, a causé sa fin prématurée. Le ladre! il a tout bu! Il ne m'a pas laissé une goutte amie pour le rejoindre. Je veux baiser ses lèvres. Peut-être y trouverai-je un reste de poison dont le baume me tuera! » En vain Juliette accumule les baisers : elle ne peut sucer la mort sur cette bouche adorée. Heureusement elle aperçoit le poignard suspendu au côté de Roméo, elle le saisit : « Voici ton fourreau, s'écrie-t-elle, rouille-toi là et laisse-moi mourir! »

Ainsi que le lecteur s'en souvient, dans la légende de Luigi da Porto, Juliette s'éveille avant que Roméo, déjà empoisonné, ait rendu le dernier soupir; les deux époux ont un dernier entretien et s'expliquent dans une scène navrante l'effroyable erreur dont ils sont victimes. Selon toute probabilité, Shakespeare n'a pas eu connaissance de ce dénoûment que les traducteurs anglais, Arthur Brooke et William Paynter, lui ont présenté, modifié selon la version française de Pierre Boisteau. S'il en avait eu connaissance, aurait-il altéré son drame conformément à la tradition primitive? Aurait-il préféré la conclusion italienne à la conclusion française?

Cette grave question, qui aujourd'hui encore tient en suspens la critique européenne, David Garrick l'a tranchée au siècle dernier par l'affirmative. Croyant obéir au génie même de Shakespeare, l'illustre tragédien n'a pas hésité à refaire la scène finale du drame d'après les indications de Luigi da Porto et à jouer sur le théâtre de Drury-Lane la pièce ainsi transformée. Le lecteur trouvera, reproduit fidèlement dans les notes placées à la fin de ce volume, tout le travail de Garrick et pourra ainsi décider par lui-même si l'œuvre du maître a gagné ou perdu à cette correction posthume. Quant à moi, s'il m'est permis d'exprimer un timide avis dans cette importante controverse, j'avouerai que le succès obtenu par Garrick ne justifie pas à mes yeux sa témérité. Le drame de Shakespeare corrigé par le chef de troupe me fait l'effet d'un merveilleux tableau du Titien retouché crûment par quelque peintre de décor. Cette retouche criarde détonne, non-seulement avec le style, mais avec la pensée du maître. Les lamentations pénibles qu'arrache à Roméo et à Juliette la reconnaissance finale intercalée par Garrick troublent complétement l'impression que le poëte a entendu produire sur le spectateur. Au lieu de la salutaire tristesse que doit laisser dans son esprit la conclusion primitive, le public, devant ce surcroît de supplice, n'éprouve plus que l'horreur et l'effroi. Est-ce là ce que le poëte a voulu ? Loin d'exagérer la douloureuse émotion causée par la mort des amants véronais, il a tout fait au contraire pour l'atténuer ; c'est dans ce but qu'il a prolongé la scène jusqu'à la réconciliation des Montagues et des Capulets. Logique dans son système, Garrick a retranché ce dernier épisode. Mais comment ne pas voir que cette suppression est directement contraire aux intentions les plus formelles de l'auteur ?

Au lieu de conclure son œuvre par l'anathème du désespoir, Shakespeare l'a résumé par un cri d'espérance. La lutte entre l'amour et la haine, dont *Roméo et Juliette* est le merveilleux emblème, se termine en définitive par le succès du bon principe : la bataille qui semblait perdue par l'amour s'achève, grâce à un brusque retour, par la déroute de la haine. Ces familles ennemies que n'avait pu rapprocher l'union des deux amants sont réconciliés par leur mort ; elles abjurent les rancunes et les animosités qui ont tué leurs enfants. Les bourreaux sont convertis par les martyrs ; la victoire reste aux victimes. Désormais plus de querelles intestines ! Plus de vendettas domestiques ! Les Capulets tendent la main aux Montagues ; Étéocle ouvre les bras à Polynice ; Thyeste se jette aux pieds d'Atrée. Le sacrifice de Roméo et de Juliette est l'holocauste expiatoire qui doit apaiser à jamais les furies du fratricide.

Que cette solution suprême nous rassure et nous console. Espérons, espérons. L'amour, en voie de triomphe, ne s'arrêtera pas. L'amour, c'est la fatalité propice qui emporte l'humanité vers l'harmonie divine. Aujourd'hui l'amour fonde la cité par le rapprochement des familles ; demain il fondra la patrie par la réconciliation des cités. Un jour, inspirées par lui, les villes ennemies feront comme les maisons ennemies : elles renieront leurs rivalités et leurs jalousies séculaires. Alors plus de Guelfes ni de Gibelins ! Ainsi que les Capulets aux Montagues, ceux de Pise tendront la main à ceux de Forence, ceux de Ferrare à ceux de Rimini, ceux de Modène à ceux de Parme. Milan conspirera en faveur de Mantoue. Gênes prendra les armes, non plus pour ruiner, mais pour sauver Venise. Le Nord affranchira le Midi : le fils d'un pêcheur de la côte subalpine s'embarquera dans l'ouragan pour aller délivrer la terre de Masaniello.

Un dernier mot pour évoquer un pieux souvenir.

Dans un faubourg de Vérone, près d'un couvent franciscain situé hors de l'enceinte Scaliger, au milieu d'un champ qui fut jadis un cimetière et qui est aujourd'hui converti en vignoble, on voit, sous un berceau de pampres, un sarcophage de marbre rouge, en partie dégradé par les siècles. Ce sarcophage, profond d'un pied et demi, large de deux pieds et long de six pieds, est fruste et découvert; dans l'intérieur, à l'extrémité orientale, est un oreiller de pierre qui semble avoir été placé là pour appuyer une tête; à deux des parois se remarquent deux trous, évidemment creusés à la hâte, qui ont dû faire office de soupirail. C'est dans ce tombeau, plus semblable à un lit qu'à un sépulcre, que, selon une tradition immémoriale, le moine Lorenzo a déposé Juliette.

A l'heure où j'écris, le canon autrichien menace le champ sacré qui contient la glorieuse relique; une bande de reîtres bivouaque dans le vénérable monastère; un soudard germanique est en faction auprès du sarcophage!

O vous tous, camarades d'outre-monts, jeunes gens qui avez au cœur la sainte flamme de Roméo et qui parlez sa langue, songez qu'une sentinelle tudesque garde le monument où fut inhumée la fille des Capulets! Songez à cela, et puisse cette pensée surexciter votre acharnement, au jour de la lutte décisive contre l'étranger! Puisse le ressentiment d'une telle profanation exalter votre fureur jusqu'à l'héroïsme! Alors, en dépit des bastions et de la forteresse, marchez sur Vérone, intrépides; forcez le faubourg sous la mitraille, pénétrez dans le champ funèbre, reprenez-le, et, quand vous l'aurez reconquis, ô prodige! vous verrez surgir de la tombe, après une léthargie de quinze cents ans, cette Juliette immortelle qui s'appelle l'Italie!

Hauteville house, 10 août 1860.

ANTOINE ET CLÉOPATRE [1]

PERSONNAGES :

MARC-ANTOINE \
OCTAVE CÉSAR } Triumvirs. \
LÉPIDE /

SEXTUS POMPÉE.

DOMITIUS ÉNOBARBUS \
VENTIDIUS \
ÉROS \
SCARUS } Partisans d'Antoine. \
DERCÉTAS \
DÉMÉTRIUS \
PHILON /

MÉCÈNE \
AGRIPPA \
DOLABELLA \
PROCULÉIUS } Partisans de César. \
THYRÉUS \
GALLUS /

MÉNAS \
MÉNÉCRATE } partisans de Pompée. \
VARRIUS /

TAURUS, lieutenant de César.
CANIDIUS, lieutenant d'Antoine.
SILIUS, officier dans l'armée de Ventidius.
EUPHRONIUS, précepteur des enfants d'Antoine.

ALEXAS \
MARDIAN } au service de Cléopâtre. \
SÉLEUCUS \
DIOMÈDE /

UN DEVIN.
UN PAYSAN.

CLÉOPATRE, reine d'Égypte.
OCTAVIE, sœur de César et femme d'Antoine.
CHARMION } suivantes de Cléopâtre.
IRAS /

OFFICIERS, SOLDATS, MESSAGERS ET AUTRES GENS DE SERVICE.

La scène se passe successivement dans diverses parties de l'Empire romain.

SCÈNE I.

[Alexandrie. Dans le palais de Cléopâtre.]

Entrent DÉMÉTRIUS et PHILON.

PHILON.

— Non, mais cet enivrement de notre général — déborde la mesure. Ses yeux superbes, — qui sur les lignes et les bandes guerrières, — rayonnaient comme l'armure de Mars, abaissent désormais, détournent désormais — le feu et la dévotion de leurs regards — sur un front basané. Son cœur de capitaine, — qui dans les mêlées des grandes batailles faisait éclater — les boucles de sa cuirasse, a perdu toute sa trempe, — et est devenu un soufflet, un éventail — à rafraîchir les ardeurs d'une gipsy... Tenez, les voici qui viennent.

Fanfares. Entrent ANTOINE et CLÉOPATRE avec leur suite. Des eunuques agitent des éventails devant la reine.

PHILON, continuant.

— Faites bien attention, et vous verrez en lui — l'un des trois piliers du monde transformé — en bouffon d'une prostituée. Regardez et voyez.

CLÉOPATRE, à Antoine.

— Si c'est vraiment de l'amour, dis-moi combien il est grand.

ANTOINE.

— Il y a indigence dans l'amour qui peut s'évaluer.

CLÉOPATRE.

— Je veux fixer la limite jusqu'où l'on peut être aimé.

ANTOINE.

— Alors il te faut découvrir un nouveau ciel, une nouvelle terre.

Entre un SERVITEUR.

LE SERVITEUR, à Antoine.

— Mon bon seigneur, les nouvelles de Rome...

ANTOINE.

M'agacent. Sois bref.

CLÉOPATRE.

— Voyons, écoutez-les, Antoine : — Fulvie peut-être est irritée ; ou qui sait — si l'imberbe César ne vous signifie pas — ses ordres souverains : *Fais ceci ou cela, — prends ce royaume et affranchis cet autre ; — obéis, ou nous te damnons ?*

ANTOINE.

Quoi, mon amour !

CLÉOPATRE.

— Peut-être (oui, c'est bien probable,) — ne devez-vous pas rester ici plus longtemps : c'est votre congé — que César vous envoie. Écoutez-le donc, Antoine. — Où est la sommation de Fulvie... de César, veux-je dire ? Non, de tous deux ! — Faites entrer le messager. Aussi vrai que je suis reine d'Égypte, — tu rougis, Antoine ; et ce sang sur ton visage — est un hommage à César ; ou bien ta joue paye un tribut de honte — parce que tu entends gronder la voix stridente de Fulvie... Les messagers !

ANTOINE.

— Que Rome s'effondre dans le Tibre ! et que l'arche immense — de l'empire édifié s'écroule ! Voici mon univers ! — Les royaumes ne sont que fange : notre fumier terrestre — nourrit également la bête et l'homme. La noblesse de la vie, — c'est de s'embrasser ainsi,

Il embrasse Cléopâtre.

quand un couple si bien appareillé, — quand deux êtres comme nous peuvent le faire !... Dans cette sublime étreinte, j'enjoins — au monde entier, sous peine de châtiment, de reconnaître — que nous sommes incomparables !

CLÉOPATRE.

Excellente imposture ! — Pourquoi eût-il épousé Fulvia, s'il ne l'aimait pas ? — Je ne suis pas la folle que je veux paraître : Antoine — sera toujours lui-même...

ANTOINE.

Sans cesse animé par Cléopâtre. — Ah ! pour l'amour de mon amour et de ses douces heures, — ne perdons pas le temps en conférences ardues. — Il n'est pas une minute de notre existence qui doive se prolonger — désormais sans quelque plaisir : quelle fête ce soir ?

CLÉOPATRE.

— Écoutez les ambassadeurs.

ANTOINE.

Fi ! reine querelleuse, — à qui tout sied, gronder, rire, — pleurer : chez qui toutes les passions réussissent pleinement — à paraître belles et à se faire admirer ! — Pas de messagers !... Seuls tous les deux, — ce soir nous flânerons dans les rues et nous observerons — les mœurs du peuple. Venez, ma reine : — vous me l'avez demandé la nuit dernière... (2).

Au serviteur.
Ne nous parle pas.

Sortent Antoine et Cléopâtre avec leur suite.

DÉMÉTRIUS.

— César a-t-il donc pour Antoine si peu d'importance ?

PHILON.

— Parfois, seigneur, quand il n'est plus Antoine, — il se dépare trop de cette noble dignité — qui ne devrait jamais quitter Antoine.

DÉMÉTRIUS.

C'est avec douleur que je le vois — confirmer ainsi la médisance vulgaire qui — parle de lui à Rome. Mais je veux espérer — pour demain une conduite meilleure... Que le repos vous soit heureux ! —

Ils sortent.

SCÈNE II.

[Alexandrie. Une autre partie du palais.]

Entrent CHARMION, IRAS, ALEXAS, puis un DEVIN.

CHARMION.

Seigneur Alexas, suave Alexas, superlatif Alexas, presque parfait Alexas, où est le devin que vous avez tant vanté à la reine ? Oh ! que je connaisse ce mari qui, comme vous dites, doit entrelacer ses cornes de guirlandes !

ALEXAS.

Devin !

LE DEVIN, s'avançant.

Plaît-il ?

CHARMION, montrant le devin.

— Est-ce là l'homme?... Est-ce vous, monsieur, qui connaissez les choses?

LE DEVIN.

— Dans le livre infini des secrets de la nature — je sais lire un peu.

ALEXAS, à Charmion.

Montrez-lui votre main.

Entre ÉNOBARBUS.

ÉNOBARBUS.

— Qu'on dresse vite le dessert! et qu'il y ait du vin suffisamment — pour boire à la santé de Cléopâtre!

CHARMION.

Mon bon monsieur, donnez-moi une bonne destinée.

LE DEVIN.

— Je ne la fais pas, je la prédis. —

CHARMION.

Eh bien, je vous en prie, prédites-la-moi bonne.

LE DEVIN, examinant la main de Charmion.

— Vous serez beaucoup plus blanche que vous n'êtes. —

CHARMION.

Il veut dire plus blanche de peau.

IRAS.

Non, vous vous peindrez quand vous serez vieille.

CHARMION.

Aux rides ne plaise!

ALEXAS.

Ne troublez pas sa prescience : soyez attentive.

CHARMION.

Chut!

LE DEVIN.

— Vous aimerez plus que vous ne serez aimée. —

CHARMION.

J'aimerais mieux m'échauffer le foie à boire.

ALEXAS.

Voyons, écoutez-le.

CHARMION.

Allons, maintenant, quelque excellente aventure! Que, dans une matinée, je sois l'épouse de trois rois, et leur veuve à tous! Qu'à cinquante ans j'aie un fils à qui Hérode de Judée rende hommage! Trouve-moi un moyen de me marier à Octave César, que je sois l'égale de ma maîtresse.

LE DEVIN.

— Vous survivrez à la dame que vous servez. —

CHARMION.

O excellent! j'aime mieux une longue vie qu'un plat de figues.

LE DEVIN.

— Vous avez vu et traversé jusqu'ici une existence meilleure — que celle qui vous attend. —

CHARMION.

Alors il est probable que mes enfants n'auront pas de nom de famille. De grâce, combien dois-je avoir de garçons et de filles?

LE DEVIN.

— Si chacun de vos désirs avait une matrice — et si chacun était fécond, vous en auriez un million. —

CHARMION.

A d'autres, fou! je te pardonne tes contes de sorcière.

ALEXAS, à Charmion.

Vous croyez que vos draps sont les seuls confidents de vos désirs.

CHARMION, au Devin.

Eh bien, voyons, dites à Iras son sort.

ALEXAS.

Nous voulons tous savoir le nôtre.

ÉNOBARBUS.

Le mien, et celui de la plupart d'entre nous, ce sera de nous coucher ivres ce soir.

IRAS, tendant sa main au Devin.

Voici une paume qui annonce tout au moins la chasteté.

CHARMION.

Juste comme le Nil débordé annonce la famine.

IRAS.

Allez, folle compagne de lit, vous ne vous entendez pas à prédire.

CHARMION.

Non! Si une main onctueuse n'est pas un pronostic de fécondité, il n'est pas vrai que je puisse me gratter l'oreille... Je t'en prie, ne lui prédis qu'une destinée de manœuvre.

LE DEVIN, après avoir examiné la main d'Iras.

Vos destins sont pareils.

IRAS.

Mais comment? Mais comment? Donnez-moi des détails.

LE DEVIN.

J'ai dit.

IRAS.

Quoi! je n'ai pas un pouce de chance de plus qu'elle?

CHARMION.

Eh bien, quand vous auriez un pouce de chance de plus que moi, où le souhaiteriez-vous?

IRAS.

Ce n'est pas précisément au bout du nez de mon mari.

CHARMION.

Que le ciel redresse nos mauvaises pensées!... Au tour d'Alexas! Allons! sa bonne aventure! sa bonne aventure!... Oh! qu'il épouse une femme qui ne sache pas se tenir, douce Isis, je t'en supplie! Et que cette femme meure, et donne-lui-en une pire! et qu'une pire succède à celle-ci, jusqu'à ce que la pire de toutes le mène en riant à sa tombe, cinquante fois cocu! Bonne Isis, exauce-moi cette prière, quand tu devrais me refuser une chose plus importante. Bonne Isis, je t'en supplie!

IRAS.

Amen! Exauce cette prière des fidèles! Car, si c'est un crève-cœur de voir un galant homme mal marié, c'est un chagrin mortel de rencontrer un affreux maroufle non cocu! Ainsi, bonne Isis, maintiens les bienséances, et qu'il soit loti congrument!

CHARMION.

Amen!

ALEXAS.

Ah! vous le voyez! s'il dépendait d'elles de me faire cocu, elles se feraient putains rien que pour ça.

ÉNOBARBUS.

— Chut! voici Antoine.

CHARMION.

Non, pas lui, la reine!

Entre CLÉOPATRE.

CLÉOPATRE.

— Avez-vous vu Monseigneur?

ÉNOBARBUS.

Non, madame.

CLÉOPATRE.

Est-ce qu'il n'était pas ici?

CHARMION.

— Non, madame.

CLÉOPATRE.

— Il était disposé à la joie; mais soudain — une idée romaine l'a frappé... Énobarbus !

ÉNOBARBUS.

— Madame !

CLÉOPATRE.

Cherchez-le et amenez-le ici... Où est Alexas?

ALEXAS.

— Ici, madame, à vos ordres... Monseigneur arrive.

Entre ANTOINE, *suivi d'un* MESSAGER *et de sa suite.*

CLÉOPATRE.

— Nous ne voulons pas le voir : venez avec nous.

Sortent Cléopâtre, Énobarbus, Alexas, Iras, Charmion, le devin et la suite de la reine.

LE MESSAGER.

— Fulvie, ta femme, est entrée la première en campagne (3).

ANTOINE.

— Contre mon frère Lucius?

LE MESSAGER.

— Oui ; mais cette guerre a vite pris fin, et la raison d'état — les a réconciliés et réunis contre César — dont le triomphe les a, — dès le premier choc, chassés d'Italie.

ANTOINE.

Eh bien, — quoi de pire?

LE MESSAGER.

Toute mauvaise nouvelle empeste celui qui la dit.

ANTOINE.

— Quand elle concerne un fou ou un lâche... Continue : — les choses passées sont finies pour moi. C'est ainsi. — Celui qui me dit la vérité, quand son récit recélerait la mort, — je l'écoute comme un flatteur.

LE MESSAGER.

Labiénus (c'est une dure nouvelle) a, avec son armée de Parthes, — conquis l'Asie depuis l'Euphrate : — sa bannière victorieuse a oscillé de la Syrie — à la Lydie et à l'Ionie ; — tandis que...

ANTOINE.

Antoine, veux-tu dire...

LE MESSAGER.

Oh ! monseigneur !

ANTOINE.

— Parle-moi tout net ; n'atténue pas le langage public ; — nomme Cléopâtre comme on l'appelle à Rome ; déblatère dans le style de Fulvie, et taxe mes fautes — avec toute la licence que la vérité et la malveillance réunies — peuvent se permettre en paroles... Oh ! nous ne produisons que des ronces, — quand les souffles qui nous vivifient s'arrêtent ; nous dire nos torts, — c'est les sarcler. Adieu pour un moment.

LE MESSAGER.

Votre noble volonté soit faite !

Il sort.

ANTOINE.

— Quelle nouvelle de Sicyone ?... Parlez, là-bas.

PREMIER SERVITEUR.

— Le courrier de Sicyone !... Y en a-t-il un ?

DEUXIÈME SERVITEUR.

— Il attend vos ordres.

ANTOINE.

Qu'il paraisse. — Il faut que je brise ces fortes chaînes égyptiennes, — où je me perds en folle tendresse...

Entre un DEUXIÈME MESSAGER.

ANTOINE.

— Qui êtes-vous?

DEUXIÈME MESSAGER.

— Fulvie ta femme est morte.

ANTOINE.

Où est-elle morte?

DEUXIÈME MESSAGER.

A Sicyone. — La durée de sa maladie, avec d'autres choses plus sérieuses — qu'il t'importe de savoir, est indiquée ici.

Il lui remet une lettre.

ANTOINE.

Laisse-moi.

Le messager sort.

— Voilà un grand esprit parti, et je l'ai souhaité! — Souvent ce que nos mépris ont chassé loin de nous, — nous voudrions le ravoir : le plaisir présent, — par sa révolution décroissante, devient — l'antipode de lui-même... Elle m'est chère, maintenant qu'elle n'est plus; — la main qui l'a repoussée voudrait la ramener... — Il faut que je m'arrache à cette reine enchanteresse. — Dix mille calamités, pires que les maux à moi connus, — sont couvées par mon oisiveté... Eh bien! Énobarbus?

Entre ÉNOBARBUS.

ÉNOBARBUS.

Quel est votre bon plaisir, seigneur?

ANTOINE

Il faut que je parte d'ici au plus vite.

ÉNOBARBUS.

En ce cas, nous tuons toutes nos femmes. Nous avons

vu combien leur est mortelle la moindre contrariété; s'il leur faut subir notre départ, c'est la mort, au bas mot.

ANTOINE.

Il faut que je m'en aille.

ÉNOBARBUS.

Dans une occasion pressante, soit! que les femmes meurent! Ce serait dommage de les sacrifier pour rien; mais, s'il faut choisir entre elles et une grande cause, elles doivent être estimées néant. Au moindre vent qu'elle a de ceci, Cléopâtre se meurt instantanément; je l'ai vue se mourir vingt fois pour de plus pauvres raisons. Je crois qu'il y a dans la mort un élément qui exerce sur elle une action voluptueuse, tant elle met de célérité à se mourir.

ANTOINE.

Elle est incroyablement rusée.

ÉNOBARBUS.

Hélas! non, seigneur. Ses passions ne sont formées que de la plus fine essence de pur amour. Nous ne pouvons pas appeler soupirs et larmes ses rafales et ses ondées; ce sont des bourrasques et des tempêtes plus fortes que n'en peuvent mentionner les almanachs. Cela ne peut pas être chez elle une ruse. Si c'en est une, elle fait tomber les averses aussi bien que Jupiter.

ANTOINE.

Que je voudrais ne jamais l'avoir vue!

ÉNOBARBUS.

Oh! seigneur! En ce cas, vous auriez perdu le spectacle d'un merveilleux chef-d'œuvre; et cette félicité de moins eût jeté du discrédit sur votre voyage.

ANTOINE.

Fulvie est morte.

ÉNOBARBUS.

Seigneur?

ANTOINE.
Fulvie est morte.
ÉNOBARBUS.
Fulvie?
ANTOINE.
Morte!
ÉNOBARBUS.
Eh bien, seigneur, offrez aux dieux un sacrifice d'actions de grâces. Quant il plaît à leurs divinités d'enlever à un homme sa femme, l'homme les reconnaît comme les tailleurs de la terre et se console par cette réflexion que, quand une vieille robe est usée, il y a de quoi en faire une neuve. S'il n'y avait pas d'autre femme que Fulvie, vous auriez vraiment reçu un coup, et le cas serait lamentable : mais cette douleur est couronnée d'une consolation. Votre vieille jupe vous vaut un cotillon neuf; et, en vérité, toutes les larmes qui doivent laver ce chagrin-là tiendraient dans un oignon.

ANTOINE.
— Les affaires qu'elle a entamées dans l'État — ne peuvent tolérer plus longtemps mon absence. —

ÉNOBARBUS.
Et les affaires que vous avez entamées ici ne peuvent se passer de vous, surtout celles de Cléopâtre qui dépendent entièrement de votre résidence.

ANTOINE.
— Plus de réponses frivoles! Que nos officiers — reçoivent avis de notre résolution. Je m'ouvrirai — à la reine sur les causes de notre départ, — et j'obtiendrai son consentement. Car ce n'est pas seulement — la mort de Fulvie et d'autres raisons personnellement urgentes — qui nous parlent si puissamment; les lettres — de nos amis les plus actifs à Rome — nous réclament chez nous. Sextus Pompée — a jeté le défi à César et com-

mande — l'empire des mers : notre peuple capricieux, — dont l'amour ne s'attache jamais à l'homme méritant — que quand ses mérites ne sont plus, fait déjà revivre — le grand Pompée avec toutes ses qualités — dans son fils. Redoutable par son nom et par sa puissance, — plus redoutable encore par son ardeur et par son énergie, Sextus se produit — comme le premier des soldats, et son importance, en grandissant, — serait un danger pour les flancs du monde. Il y a dans l'avenir plus d'un germe — qui, comme le crin du coursier, a déjà la vie, — mais pas encore le venin du serpent (4). Dis — à ceux qui servent sous nos ordres que notre bon plaisir exige — notre prompt éloignement d'ici.

ÉNOBARBUS.

J'obéis.

Ils sortent.

SCÈNE III.

[Une autre partie du palais.]

Entrent Cléopatre, Charmion, Iras et Alexas.

CLÉOPATRE.

— Où est-il ?

CHARMION.

Je ne l'ai pas vu depuis.

CLÉOPATRE, à Alexas.

— Voyez où il est, avec qui, ce qu'il fait. — Il est entendu que je ne vous ai pas envoyé. Si vous le trouvez triste, — dites que je danse ; s'il est gai, annoncez — que je me suis brusquement trouvée mal. Vite et revenez.

Alexas sort.

CHARMION.

— Madame, il me semble que, si vous l'aimez tendrement, — vous ne prenez pas le moyen de le forcer — à la réciprocité.

CLÉOPATRE.

Ne fais-je pas ce que je dois?

CHARMION.

— Cédez-lui en tout; ne le contrariez en rien.

CLÉOPATRE.

— Tu enseignes en vraie niaise; ce serait le moyen de le perdre.

CHARMION.

— Ne le poussez pas trop à bout; modérez-vous, je vous prie; — nous finissons par haïr ce que trop souvent nous craignons. — Mais voici Antoine.

Entre ANTOINE.

CLÉOPATRE.

Je suis malade et triste.

ANTOINE.

— Je suis désolé de donner souffle à ma résolution...

CLÉOPATRE.

— Aide-moi à sortir, chère Charmion, je vais tomber... — Cela ne peut pas durer longtemps ainsi; les flancs d'une créature — ne sauraient y résister.

ANTOINE, *se rapprochant.*

Eh bien, ma très-chère reine...

CLÉOPATRE.

— Je vous en prie, tenez-vous plus loin de moi.

ANTOINE.

Qu'y a-t-il?

CLÉOPATRE.

— Je lis dans ces yeux-là qu'on a de bonnes nouvelles.

—Que dit la femme mariée?... Vous pouvez partir... — Je voudrais qu'elle ne vous eût jamais donné permission de venir! — Qu'elle n'aille pas dire que c'est moi qui vous retiens ici!—Je n'ai pas de pouvoir sur vous. Vous êtes tout à elle.

ANTOINE.

— Les dieux savent trop bien.

CLÉOPATRE.

Oh! y eut-il jamais reine — si effrontément trahie!... Pourtant, dès les commencements, — j'ai vu poindre la trahison.

ANTOINE.

Cléopâtre!

CLÉOPATRE.

— Quand vous ébranleriez de vos protestations le trône des dieux, — comment pourrais-je croire que vous êtes à moi sincèrement, — vous qui avez trompé Fulvie? Extravagante folie — de se laisser empêtrer par ces serments des lèvres, — rompus aussitôt que proférés!

ANTOINE.

Adorable reine!

CLÉOPATRE.

—Non, je vous prie; ne cherchez pas de prétexte pour votre départ, — mais dites adieu et partez : quand vous imploriez de rester, — alors était le temps des paroles!... Pas de départ, alors! — L'éternité était sur nos lèvres et dans nos yeux, — la béatitude dans l'arc de nos sourcils! Rien en nous de si chétif — qui n'eût une saveur de ciel! Tout cela est vrai encore, — ou bien toi, le plus grand soldat du monde,—tu en es devenu le plus grand menteur!

ANTOINE.

Eh bien, madame!

SCÈNE III.

CLÉOPATRE.

— Je voudrais avoir ta taille; tu apprendrais — qu'il y a un cœur en Égypte.

ANTOINE.

Reine, écoutez-moi : — l'impérieuse nécessité des temps réclame — momentanément nos services; mais mon cœur tout entier — reste en servitude avec vous. Notre Italie — étincelle d'estocades civiles : Sextus Pompée — approche des portes de Rome. — L'égalité des deux partis domestiques — produit l'exigence des factions. Les plus haïs, accrus en forces, — croissent en sympathies : le condamné Pompée, — riche de la gloire de son père, s'insinue rapidement — dans les cœurs de ceux qui n'ont rien gagné — au présent état de choses. Leur nombre devient menaçant; — et leur calme, écœuré d'inaction, voudrait se purger — par quelque changement désespéré. Ma raison personnelle, — celle qui doit le mieux vous rassurer sur mon départ, — c'est la mort de Fulvie.

CLÉOPATRE.

—Bien que l'âge n'ait pu me préserver de la folie, — il me préserve de la puérilité... Est-ce que Fulvie peut mourir?

ANTOINE.

—Elle est morte, ma reine...

Lui remettant un papier.

—Jette les yeux sur ceci, et, à ton loisir souverain, tu liras — les désordres qu'elle a suscités; sa fin est ce qu'elle a fait de mieux. — Tu verras où et quand elle est morte.

CLÉOPATRE.

O le plus faux des amants! — Où sont donc les fioles sacrées que tu devrais remplir — de larmes de douleur?

Ah! je vois, je vois, — par la mort de Fulvie, comment sera reçu la mienne.

ANTOINE.

— Ne querellez plus, mais préparez-vous à apprendre — les projets que j'ai en tête : ils existent ou s'évanouissent — au gré de vos avis... Oui, par le feu — qui féconde le limon du Nil, je pars d'ici — ton soldat, ton serviteur, prêt à faire la paix ou la guerre, — selon que tu le désires.

CLÉOPATRE.

— Coupe mon lacet, Charmion, viens... — Mais non, laisse-moi; en un instant, je me sens mal et bien; — ainsi aime Antoine.

ANTOINE.

Calme-toi, ma précieuse reine ; — et accorde ta pleine confiance à un amour qui affronte — une si honorable épreuve.

CLÉOPATRE.

Fulvie m'y a encouragée!... — Je t'en prie, détourne-toi, et pleure en songeant à elle; — puis dis-moi adieu et prétends que tes larmes — appartiennent à l'Égyptienne. Par grâce, joue donc une scène — de parfaite dissimulation, et mime — l'honneur intègre !

ANTOINE.

Vous m'échaufferez le sang! Assez.

CLÉOPATRE.

— Vous pourriez mieux faire encore; mais cela n'est pas mal.

ANTOINE.

— Eh bien, par mon épée!

CLÉOPATRE, le contrefaisant.

Et par mon bouclier!... Il y a progrès; — mais ce n'est pas encore parfait. Vois donc, je t'en prie, Charmion.

— comme cet Hercule romain a l'attitude — digne de son ancêtre!

ANTOINE.

Je vous laisse, madame.

CLÉOPATRE.

— Courtois seigneur, un mot!... — Vous et moi, il faut nous séparer, messire... Ce n'est pas ça... — Vous et moi, nous nous sommes aimés, messire... Ce n'est pas ça non plus; — cela, vous le savez bien!... il y a quelque chose que je voulais... — Oh! mon souvenir est un autre Antoine, — et j'ai tout oublié.

ANTOINE.

Si votre royauté — n'avait la frivolité pour sujette, je vous prendrais — pour la frivolité même.

CLÉOPATRE.

C'est un rude labeur — que de porter la frivolité aussi près du cœur — que Cléopâtre. Mais pardonnez-moi, seigneur : — mes habitudes les plus chères m'assomment, dès qu'elles — ne vous plaisent pas. Votre honneur vous appelle loin d'ici : — soyez donc sourd à ma folie incomprise, — et que tous les dieux aillent avec vous! que sur votre épée — se pose le laurier Victoire! et que le plus doux succès — jonche la route sous vos pas·

ANTOINE.

Partons!... Allons! — nos adieux s'attardent et s'envolent de telle sorte — que, résidant ici, tu pars avec moi, — et que, m'éloignant d'ici, je reste avec toi!... — En route!...

Ils sortent.

SCÈNE IV.

[Rome. Dans le palais de César.]

Entrent OCTAVE, CÉSAR, LÉPIDE et leur suite.

CÉSAR.

— Vous pouvez le voir, Lépide, et à l'avenir vous le reconnaîtrez, — César n'a pas le vice naturel de haïr — notre grand collègue. D'Alexandrie — voici les nouvelles : il pêche, boit et use — en orgie les flambeaux de la nuit; il n'est pas plus viril — que Cléopâtre, et la veuve de Ptolémée — n'est pas plus efféminée que lui : à peine consent-il à donner audience, ou — daigne-t-il se souvenir qu'il a des collègues. Vous en conviendrez, — cet homme-là est l'abrégé de tous les défauts — dont l'humanité peut être atteinte.

LÉPIDE.

Je ne puis croire que — le mal chez lui soit suffisant pour ternir tout le bien : — les imperfections en lui sont comme les taches du ciel; — la noirceur de la nuit ne les rend que plus lumineuses. Elles sont héréditaires — plutôt qu'acquises, irremédiables — plutôt qu'arbitraires.

CÉSAR.

— Vous êtes trop indulgent. Concédons que ce n'est pas — un crime de choir sur le lit de Ptolémée, — d'accorder un royaume pour une facétie, de s'asseoir — avec un esclave et de lui donner la réplique du gobelet, — de battre le pavé à midi et de faire le coup de poing — avec des drôles qui sentent la sueur. Admettons que cela lui va bien — (et certes il faut être d'une rare organisation — pour ne pas être souillé par de pareilles vilenies);

pourtant Antoine — n'a plus aucune excuse, quand c'est nous qui portons — l'énorme poids de ses légèretés. S'il se bornait — à remplir ses loisirs de ses voluptés, — je laisserais l'indigestion et le rachitisme — lui en demander compte; mais perdre ainsi les heures en fêtes, — quand il entend le tambour du temps qui le rappelle aussi fort — que son intérêt et le nôtre, c'est mériter d'être grondé, — comme ces garçons qui, déjà mûris par la science, — sacrifient leur éducation à leurs plaisirs présents — et se révoltent contre la raison.

Entre UN MESSAGER.

LÉPIDE.
Voici encore des nouvelles.

LE MESSAGER.
— Tes ordres ont été exécutés; et d'heure en heure, — très-noble César, tu seras instruit — de ce qui se passe. Pompée est fort sur mer; — et il semble qu'il soit adoré de tous ceux — que la crainte seule attachait à César. Vers les ports — il voit affluer les mécontents, et la rumeur publique — le présente comme une victime.

CÉSAR.
J'aurais dû le prévoir. — L'histoire, dès les temps primitifs, nous apprend — que celui qui est au pouvoir n'a été désiré que jusqu'à ce qu'il y fût, — et que l'homme déchu, non aimé tant qu'il méritait vraiment de l'être, — devient cher au peuple dès qu'il lui manque. Cette multitude — est comme un roseau errant sur les flots — qui va et vient au gré du courant capricieux — et qui se pourrit par son mouvement même.

Entre un DEUXIÈME MESSAGER.

LE MESSAGER.
César, je t'apporte une nouvelle : — Ménécrate et Mé-

nas, ces fameux pirates, — ont asservi la mer qu'ils sillonnent et lacèrent — avec des quilles de toute forme. Ils font en Italie — maintes chaudes incursions. Les riverains de la mer — blêmissent rien que d'y penser, et la jeunesse exaltée se révolte. — Nul vaisseau ne peut se hasarder sans être aussitôt — pris qu'aperçu : et le nom de Pompée fait plus de ravages — que n'en feraient ses forces opposées aux nôtres.

CÉSAR.

Antoine, — laisse-là tes lascives orgies. Naguère, quand — tu fus chassé de Modène, où tu avais tué — les consuls Hirtius et Pansa, la famine — marcha sur tes talons (5) : tu la combattis, — bien qu'élevé délicatement, avec plus de patience — qu'un sauvage. On te vit boire — l'urine des chevaux et cette lie dorée des mares — qui faisait renâcler les bêtes. Ton palais ne dédaignait pas — le fruit le plus âpre du buisson le plus grossier. — Comme le cerf alors que la neige couvre les pâturages, — tu broutais même l'écorce des arbres. Sur les Alpes, — à ce qu'on rapporte, tu mangeas d'une chair étrange — que plusieurs n'avaient pu voir sans mourir. Et tout cela — (souvenir aujourd'hui blessant pour ton honneur !) — fut supporté si héroïquement que ta joue — n'en maigrit même pas !

LÉPIDE.

Pitoyable déchéance !

CÉSAR.

— Puissent ses remords le ramener vite — à Rome ! Il est temps que tous deux — nous nous montrions dans la plaine ; à cet effet, — assemblons immédiatement le conseil. Pompée — se renforce de notre inaction.

LÉPIDE.

Demain, César, — je serai en mesure de vous indiquer

exactement — ce que je puis fournir sur terre et sur mer pour affronter la crise actuelle.

CÉSAR.

Jusqu'à ce que nous nous revoyons, — je m'occuperai du même objet. Adieu.

LÉPIDE.

— Adieu, monseigneur. Si dans l'intervalle vous apprenez — de nouveaux mouvemements au dehors, je vous supplie — de m'en faire part.

CÉSAR.

N'en doutez pas, seigneur. — Je sais que c'est mon devoir.

Ils sortent.

SCÈNE V.

[Alexandrie. Dans le palais.]

Entrent CLÉOPATRE, CHARMION, IRAS, et MARDIAN.

CLÉOPATRE.

Charmion!

CHARMION.

Madame?

CLÉOPATRE.

Ah! ah!... — donne-moi à boire de la mandragore.

CHARMION.

Pourquoi, madame?

CLÉOPATRE.

— Pour que je puisse dormir ce grand laps de temps — où mon Antoine est loin de moi.

CHARMION.

Vous pensez à lui — bien de trop.

CLÉOPATRE.

Oh! c'est une trahison!

CHARMION.

J'espère que non, madame.

CLÉOPATRE.

— Eunuque! Mardian!

MARDIAN.

Quel est le bon plaisir de Votre Altesse?

CLÉOPATRE.

— Ce n'est pas de t'entendre chanter. Je ne prends aucun plaisir — à ce que peut un eunuque. Tu es bien heureux — d'être châtré : ta pensée, restée libre, — peut ne pas s'envoler d'Égypte... As-tu des passions?

MARDIAN.

— Oui, gracieuse madame.

CLÉOPATRE.

En réalité?

MARDIAN.

— Pas en réalité, madame; car je ne puis — en réalité rien faire que d'innocent : — pourtant j'ai des passions furibondes, et je pense — à ce que Vénus fit avec Mars.

CLÉOPATRE.

O Charmion! Où crois-tu qu'il est maintenant? Est-il debout ou assis? — Est-il à pied ou à cheval? — O heureux cheval chargé du poids d'Antoine! — sois vaillant! car sais-tu qui tu portes? — Le demi-Atlas de cette terre! le bras et le cimier du genre humain! En ce moment il parle — et dit tout bas : *Où est mon serpent du vieux Nil?* — Car il m'appelle ainsi... Mais je m'enivre — du plus délicieux poison. Lui, penser à moi — qui suis toute noire des amoureuses caresses de Phébus, — à moi que le temps a couverte de rides si profondes!... César au vaste front, — quand tu étais ici au-dessus de la terre, j'étais — un morceau digne d'un monarque; alors le grand Pompée, — immobile, fixait ses yeux dilatés sur mon front; — c'était là qu'il voulait jeter l'ancre de son extase et mourir — en contemplant celle qui était sa vie!

Entre ALEXAS.

ALEXAS.

Souveraine d'Égypte, salut!

CLÉOPATRE.

— Combien tu ressembles peu à Marc-Antoine! — mais tu viens de sa part, et ce merveilleux élixir — t'a transfiguré et converti en or. — Comment va mon brave Marc-Antoine?

ALEXAS.

— Savez-vous la dernière chose qu'il a faite, chère reine? — Il a appliqué un baiser, le dernier après bien d'autres, — sur cette perle orientale... Ses paroles sont rivées à mon cœur.

CLÉOPATRE.

— Il faut que mon oreille les en arrache.

ALEXAS.

« Ami, s'est-il écrié, — dis que le fidèle Romain envoie à la grande Égyptienne — ce trésor d'une huître; pour racheter à ses pieds, — la mesquinerie de ce présent, je veux incruster — de royaumes son trône opulent; tout l'Orient, — dis-le lui, la nommera sa maîtresse! » Sur ce, il a fait un signe de tête — et il est monté gravement sur un coursier fougueux — qui hennissait si haut que, eussé-je voulu parler, — son cri bestial m'eût rendu muet!

CLÉOPATRE.

Eh bien, était-il triste ou gai?

ALEXAS.

— Comme la saison de l'année intermédiaire — entre la chaleur et le froid : il n'était ni triste ni gai.

CLÉOPATRE.

— O disposition bien équilibrée! Remarque bien, — remarque bien, bonne Charmion, voilà l'homme; mais remarque bien : — il n'était pas triste, car il voulait rester serein pour ceux — qui composent leur mine sur la sienne ; il n'était pas gai, — comme pour leur dire que son souverain était relégué — en Égypte avec toute sa joie; mais il était entre les deux extrêmes. — O mélange céleste !... Va, quand tu serais triste ou gai, — les transports de tristesse ou de joie te siéraient encore — mieux qu'à nul autre...

A Alexas.

As-tu rencontré mes courriers?

ALEXAS.

— Oui, madame, une vingtaine au moins. — Pourquoi les envoyez-vous ainsi les uns sur les autres?

CLÉOPATRE.

L'enfant qui naîtra le jour — où j'aurai oublié d'envoyer vers Antoine — mourra misérable... De l'encre et du papier, Charmion !... — Sois le bienvenu, mon bon Alexas... Charmion, — ai-je jamais aimé César à ce point?

CHARMION.

Oh ! ce brave César !

CLÉOPATRE.

— Qu'une seconde exclamation de ce genre te suffoque! — Dis donc, ce brave Antoine !

CHARMION.

Ce vaillant César !

CLÉOPATRE.

— Par Isis, je te ferai saigner les dents — si tu compares encore à César — mon préféré entre les hommes.

CHARMION.

Avec votre très-gracieuse indulgence, — je ne fais que répéter vos refrains.

CLÉOPATRE.

J'étais alors aux jours de ma primeur, — dans toute la verdeur de mon inexpérience... Il faut avoir le sang glacé — pour dire ce que je disais alors... Mais viens, sortons. — Procure-moi de l'encre et du papier : il aura tous les jours — un message de moi, dussé-je dépeupler l'Égypte.

SCÈNE VI.

[Messine. Dans la maison de Pompée.]

Entrent POMPÉE, MÉNÉCRATE et MÉNAS.

POMPÉE.

— Si les dieux grands sont justes, ils appuieront — les actes des hommes justes.

MÉNÉCRATE.

Croyez-bien, digne Pompée, — que ce qu'ils diffèrent, ils ne le refusent pas.

POMPÉE.

— Tandis que nous sommes suppliants au pied de leur trône, elle dépérit, — la cause pour laquelle nous supplions.

MÉNÉCRATE.

Ignorants de nous-mêmes, — nous implorons souvent notre propre malheur, et les puissances tutélaires — nous refusent pour notre bien : ainsi nous trouvons profit — à l'insuccès de nos prières.

POMPÉE.

Je réussirai, — le peuple m'aime et la mer est à moi. — Ma puissance est à son croissant, et mes pressentiments — me disent qu'elle atteindra son plein. Marc-Antoine — est à dîner en Égypte et il n'ira pas — faire la guerre au dehors ; César amasse de l'argent, — tandis qu'il perd des cœurs ; Lépide les flatte tous deux, — et tous deux le flattent ; mais il n'aime ni l'un ni l'autre, — et ni l'un ni l'autre ne se soucie de lui.

MÉNÉCRATE.

César et Lépide — sont en campagne ; ils commandent des forces imposantes.

POMPÉE.

— D'où tenez-vous cela ? c'est faux.

MÉNÉCRATE.

De Silvius, seigneur.

POMPÉE.

— Il rêve ; je sais qu'ils sont tous deux à Rome, — attendant Antoine. Mais que tous les charmes de l'amour, — ô lascive Cléopâtre, adoucissent ta lèvre flétrie ! — que la magie se joigne à la beauté, la luxure à toutes deux ! — Enferme le libertin dans une lice de fêtes ; — maintiens son cerveau dans les fumées ; que des cuisiniers épicuriens — aiguisent son appétit de ragoûts toujours stimulants ! — Qu'enfin le sommeil et la bonne chère prorogent son honneur — jusqu'à l'assoupissement du Léthé !... Eh bien, Varrius ?

Entre VARRIUS.

VARRIUS.

— Ce que je vais annoncer est très-certain : — Marc-Antoine est d'heure en heure attendu — dans Rome ;

depuis qu'il est parti d'Égypte, il a eu — plus que le temps d'arriver.

POMPÉE.

J'aurais plus volontiers prêté l'oreille — à une nouvelle moins grave... Ménas, je ne croyais pas — que ce glouton d'amour mettrait son casque — pour une si petite guerre. Comme soldat, — il vaut deux fois les deux autres... Mais n'en soyons — que plus fiers d'avoir pu, au premier mouvement, — arracher du giron de la veuve d'Égypte — l'insatiable débauché Antoine.

MÉNAS.

Je ne puis croire — que César et Antoine s'accordent bien ensemble. — La femme d'Antoine, qui vient de mourir, a fait tort à César ; — son frère a guerroyé contre lui, sans toutefois, je pense, — avoir été suscité par Antoine.

POMPÉE.

Je ne sais pas, Ménas, — comment les moindres inimitiés ont pu faire trêve aux plus grandes. — N'était que nous nous soulevons contre eux tous, — il est évident qu'ils se querelleraient entre eux, — car ils ont des motifs suffisants — pour tirer l'épée ; mais comment la crainte que nous leur inspirons — peut-elle raccommoder leurs divisions par la ligature — d'un différend inférieur, c'est ce que nous ne savons pas encore. — Qu'il en soit ce que nos dieux voudront ! Il y va — de notre salut de déployer toutes nos ressources. — Venez, Ménas.

Ils sortent.

SCÈNE VII.

[Rome. Chez Lépide.]

Entrent ÉNOBARBUS et LÉPIDE.

LÉPIDE.

— Énobarbus, vous feriez un acte méritoire — et digne de vous en implorant de votre capitaine — un langage doux et conciliant.

ÉNOBARBUS.

Je l'engagerai — à répondre comme il lui sied : si César l'irrite, — qu'Antoine regarde par-dessus la tête de César, — et parle aussi haut que Mars! Par Jupiter, — si j'étais porteur de la barbe d'Antoine, — je ne me raserais pas aujourd'hui.

LÉPIDE.

Ce n'est pas le moment — des rancunes privées.

ÉNOBARBUS.

Tout moment — est bon pour la question qu'il fait naître.

LÉPIDE.

— Mais les petites questions doivent céder la place aux grandes.

ÉNOBARBUS.

— Non, si les petites viennent les premières.

LÉPIDE.

Notre langage est tout de passion. — Mais, je vous en prie, ne remuez pas les cendres. Voici venir — le noble Antoine.

Entrent ANTOINE et VENTIDIUS.

ÉNOBARBUS.

Et puis, là-bas, César.

Entrent, d'un autre côté, César, Mécène et Agrippa.

ANTOINE.
—Si nous nous accordons bien ici, vite chez les Parthes!—Vous entendez, Ventidius?

CÉSAR.
Je ne sais pas,—Mécène; demandez à Agrippa.

LÉPIDE.
Nobles amis,—le sujet qui nous réunit ici est d'une gravité suprême; qu'une — cause chétive ne produise pas notre déchirement; que les griefs; s'il en est,—soient écoutés avec douceur. Quand nous débattons — avec violence nos mesquins différends, nous commettons — le meurtre en pansant la blessure. Ainsi, nobles collègues, — je vous en conjure instamment, —touchez les points les plus amers avec les termes les plus doux, — et que l'emportement n'aggrave point le mal.

ANTOINE.
C'est bien parlé. — Nous serions à la tête de nos armées, et prêts à combattre, — que j'en agirais ainsi.

CÉSAR.
— Soyez le bienvenu à Rome.

ANTOINE.
Merci.

CÉSAR.
Asseyez-vous.

ANTOINE.
Asseyez-vous, monsieur!

CÉSAR.
Eh bien, voyons...

Ils s'asseoient.

ANTOINE.
—J'apprends que vous trouvez mauvaises les choses

qui ne le sont pas, — ou qui, le fussent-elles, ne vous regardent pas.

CÉSAR.

Je serais ridicule, — si, pour rien ou pour peu, je me disais offensé, avec vous — surtout; je serais plus ridicule encore, si je — vous nommais avec défaveur, sans avoir intérêt — à prononcer votre nom.

ANTOINE.

Que je fusse en Égypte, César, — cela vous touchait-il?

CÉSAR.

— Pas plus que ma résidence ici, à Rome, — ne pouvait vous toucher en Égypte. Pourtant, si de là — vous intriguiez contre mon pouvoir, votre présence en Égypte — pouvait m'occuper.

ANTOINE.

Qu'entendez-vous par intriguer?

CÉSAR.

— Vous pouvez facilement saisir ma pensée, — après ce qui m'est arrivé. Votre femme et votre frère — m'ont fait la guerre; leurs hostilités — vous avaient pour thème; vous étiez leur mot d'ordre.

ANTOINE.

— Vous vous méprenez. Jamais mon frère — ne m'a mis en avant dans ses actes; je m'en suis enquis, — et je tiens mes renseignements de rapporteurs fidèles — qui ont tiré l'épée pour vous. Est-ce que bien plutôt — il n'attaquait pas mon autorité en même temps que la vôtre? — Est-ce qu'il ne faisait pas la guerre contre mes désirs, — votre cause étant la mienne? Sur ce point, mes lettres — vous ont déjà édifié. Si vous voulez bâcler une querelle, — n'ayant pas de motif pour en faire une, — cherchez autre chose.

CÉSAR.

Vous vous justifiez — en m'imputant des erreurs de

jugements; mais — vous bâclez vous-même ces excuses-là.

ANTOINE.

Non pas, non pas. — Je sais, je suis sûr que vous ne pouviez vous soustraire — à l'évidence de ce raisonnement : moi, — votre associé dans la cause qu'il combattait, — je ne pouvais pas voir d'un œil complaisant cette guerre — qui battait en brèche mon repos. Quant à ma femme, — je voudrais que vous fussiez uni à un esprit pareil. — Le tiers du monde est à vous, et avec un licou — vous pourriez aisément le mener, mais une pareille femme, non pas ! —

ÉNOBARBUS.

Plût aux dieux que nous eussions tous de pareilles épouses : les hommes pourraient aller en guerre contre les femmes !

ANTOINE.

— Oui, César, les implacables commotions — que causait son impatience, jointe — à une certaine astuce politique, j'en conviens avec douleur, — vous ont trop inquiété; mais, vous êtes tenu — de reconnaître que je n'y pouvais rien.

CÉSAR.

Je vous ai écrit, — pendant vos orgies, à Alexandrie; vous — avez mis mes lettres dans votre poche, et par des sarcasmes — outrageants éconduit mon messager.

ANTOINE.

Seigneur, — il m'est tombé brusquement, sans être autorisé. Alors — je venais de festoyer trois rois, et je n'étais plus tout à fait — ce que j'avais été le matin; mais, le lendemain, — je le lui ai expliqué moi-même; ce qui était même chose — que de lui demander pardon. Que ce compagnon — ne soit pour rien dans notre brouille;

si nous devons nous quereller, — rayez-le de la question.

CÉSAR.

Vous avez rompu — l'engagement de la foi jurée ; et c'est ce que jamais — vous n'aurez droit de me reprocher.

LÉPIDE.

Doucement, César !

ANTOINE.

Non, Lépide, laissez-le parler. — Il m'est sacré l'honneur dont il parle — et auquel il suppose que j'ai manqué. Continuez donc, César ! — Cet engagement de la foi jurée...

CÉSAR.

— C'était de me prêter vos armes et vos subsides, à la première réquisition : — vous avez tout refusé.

ANTOINE.

Dites plutôt négligé : — j'étais alors dans ces heures empoisonnées qui m'ôtaient — la conscience de moi-même. Autant que je le pourrai, — je vous en témoignerai mes regrets ; mais jamais la loyauté — ne désertera ma grandeur plus que ma grandeur — ne se passera de la loyauté. La vérité est que Fulvie, — pour me faire quitter l'Égypte, vous a fait la guerre ici ; — et moi, le motif innocent, je vous en offre — toutes les excuses auxquelles l'honneur, — en pareil cas, m'autorise à descendre.

LÉPIDE.

C'est parler noblement.

MÉCÈNE.

— Veuillez ne pas insister davantage — sur vos griefs mutuels. Les oublier, — ce serait vous souvenir que les nécessités présentes — réclament votre réconciliation.

LÉPIDE.

C'est parler dignement, Mécène. —

ÉNOBARBUS.

Ou du moins prêtez-vous votre affection l'un à l'autre pour le moment; et, dès que vous n'entendrez plus parler de Pompée, vous pourrez vous la restituer. Vous aurez le temps de vous chamailler, quand vous n'aurez pas autre chose à faire.

ANTOINE.

— Tu n'es qu'un soldat; tais-toi. —

ÉNOBARBUS.

J'avais presque oublié que la vérité doit être muette.

ANTOINE.

— Vous faites tort à cette réunion solennelle; ainsi, taisez-vous. —

ÉNOBARBUS.

Poursuivez donc. Votre auditeur est de pierre.

CÉSAR.

— Je ne désapprouve pas le fond, mais — la forme de son langage; car il est impossible — que nous restions amis, nos pouvoirs — étant si peu d'accord dans leurs actes. Pourtant, si je savais — une chaîne assez forte pour nous tenir unis, d'un bout du monde — à l'autre, je la chercherais.

AGRIPPA.

Permets-moi, César.

CÉSAR.

— Parlez, Aprippa.

AGRIPPA.

— Tu as du côté maternel une sœur, — l'illustre Octavie (6); le grand Marc-Antoine — est maintenant veuf.

CÉSAR.

Ne dites pas cela, Agrippa. — Si Cléôpâtre vous entendait, vous seriez — justement taxé d'impertinence.

ANTOINE.

— Je ne suis pas marié, César ; laissez-moi écouter — Agrippa.

AGRIPPA.

— Pour vous maintenir en perpétuelle amitié, — pour faire de vous des frères, et lier vos cœurs — par un nœud indissoluble, qu'Antoine prenne — Octavie pour femme : le mari que sa beauté réclame — ne doit être rien moins que le premier des hommes ; — sa vertu et toutes ses grâces parlent — une langue ineffable. Grâce à ce mariage, — toutes ces petites jalousies qui, maintenant, semblent si grandes, — et toutes ces grandes craintes qui offrent maintenant leurs dangers, — seraient réduites à néant : les vérités même deviendraient mensonges, — tandis qu'à présent les demi-mensonges sont vérités. L'amour qu'elle aurait pour vous deux — entraînerait votre mutuel amour et l'amour de tous pour vous deux. — Pardonnez-moi ma franchise. — Ce n'est pas une idée improvisée, c'est une idée étudiée, — ruminée par le dévouement.

ANTOINE.

César parlera-t-il ?

CÉSAR.

— Non, pas avant de savoir quel est le sentiment d'Antoine — sur ce qui vient d'être dit.

ANTOINE.

Quels pouvoirs aurait Agrippa, — si je disais : *Agrippa, soit !* — pour effectuer ce qu'il propose ?

CÉSAR.

Le pouvoir de César, et — mon pouvoir sur Octavie.

ANTOINE.

Ah ! puissé-je, — à ce bon projet, plein de si belles promesses, — ne jamais imaginer d'obstacle !... Donne-moi ta main ; — accomplis cette action de grâces, et, désormais, — qu'un cœur fraternel commande à nos affections — et règle nos grands desseins!

CÉSAR.

Voici ma main. — Je te lègue une sœur que j'aime comme jamais — frère n'aima. Qu'elle vive — pour unir nos empires et nos cœurs; et puissent — nos affections ne plus jamais s'envoler!

LÉPIDE.

Je dis avec bonheur : amen!

ANTOINE.

— Je ne croyais pas avoir à tirer l'épée contre Pompée, — car il m'a accablé de courtoisies extraordinaires — tout récemment; il faut que d'abord je le remercie, — pour ne pas faire tort à ma réputation de gratitude; — et, sur le ton de ce remercîment, je lui jetterai mon défi.

LÉPIDE.

Le temps nous presse. — Allons vite chercher Pompée, — autrement ce sera lui qui viendra nous chercher.

ANTOINE.

Et où est-il?

CÉSAR.

— Aux environs du mont Misène.

ANTOINE.

Quelles sont ses forces — sur terre?

CÉSAR.

Imposantes déjà, et sans cesse croissantes : mais sur mer — il est le maître absolu.

ANTOINE.

Tel est le bruit public. — Je voudrais que nous nous fussions déjà parlé. Hâtons-nous. — Mais, avant de prendre les armes, dépêchons — l'affaire dont nous avons causé.

CÉSAR.

Avec le plus grand plaisir; — je vous invite à voir ma sœur, — et je vais de ce pas vous conduire à elle.

ANTOINE.

Lépide, ne nous — privez pas de votre compagnie.

LÉPIDE.

Noble Antoine, — la maladie même ne me retiendrait pas. —

Fanfares. Sortent Antoine, César et Lépide.

MÉCÈNE, à Énobarbus.

Soyez le bienvenu d'Égypte, seigneur.

ÉNOBARBUS.

Moitié du cœur de César, digne Mécène!... Mon honorable ami, Agrippa!

AGRIPPA.

Bon Énobarbus!

MÉCÈNE.

Nous devons être heureux que les choses se soient si bien arrangées. Vous vous êtes bien tenus en Égypte?

ÉNOBARBUS.

Oui, monsieur; nous dormions toutes les heures du jour, et nous abrégions la nuit à boire.

MÉCÈNE.

Huit sangliers rôtis tout entiers à un déjeuner, et pour douze personnes seulement! Est-ce vrai?

ÉNOBARBUS.

Eh! cela n'est qu'une mouche auprès d'un aigle; nous avons fait des bombances bien plus monstrueuses et bien plus dignes d'être citées.

MÉCÈNE.

C'est une femme bien irrésistible, si les rapports cadrent avec la vérité.

ÉNOBARBUS.

La première fois qu'elle a rencontré Marc-Antoine, sur le fleuve Cydnus, elle a emboursé son cœur.

AGRIPPA.

C'est là qu'elle est apparue, en effet, si mes rapports ne me trompent pas.

ÉNOBARBUS.

Je vais vous dire. — Le bateau où elle était assise, pareil à un trône étincelant, — flamboyait sur l'eau; la poupe était d'or battu; — les voiles, de pourpre et si parfumées que — les vents se pâmaient sur elles; les rames étaient d'argent : — maniées en cadence au son des flûtes, elles forçaient — l'eau qu'elles chassaient à revenir plus vite, — comme amoureuse de leurs coups. Quant à sa personne, — elle appauvrissait toute description; couchée — sous un pavillon de drap d'or, — elle effaçait cette Vénus où nous voyons — l'art surpasser la nature ; à ses côtés, des enfants aux gracieuses fossettes, pareils à des Cupidons souriants, — se tenaient avec des éventails diaprés, dont le souffle semblait — enflammer les joues délicates qu'il rafraîchissait — et faire ce qu'il défaisait.

AGRIPPA.

O splendide spectacle pour Antoine !

ÉNOBARBUS.

— Ses femmes, comme autant de Néréides, — ou de fées des eaux, lui obéissaient sur un regard — et s'inclinaient dans les plus jolies attitudes. Au timon — c'est une sirène qu'on croirait voir commander; les cordages de soie — frémissent au contact de ces mains, moelleuses comme des fleurs, — qui font lestement la manœuvre. Du bateau, — un étrange et invisible parfum frappe les sens. — Des quais adjacents la cité — avait jeté tout son peuple au-devant d'elle; et Antoine, — assis sur un trône au milieu de la place publique, y restait seul, — jetant ses cris à l'air qui, si le vide avait été possible, — serait allé aussi contempler Cléopâtre — et aurait fait une brèche à la nature (8) !

AGRIPPA.

La rare Égyptienne !

ÉNOBARBUS.

— Quand elle fut descendue en terre, Antoine l'envoya — convier à souper. Elle répliqua — qu'il valait mieux qu'il fût son hôte, — et le décida. Notre courtois Antoine, — à qui jamais femme n'a entendu dire le mot *non*, — se fait raser dix fois, va au festin, — et, pou écot, donne son cœur — en payement de ce que ses yeux ont dévoré.

AGRIPPA.

Royale gourgandine ! — elle a forcé le grand César à mettre son épée au lit ; — il l'a labourée, et elle a porté moisson.

ÉNOBARBUS.

Je l'ai vue une fois — dans la rue sauter quarante pas à cloche-pied : — ayant perdu haleine, elle voulut parler et s'arrêta palpitante, — si gracieuse qu'elle faisait d'une défaillance une beauté, — et qu'à bout de respiration, elle respirait le charme.

MÉCÈNE.

— Maintenant, voilà Antoine obligé de la quitter absolument.

ÉNOBARBUS.

— Jamais ! il ne la quittera pas. — L'âge ne saurait flétrir, ni l'habitude épuiser — sa variété infinie. Les autres femmes — rassasient les appétits qu'elles nourrissent ; mais elle, plus elle satisfait, — plus elle affame. Car les choses les plus immondes — séduisent en elle au point que les prêtres saints — la bénissent, quand elle se prostitue !

MÉCÈNE.
— Si la beauté, la sagesse, la modestie peuvent fixer — le cœur d'Antoine, Octavie est — pour lui une bienheureuse fortune.

AGRIPPA.
Partons. — Bon Énobarbus, soyez mon hôte — tant que vous demeurerez ici.

ÉNOBARBUS.
Je vous remercie humblement, seigneur.

Ils sortent.

SCÈNE VIII.

[Rome. Dans le palais de César.]

Entre OCTAVIE, *accompagnée d'un côté par* CÉSAR, *de l'autre par* ANTOINE ; *un* DEVIN *et des gens de service les suivent.*

ANTOINE.
— Le monde et mes hautes fonctions — m'arracheront parfois de votre sein.

OCTAVIE.
Sans cesse alors — mon genou ploiera devant les dieux mes prières — pour vous.

ANTOINE, à César.
Bonne nuit seigneur... Mon Octavie, — ne lisez pas mes défauts dans les récits du monde : — jusqu'ici je n'ai pas gardé la mesure ; mais à l'avenir — tout sera fait selon la règle. Bonne nuit, chère dame.

OCTAVIE.
Bonne nuit, seigneur.

CÉSAR.
Bonne nuit.

Sortent César, Octavie, et les gens de service.

ANTOINE, au Devin.

— Eh bien, maraud! souhaiteriez-vous être en Égypte?

LE DEVIN.

— Plût aux dieux que je n'en fusse jamais sorti, et que vous — ne fussiez jamais venu ici!

ANTOINE.

Votre raison, si vous pouvez?

LE DEVIN.

Je la voi : — dans mon émotion, je ne l'ai pas sur les lèvres... Mais — retournez vite en Égypte.

ANTOINE.

Dis-moi — qui, de César ou de moi, aura la plus haute fortune (9).

LE DEVIN.

César. — Donc, ô Antoine, ne reste pas à ses côtés. — Ton démon, c'est-à-dire l'esprit qui t'a en garde, est — noble, courageux, hautain, incomparable — là où n'est pas celui de César ; mais près de lui, ton ange, — comme accablé, n'est plus que Frayeur; donc, — mets une distance suffisante entre vous deux.

ANTOINE.

Ne parle plus de cela.

LE DEVIN.

— A nul autre que toi ; jamais, si ce n'est devant toi. Si tu joues avec lui à n'importe quel jeu, — tu es sûr de perdre ; et il a tant de bonheur naturel — qu'il te bat contre toutes les chances ; ton lustre s'assombrit, — dès qu'il brille près de toi ; je répète que ton esprit — est tout effrayé de te gouverner, près de lui, — mais que, lui absent, il est vraiment noble.

ANTOINE.

Va-t'en, — et dis à Ventidius que je veux lui parler.

Le Devin sort.

— Il faut que je marche contre les Parthes... Soit science, soit hasard, — il a dit vrai... Les dés même lui obéissent; — et, dans nos jeux, toute ma supériorité s'évanouit — devant son bonheur ; si nous tirons au sort, il gagne ; — ses coqs l'emportent toujours sur les miens, — quand tous les calculs sont pour le contraire ; et toujours ses cailles — battent les miennes dans l'enceinte de la lutte. Je veux retourner en Égypte ; — j'ai fait ce mariage pour ma tranquillité; soit! — Mais c'est en Orient qu'est mon plaisir...

Entre VENTIDIUS.

ANTOINE.

Ah! venez, Ventidius. — Vous allez marcher contre les Parthes ; votre commission est prête ; — suivez-moi pour la recevoir.

Ils sortent.

SCÈNE IX.

[Rome. Une place publique.]

Entrent LÉPIDE, MÉCÈNE et AGRIPPA.

LÉPIDE.

— Ne vous dérangez pas plus longtemps ; je vous en prie, rejoignez vite — vos généraux.

AGRIPPA.

Seigneur, que Marc-Antoine — prenne seulement le temps d'embrasser Octavie, et nous marchons.

LÉPIDE.

— Jusqu'à ce que je vous voie dans ce costume de soldat — qui vous ira si bien à tous deux, adieu !

MÉCÈNE.

— D'après mes conjectures sur ce voyage, nous serons au mont Misène — avant vous, Lépide.

LÉPIDE.

La route que vous suivez est beaucoup plus courte ; — mes affaires m'en écarteront beaucoup : — vous gagnerez deux jours sur moi.

MÉCÈNE ET AGRIPPA.

Seigneur, bon succès !

LÉPIDE.

Adieu.

Ils sortent.

SCÈNE X.

[Alexandrie. Dans le palais.]

Entrent Cléopatre, Charmion, Iras, Alexas, et des gens de service.

CLÉOPATRE.

— Donnez-moi de la musique, de la musique, ce mélancolique — aliment de nous tous, les affairés d'amour !

UN SERVITEUR.

La musique ! Holà !

Entre Mardian.

CLÉOPATRE.

— Laissons cela... Allons jouer au billard. — Viens, Charmion.

CHARMION.

Mon bras me fait mal. Jouez plutôt avec Mardian.

SCÈNE X.

CLÉOPATRE.

— Pour une femme, autant jouer avec un eunuque — qu'avec une femme...

A Mardian.

Allons, voulez-vous jouer avec moi, messire?

MARDIAN.

Aussi bien que je puis, madame.

CLÉOPATRE.

— Et dès que le bon vouloir est démontré, il a beau être insuffisant, — l'acteur a droit au pardon... Mais non, je ne veux plus... — Donnez-moi ma ligne. Nous irons au fleuve; là, — ma musique jouant au loin, j'amorcerai — des poissons aux fauves nageoires; mon hameçon recourbé percera — leurs visqueuses mâchoires; et, à chaque poisson que j'enlèverai, — je m'imaginerai que c'est un Antoine, — et je dirai : Ah! ah! vous êtes pris!

CHARMION.

L'amusante journée — où vous fîtes ce pari à qui pêcherait le plus, et où votre plongeur — accrocha à l'hameçon d'Antoine un poisson salé — qu'il retira avec transport! (10)

CLÉOPATRE.

Ce temps-là! oh! quel temps! — Je me moquai de lui, à lui ôter la patience; et, le soir venu, — je me moquai de lui à la lui rendre; le lendemain matin, — avant neuf heures, je le restituai, ivre, à son lit; — puis je le couvris de mes robes et de mes manteaux, tandis que — je portais son épée de Philippes.

Entre un MESSAGER.

CLÉOPATRE.

Oh! d'Italie!... — Entasse tes fécondes nouvelles dans mon oreille — longtemps stérile.

LE MESSAGER.

Madame, madame...

CLÉOPATRE.

Antoine est mort! — Si tu dis cela, drôle, tu assassines ta maîtresse; — mais s'il est libre et bien portant, — si c'est ainsi que tu me le présentes, voilà de l'or et voici — mes veines les plus bleues à baiser; prends cette main que des rois — ont pressée de leurs lèvres et n'ont baisée qu'en tremblant!

LE MESSAGER.

D'abord, madame, il est bien.

CLÉOPATRE.

— Tiens! voilà de l'or encore. Mais fais attention, maraud. Nous avons coutume — de dire que les morts sont bien; si c'est à cela que tu veux en venir, — cet or que je te donne, je le ferai fondre et je le verserai — dans ta gorge mal embouchée.

LE MESSAGER.

— Bonne madame, écoutez-moi.

CLÉOPATRE.

Eh bien, va, j'y consens; — mais il n'y a rien de bon dans ta figure. Si Antoine — est libre et en pleine santé, que sert d'avoir cette mine sinistre — pour trompetter de si bonnes nouvelles? S'il n'est pas bien, — tu devrais arriver comme une furie couronnée de serpents, — et non sous la forme d'un homme.

LE MESSAGER.

Vous plaira-t-il de m'écouter?

CLÉOPATRE.

— J'ai envie de te frapper avant que tu parles. — Mais, si tu dis qu'Antoine est vivant, bien portant, — l'ami de César et non pas son captif, — je t'enfouirai sous une pluie d'or et sous une grêle — de perles fines.

SCÈNE X.

LE MESSAGER.

Madame, il est bien.

CLÉOPATRE.

Bien dit.

LE MESSAGER.

— Et l'ami de César.

CLÉOPATRE.

Tu es un honnête homme.

LE MESSAGER.

— César et lui sont plus grands amis que jamais.

CLÉOPATRE.

— Fais-toi une fortune avec moi!

LE MESSAGER.

Mais, madame...

CLÉOPATRE.

— Je n'aime pas ce *mais*,... il affaiblit — un si bon commencement. Fi de ce *mais!* — Ce *mais* est comme un geôlier qui va produire — quelque monstrueux malfaiteur. Je t'en prie, ami, — verse toute ta charge dans mon oreille, — le bien et le mal à la fois. Il est ami avec César, — en pleine santé, dis-tu, et libre, dis-tu?

LE MESSAGER.

— Libre, madame! non; je n'ai point fait un pareil rapport; — il est attaché à Octavie.

CLÉOPATRE.

Pour quel bon office?

LE MESSAGER.

— Pour le meilleur, l'office du lit.

CLÉOPATRE.

Je pâlis, Charmion.

LE MESSAGER.

— Madame, il est marié à Octavie.

CLÉOPATRE.

— Que la peste la plus venimeuse fonde sur toi!

Elle le frappe et le terrasse.

LE MESSAGER.

— Bonne madame, patience !

CLÉOPATRE.

Que dites-vous?...

Elle le frappe encore.

Hors d'ici, — horrible drôle! ou je vais chasser tes yeux — comme des billes devant moi : je vais dénuder ta tête...

Elle le secoue violemment.

Je te ferai fouetter avec le fer, étuver dans la saumure, — et confire à la sauce ardente.

LE MESSAGER.

Gracieuse madame, — si j'apporte la nouvelle, je n'ai pas fait le mariage.

CLÉOPATRE.

— Dis que cela n'est pas, et je te donnerai une province, — et je rendrai ta fortune splendide ; le coup que tu as reçu — te fera pardonner de m'avoir mis en rage ; — et je te gratifierai de tous les dons — que ton humilité peut mendier.

LE MESSAGER.

Il est marié, madame.

CLÉOPATRE.

— Misérable, tu as vécu trop longtemps.

Elle tire un couteau.

LE MESSAGER.

Ah? je me sauve. — Que prétendez-vous, madame? Je n'ai fait aucune faute.

Il s'enfuit.

CHARMION.

— Bonne madame, contenez-vous : — l'homme est innocent.

CLÉOPATRE.

— Il est des innocents qui n'échappent pas au coup

de foudre... — Que l'Égypte s'effondre dans le Nil! et que toutes les créatures bienfaisantes — se changent en serpents! Rappelez cet esclave; — toute furieuse que je suis, je ne le mordrai pas... Rappelez-le.

Quelqu'un sort.

CHARMION.

— Il a peur de revenir.

CLÉOPATRE.

Je ne lui ferai pas de mal; — ces mains perdent leur noblesse en frappant — un plus petit que moi, alors que seule — je me suis mise en cet état.

Rentre le MESSAGER.

CLÉOPATRE.

Approchez, monsieur! — Il peut être honnête, mais il n'est jamais bon — d'apporter une mauvaise nouvelle. Donnez à un gracieux message — une légion de langues; mais laissez les mauvaises nouvelles s'annoncer — elles-mêmes par le coup qui nous frappe.

LE MESSAGER.

J'ai fait mon devoir.

CLÉOPATRE.

Est-il marié? — Je te haïrai de ma pire haine, — si tu dis encore oui.

LE MESSAGER.

Il est marié, madame.

CLÉOPATRE.

— Que les dieux te confondent! Tu persistes donc toujours?

LE MESSAGER.

— Faut-il que je mente, madame?

CLÉOPATRE.

Oh! je voudrais que tu mentisses — quand la moitié

de mon Égypte devrait être submergée et faire — une citerne pour les serpents squammeux! Va, sors d'ici; — quand tu aurais le visage de Narcisse, à moi — tu me paraîtrais affreux... Il est marié?

LE MESSAGER.

— J'implore le pardon de Votre Altesse.

CLÉOPATRE.

Il est marié?

LE MESSAGER.

— Ne vous offensez pas de ce que je ne veuille pas vous offenser; — me punir pour ce que vous me faites faire — me semble bien inique. Il est marié à Octavie.

CLÉOPATRE.

— Oh! si son exemple avait pu te rendre fourbe, toi — qui ne l'es pas!... Quoi! tu es sûr de cela? Va-t'en d'ici. — La marchandise que tu as rapportée de Rome — est trop chère pour moi. Qu'elle te reste sur les bras, — et sois ruiné par elle!

Le messager sort.

CHARMION.

Bonne Altesse, patience!

CLÉOPATRE.

— En louant Antoine, j'ai déprécié César.

CHARMION.

— Maintes fois, madame.

CLÉOPATRE.

J'en suis bien payée à présent! — Emmenez-moi d'ici... — Je me sens défaillir... Oh! Iras! Charmion!... Ce n'est rien... — Va trouver cet homme, bon Alexas, commande-lui de te dire les traits d'Octavie, ses années, — ses inclinations; qu'il n'oublie pas la — couleur de ses cheveux!... Rapporte-moi vite ses paroles...

Alexas sort.

— Renonçons à lui pour toujours. — Mais non, Charmion! — Si, d'un côté, il a le masque de Gorgone, — de l'autre, c'est Mars pour moi!...

A Mardian.

Dis à Alexas — de me rapporter quelle taille elle a... Plains-moi, Charmion, — mais ne me parle pas... Menez-moi dans ma chambre.

Ils sortent.

SCÈNE XI.

(Près du cap de Misène.)

Pompée et Ménas arrivent d'un côté, au son des tambours et des trompettes; de l'autre, César, Lépide, Antoine, Énobarbus, Mécène avec une escorte de soldats.

POMPÉE.

— J'ai vos otages, vous avez les miens, — et nous allons causer avant de combattre (11).

CÉSAR.

Il est fort juste — que nous en venions d'abord aux paroles; aussi t'avons-nous — envoyé d'avance nos propositions écrites; — pour peu que tu les aies examinées, fais-nous savoir — si elles suffisent pour enchaîner ton épée mécontente — et ramener en Sicile toute cette belle jeunesse — qui autrement devra périr ici.

POMPÉE.

Écoutez-moi, vous trois, — seuls sénateurs de ce vaste univers, — agents suprêmes des dieux : je ne vois pas — pourquoi mon père manquerait de vengeurs, — lui qui a laissé un fils et des amis, quand Jules-César, — qui apparut au bon Brutus à Philippes, — vous a vus là travailler pour lui. Qu'est-ce — qui poussa le pâle Cassius à conspirer? Qu'est-ce qui — décida le très-honoré, l'honnête Romain Brutus — et ses compagnons d'armes, courtisans de la liberté, — à ensanglanter le Capitole? C'est qu'ils ne voulurent — voir dans un homme qu'un homme. Et voilà — ce qui m'a porté à équiper cette flotte dont le poids — fait écumer l'Océan irrité et avec laquelle j'entends — châtier l'ingratitude dont la haineuse Rome — accabla mon noble père.

CÉSAR.

A votre aise.

ANTOINE.

— Tu ne parviendras pas à nous effrayer, Pompée, avec toutes tes voiles; — nous saurons te répliquer sur mer; sur terre, tu sais — tout ce que tu as de moins que nous.

POMPÉE.

Sur terre, en effet, — tu as de plus que moi la maison de mon père; — mais, puisque le coucou se niche toujours ailleurs que chez lui, — restes-y tant que tu pourras.

LÉPIDE.

Veuillez nous dire — (car tout ceci est hors de la question) comment vous accueillez — les offres que nous vous avons transmises.

CÉSAR.

Voilà le point.

ANTOINE.

— Ne te laisse pas décider par nos prières, mais considère — quel parti il vaut mieux embrasser....

CÉSAR.

Et quelles conséquences aurait pour toi — l'ambition d'une plus haute fortune.

POMPÉE.

Vous m'avez fait offre — de la Sicile et de la Sardaigne : à condition que je nettoierais la mer des pirates et que j'enverrais — à Rome certaines mesures de blé.

Cette convention faite, — nous devons nous séparer sans une entaille à nos épées, — sans une balafre à nos boucliers.

CÉSAR, ANTOINE, LÉPIDE.

Voilà nos offres.

POMPÉE.

Sachez donc — que j'étais venu ici, devant vous, en homme préparé — à accepter ces offres. Mais Marc-Antoine — m'a causé quelque impatience.

A Antoine.

Dussé-je perdre — mon mérite en le rappelant, vous saurez — que, quand César et vos frères étaient aux prises, — votre mère est venue en Sicile et y a trouvé — un accueil amical.

ANTOINE.

Je l'ai appris, Pompée; — et je suis tout disposé à vous offrir libéralement les remercîments — que je vous dois.

POMPÉE.

Donnez-moi votre main. — Je ne m'attendais pas, seigneur, à vous rencontrer ici.

ANTOINE.

— Les lits sont moelleux en Orient. Merci à vous — de m'avoir fait revenir ici plus tôt que je ne comptais! — car j'y ai gagné.

CÉSAR, à Pompée.

Depuis la dernière fois que je vous ai vu, — vous avez changé.

POMPÉE.

Vraiment, je ne sais pas — quels comptes l'âpre fortune tient sur mon visage; — en tout cas, jamais elle n'envahira mon sein, — jusqu'à faire de mon cœur son vassal!

LÉPIDE, à Pompée.

Heureuse réunion ! —

POMPÉE.

Je l'espère, Lépide... Ainsi, nous sommes d'accord ; — je demande que notre convention soit mise par écrit, — et scellée de nous.

CÉSAR.

C'est la première chose que nous devons faire.

POMPÉE.

— Il faut nous fêter les uns les autres, avant de nous séparer ; tirons — au sort à qui commencera.

ANTOINE.

Ce sera moi, Pompée.

POMPÉE.

— Non, Antoine, laissons décider le sort ; mais, que vous soyez le premier — ou le dernier, votre estimable cuisine égyptienne — aura toute la vogue. J'ai ouï dire que Jules César — s'est engraissé à festiner là-bas.

ANTOINE.

Vous avez ouï dire bien des choses.

POMPÉE.

— Je n'ai que de courtoises pensées, messire.

ANTOINE.

Et d'aussi courtoises paroles.

POMPÉE.

— Voilà ce que j'ai ouï dire. — Et j'ai ouï dire auss qu'Apollodore porta...

ÉNOBARBUS.

— Suffit. Il l'a fait.

POMPÉE.

Porta quoi, je vous prie ?

ÉNOBARBUS.

— Certaine reine à César dans un matelas (12).

SCÈNE XI.

POMPÉE.

— Je te reconnais à présent. Comment vas-tu, soldat?

ÉNOBARBUS.

Fort bien : — et il est probable que je continuerai : car j'aperçois — quatre banquets en perspective.

POMPÉE.

Laisse-moi serrer ta main ; — je ne t'ai jamais haï : je t'ai vu combattre, — et j'ai envié ta valeur.

ÉNOBARBUS.

Monsieur, — je ne vous ai jamais beaucoup aimé ; mais je vous ai loué, — quand vous méritiez dix fois plus d'éloges — que je ne vous en donnais.

POMPÉE.

Jouis de ta franchise : — elle ne te sied pas mal. — Je vous invite tous à bord de ma galère. — Ouvrez la marche, seigneurs.

CÉSAR, ANTOINE, LÉPIDE.

Montrez-nous le chemin, monsieur. —

POMPÉE.

Venez.

Sortent Pompée, César, Antoine, Lépide, les soldats et les gens de la suite.

MÉNAS, à part.

Ton père, Pompée, n'aurait jamais fait ce traité-là.

Haut, à Énobarbus.

Vous et moi, nous nous sommes connus, monsieur.

ÉNOBARBUS.

Sur mer, je crois.

MÉNAS.

En effet, monsieur.

ÉNOBARBUS.

Vous avez fait merveilles sur l'eau.

MÉNAS.

Et vous sur terre.

ÉNOBARBUS.

Je louerai toujours qui me loue. Aussi bien, on ne peut nier ce que j'ai fait sur terre.

MÉNAS.

Ni ce que j'ai fait sur l'eau.

ÉNOBARBUS.

Si ; il y a quelque chose que vous pouvez nier pour votre sûreté même : vous avez été un grand bandit sur mer.

MÉNAS.

Et vous sur terre.

ÉNOBARBUS.

En ce cas, je nie mes services... Mais donnez-moi la main, Ménas. Si vos yeux avaient cette autorité, ils pourraient saisir ici deux bandits qui s'embrassent.

Ils se tendent la main.

MÉNAS.

Le visage d'un homme ne ment pas, quoi que fasse sa main.

ÉNOBARBUS.

En revanche, il n'est pas de jolies femmes dont le visage ne soit fourbe.

MÉNAS.

Il ne les calomnie pas : elles volent les cœurs.

ÉNOBARBUS.

Nous étions venus ici pour nous battre avec vous.

MÉNAS.

Pour ma part, je suis fâché que cela ait tourné en boissons. Aujourd'hui Pompée perd sa fortune à rire.

ÉNOBARBUS.

Si cela est, pour sûr il ne la regagnera pas à pleurer.

MÉNAS.

Vous l'avez dit, monsieur. Nous n'attendions pas

Marc-Antoine ici : dites-moi, est-ce qu'il est marié à Cléopâtre ?

ÉNOBARBUS.

La sœur de César s'appelle Octavie.

MÉNAS.

C'est vrai, monsieur; elle était la femme de Caïus Marcellus.

ÉNOBARBUS.

Mais elle est maintenant la femme de Marcus Antonius.

MÉNAS.

Que dites-vous, monsieur ?

ÉNOBARBUS.

C'est la vérité.

MÉNAS.

Alors, César et lui sont liés pour toujours.

ÉNOBARBUS.

Si j'étais tenu de prédire le sort de cette union, je ne prophétiserais pas ainsi.

MÉNAS.

Je crois que la politique a plus fait dans ce mariage que l'amour.

ÉNOBARBUS.

Je le crois aussi; mais vous verrez que le lien même qui semble resserrer leur amitié, l'étranglera. Octavie est d'un abord austère, froid et calme.

MÉNAS.

Et quel est l'homme qui ne voudrait voir sa femme ainsi ?

ÉNOBARBUS.

Celui qui lui-même n'est pas ainsi; et cet homme est Marc-Antoine. Il retournera à son ragoût égyptien : alors les soupirs d'Octavie attiseront la colère dans César; et, comme je viens de le dire, ce qui est la force de leur amitié deviendra la cause immédiate de leur rupture. Antoine laissera son affection où elle est; il n'a épousé ici que l'occasion.

MÉNAS.

Cela pourrait bien être. Allons, monsieur, venez-vous à bord? J'ai un toast pour vous.

ÉNOBARBUS.

J'y répondrai, monsieur : nous avons dressé nos gosiers en Égypte.

MÉNAS.

Venez. Partons.

Ils sortent.

SCÈNE XII.

[A bord de la galère de Pompée, près du cap Misène. Un pont de bois rejoint la galerie.]

Musique. Entrent deux ou trois SERVITEURS, portant une table servie.

PREMIER SERVITEUR.

Ils vont venir, camarade. Déjà plusieurs ont la plante des pieds presque déracinée; le moindre vent va les abattre.

DEUXIÈME SERVITEUR.

Lépide est haut en couleurs.

PREMIER SERVITEUR.

Ils lui ont fait boire leur rebut.

DEUXIÈME SERVITEUR.

Quand les deux autres se piquent à l'endroit sensible, il leur crie : *assez!* et, tout en les réconciliant avec sa prière, il se réconcilie avec la liqueur.

PREMIER SERVITEUR.

Mais il ne fait qu'envenimer la guerre entre lui et son bon sens.

SCÈNE XII.

DEUXIÈME SERVITEUR.

Tout cela, pour être compté dans la société des hommes supérieurs ! Moi, j'aimerais mieux avoir un roseau dont je pourrais me servir qu'une pertuisane que je ne pourrais pas soulever.

PREMIER SERVITEUR.

Être admis dans les sphères hautes sans y faire sentir son action, c'est ressembler à ces orbites où les yeux ne sont plus et qui font un vide pitoyable dans le visage.

Fanfares. Entrent CÉSAR, ANTOINE, POMPÉE, LÉPIDE, AGRIPPA, MÉCÈNE, ÉNOBARBUS, MÉNAS et autres capitaines. Tous se mettent à table.

ANTOINE, à César.

— C'est ainsi qu'ils font, seigneur ; ils mesurent la crue du Nil — à une certaine échelle sur la pyramide, et ils savent, — selon le niveau élevé, bas ou moyen de l'étiage, s'il y aura disette — ou abondance. Plus le Nil monte, — plus il promet : lorsqu'il se retire, le laboureur — sème son grain sur le limon et la vase, — et bientôt obtient moisson.

LÉPIDE, d'une voix avinée.

Vous avez là d'étranges serpents.

ANTOINE.

Oui, Lépide.

LÉPIDE.

Votre serpent d'Égypte naît de votre fange par l'opération de votre soleil : de même votre crocodile.

ANTOINE.

C'est vrai.

POMPÉE.

Asseyons-nous, et du vin. A la santé de Lépide.

LÉPIDE.

Je ne suis pas aussi bien que je le devrais, mais jamais je ne serai hors de raison.

ÉNOBARBUS.

Non, jusqu'à ce que vous dormiez. Jusque-là, je crains bien que vous ne soyez dedans.

LÉPIDE.

Eh! certainement j'ai ouï dire que les Pyramides de Ptolémée étaient de très-belles choses; sans contredit, j'ai ouï dire ça.

MÉNAS, à part.

— Pompée, un mot!

POMPÉE.

Dis-le-moi à l'oreille : qu'est-ce?

MÉNAS, à part.

— Quitte ton siége, je t'en supplie, capitaine, — que je te dise un mot.

POMPÉE.

Attends! tout à l'heure! — Cette rasade pour Lépide!

LÉPIDE.

Quelle espèce d'être est votre crocodile?

ANTOINE.

Il est formé, monsieur, comme lui-même; et il est aussi large qu'il a de largeur; il est juste aussi haut qu'il l'est, et il se meut avec ses propres organes; il vit de ce qui le nourrit; et, dès que les éléments dont il est formé se décomposent, il opère sa transmigration.

LÉPIDE.

De quelle couleur est-il?

ANTOINE.

De sa propre couleur.

LÉPIDE.

C'est un étrange serpent.

SCÈNE XII.

ANTOINE.

C'est vrai; et ses larmes sont humides.

CÉSAR, à Antoine.

Cette description le satisfera-t-elle?

ANTOINE.

Oui, avec la santé que Pompée lui porte. Autrement, ce serait un épicurien bien difficile.

POMPÉE, bas, à Ménas.

— Allez vous faire pendre, mon cher, allez!... me parler de quoi?... Arrière! — Obéissez...

Haut.

Où est la coupe que j'ai demandée?

MÉNAS, bas, à Pompée.

— Au nom de mes services, si tu veux bien m'entendre, — lève-toi de ton tabouret.

POMPÉE, bas, à Ménas.

Tu es fou, je crois. De quoi s'agit-il?

Il se lève et se retire à l'écart avec Ménas.

MÉNAS.

— J'ai toujours eu le chapeau bas devant ta fortune.

POMPÉE.

— Tu m'as toujours servi avec une grande fidélité. Après?

Haut, aux convives.

— Soyez joyeux, seigneurs!

ANTOINE.

Lépide, — défiez-vous des bancs de sable : vous sombrez.

MÉNAS, bas, à Pompée.

— Veux-tu être seigneur de tout l'univers!

POMPÉE, à Ménas.

Que dis-tu?

MÉNAS.

— Encore une fois, veux-tu être seigneur de l'univers entier?

POMPÉE.

— Comment serait-ce possible ?

MÉNAS.

Accepte seulement, et, — tout pauvre que tu me crois, je suis homme — à te donner tout l'univers.

POMPÉE.

As-tu beaucoup bu ?

MÉNAS.

— Non, Pompée, je me suis abstenu de la coupe. — Tu es, si tu l'oses, le Jupiter terrestre : — tout ce que l'Océan enclôt, tout ce que le ciel embrasse, — est à toi, si tu le veux.

POMPÉE.

Montre-moi par quelle voie.

MÉNAS.

— Ces partageurs du monde, les triumvirs, — sont dans ton vaisseau ; laisse-moi couper le cordage, — et, quand nous serons au large, sautons-leur à la gorge, — tout est à toi.

POMPÉE.

Ah ! tu aurais dû le faire — sans m'en avertir. De ma part, ce serait une vilenie ; — de la tienne, c'eût été un bon service. Tu devais savoir — que mon intérêt ne guide pas mon honneur, — mais est guidé par lui. Regrette que ta langue ait jamais — trahi ton action. Faite à mon insu, — je l'aurais trouvée bien faite. — Mais maintenant je dois la condamner. N'y pense plus et bois.

Il revient près des convives.

MÉNAS, à part.

Puisque c'est ainsi, — je ne veux plus suivre ta fortune éventée. — Qui cherche une chose et la repousse quand elle s'offre, — ne la retrouvera plus.

POMPÉE.

A la santé de Lépide !

ANTOINE.

— Qu'on le porte à la côte !... Je vous ferai raison pour lui, Pompée.

ÉNOBARBUS, une coupe à la main.

— A toi, Ménas.

MÉNAS.

Volontiers, Énobarbus.

POMPÉE, à l'esclave qui verse à boire.

Remplis jusqu'à cacher la coupe.

ÉNOBARBUS, montrant un esclave qui emporte Lépide.

— Voilà un fort gaillard, Ménas.

MÉNAS.

Pourquoi ?

ÉNOBARBUS.

Il porte — un tiers du monde, mon cher, ne vois-tu pas ?

MÉNAS.

— Alors le tiers du monde est ivre ; que ne l'est-il tout entier pour pouvoir rouler plus aisément !

ÉNOBARBUS.

Bois donc et aide à le mettre en branle.

MÉNAS.

Viens.

POMPÉE, à Antoine.

Ce n'est pas encore là une fête d'Alexandrie !

ANTOINE.

— Cela en approche... Choquons les coupes ! Holà ! — La santé de César !

CÉSAR.

Je me passerais bien de celle-là. — C'est un labeur monstrueux : me laver le cerveau — pour ne le rendre que plus trouble ?

ANTOINE.

Soyez l'enfant de la circonstance.

CÉSAR.

— Bois donc, je te donnerai la réplique ; mais j'aurais mieux aimer jeûner, — pendant quatre jours, que de boire tant en un seul.

ÉNOBARBUS, à Antoine.

— Eh! mon brave empereur! — Si nous dansions maintenant la bacchanale égyptienne — pour célébrer notre boire?

POMPÉE.

Volontiers, bon soldat.

Tous se lèvent de table.

ANTOINE.

— Allons! tenons-nous tous par la main — jusqu'à ce que le vin triomphant ait plongé nos sens — dans un doux et délicieux Léthé!

ÉNOBARBUS.

Prenons-nous tous la main. — Qu'une musique retentissante batte nos oreilles. — Pendant ce temps-là, je vous placerai; puis cet enfant chantera, — et chacun entonnera le refrain aussi haut — que ses vigoureux poumons pourront lancer leur volée.

La musique joue. Énobarbus place tous les convives, la main dans la main.

CHANSON.

Viens, toi, monarque du vin,
Bacchus joufflu, à l'œil rose :
Que nos soucis soient noyés dans tes cuves,
Et nos cheveux couronnés de tes grappes !
Verse-nous jusqu'à ce que le monde tourne,
Verse-nous jusqu'à ce que le monde tourne !

CÉSAR, se retirant.

— Que voudriez-vous de plus?... Pompée, bonne nuit...

SCÈNE XII.

A Antoine.

Bon frère, — laissez-moi vous emmener : nos graves affaires — répugnent à tant de légèreté !... Gentils seigneurs, séparons-nous ; — vous voyez, nous avons les joues en feu : le vigoureux Énobarbus — est plus faible que le vin, et ma propre langue — balbutie ce qu'elle dit ; peu s'en faut que l'extravagante orgie — ne nous ait tous hébétés. Qu'est-il besoin de plus de paroles? Bonne nuit. — Bon Antoine, votre main.

POMPÉE.

Je veux veiller sur vous jusqu'à la côte.

ANTOINE, chancelant.

— Fort bien, monsieur : donnez-moi votre main.

POMPÉE.

O Antoine, — vous avez la maison de mon père... Mais quoi? Nous sommes amis. — Allons! descendons dans le bateau.

ÉNOBARBUS.

Prenez garde de tomber.

Pompée, César, Antoine et leur suite s'embarquent.

— Ménas, je n'irai pas à terre.

MÉNAS.

Non! dans ma cabine! — Hé! les tambours! les trompettes! les flûtes! Hé! — Que Neptune nous entende dire un bruyant adieu — à ces grands compagnons! Sonnez! Peste soit de vous! Sonnez donc!

Fanfares et tambours.

ÉNOBARBUS, *interpellant ceux qui s'embarquent.*

Ho, là-bas! Voilà mon bonnet!

Il agite son bonnet.

MÉNAS.

Holà!... Noble capitaine, — venez!

Sortent Énobarbus et Ménas.

SCÈNE XIII.

[En Syrie.]

Entre, comme après une victoire, VENTIDIUS, accompagné de SILIUS et d'autres Romains, officiers et soldats. On porte devant lui le corps de Pacorus, fils d'Orodes, roi des Parthes.

VENTIDIUS.

— Enfin, en dépit de tes flèches, Parthie, te voilà frappée! Enfin — la Fortune daigne faire de moi — le vengeur de Marcus Crassus... Que le corps de ce fils du roi soit porté — devant notre armée... Ton Pacorus, Orodes, — nous paye Marcus Crassus (13).

SILIUS.

Noble Ventidius, — tandis que ton épée est encore chaude du sang des Parthes, — poursuis les fugitifs; galope à travers la Médie, — la Mésopotamie et tous les repaires — où se dispersent les vaincus. Alors ton grand capitaine Antoine — te mettra sur un char triomphal, et — posera des couronnes sur ta tête.

VENTIDIUS.

O Silius, Silius! — J'en ai fait assez. Un subalterne, remarque bien, — peut accomplir un trop grand exploit. Car retiens ceci, Silius : — Mieux vaut rester inactif, qu'acquérir par nos actes — une trop haute gloire, en l'absence de celui que nous servons. — César et Antoine ont eu plus de succès par leurs officiers qu'en personne : Sossius, — mon prédécesseur en Syrie, lieutenant d'Antoine, — par une accumulation de renommée — trop vite acquise, perdit la faveur du maître. — Celui qui en guerre fait plus que ne peut son capitaine — devient le capitaine de son capitaine; et l'ambition, — cette vertu du soldat, doit mieux aimer une défaite — qu'une victoire qui la dessert. — Je pourrais faire plus pour le bien d'Antoine, — mais cela l'offenserait; et dans cette offense, — mes exploits disparaîtraient.

SILIUS.

Ventidius, tu as les qualités — sans lesquelles un soldat et son épée — diffèrent à peine. Tu écriras à Antoine?

VENTIDIUS.

— Je lui signifierai humblement ce qu'en son nom, — ce magique cri de guerre, nous avons effectué : — comment, grâce à ses bannières et à ses troupes bien payées, — le cheval indompté du Parthe — a été surmené par nous.

SILIUS.

Où est-il maintenant?

VENTIDIUS.

— Il se rend à Athènes : là, aussi vite — que nous le permettra le poids du butin, — nous paraîtrons devant lui... En avant, marchons!

Ils sortent.

SCÈNE XIV.

[Rome. Dans le palais de César].

Entrent, d'un côté, AGRIPPA, de l'autre ÉNOBARBUS.

AGRIPPA.

Quoi! ces frères se sont-ils déjà séparés?

ÉNOBARBUS.

— Ils ont terminé avec Pompée qui est parti ; — tous trois scellent le traité. Octavie pleure — de quitter Rome ; César est triste : et Lépide, — depuis le festin de Pompée, est, à ce que dit Ménas, troublé — par les pâles couleurs.

AGRIPPA.

Ce noble Lépide!

ÉNOBARBUS.

— Ce digne homme! Oh! comme il aime César!

AGRIPPA.

— Oui, mais combien il adore Marc-Antoine!

ÉNOBARBUS.

— César? Eh, c'est le Jupiter des hommes!

AGRIPPA.

— Qu'est-ce qu'Antoine? Le dieu de Jupiter.

ÉNOBARBUS.

— Parlez-vous de César? Ah! c'est le sans-pareil!

AGRIPPA.

— D'Antoine? Oh! c'est le phénix d'Arabie!

ÉNOBARBUS.

— Voulez-vous louer César, dites César et restez-en là.

AGRIPPA.

— En vérité, il les accable tous deux d'excellents éloges.

ÉNOBARBUS.

— Mais c'est César qu'il aime le mieux; pourtant il aime Antoine. — Oh! ni cœurs, ni langues, ni chiffres, ni scribes, ni bardes, ni poëtes, ne pourraient — imaginer, exprimer, évaluer, écrire, chanter, nombrer son amour — pour Antoine! Mais pour César, — à genoux, à genoux et admirez.

AGRIPPA.

Il les aime tous deux.

ÉNOBARBUS.

— Ils sont les ailes dont il est le hanneton. Aussi...

Fanfares.

SCÈNE XIV.

— C'est le boute-selle ! Adieu, noble Agrippa.

AGRIPPA.

— Bonne chance, digne soldat, et adieu !

Entrent César, Antoine, Lépide et Octavie.

ANTOINE, à César.

Pas plus loin, seigneur !

CÉSAR.

— Vous m'enlevez une grande partie de moi-même : traitez-moi bien en elle... Sœur, sois comme épouse — telle que ma pensée te rêve, toujours à la hauteur — de mes plus vastes promesses. Très-noble Antoine, — que ce modèle de vertu qui est mis — entre nous comme le ciment de notre affection, — pour la tenir édifiée, ne soit pas un bélier qui en ébranle — la forteresse. Car mieux eût valu — que notre amitié se passât de ce lien, s'il ne nous est pas — également précieux à tous deux.

ANTOINE.

Ne m'offensez pas — par votre défiance.

CÉSAR.

J'ai dit.

ANTOINE.

Vous ne trouverez pas, — si susceptible que vous soyez, le moindre sujet — à l'inquiétude que vous semblez avoir. Sur ce, que les dieux vous gardent — et décident les cœurs des Romains à servir vos projets ! — Nous allons nous séparer ici.

CÉSAR.

— Sois heureuse, ma sœur chérie, sois heureuse ! — Que les éléments te soient propices et fassent — de joie ton humeur ! Sois heureuse.

OCTAVIE, les larmes aux yeux.

Mon noble frère!

ANTOINE.

— Avril est dans ses yeux ; c'est le printemps de l'amour, — et voici les averses qui l'inaugurent... Consolez-vous !

OCTAVIE, à César.

— Seigneur, soyez bienfaisant à la maison de mon mari et...

CÉSAR.

Quoi, — Octavie ?

OCTAVIE.

Je vais vous le dire à l'oreille.

Elle s'entretient tout bas avec son frère.

ANTOINE.

— Sa langue ne veut pas obéir à son cœur, et son cœur — ne peut pas animer sa langue. C'est le duvet du cygne — qui flotte sur la vague au plus fort de la marée — et n'incline d'aucun côté.

ÉNOBARBUS, bas, à Agrippa.

— César pleurera-t-il ?

AGRIPPA.

Il a un nuage sur la face.

ÉNOBARBUS.

— Il serait cheval que cette tache le défigurerait ; — à plus forte raison, un homme.

AGRIPPA.

Bah, Énobarbus ! — Lorsque Antoine reconnut Jules César mort, — il poussa presque des rugissements, et il pleura — lorsqu'à Philippes il reconnut Brutus tué.

ÉNOBARBUS.

— C'est que cette année-là il était tourmenté d'un gros rhume : — il se lamentait sur ce qu'il avait volontairement anéanti. — Croyez à ses larmes quand je pleurerai moi-même.

CÉSAR.

Non, chère Octavie, — vous aurez toujours de mes nouvelles; jamais le temps — ne devancera ma pensée envolée vers vous.

ANTOINE.

Allons, seigneur, allons! — je lutterai d'amour avec vous... — Tenez! je vous embrasse!... Puis je vous laisse — et je vous donne aux dieux.

CÉSAR.

Au revoir : soyez heureux!

LÉPIDE, à Antoine.

— Que toute la pléiade des astres éclaire — ta voie radieuse!

CÉSAR.

Adieu! adieu!

Il embrasse Octavie.

ANTOINE.

Adieu!

Fanfares. Ils sortent.

SCÈNE XV.

[Alexandrie. Dans le palais.]

Entrent CLÉOPATRE, CHARMION, IRAS et ALEXAS.

CLÉOPATRE.

— Où est l'homme?

ALEXAS.

Il est à moitié effrayé de venir.

CLÉOPATRE.

— Allons! allons... Venez ici, monsieur.

Entre le MESSAGER.

ALEXAS.

Bonne Majesté, — Hérode de Judée n'ose jeter les yeux sur vous, — que quand vous êtes bien disposée.

CLÉOPATRE.

Je veux avoir la tête — de cet Hérode. Mais comment cela, maintenant que j'ai perdu Antoine — par qui j'aurais pu l'exiger ?... Approche.

LE MESSAGER.

— Très-gracieuse Majesté.

CLÉOPATRE.

As-tu aperçu — Octavie (14) ?

LE MESSAGER.

Oui, reine redoutée.

CLÉOPATRE.

Où ?

LE MESSAGER.

A Rome, madame. — Je l'ai regardée en face : je l'ai vue marcher — entre son frère et Marc-Antoine.

CLÉOPATRE.

— Est-elle aussi grande que moi ?

LE MESSAGER.

Non, madame.

CLÉOPATRE.

— L'as-tu entendue parler ? A-t-elle la voix perçante ou basse ?

LE MESSAGER.

— Madame, je l'ai entendue parler : sa voix est basse.

CLÉOPATRE.

— Cela n'a rien de si gracieux !... Elle ne peut lui plaire longtemps.

CHARMION.

— Lui plaire ? O Isis ! c'est impossible.

SCÈNE XV.

CLÉOPATRE.

— Je le crois, Charmion : voix sourde et taille naine !...
— Quelle majesté a sa démarche? Rappelle-toi, — si jamais tu as vu la vraie majesté.

LE MESSAGER.

Elle se traîne : — sa marche ne fait qu'un avec son repos : elle a un corps plutôt qu'une animation : — c'est une statue plutôt qu'une vivante.

CLÉOPATRE.

Est-ce certain?

LE MESSAGER.

— Oui, ou je ne sais pas observer.

CHARMION.

Il n'est pas en Égypte trois hommes dont le diagnostic soit plus sûr.

CLÉOPATRE.

Il s'y connaît bien, — je m'en aperçois... Il n'y a encore rien en elle... — Le gaillard a un bon jugement.

CHARMION.

Excellent.

CLÉOPATRE, au messager.

— Estime son âge, je t'en prie.

LE MESSAGER.

Madame, — elle était veuve...

CLÉOPATRE.

Veuve?... Charmion, tu entends.

LE MESSAGER.

— Et je crois qu'elle a bien trente ans!

CLÉOPATRE.

— As-tu sa figure dans l'esprit? est-elle longue ou ronde?

LE MESSAGER.

— Ronde jusqu'à l'excès.

CLÉOPATRE.

La plupart de ceux — qui sont ainsi sont niais... — Ses cheveux, de quelle couleur ?

LE MESSAGER.

— Bruns, madame : et son front est aussi bas — qu'elle peut le souhaiter.

CLÉOPATRE, lui jetant une bourse.

Voici de l'or pour toi. — Tu ne dois pas prendre mal mes premières vivacités. — Je veux te faire repartir : je te trouve — très-bon pour l'emploi. Va te préparer : — nos lettres sont prêtes.

Le messager sort.

CHARMION.

C'est un homme convenable.

CLÉOPATRE.

— Oui, vraiment : je me repens beaucoup — de l'avoir ainsi rudoyé... Eh, à l'en croire, — cette créature n'est pas grand'chose.

CHARMION.

Oh ! rien, madame !

CLÉOPATRE.

— L'homme a sans doute vu la majesté : il doit s'y connaître.

CHARMION.

— S'il a vu la majesté ? Bonne Isis !... — lui qui vous a servi si longtemps !

CLÉOPATRE.

— J'ai encore une question à lui faire, chère Charmion. — Mais peu importe : tu me l'amèneras — là où je vais écrire : tout peut encore s'arranger.

CHARMION.

Je vous le garantis, madame.

Tous sortent.

SCÈNE XVI.

[Athènes. Dans le palais d'Antoine.]

Entrent ANTOINE et OCTAVIE.

ANTOINE.

— Non, non, Octavie, pas seulement cela : — ce tort serait excusable, comme mille autres — de semblable importance ; mais il a engagé — une nouvelle guerre contre Pompée ; il a fait son testament et l'a lu — en public. — A peine y a-t-il parlé de moi ; quand forcément — il m'a dû un témoignage honorable, c'est froidement et à contre-cœur — qu'il me l'a rendu ; il m'a mesuré très-étroitement l'éloge ; — les meilleures occasions de me louer, il les a rejetées — ou ne les a saisies que du bout des lèvres.

OCTAVIE.

O mon bon seigneur, — ne croyez pas tout, ou, si vous devez tout croire, — ne vous irritez pas de tout. Jamais femme ne fut plus malheureuse que moi, — si cette rupture a lieu ! Être placée entre deux partis — et prier pour tous deux ! — Les dieux bons se moqueront de mes prières, — lorsque je leur dirai : *Oh! bénissez mon seigneur, mon mari!* — et qu'annulant ce souhait, je leur crierai tout aussi fort : — *Oh! bénissez mon frère!* Succès au mari, succès au frère, — une prière détruit l'autre ; point de moyen terme — entre ces extrêmes (15).

ANTOINE.

Douce Octavie, — que votre préférence incline vers le côté qui fait le plus — d'efforts pour la fixer. Si je perds mon honneur, — je me perds moi-même : mieux vaudrait pour vous ne pas m'avoir — que m'avoir ainsi dégradé. Mais, comme vous le demandez, — vous pouvez intervenir entre nous. Pendant ce temps, madame, — je ferai des préparatifs de guerre — qui contiendront votre frère. Mettez-y toute votre diligence. — Ainsi vos désirs sont exaucés.

OCTAVIE.

Merci à mon seigneur ! — Que le puissant Jupiter fasse par moi, bien faible, bien faible femme, — votre réconciliation. La guerre entre vous deux, ce serait — comme si le monde s'entr'ouvrait et qu'il fallût combler le gouffre — avec des cadavres.

ANTOINE.

— Dès que vous reconnaîtrez le moteur de ceci, — tournez de son côté votre déplaisir : car nos fautes — ne peuvent jamais être tellement égales que votre affection — flotte également entre elles. Préparez votre départ ; — choisissez votre cortége et faites, coûte que coûte, les commandes — dont vous aurez fantaisie.

Ils sortent.

SCÈNE XVII.

[Athènes. Une autre partie du palais.]

Énobarbus et Éros se rencontrent.

ÉNOBARBUS.

Eh bien, ami Éros !

ÉROS.

Il est arrivé d'étranges nouvelles, messire.

ÉNOBARBUS.

Quoi donc, l'homme ?

SCÈNE XVII.

ÉROS.

César et Lépide ont fait la guerre à Pompée.

ÉNOBARBUS.

C'est vieux... quelle en est l'issue?

ÉROS.

César, après s'être servi de Lépide dans la guerre contre Pompée, l'a renié comme collègue; il n'a pas voulu qu'il eût part à la gloire de la campagne ; non content de cela, il l'accuse d'avoir auparavant écrit des lettres à Pompée, et, sur sa seule affirmation, il l'arrête. Voilà le pauvre triumvir à l'ombre, jusqu'à ce que la mort l'ait élargi de prison.

ÉNOBARBUS.

— Ainsi, ô monde, il ne te reste plus qu'une paire de mâchoires ; — tu auras beau leur jeter tous les aliments que tu possèdes, — elles grinceront des dents l'une contre l'autre... Où est Antoine?

ÉROS.

— Il se promène dans le jardin... comme ceci ; il écrase — le fétu qui se trouve devant lui, en criant : *ce niais de Lépide!* — et il menace à la gorge celui de ses officiers — qui a assassiné Pompée.

ÉNOBARBUS.

Notre grande flotte est équipée.

ÉROS.

— Contre l'Italie et César. Autre chose, Domitius : — Monseigneur vous réclame immédiatement. Mes nouvelles, — j'aurais dû les remettre à un autre moment.

ÉNOBARBUS.

C'est sans doute pour un rien, mais n'importe. Conduisez-moi à Antoine.

ÉROS.

Venez, messire.

Ils sortent.

SCÈNE XVIII.

[Rome. Dans le palais de César.]

Entre César, Agrippa et Mécène.

CÉSAR.

— Au mépris de Rome, il a fait tout cela. — Bien plus, — à Alexandrie, voici, en détail ce qui s'est passé. — En place publique, au haut d'un tribunal argenté, — Cléopâtre et lui dans des chaires d'or — ont été publiquement intronisés : à leurs pieds étaient assis — Césarion, qu'ils appellent le fils de mon père, — et tous les enfants illégitimes que leurs débauches — ont depuis lors engendrés entre eux. A Cléopâtre — il a donné l'établissement d'Égypte; puis, — de la basse Syrie, de Chypre et de Lydie — il l'a faite reine absolue (16).

MÉCÈNE.

Et cela en public.

CÉSAR.

— Sur la grande place où se font les exercices. — Là il a proclamé ses fils rois des rois : — la grande Médie, la Parthie et l'Arménie, — il les a données à Alexandre ; à Ptolémée il a assigné — la Syrie, la Cilicie et la Phénicie. Quant à elle, — c'est sous l'accoutrement de la déesse Isis — qu'elle a paru ce jour-là ; et souvent déjà elle avait donné audience, — dit-on, dans ce costume.

MÉCÈNE.

Il faut que Rome en soit informée!

AGRIPPA.

Et, déjà écœurée de tant d'insolence, — Rome retirera son estime à Antoine.

CÉSAR.

— Le peuple sait tout ; il vient de recevoir ses accusations.

AGRIPPA.

Qui accuse-t-il ?

CÉSAR.

— César ! Il se plaint de ce qu'ayant dépouillé de la Sicile — Sextus Pompée, je ne lui aie point baillé — sa part de l'île ; puis il dit m'avoir prêté — des vaisseaux que je ne lui ai point rendus ; enfin, il se fâche — de ce que Lépide ait été déposé — du triumvirat, et, cela étant, de ce que nous détenions — tous ses revenus.

AGRIPPA.

Sire, il faut répondre à cela.

CÉSAR.

— C'est déjà fait, et le messager est parti. — Je leur dis que Lépide était devenu trop cruel, — qu'il abusait de son autorité — et qu'il a mérité sa déposition ; quant à ce que j'ai conquis, — je lui en accorde sa part, pourvu que, dans son Arménie — et dans les autres royaumes qu'il a conquis, — il me fasse la mienne.

MÉCÈNE.

Il n'y consentira jamais.

CÉSAR.

— Alors je ne dois pas consentir à ce qu'il demande.

Entre Octavie.

OCTAVIE.

— Salut, César ! salut, monseigneur ! salut, très-cher César !

CÉSAR.

— Qui m'eût dit que jamais je t'appellerais abandonnée ?

OCTAVIE.

— Vous ne m'avez jamais appelée ainsi et vous n'avez pas sujet de le faire.

CÉSAR.

— Pourquoi donc nous surprenez-vous ainsi? Vous n'arrivez pas — comme la sœur de César : la femme d'Antoine — devrait avoir une armée pour huissier, et — les hennissements des chevaux devraient annoncer son approche, — longtemps avant qu'elle paraisse ; les arbres du chemin — devraient être chargés de gens, et l'attente publique devrait languir — à souhaiter sa venue trop lente. Oui, la poussière — aurait dû monter jusqu'au faîte du ciel, — soulevée par votre cortége populaire. Mais vous êtes venue — à Rome comme une fille du marché, et vous avez prévenu — la manifestation de notre amour, oubliant que l'affection, restée cachée, — reste souvent méconnue. Nous aurions été à votre rencontre — par terre et par mer, vous rendant à chaque étape — un nouvel hommage !

OCTAVIE.

Mon bon seigneur,' — je n'étais pas forcée d'arriver ainsi ; je l'ai fait — de mon plein gré. Monseigneur Marc-Antoine, — apprenant que vous faisiez des préparatifs de guerre, en a instruit — mon oreille affligée ; sur quoi j'ai imploré de lui — la grâce de revenir.

CÉSAR.

Et cette grâce, il vous l'a vite accordée, — puisque vous étiez l'obstacle entre sa luxure et lui.

OCTAVIE.

— Ne dites pas cela, monseigneur.

CÉSAR.

J'ai les yeux sur lui, — et la nouvelle de ses actes m'arrive avec le vent... — Savez-vous où il est maintenant?

SCÈNE XVIII.

OCTAVIE.

A Athènes, monseigneur.

CÉSAR.

— Non, ma sœur trop outragée : Cléopâtre — l'a rappelé d'un signe. Il a livré son empire — à une prostituée, et tous deux maintenant lèvent — pour la guerre tous les rois de la terre. Il a rassemblé — Bocchus, le roi de Libye, Archélaüs, — de Cappadoce, Philadelphos, roi — de Paphlagonie, le roi de Thrace, Adallas, — le roi Malchus d'Arabie, le roi de Pont, — Hérode de Judée, Mithridate, roi — de Comagène, Polémon et Amintas, — les rois de Médie et de Lycaonie, avec un — vaste arrière-ban de sceptres.

OCTAVIE.

Oh! malheureuse que je suis — d'avoir le cœur partagé entre deux parents — qui s'accablent l'un l'autre!

CÉSAR.

Soyez la bienvenue ici. — Vos lettres ont retardé notre rupture — jusqu'au moment où j'ai reconnu combien vous étiez outragée — et combien notre négligence était dangereuse. Reprenez courage! — Ne vous laissez pas déconcerter par des temps qui amoncèlent — au-dessus de votre bonheur ces sombres nécessités ; — mais laissez, impassible, les choses déterminées par le destin — suivre leur cours. Soyez la bienvenue à Rome, — vous, ce que j'ai de plus cher. Vous avez été insultée — au delà de toute idée, et les dieux grands, — pour vous faire justice, nous ont pris pour ministres, — nous et tous ceux qui vous aiment. Consolez-vous ; — et soyez pour toujours la bienvenue près de nous.

AGRIPPA.

Soyez la bienvenue, madame.

MÉCÈNE.

— Chère dame, soyez la bienvenue. — Tous les cœurs

dans Rome vous aiment et vous plaignent. — Seul l'adultère Antoine, dans l'excès — de ses abominations, vous renie — et abandonne sa puissance à une impure — qui le fait gronder contre nous.

OCTAVIE.

Est-il vrai, seigneur?

CÉSAR.

— Rien de plus certain. Sœur, soyez la bienvenue : je vous en prie, — ne perdez jamais patience... Ma sœur bien-aimée!

Ils sortent.

SCÈNE XIX.

[Le camp d'Antoine, près d'Actium.]

Entrent CLÉOPATRE et ÉNOBARBUS.

CLÉOPATRE.

— Je ne te tiens pas quitte, sois-en sûr.

ÉNOBARBUS.

Mais pourquoi? pourquoi? pourquoi?

CLÉOPATRE.

— Tu t'es opposé à ma présence dans cette guerre, — et tu as dit qu'elle n'était pas convenable.

ÉNOBARBUS.

Voyons, l'est-elle? l'est-elle?

CLÉOPATRE.

— A moins qu'il n'y ait exception contre moi, — pourquoi ne devrais-je pas être ici en personne?

ÉNOBARBUS, à part.

— Je sais bien ce que je pourrais répondre. — Si nous allions en guerre avec les chevaux et les juments tout ensemble, — les chevaux deviendraient absolument inutiles, car les juments porteraient chacune — un cavalier et son cheval.

CLÉOPATRE.

Qu'est-ce que vous dites?

ÉNOBARBUS.

— Votre présence ne peut qu'embarrasser Antoine, — et distraire de son cœur, de son cerveau, de son temps — ce qu'il n'en doit pas aliéner. Il est déjà — accusé de légèreté, et l'on dit à Rome — que ce sont vos femmes et l'eunuque Photin — qui dirigent cette guerre (17).

CLÉOPATRE.

Que Rome s'effondre, et que pourrissent toutes les langues — qui parlent contre nous! Je porte, moi aussi, le poids de cette guerre, — et je dois au royaume que je préside — d'y figurer comme un homme. Cesse de me contredire : — je ne resterai pas en arrière.

ÉNOBARBUS.

Eh bien! j'ai fini. — Voici l'empereur.

Entrent ANTOINE et CANIDIUS.

ANTOINE.

N'est-il pas étrange, Canidius, — que, de Tarente et de Brindes, — il ait pu si vite fendre la mer Ionienne, — et prendre Toryne?

A Cléopâtre.

Vous savez cela, ma charmante?

CLÉOPATRE.

— La rapidité n'est jamais plus admirée — que par les paresseux.

ANTOINE.

Excellente épigramme — qui ferait honneur au plus vaillant des hommes — et qui tance notre indolence... Canidius, nous — voulons le combattre sur mer (18).

CLÉOPATRE.

Oui, sur mer : serait-ce possible ailleurs?

CANIDIUS.

— Pourquoi cette résolution, monseigneur?

ANTOINE.

Parce qu'il nous y provoque!

ÉNOBARBUS.

— Monseigneur l'a bien provoqué, lui, à un combat singulier.

CANIDIUS.

— Oui, et vous lui avez offert la bataille à Pharsale, — où César se mesura avec Pompée. Mais, vos propositions — n'étant pas à son avantage, il les repousse. — Eh bien! repoussez les siennes.

ÉNOBARBUS.

Vos navires ne sont pas bien équipés : — vos matelots sont des muletiers, des moissonneurs, tous gens — enlevés de vive force. Sur la flotte de César — sont des marins qui souvent ont combattu Pompée; — ses vaisseaux sont faciles à manier; les vôtres sont lourds. Aucune honte — pour vous à refuser le combat sur mer, — quand vous y êtes prêt sur terre.

ANTOINE.

Sur mer! sur mer!

ÉNOBARBUS.

— Très-digne sire, vous annulez par là — la stratégie consommée que vous avez sur terre; — vous divisez votre armée, composée surtout — de fantassins aguerris; vous laissez inactive — votre expérience renommée; vous écartez — les moyens qui assurent le succès; — et, pour vous jeter à la merci de la chance et du hasard, vous renoncez — aux plus solides garanties.

ANTOINE.

Je combattrai sur mer.

SCÈNE XIX.

CLÉOPATRE.

— J'ai soixante vaisseaux ; César n'en a pas de meilleurs.

ANTOINE.

— Nous brûlerons le superflu de notre marine ; — et, avec le reste complétement équipé, de la pointe d'Actium — nous repousserons César, s'il approche. Au cas où nous échouons, — alors nous pouvons agir sur terre.

Entre un MESSAGER.

ANTOINE.

Ton message?

LE MESSAGER.

— La nouvelle est vraie, monseigneur; l'ennemi est signalé; — César a pris Toryne.

ANTOINE.

— Se peut-il qu'il y soit en personne? c'est impossible! — Il est étrange que ses forces soient là!... Canidius, — tu commanderas sur terre nos dix-neuf légions — et nos douze mille chevaux... Nous allons à bord...— Partons, ma Thétis !

Entre un SOLDAT.

ANTOINE.

Eh bien ! brave soldat !

LE SOLDAT.

— O noble empereur, ne combats pas sur mer : — ne te risque pas sur des planches pourries. Te défies-tu — de cette épée et de ces miennes cicatrices? Laisse les Égyptiens — et les Phéniciens patauger; nous, — nous avons coutume de vaincre debout sur terre, — en combattant pied à pied (19).

####### ANTOINE.

Bien, bien. Partons.

Sortent Antoine, Cléopâtre et Énobarbus.

####### LE SOLDAT.

— Par Hercule, je crois que je suis dans le vrai.

####### CANIDIUS.

— Oui, soldat. Mais ses actions n'obéissent plus — à leur règle légitime. Notre meneur est mené, — et nous sommes les soldats des femmes.

####### LE SOLDAT.

Vous commandez sur terre — les légions et toute la cavalerie, n'est-ce pas?

####### CANIDIUS.

— Marcus Octavius, Marcus Justeius, — Publicola et Célius tiennent sur mer; — nous, nous commandons toutes les forces de terre. Cette rapidité de César — passe toute croyance.

####### LE SOLDAT.

Quand il était encore à Rome, — son armée s'acheminait par petits détachements, de manière — à dépister tous les éclaireurs.

####### CANIDIUS.

Quel est son lieutenant, savez-vous?

####### LE SOLDAT.

— Un nommé Taurus, dit-on.

####### CANIDIUS.

Oh! je connais l'homme.

Entre un MESSAGER.

####### LE MESSAGER.

L'empereur demande Canidius.

####### CANIDIUS.

—Le temps est en travail d'événements et il en enfante — à chaque minute.

Ils sortent.

SCÈNE XX.

[Un plateau près d'Actium.]

Entrent César, Taurus, des officiers et des soldats.

CÉSAR.

— Taurus!

TAURUS.

Monseigneur?

CÉSAR.

N'agis pas sur terre ; reste compact ; — n'offre pas la bataille avant que nous ayons fini sur mer ; — n'outrepasse point les ordres que contient cet écrit.

Il lui remet un rouleau.

— Notre fortune dépend de ce hasard suprême.

Ils sortent.

Entrent Antoine et Énobarbus.

ANTOINE.

— Plaçons nos escadres sur ce côté de la colline — en vue de l'armée de César; de là — nous pourrons découvrir le nombre de ses vaisseaux — et manœuvrer en conséquence.

Ils sortent.

Entrent, d'un côté, les troupes d'Antoine, conduites par Canidius; de l'autre celles d'Octave, commandées par Taurus. Après qu'elles ont défilé, on entend le bruit d'un combat naval. Fanfares d'alarmes.

Rentre Énobarbus.

ÉNOBARBUS.

— Néant, néant, tout à néant! Je n'en puis voir davantage. — L'*Antoniade*, le vaisseau amiral égyptien, —

tourne le gouvernail et fuit avec soixante voiles ; — à le voir, mes yeux se sont aveuglés (20).

Entre Scarus.

SCARUS.

A nous, dieux et déesses, — et tout le céleste synode !

ÉNOBARBUS.

D'où vient ton émotion !

SCARUS.

— Le plus beau tiers du monde est perdu — par pure ineptie ! Nous avons perdu en baisers — des royaumes et des provinces.

ÉNOBARBUS.

Quel aspect présente le combat ?

SCARUS.

De notre côté, tous les signes de la peste — qui précèdent la mort ! Cette monture à ribaud, cette rosse d'Égypte, — que la lèpre l'étouffe ! Au milieu de la bataille, — quand les deux chances étaient comme des jumelles — du même âge, si même la nôtre n'était l'aînée, — je ne sais quel taon la pique ainsi qu'une vache en juin ! — Elle déploie les voiles et s'enfuit !

ÉNOBARBUS.

J'en ai été témoin : mes yeux, — malades de ce spectacle, n'ont pu l'endurer — plus longtemps.

SCARUS.

Une fois qu'elle a viré de bord, — la noble victime de sa magie, Antoine, — secoue ses ailes marines, et, comme un canard éperdu, — vole après elle, laissant la bataille au plus fort de l'action. — Je n'ai jamais vu une affaire si honteuse ; — l'expérience, l'énergie, l'honneur n'ont jamais — attenté ainsi à eux-mêmes.

ÉNOBARBUS.

Hélas! hélas!

Entre CANIDIUS.

CANIDIUS.

— Notre fortune sur mer a perdu le souffle — et sombre lamentablement. Si notre général s'était montré — ce qu'il était jadis, tout aurait bien été. — Oh! il nous a donné l'exemple de la fuite — bien lâchement.

ÉNOBARBUS, à part.

— Ah! vous en êtes là? alors, bonsoir — cette fois!

CANIDIUS.

Ils se sont enfuis vers le Péloponèse.

SCARUS.

— La route en est aisée, et j'irai y attendre — l'événement.

CANIDIUS.

Je vais me rendre à César — avec mes légions et ma cavalerie; six rois déjà — m'ont montré la voie de la soumission.

ÉNOBARBUS.

Moi, je veux suivre encore — la fortune blessée d'Antoine, bien que ma raison — se tourne avec le vent contre moi.

Ils sortent.

SCÈNE XXI.

[Alexandrie. Dans le palais.]

Entrent ANTOINE et plusieurs SERVITEURS.

ANTOINE.

— Écoutez! la terre me somme de ne plus la fouler! — Elle a honte de me porter!... Amis, approchez! — Je me suis tellement attardé dans ce monde que j'ai — pour toujours perdu mon chemin... J'ai là un navire — chargé d'or; prenez-le, partagez-vous-le; fuyez — et faites votre paix avec César (21).

LES SERVITEURS.

Nous, fuir! jamais!

ANTOINE.

— J'ai fui moi-même, et j'ai appris aux autres — à se sauver et à montrer leurs épaules... Amis, partez — je me suis moi-même décidé pour une voie — où je n'ai pas besoin de vous : partez! — mon trésor est dans le havre, prenez-le!... Oh! — j'ai couru après ce que je rougis maintenant de regarder! — Mes cheveux mêmes en sont révoltés : car les blancs — reprochent aux bruns tant de témérité, et ceux-ci reprochent à ceux-là — tant de couardise et d'ineptie!... Amis, partez; vous aurez — des lettres de moi pour quelques amis qui vous — balayeront l'accès auprès de César. Je vous en prie, n'ayez pas l'air triste — et ne me faites pas d'objections; prenez l'avis — que proclame mon désespoir; abandonnez — qui s'abandonne. Vite au rivage! — Je vais vous livrer ce navire et ce trésor. — Laissez-moi un peu, je vous prie! oui, je vous en prie, — laissez-moi! Voyez-vous, j'ai perdu le droit de commander; aussi, je vous prie! Je vous rejoindrai tout à l'heure.

Il s'assied.

Entre ÉROS, puis CLÉOPATRE, soutenue par CHARMION et IRAS.

ÉROS, à Cléopâtre.

Ah! bonne madame! allez le consoler.

IRAS.

Allez, chère reine.

SCÈNE XXI.

CHARMION.

Allez! Que pouvez-vous faire de mieux?

CLÉOPATRE.

Laissez-moi m'asseoir!....O Junon!

Elle s'affaisse comme en défaillance. Éros la montre à Antoine.

ANTOINE.

Non, non, non, non, non!

ÉROS.

Voyez un peu, sire.

ANTOINE.

O fi! fi! fi!

CHARMION.

Madame!

IRAS.

Madame! O bonne impératrice!

ÉROS.

Sire! sire!

ANTOINE.

— Oui, seigneur, oui! A Philippes, il tenait — son épée comme un danseur, tandis que je frappais — le maigre et ridé Cassius; et ce fut moi — qui anéantis ce fou de Brutus! Lui, — il n'agissait que par ses lieutenants; il n'avait aucune pratique — des manœuvres hardies de la guerre! Aujourd'hui pourtant... n'importe.

CLÉOPATRE, se redressant.

Ah! rangez-vous!

ÉROS, à Antoine.

La reine, monseigneur, la reine!

IRAS.

Allez à lui, madame! Parlez-lui! — Il est anéanti par l'humiliation.

CLÉOPATRE.

Eh bien, soutenez-moi... Oh!

Elle s'arrête, puis va lentement vers Antoine, supportée par ses femmes.

ÉROS, à Antoine.

— Très-noble sire, levez-vous; la reine s'avance; — sa tête s'incline et la mort va le saisir; rien — qu'un mot de consolation, et vous la sauvez.

ANTOINE.

J'ai forfait à la gloire! — Reculade ignoble!

ÉROS.

Sire, la reine!

ANTOINE, se détournant.

— Oh! où m'as-tu réduit, Égyptienne? Vois, — je ne puis te cacher ma confusion, — qu'en regardant, derrière moi, — les ruines de mon honneur!

CLÉOPATRE.

O monseigneur! monseigneur! — Pardonnez à mes voiles peureuses! Je ne croyais pas — que vous me suivriez.

ANTOINE.

Égyptienne, tu savais trop bien — que mon cœur était attaché par toutes ses cordes à ton gouvernail — et que tu me remorquerais. Tu savais — ta pleine suprématie sur mon âme, et — qu'un signe de toi pourrait me faire enfreindre — l'ordre même des dieux.

CLÉOPATRE.

Oh! pardon!

ANTOINE.

Maintenant, il faut — que j'envoie d'humbles supplications à ce jeune homme; il faut que je biaise — et que je rampe dans tous les méandres de la bassesse, moi qui — avais pour hochet la moitié du monde, — qui faisais et défaisais les fortunes!... Vous saviez — à quel point vous m'aviez conquis, et que — mon épée, affaiblie par ma passion, — lui obéirait en tout.

CLÉOPATRE.

Oh! pardon! pardon!

Elle pleure.

ANTOINE.

— Ne pleure pas, te dis-je; une seule de tes larmes vaut — tout ce qui a été gagné et perdu. Donne-moi un baiser... — Voici ce qui me dédommage... J'ai envoyé le précepteur de nos enfants; — est-il de retour?... Mon amour, je ne sais quel plomb pèse sur moi... — Du vin, holà! et à souper!... La fortune sait — que, plus elle menace, plus je la nargue.

Ils sortent.

SCÈNE XXII.

[Le camp de César en Égypte.]

Entrent CÉSAR, DOLABELLA, THYRÉUS et d'autres.

CÉSAR.

— Qu'on fasse paraître l'envoyé d'Antoine!
A Dolabella.
— Le connaissez-vous?

DOLABELLA.

César, c'est son maître d'école! — Jugez à quel point il est dépouillé, puisqu'il vous — envoie une si pauvre plume de son aile, — lui qui pour messager avait des rois à foison, il y a quelques lunes à peine!

Entre EUPHRONIUS.

CÉSAR.

Approche et parle.

EUPHRONIUS.

— Si peu que je sois, je viens de la part d'Antoine; — j'étais naguère aussi insignifiant pour ses desseins — que la goutte de rosée perdue sur la feuille du myrte — l'est pour cette vaste mer.

CÉSAR.

Soit! Déclare ta mission.

EUPHRONIUS.

— Antoine salue en toi le maître de ses destinées et — demande à vivre en Égypte ; en cas de refus, — il restreint sa demande et prie — de le laisser respirer entre les cieux et la terre, — comme personne privée, dans Athènes ; voilà pour lui. Quant à Cléopâtre, elle confesse ta grandeur, — se soumet à ta puissance, et implore de toi — pour ses enfants le diadème des Ptolémées — maintenant à la merci de ta faveur (22).

CÉSAR.

Pour Antoine, — je suis sourd à sa requête. Quant à la reine, — je consens à l'entendre et à la satisfaire, pourvu qu'elle — chasse d'Égypte son amant dégradé — ou lui ôte la vie. Cela fait, — elle ne priera pas en vain. Telle est ma réponse à tous deux.

EUPHRONIUS, s'inclinant.

— Que la fortune te suive !

CÉSAR.

Qu'on le reconduise à travers nos lignes !

Euphronius sort avec une escorte.

A Thyréus.

— Voici le moment d'essayer ton éloquence. Pars vite ; — détache Cléopâtre d'Antoine : promets-lui, — en notre nom, ce qu'elle demande ; ajoute même — des offres de ton chef ; les femmes, — même en plein bonheur, ne sont pas fortes ; mais la misère parjurerait — la vestale immaculée. Montre ton savoir faire, Thyréus ; — et, quant à ta récompense, tu promulgueras toi-même l'édit qui pour nous sera loi.

THYRÉUS.

Je pars, César.

CÉSAR.

— Observe comment Antoine supporte sa chute, — et épie tous les mouvements par lesquels — se manifeste son action.

THYRÉUS.

J'obéirai, César.

SCÈNE XXIII.

[Alexandrie. Dans le palais.]

Entrent CLÉOPATRE, ÉNOBARBUS, CHARMION et IRAS.

CLÉOPATRE.

— Que devons-nous faire, Énobarbus?

ÉNOBARBUS.

Méditer et mourir.

CLÉOPATRE.

— Est-ce Antoine ou moi qu'il faut accuser de ceci?

ÉNOBARBUS.

— Antoine seul, qui a voulu faire de son désir — le maître de sa raison! Qu'importait que vous eussiez fui — de ce terrible front de bataille où les rangs opposés — se renvoyaient l'épouvante? Pourquoi vous a-t-il suivie? — Les démangeaisons de son affection n'auraient pas dû — troubler en lui le capitaine, au moment suprême — où les deux moitiés du monde se heurtaient et où son empire — était en cause. Il y avait pour lui honte — autant que désastre à suivre vos étendards en fuite — et à laisser là sa flotte effarée.

CLÉOPATRE.

Paix, je te prie!

Entrent ANTOINE et EUPHRONIUS.

ANTOINE.

— Est-ce là ta réponse?

EUPHRONIUS.

Oui, Monseigneur.

ANTOINE.

Ainsi la reine — aura droit à ses courtoisies si elle veut — me sacrifier.

EUPHRONIUS.

C'est ce qu'il dit.

ANTOINE.

Il faut qu'elle sache cela.

Montrant sa tête à Cléopâtre.

— A l'enfant César, envoie cette tête grisonnante — et jusqu'au bord il remplira tes souhaits — de royaumes.

CLÉOPATRE.

Cette tête, Monseigneur!

ANTOINE, à Euphronius.

— Retourne à lui ; dis-lui qu'il porte sur son front — la rose de la jeunesse, et que le monde attend de lui — quelque action d'éclat : son argent, ses vaisseaux, ses légions — pourraient aussi bien appartenir à un lâche ; ses lieutenants pourraient vaincre — au service d'un enfant aussi heureusement — que sous les ordres de César. C'est pourquoi je le provoque — à mettre de côté ces splendides avantages — et à se mesurer avec Antoine déclinant, épée contre épée — seul à seul. Je vais le lui écrire. Suis-moi.

Sortent Antoine et Euphronius.

ÉNOBARBUS.

— Oui, comme il est vraisemblable que César au faîte de la victoire voudra — désarmer son bonheur et s'exhi-

SCÈNE XXIII.

ber en spectacle — aux prises avec un bretteur ! Je le vois, le jugement des hommes — s'altère avec leur fortune ; et les dignités extérieures — entraînent les facultés intérieures après elles — dans la déchéance. Comment a-t-il pu rêver, — ayant l'intelligence des proportions, que César en sa plénitude — se mesurerait avec son dénûment !... César, tu as vaincu — sa raison aussi.

Entre un SERVITEUR.

LE SERVITEUR.

Un envoyé de César ?

CLÉOPATRE.

— Quoi ! sans plus de cérémonie ! Voyez mes femmes, — ils se bouchent le nez devant la rose épanouie, — ceux qui l'adoraient en bouton... Introduisez-le, monsieur.

Le serviteur sort.

ÉNOBARBUS.

— Mon honnêteté et moi, nous commençons à nous quereller. — La loyauté qui reste dévouée aux fous fait — de notre foi une pure folie... Pourtant, celui qui a la force — de garder allégeance à son seigneur déchu — est le vainqueur du vainqueur de son maître — et gagne une place dans l'histoire !

Entre THYRÉUS

CLÉOPATRE.

La volonté de César ?

THYRÉUS.

— Écoutez-la en particulier.

CLÉOPATRE.

Il n'y a ici que des amis ; parlez hardiment.

THYRÉUS.

— Peut-être aussi sont-ils les amis d'Antoine.

ÉNOBARBUS.

— Il lui faut autant d'amis qu'en a César : — sinon, nous lui sommes inutiles. S'il plaît à César, notre maître — s'élancera au-devant de son amitié. Quant à nous, vous le savez, — nous sommes à qui il est, et alors nous serons acquis à César.

THYRÉUS.

Soit!... — Écoutez-moi donc, illustre reine; César vous conjure — d'oublier tout, dans votre situation présente, — excepté qu'il est César.

CLÉOPATRE.

Poursuivez : c'est d'une générosité royale.

THYRÉUS.

— Il sait que vous ne vous êtes pas attachée à Antoine — par amour, mais par crainte.

CLÉOPATRE.

Oh !

THYRÉUS.

— Aussi, les balafres faites à votre honneur — l'émeuvent-elles de pitié, comme des plaies causées par la violence, — mais imméritées.

CLÉOPATRE.

César est un dieu, et il reconnaît — ce qui est bien vrai : mon honneur n'a pas été cédé, — il a été conquis.

ÉNOBARBUS, à part.

Pour être sûr de cela, je vais le demander à Antoine... Maître, maître, tu fais eau de toutes parts, — et nous n'avons plus qu'à te laisser sombrer, car — ce que tu as de plus cher t'abandonne.

Il sort.

THYRÉUS.

Dirai-je à César — ce que vous désirez de lui? Il sollicite — les demandes afin de les accorder. Il serait charmé — que de sa fortune vous fissiez un bâton — pour vous appuyer; mais combien son zèle serait enflammé, — s'il apprenait de moi que vous avez quitté Antoine, — et que vous vous êtes mise sous la protection — du maître de l'univers?

CLÉOPATRE.

Quel est votre nom?

THYRÉUS.

— Mon nom est Thyréus.

CLÉOPATRE.

Très-aimable messager, — dites au grand César que par votre intermédiaire — je baise sa main triomphante; dites-lui que je suis prête — à déposer ma couronne à ses pieds et à m'agenouiller devant lui; — dites-lui que de son souffle souverain il peut me signifier — le sort de l'Égypte.

THYRÉUS.

Vous prenez le parti le plus noble. — Quand la sagesse et la fortune sont en lutte, — si la première n'ose que ce qu'elle peut, — aucun hasard ne peut l'ébranler. Laissez-moi par grâce déposer — mon hommage sur votre main.

CLÉOPATRE.

Souvent le père de votre César, — après avoir rêvé de royaumes à conquérir, — imprima ses lèvres à cette place indigne, — comme s'il pleuvait des baisers!

Thyréus lui baise la main.

Entrent précipitamment ANTOINE *et* ÉNOBARBUS.

ANTOINE.

Des faveurs, par Jupiter tonnant!... — Qui es-tu, drôle?

THYRÉUS.

Le strict exécuteur — des ordres de l'homme le plus puissant et le plus digne — d'être obéi.

ÉNOBARBUS.

Vous allez être fouetté.

ANTOINE, appelant.

— Holà! qu'on vienne!

A Thyréus.

Ah! mon oiseau de proie!... Par les dieux et les démons, — l'autorité fond sur moi! Naguère, quand je criais : holà! — comme des enfants qui se bousculent, des rois s'élançaient — me criant : Que voulez-vous?... N'avez-vous pas d'oreilles? Je suis — encore Antoine?

Des serviteurs paraissent.

Emmenez-moi ce gueux, et fouettez-le.

ÉNOBARBUS.

— Mieux vaut jouer avec un lionceau, — qu'avec un vieux lion mourant.

ANTOINE.

Lune et étoiles! — fouettez-le... Quand ils seraient là vingt des plus grands tributaires — qui reconnaissent César, si je les trouvais — à ce point insolents avec la main de cette femme... Comment se nomme-t-elle — depuis qu'elle n'est plus Cléopâtre?... Donnez-lui le fouet, compagnons, — jusqu'à ce que vous le voyiez grimacer, comme un enfant, — et geindre en implorant merci... Emmenez-le.

THYRÉUS.

— Marc-Antoine...

ANTOINE.

Entraînez-le, et, dès qu'il sera fouetté, — ramenez-le... Ce valet de César — lui portera un message de notre part.

Les serviteurs emmènent Thyréus.

A Cléopâtre.

— Vous étiez à moitié flétrie avant que je vous connusse... Ah! — Ai-je donc laissé à Rome l'oreiller nuptial, sans même l'avoir foulé, — ai-je donc renoncé à avoir une race légitime — de la perle des femmes, pour être trompé — par une créature qui regarde des laquais?

CLÉOPATRE.

Mon bon seigneur...

ANTOINE.

— Vous avez toujours été une hypocrite... — Mais, dès que nous nous endurcissons dans le vice, — ô misère! les dieux sages ferment nos yeux; — ils laissent tomber notre pure raison dans notre propre ordure, nous font adorer — nos erreurs et rient de nous, quand nous nous pavanons — sur le chemin de notre ruine!

CLÉOPATRE.

Oh! en est-ce venu là?

ANTOINE.

— Je vous ai trouvée comme un morceau refroidi — sur l'assiette de César mort... Que dis-je! vous étiez un reste — de Cnéius Pompée; sans compter ces heures ardentes, — non enregistrées par la renommée vulgaire, que — votre luxure avait dérobées!... Car, j'en suis sûr, — si vous êtes capable de deviner ce que peut être la vertu, — vous ne savez pas ce que c'est!

CLÉOPATRE.

Pourquoi tout ceci?

ANTOINE.

— Permettre qu'un drôle fait pour recevoir un salaire et pour dire : *Dieu vous le rende!* soit familier — avec ma compagne de jeux, avec votre main, avec ce sceau royal, — garant de la foi des grands cœurs!... Oh! que ne suis-je — sur la montagne de Basan, pour y rugir plus haut — que les troupeaux à cornes! Car j'ai de farouches griefs; — et les exprimer humainement, ce serait faire

— comme le condamné qui, la corde au cou, remercie le bourreau — de sa dextérité !...

Thyréus revient avec les serviteurs.

ANTOINE.

Est-il fouetté?

PREMIER SERVITEUR.

— Solidement, monseigneur.

ANTOINE.

A-t-il crié ! a-t-il imploré son pardon ?

PREMIER SERVITEUR.

— Il a demandé grâce.

ANTOINE, à Thyréus.

— Si ton père vit encore, il regrettera - que tu ne sois pas né fille ; et toi, tu te repentiras — d'avoir suivi César dans son triomphe, puisque — tu as été fouetté pour l'avoir suivi : désormais, — que la blanche main d'une femme te donne la fièvre ; — tremble, rien qu'à la voir... Retourne vers César, — raconte-lui ta réception ; songe à lui dire — qu'il m'irrite, pour autant qu'il fait trop — du superbe et m'a en mépris. En rabâchant sur ce que je suis, — il oublie ce que je fus. Il m'irrite, — au moment même où je suis si facile à aigrir, — lorsque les astres propices, qui jusqu'ici ont été mes guides, — se sont échappés de leurs orbites, et ont lancé leurs feux — dans les abîmes de l'enfer ! S'il trouve mauvais — ce que je dis et ce que j'ai fait, mande-lui qu'il a — par-devers lui Hipparque, mon affranchi, et qu'il — peut à plaisir le fouetter, le pendre ou le torturer, — afin que nous soyons égaux. Insiste pour cela toi-même, — et va-t'en avec tes marques sur le dos.

Sort Thyréus.

CLÉOPATRE.

— Avez-vous fini ?

ANTOINE.

Hélas, notre lune terrestre — est maintenant éclipsée ;
et cela seul suffirait pour annoncer — la chute d'Antoine !

CLÉOPATRE.

Attendons qu'il ait achevé.

ANTOINE, à Cléopâtre.

— Pour flatter César, vous échangez des regards —
avec un drôle qui lui attache ses aiguillettes !

CLÉOPATRE.

Ne pas me connaître encore !

ANTOINE.

— Êtes-vous donc de glace pour moi ?

CLÉOPATRE.

Ah ! cher, si je suis ainsi, — que de mon cœur glacé
le ciel engendre une grêle — empoisonnée à sa source ;
et que le premier grêlon — tombe dans ma gorge pour se
dissoudre — avec ma vie ! que le second frappe Césarion !
— Que successivement tous les fruits de mes entrailles,
— et mes braves Égyptiens, — soient lapidés par cet
ouragan en fusion ! — Et que tous restent gisants sans
tombes jusqu'à ce que les mouches et les insectes du Nil
les ensevelissent en les dévorant !

ANTOINE.

Je suis satisfait. — César s'établit sous Alexandrie ;
c'est là — que je veux combattre sa destinée. Nos forces
de terre — ont noblement tenu ; notre flotte dispersée —
s'est ralliée et vogue dans sa menace navale. — Qu'étais-
tu donc devenu, mon courage ?... Écoutez, madame, —
si je reviens encore une fois du champ de bataille, — pour
baiser ces lèvres, je veux apparaître couvert de sang. —
Moi et mon épée, nous allons gagner notre chronique ;
— il y a de l'espoir encore !

CLÉOPATRE.

Voilà enfin mon vaillant seigneur !

ANTOINE.

— Mes muscles, mon cœur, mon souffle vont être triplés, — et je veux combattre sans merci. Quand mes heures coulaient insouciantes et propices, les vaincus se rachetaient de moi — avec un bon mot, mais maintenant, je vais grincer des dents — et envoyer dans les ténèbres tous ceux qui m'arrêteront... Allons, — ayons encore une nuit joyeuse ; qu'on appelle à moi — tous mes tristes capitaines et qu'on remplisse nos coupes ; encore une fois — narguons la cloche de minuit!

CLÉOPATRE.

C'est aujourd'hui l'anniversaire de ma naissance ; — je croyais qu'il serait pauvrement fêté ; mais puisque mon seigneur — est redevenu Antoine, je veux être Cléopâtre.

ANTOINE.

— Tout ira bien encore.

CLÉOPATRE.

— Qu'on appelle auprès de monseigneur tous ses nobles capitaines !

ANTOINE.

— Faites. Nous voulons leur parler ; et ce soir je forcerai — le vin à sourdre sous leurs cicatrices.... Venez, ma reine ; — il y a encore de la séve, là ! La prochaine fois que je combattrai, — je rendrai la mort amoureuse de moi ; car je vais rivaliser — avec sa faux pestilentielle.

Sortent Antoine, Cléopâtre et les serviteurs.

ÉNOBARBUS.

— Le voilà résolu à éclipser la foudre ! Être furieux, — c'est n'avoir plus peur à force d'effarement ; dans cette humeur-là, — une colombe attaquerait une autruche. Je le vois, c'est toujours — au dépens de sa cervelle que notre capitaine — reprend du cœur. Quand la valeur — entame la raison, — elle dévore le glaive avec lequel elle combat... Je vais chercher — un moyen de le quitter.

Il sort.

SCÈNE XXIV.

[Le camp de César à Alexandrie.]

Entrent, CÉSAR, lisant une lettre, AGRIPPA, MÉCÈNE et autres.

CÉSAR.

— Il me traite d'enfant, et me morigène comme s'il avait le pouvoir — de me chasser d'Égypte. Mon messager — il l'a battu de verges ; il me provoque à un combat singulier, — César contre Antoine ! Que le vieux ruffian sache — que j'ai beaucoup d'autres moyens de mourir et qu'en attendant — je me moque de son défi (24).

MÉCÈNE.

César doit penser — que, quand un homme si grand est pris de rage, c'est qu'il est — aux abois. Ne lui donnez pas de répit, mais vite — profitez de son égarement. Jamais la fureur — n'a fait bonne garde pour elle-même.

CÉSAR.

Faites savoir à nos meilleurs chefs — que demain la dernière de tant de batailles — sera livrée par nous... Il y a dans nos rangs — assez de déserteurs de l'armée d'Antoine — pour l'aller chercher... Veillez à ce que ce soit fait, — et qu'on festoie les troupes ; nous regorgeons de vivres, — et elles ont bien mérité cette prodigalité. Pauvre Antoine !

Ils sortent.

SCÈNE XXV.

[Alexandrie. Dans le palais.]

Entrent ANTOINE, CLÉOPATRE, ÉNOBARBUS, CHARMION, IRAS, ALEXAS et autres.

ANTOINE.
— Il ne veut pas se battre avec moi, Domitius!

ÉNOBARBUS.
Non.

ANTOINE.
Pourquoi pas?

ÉNOBARBUS.
— Il pense qu'étant vingt fois plus fortuné que vous, — il risquerait vingt contre un.

ANTOINE.
Demain, soldat, — je veux me battre sur terre et sur mer ; où je survivrai, — ou je donnerai à ma gloire mourante un bain de sang — qui la fera revivre. Es-tu prêt à bien te battre?

ÉNOBARBUS.
— Je frapperai en criant : Pas de quartier !

ANTOINE.
Bien dit! Allons! — Qu'on appelle les gens de ma maison! que cette nuit — il y ait profusion à notre banquet!

Entrent des SERVITEURS. Il leur tend successivement la main.

Donne-moi la main, toi, — tu as toujours été bien fidèle... Et toi aussi... — Et toi... Et toi... Vous m'avez bien servi, — et vous aviez des rois pour compagnons.

CLÉOPATRE, à part, à Énobarbus.

Que signifie ceci?

ÉNOBARBUS, à part.

— C'est un de ces traits bizarres que la douleur — décoche de l'âme.

ANTOINE.

Et toi aussi, tu es un serviteur fidèle! — Je voudrais me multiplier en autant d'homme que vous êtes, — et vous voir tous réunis en — un Antoine, pour pouvoir vous servir — aussi bien que vous m'avez servi!

LES SERVITEURS.

Aux dieux ne plaise!

ANTOINE.

— Allons, mes bons camarades, assistez-moi cette nuit encore : — ne ménagez pas mes coupes, et traitez-moi! — comme quand tout un empire était votre compagnon — et obéissait à mes ordres.

CLÉOPATRE.

Que prétend-il?

ÉNOBARBUS.

— Faire pleurer ses amis!

ANTOINE.

Aidez-moi cette nuit encore. — Peut-être est-ce la fin de votre service; — peut-être ne me verrez-vous plus ou ne verrez-vous de moi — qu'une forme mutilée; peut-être demain, — servirez-vous un autre maître. Je vous regarde tous — en homme qui vous fait ses adieux. Mes fidèles amis, — je ne vous renvoie pas; j'ai, comme maître, — épousé votre bon service et je ne m'en déferai qu'à la mort. — Assistez-moi cette nuit deux heures, pas davantage, — et que les dieux vous en récompensent!

Tous les serviteurs fondent en larmes.

ÉNOBARBUS.

Que prétendez-vous, sire? — Pourquoi leur donner ce

découragement? Voyez, ils pleurent ; — et moi, âne que je suis, j'ai un oignon dans l'œil. Par pudeur, — ne nous transformez pas en femmes.

ANTOINE.

Assez! assez ! assez! — Que la sorcière m'emporte, si j'avais cette intention ! — Que l'allégresse germe où sont tombées ces larmes! Mes généreux amis, — vous prenez ce que je dis dans un sens trop douloureux ; — je vous parlais pour vous encourager, quand je vous demandais — d'incendier cette nuit avec des torches ! Sachez, mes chers cœurs, — que j'ai bon espoir pour demain. Si je vous conduis au combat, — c'est que j'en attends la victoire et la vie — plutôt que la mort et la gloire. Allons souper; venez et noyons les réflexions (25).

Tous sortent.

SCÈNE XXVI.

[Alexandrie. Devant le palais.]

Entrent DEUX SOLDATS.

PREMIER SOLDAT.

— Bonne nuit, frère ; demain est le jour.

DEUXIÈME SOLDAT.

— Oui, qui décidera de tout : bonne chance ! — N'avez-vous entendu rien d'étrange dans les rues ?

PREMIER SOLDAT.

— Rien : quelles nouvelles ?

DEUXIÈME SOLDAT.

Ce n'est probablement qu'une rumeur : — bonne nuit à vous.

PREMIER SOLDAT.

Allons, mon cher, bonne nuit.

Entrent DEUX AUTRES SOLDATS.

DEUXIÈME SOLDAT, aux nouveaux venus.
— Soldats, — attention au poste!

TROISIÈME SOLDAT.
Attention, vous aussi! Bonne nuit, bonne nuit.

Les deux premiers soldats se mettent en faction au fond du théâtre.

QUATRIÈME SOLDAT, au troisième.
— Nous ici!

Ils se postent sur le devant de la scène.

Si demain — notre flotte l'emporte, j'ai la conviction absolue — que nos gens de terre tiendront bon.

TROISIÈME SOLDAT.
C'est une brave armée, — et pleine de résolution...

Musique de hautbois sous la scène.

QUATRIÈME SOLDAT.
Silence! quel est ce bruit?

PREMIER SOLDAT.
Écoutez! écoutez!

DEUXIÈME SOLDAT.
— Chut!

PREMIER SOLDAT.
De la musique dans l'air!

TROISIÈME SOLDAT.
Sous terre!

QUATRIÈME SOLDAT.
C'est bon signe, — n'est-ce pas?

TROISIÈME SOLDAT.
Non.

PREMIER SOLDAT.
Paix, vous dis-je! Qu'est-ce que cela signifie?

DEUXIÈME SOLDAT.
— C'est le dieu Hercule, tant aimé d'Antoine, — qui l'abandonne aujourd'hui (26).

PREMIER SOLDAT.

Avançons ! Voyons si les autres sentinelles — entendent comme nous.

Ils s'avancent dans la direction d'un autre poste.

DEUXIÈME SOLDAT, appelant.

Eh bien, camarades?

PLUSIEURS SOLDATS, répondant à la fois.

Eh bien! — Eh bien! entendez-vous?

PREMIER SOLDAT.

Oui. N'est-ce pas étrange?

TROISIÈME SOLDAT.

— Entendez-vous, camarades? entendez-vous?

PREMIER SOLDAT.

— Suivons le bruit jusqu'à la limite de nos quartiers ; — voyons comment il cessera.

PLUSIEURS SOLDATS.

Volontiers : voilà qui est étrange.

Tous sortent.

SCÈNE XXVII.

[Alexandrie. Dans le palais. Le jour se lève.]

Entrent ANTOINE et CLÉOPATRE suivis de CHARMION et d'autres.

ANTOINE.

— Éros! mon armure, Éros!

CLÉOPATRE.

Dormez un peu.

ANTOINE.

— Non, ma poule... Éros, viens donc ; mon armure, Éros !

Entre Éros, avec une armure.

ANTOINE.

— Viens, mon brave, couvre-moi de fer. — Si la fortune n'est pas pour nous aujourd'hui, c'est — que nous la bravons... Allons!

Éros se met en devoir de l'équiper.

CLÉOPATRE.

Ah! je veux aider, moi aussi.

Prenant une pièce de l'armure.

— Où se met ceci?

ANTOINE.

Ah! laisse ça, laisse ça... Tu es — l'armurière de mon cœur... Tu te trompes, tu te trompes!... Ceci! ceci!

Antoine désigne la cuirasse. Cléopâtre la prend et la lui met.

CLÉOPATRE.

— Doucement! là! je veux vous aider... Voilà comment ça doit être.

ANTOINE.

Bien, bien! — Nous réussirons à présent... Allons, mon brave, — va t'équiper.

ÉROS.

Tout de suite, Sire.

CLÉOPATRE.

— Est-ce que ce n'est pas bien bouclé?

ANTOINE.

A merveille, à merveille; — celui qui débouclera ceci avant qu'il nous plaise — de l'ôter pour nous reposer, aura entendu une tempête... — Tu tâtonnes, Éros, et ma reine est un écuyer — bien plus adroit que toi... Dépêchons-nous. O mon amour, — que ne peux-tu me voir combattre, aujourd'hui, et assister — à mes royales occupations! tu verrais — quel ouvrier je suis?

Entre un OFFICIER *armé.*

ANTOINE.

Bonjour ; sois le bienvenu ; — tu as l'air d'un homme chargé d'une mission belliqueuse ; — pour l'ouvrage que nous aimons nous nous levons de bonne heure, — et nous y allons avec joie.

PREMIER OFFICIER.

Mille combattants, Sire, — quoique ce soit bien tôt, ont déjà rivé leur armure — et vous attendent aux portes.

Acclamations mêlées au bruit des trompettes.

Entrent des OFFICIERS *et des* SOLDATS.

DEUXIÈME OFFICIER.

— La matinée est belle... Bonjour, général !

TOUS.

— Bonjour, général !

ANTOINE.

Voilà qui est bien embouché, mes enfants ! — Le matin, précoce comme le génie d'un jeune homme — qui doit faire parler de lui, commence de bonne heure...

A Éros, qui achève de l'armer.

— Ainsi, ainsi... Allons, donne-moi cela... de cette façon... Bien...

A Cléopâtre.

— Sois heureuse, ma dame, quoi qu'il advienne de moi !

Il l'embrasse.

— C'est un baiser de soldat, mais je serais blâmable — et digne des plus humiliants reproches, si je m'arrêtais — à de plus minutieux compliments, je dois te quitter — maintenant, comme un homme d'acier... Vous qui voulez combattre, — suivez-moi de près; je vais vous conduire à l'œuvre... Adieu!

Sortent Antoine, Éros, les officiers et les soldats.

CHARMION.

— Vous plairait-il de vous retirer dans votre chambre?

CLÉOPATRE.

Conduis-moi. — Il part vaillamment. Ah! si lui et César avaient pu — décider cette grande guerre dans un combat singulier! — Alors Antoine... Mais maintenant... Eh bien, marchons.

Elles sortent.

SCÈNE XXVIII.

[Le camp d'Antoine près d'Alexandrie.]

Les trompettes sonnent. Entre ANTOINE, accompagné d'ÉROS; il rencontre le SOLDAT qui l'a interpellé à Actium.

LE SOLDAT.

— Fassent les dieux que cette journée soit heureuse pour Antoine!

ANTOINE.

— Ah! que n'ai-je été décidé par tes conseils et par tes cicatrices — à combattre sur terre!

LE SOLDAT.

Si tu l'avais fait, — les rois qui se sont révoltés et le soldat — qui t'a quitté ce matin, marcheraient encore — à ta suite.

ANTOINE.

Qui donc a déserté ce matin?

LE SOLDAT.

Qui? — Quelqu'un qui était toujours près de toi. Appelle Énobarbus, — il ne t'entendra plus, ou du camp de César — il répondra : *Je ne suis plus des tiens.*

ANTOINE.

Que dis-tu?

LE SOLDAT.

Seigneur, il est avec César.

ÉROS.

Seigneur, ses coffres et ses trésors, — il a tout laissé ici.

ANTOINE.

Est-il parti vraiment?

LE SOLDAT.

Rien de plus certain.

ANTOINE.

Va, Éros, renvoie-lui ses trésors; fais vite, — et n'en retiens pas une obole, je te le défends ; écris-lui — la plus affectueuse lettre d'adieu, je la signerai; — dis-lui que je souhaite que désormais il n'ait plus de motif — de changer de maître... Oh! ma fortune a — corrompu les honnêtes gens... Dépêche-toi... Énobarbus!

Ils sortent.

SCÈNE XXIX.

[Le camp de César devant Alexandrie.]

Fanfares. Entre CÉSAR, accompagné d'AGRIPPA, d'ÉNOBARBUS et d'autres.

CÉSAR.

— Pars, Agrippa, et engage la bataille; — notre volonté est qu'Antoine soit pris vivant : — fais-le savoir.

AGRIPPA.

J'obéis, César.

Il sort.

SCÈNE XXIX.

CÉSAR.

— Le temps de la paix universelle est proche ; — si cette journée est heureuse, les trois parties du monde — porteront spontanément l'olive.

Entre un MESSAGER.

LE MESSAGER.

Antoine — est arrivé sur le champ de bataille.

CÉSAR.

Va, dis à Agrippa — de poser les déserteurs à l'avant-garde, — afin qu'Antoine épuise en quelque sorte sa furie — sur lui-même.

Sortent César et sa suite.

ÉNOBARBUS.

— Alexas a trahi ; envoyé en Judée — pour les intérêts d'Antoine, il a persuadé — au grand Hérode de passer à César — et d'abandonner Antoine, son maître : pour la peine, — César l'a fait pendre. Canidius et les autres — qui ont déserté ont obtenu de l'emploi, mais — non une honorable confiance. J'ai mal agi, — et je m'en accuse si amèrement — que je n'aurai plus de joie.

Entre un SOLDAT *de César.*

LE SOLDAT.

Énobarbus, Antoine — te renvoie tous tes trésors, grossis — de ses largesses. Son messager — est venu, sous ma garde, et il est maintenant dans ta tente — à décharger ses mules.

ÉNOBARBUS.

— Je vous donne tout.

LE SOLDAT.

Ne vous moquez pas, Énobarbus, — je vous dis la vérité. Vous feriez bien d'escorter le messager — jusqu'à la sortie du camp ; je dois me rendre à mon poste, — sans quoi je l'aurais fait moi-même. Votre empereur — est toujours un Jupiter.

Il sort.

ÉNOBARBUS, seul.

— Je suis le vrai scélérat de l'univers, — et je le sens tout le premier. O Antoine, — mine de générosité, de quel prix tu aurais payé — mes fidèles services, toi qui — couronnes d'or ma turpitude ! Mon cœur se gonfle : — si le remords violent ne le brise pas, un moyen plus violent — devancera le remords ; mais le remords suffira, je le sens ; — moi, combattre contre toi ! Non... Je veux chercher — un fossé où mourir ; le plus immonde est le meilleur — pour la fin de ma vie !

Il sort.

SCÈNE XXX.

[Le champ de bataille. Bruit de combat. Tambours et trompettes.]

Entre AGRIPPA, suivi d'autres combattants.

AGRIPPA.

— Retirons-nous, nous nous sommes engagés trop avant ; — César lui-même a de la besogne, et la résistance — excède ce que nous attendions.

Ils sortent.

Bruit de combat. Entrent ANTOINE et SCARUS blessé.

SCARUS.

— O mon brave empereur, voilà ce qui s'appelle combattre ! — Si nous avions fait de même tout d'abord, ils auraient été repoussés jusque chez eux — avec des chiffons autour de la tête.

ANTOINE.

Tu saignes abondamment.

SCARUS.

— J'avais ici une blessure en forme de T; — elle est maintenant faite comme un H.

ANTOINE.

Ils font retraite.

SCARUS.

— Nous les chasserons dans des trous; j'ai encore — place pour six balafres.

Entre ÉROS.

ÉROS.

— Ils sont battus, seigneur; et notre avantage a tout l'effet — d'une belle victoire.

SCARUS.

Taillons-leur les épaules, — et attrapons-les comme nous prendrions des lièvres, par derrière; — c'est plaisir de houspiller un fuyard.

ANTOINE.

Je te récompenserai — une fois pour ta joyeuse humeur et dix fois — pour ta bonne vaillance. Viens.

SCARUS.

Je vous suis clopin-clopant.

Ils sortent.

SCÈNE XXXI.

[Sous les murs d'Alexandrie.]

Entre ANTOINE, en marche militaire; SCARUS et toute l'armée le suivent.

ANTOINE.

— Nous l'avons chassé jusque dans son camp! Qu'on coure en avant — annoncer à la reine les hôtes qui nous arrivent. Demain, — avant que le soleil nous voie, nous verserons le sang — qui nous a échappé aujourd'hui. Je vous remercie tous; — car vous avez le bras vaillant, et vous vous êtes battus, — non comme si vous serviez autrui, mais comme si ma cause — avait été celle de chacun de vous; vous vous êtes tous montrés des Hectors. — Entrez dans la ville, embrassez vos femmes, vos amis, — et racontez-leur vos exploits, tandis qu'avec des larmes de joie — ils laveront les caillots de vos blessures et baiseront — vos plaies honorées.

A Scarus.

Donne-moi ta main.

CLÉOPATRE arrive avec sa suite.

ANTOINE.

— C'est à cette grande fée que je veux vanter tes exploits, — pour qu'elle te bénisse de sa reconnaissance.

A Cléopâtre.

O toi, lumière du jour, — étreins mon cou bardé de fer; toute radieuse, élance-toi, — en dépit de cette armure, sur mon cœur pour t'y laisser — soulever par les élans du triomphe!

CLÉOPATRE, le prenant dans ses bras.

Seigneur des seigneurs, — ô héroïsme infini! te voilà donc revenu souriant, — après avoir échappé au grand piége des hommes.

ANTOINE.

Mon rossignol, — nous les avons chassés jusqu'à leurs lits.

Portant la main à ses cheveux.

Eh bien, ma fille, bien que les gris — soient quelque peu mêlés aux bruns, nous avons encore — assez de cervelle pour nourrir notre énergie et — pour tenir tête à la jeunesse.

Montrant Scarus.

Regarde cet homme ; — confie à ses lèvres ta main sympathique... — Baise cette main, mon guerrier... Il a combattu aujourd'hui — comme si un dieu, hostile au genre humain, avait — pris sa forme pour détruire.

CLÉOPATRE.

Ami, je vais te donner — une armure d'or, qui appartenait à un roi.

ANTOINE.

— Il l'a bien méritée, fût-elle couverte d'escarboucles — comme le char sacré de Phébus !... Donne-moi ta main ; — faisons à travers Alexandrie une marche joyeuse ; — portons devant nous nos boucliers, balafrés comme leurs maîtres. — Si notre grand palais était assez vaste — pour camper cette armée, nous souperions tous ensemble — et nous boirions à la ronde à la journée de demain — qui nous promet un royal péril... Trompettes, — assourdissez la ville de vos fanfares cuivrées, — et qu'on y mêle le cliquetis de nos tambourins, — en sorte que le ciel et la terre se fassent écho — pour applaudir à notre approche.

SCÈNE XXXII.

[Le camp de César pendant la nuit. La lune brille.]

Des soldats sont en sentinelle. Entre ÉNOBARBUS.

PREMIER SOLDAT.

— Si nous ne sommes pas relevés avant une heure, — nous devrons retourner au corps de garde. La nuit — est brillante et l'on dit que nous serons en bataille — dès la deuxième heure du matin.

####### DEUXIÈME SOLDAT.

La journée a été — dure pour nous.

####### ÉNOBARBUS.

O nuit, sois-moi témoin...

####### TROISIÈME SOLDAT.

— Quel est cet homme ?

####### DEUXIÈME SOLDAT.

Approchons et écoutons-le.

####### ÉNOBARBUS.

— Sois témoin, ô lune sacrée, — quand l'histoire jettera sur les traîtres — un souvenir flétrissant, sois témoin que le pauvre Énobarbus — s'est repenti devant ta face.

####### PREMIER SOLDAT.

Énobarbus !

####### TROISIÈME SOLDAT.

Silence ! — Écoutons encore.

####### ÉNOBARBUS.

— O souveraine maîtresse de la mélancolie profonde, — déverse sur moi les humides poisons de la nuit, — afin que cette vie, rebelle à ma volonté, — ne m'accable plus. Jette mon cœur — contre la pierre dure de ma faute, — et que, desséché par la douleur, il s'y brise en poussière — pour en finir avec toute sombre pensée. O Antoine, — plus généreux que ma révolte n'est infâme, pardonne-moi pour ta part, — et qu'alors le monde m'inscrive sur le registre — des déserteurs et des transfuges ! — O Antoine ! ô Antoine !

Il meurt.

####### DEUXIÈME SOLDAT.

Parlons-lui.

####### PREMIER SOLDAT.

— Écoutons-le bien : car les choses qu'il dit — peuvent intéresser César.

TROISIÈME SOLDAT.

Oui. Mais il dort!

PREMIER SOLDAT.

— Je crois plutôt qu'il s'évanouit; car jamais prière aussi déchirante — n'a appelé le sommeil.

DEUXIÈME SOLDAT.

Allons à lui.

Ils s'approchent du cadavre.

TROISIÈME SOLDAT.

— Éveillez-vous, éveillez-vous, seigneur; parlez-nous.

DEUXIÈME SOLDAT, le secouant.

Entendez-vous, seigneur?

PREMIER SOLDAT.

La main de la mort l'a atteint.

Roulement de tambour au loin.

Écoutez, les tambours — éveillent solennellement l'armée endormie... Portons-le — au corps de garde. C'est quelqu'un de notable. Notre faction — est amplement terminée.

TROISIÈME SOLDAT.

Allons, portons-le : — il peut encore revenir.

Ils sortent avec le corps.

SCÈNE XXXIII.

[Un terrain accidenté entre les deux camps. On aperçoit un bois de pins sur une éminence.]

Arrivent ANTOINE et SCARUS suivis de troupes en marche.

ANTOINE.

Aujourd'hui tous leurs préparatifs sont pour un combat naval; — nous ne leur plaisons pas sur terre.

SCARUS.

On se battra sur terre et sur mer, monseigneur.

ANTOINE.

— Je voudrais qu'on pût se battre dans le feu et dans l'air; — là aussi nous les attaquerions. Mais écoute : notre infanterie, — postée sur les hauteurs qui avoisinent la ville, — restera avec nous; les ordres sont donnés à la flotte, — et elle a déjà quitté la rade. Allons chercher une position — d'où nous puissions découvrir leur ordre de bataille — et observer leurs manœuvres.

Ils sortent.

Entre César à la tête de ses troupes.

CÉSAR.

— Nous resterons immobiles sur terre, à moins que nous ne soyons attaqués, — et nous ne le serons pas, je crois, car ses meilleures troupes — sont employées au service de ses galères. Gagnons les vallées, — et gardons nos plus grands avantages.

Ils sortent.

Rentrent Antoine et Scarus.

ANTOINE.

— Ils ne se sont pas encore abordés. De l'endroit où ce pin s'élève, — je découvrirai tout : je reviendrai te dire — immédiatement quelle apparence ont les choses.

Il sort.

SCARUS.

— Les hirondelles — ont bâti leurs nids dans les voiles de Cléopâtre : les augures — prétendent qu'ils ne savent pas, qu'ils ne peuvent pas dire... Ils ont l'air lugubre, — et n'osent exprimer leur pensée. — Antoine est vaillant et abattu; et, par accès, — sa fortune agitée le remplit d'espoir ou de crainte, — à la vue de ce qu'il a et de ce qu'il n'a pas.

Bruit lointain annonçant un combat naval.

SCÈNE XXIII.

Rentre Antoine.

ANTOINE.

Tout est perdu ; — cette noire Égyptienne m'a trahi ; (27) — ma flotte s'est rendue à l'ennemi ; et les voilà là-bas — qui jettent leurs bonnets en l'air et qui boivent tous ensemble — comme des amis longtemps éloignés... Triple prostituée ! c'est toi — qui m'as vendu à ce novice, et mon cœur — ne fait plus la guerre qu'à toi seul...

A Scarus.

Dis-leur à tous de fuir, — car, dès que je serai vengé de ma charmeresse, — j'aurai fini... Dis-leur à tous de fuir, va !

Sort Scarus.

— O soleil, je ne verrai plus ton lever ! — La Fortune et Antoine se séparent ici ; c'est ici — que nous nous serrons la main... Que tout en soit venu là ! Les cœurs — qui rampaient à mes talons et dont je comblais — les désirs, fondent et distillent leur baume — sur le florissant César ; et le cèdre reste dépouillé, — qui les ombrageait tous. Je suis trahi ! — O âme noire d'Égypte ! sinistre charmeresse — dont un regard m'envoyait à la guerre ou me rappelait au foyer, — dont le sein était ma couronne et mon but suprême ! — Véritable gipsy, elle m'a, par ses impostures, — entraîné au cœur de la ruine. — Holà, Éros ! Éros !

Entre Cléopatre.

ANTOINE.

Ah ! enchanteresse ! arrière !

CLÉOPATRE.

— Pourquoi mon seigneur est-il furieux contre sa bien-aimée ?

ANTOINE.

— Évanouis-toi, ou je te donnerai ce que tu mérites, — et je ferai tort au triomphe de César. Qu'il te prenne — et qu'il t'expose aux acclamations des plébéiens; — suis son char, comme l'opprobre le plus grand — de tout ton sexe. Monstre prodigieux, sois exhibée — aux badauds, pour la plus chétive obole, et que — la patiente Octavie te laboure le visage — de ses ongles aiguisés!

Cléopâtre sort.

Tu as bien fait de t'enfuir, — si c'est un bien de vivre : pourtant, mieux eût valu pour toi — succomber sous ma furie, car cette mort — t'en eût épargné mille... Holà! Éros!... — La chemise de Nessus est sur moi : ô toi, — Alcide, mon ancêtre; enseigne-moi ta rage. — Puissé-je, moi aussi, lancer Lichas sur les cornes de la lune, — et, à l'aide de ces bras qui brandissaient la plus lourde massue, — m'anéantir héroïquement!... Cette sorcière mourra : — elle m'a vendu au marmouset romain, et je succombe — sous sa trahison : elle mourra pour cela. A moi, Éros!

Il sort.

SCÈNE XXXIV.

[Alexandrie. Dans le palais de Cléopâtre.]

Entrent CLÉOPATRE, CHARMION, IRAS et MARDIAN.

CLÉOPATRE.

— A mon secours, mes femmes! Oh! il est plus furieux — que le fils de Télamon frustré du bouclier d'Achille; le sanglier de Thessalie — n'était pas plus écumant.

CHARMION.

Rendez-vous au tombeau. — Enfermez-vous là, et

faites-lui dire que vous êtes morte. — La séparation de l'âme et du corps n'est pas plus déchirante — que la perte de la grandeur.

CLÉOPATRE.

Au tombeau! — Mardian, va lui annoncer que je me suis tuée; — dis-lui que mon dernier mot a été : Antoine! — et, je t'en prie, attendris-le par ton récit. Pars, — Mardian, et reviens m'apprendre comment il prend ma mort. — Au tombeau !

Tous sortent.

SCÈNE XXXV.

[Alexandrie. Dans le palais d'Antoine.]

Entrent ANTOINE et ÉROS.

ANTOINE.

— Éros, tu me vois encore?

ÉROS.

— Oui, noble seigneur.

ANTOINE.

— Nous voyons parfois un nuage qui ressemble à un dragon, — parfois une vapeur ayant la forme d'un ours ou d'un lion, — d'une citadelle flanquée de tours, d'une roche pendante, — d'une montagne dentelée ou d'un bleu promontoire — couronné d'arbres qui font des signes au monde — et jettent à nos regards une aérienne moquerie ! Tu as vu ces météores ; — ce sont les spectacles du sombre Vesper.

ÉROS.

Oui, monseigneur.

ANTOINE.

— Rien que le temps d'y penser, et ce qui tout à

l'heure était un cheval, — la nuée le rature et le rend indistinct — comme de l'eau dans de l'eau.

ÉROS.

— En effet, monseigneur.

ANTOINE.

— Eh bien, mon bon serviteur Éros, ton capitaine est — comme un de ces corps-là. Je suis encore Antoine, — mais je ne puis plus garder cette forme visible, ô mon serviteur! — C'est pour l'Égyptienne que j'ai fait la guerre; et cette reine, — dont je croyais posséder le cœur, comme elle possédait mon cœur — (mon cœur qui, si j'en fusse resté maître, se serait attaché — un million de cœurs, maintenant aliénés), cette reine, Éros, a — battu les cartes pour César, et triché ma gloire — pour le triomphe de mon ennemi!... — Va, ne pleure pas, doux Éros; il nous reste encore — nous-même pour mettre fin à nous-même.

Entre MARDIAN.

ANTOINE.

Oh! ton infâme maîtresse! — Elle ma volé mon épée!

MARDIAN.

Non, Antoine, — ma maîtresse t'aimait, et sa fortune s'était associée — sans réserve à la tienne.

ANTOINE.

Arrière, eunuque impudent! tais-toi! — Elle m'a trahi et elle mourra.

MARDIAN.

— La mort est une dette qui ne se paye qu'une fois, — et elle l'a acquittée. Ce que tu voulais faire — est fait; ses dernières paroles — ont été : Antoine! très-noble Antoine! — Alors un cri déchirant lui a brisé dans la gorge — le nom d'Antoine, suspendu — entre son cœur et ses lèvres : elle a rendu l'âme, gardant ton nom enseveli en elle.

ANTOINE.

Elle est donc morte?

MARDIAN.

Morte!

ANTOINE.

— Éros, désarme-moi ; la tâche de la longue journée est finie, — et nous devons dormir.

A Mardian.

Pars d'ici sain et sauf, — et tiens-toi pour bien payé de ta peine. Va.

Mardian sort.

Allons, défais tout cela.

Éros lui enlève son armure, pièce à pièce.

— Le bouclier à sept peaux d'Ajax ne saurait contenir — les battements de mon cœur. Oh! déchirez-vous, mes flancs! — Mon cœur, sois plus fort que ton récipient — et brise ta frêle enveloppe... Vite, Éros, vite! — Je ne suis plus un soldat... Lambeaux de mon armure, allez! — Vous avez été noblement portés!... Laisse-moi un instant.

Éros sort.

— Je vais te rejoindre, Cléopâtre, et — implorer mon pardon. Oui, il le faut, car maintenant — tout délai est torture... Puisque la torche est éteinte, — couchons-nous, sans plus tarder. Maintenant tout labeur — s'évertuerait en pure perte ; la force ne ferait que s'embarrasser — par ses efforts même. Apposons notre sceau, et tout est fini... — Éros!... Je viens, ma reine... Éros! Attends-moi. — Là où les âmes couchent sur des fleurs, nous irons, la main dans la main, — et nous éblouirons les esprits de notre auguste apparition ; — Didon et son

Énée perdront leur cortége, — et la foule des spectres nous suivra... Allons, Éros, Éros!

Rentre ÉROS.

ÉROS.

— Que veut monseigneur?

ANTOINE.

Depuis que Cléopâtre est morte, — je vis dans un tel déshonneur que les dieux — détestent ma bassesse. Moi, qui avec mon épée — taillais le monde, et qui sur le dos du vert Neptune — faisais des cités avec mes vaisseaux, je m'accuse de n'avoir pas — le courage d'une femme. Je suis moins magnanime — que celle qui, en mourant, vient de dire à César : *Je suis vaincue par moi seule!*... Tu as juré, Éros, que, — si jamais les circonstances l'exigeaient (et — elles l'exigent maintenant), si jamais je voyais derrière moi — l'inévitable poursuite du — déshonneur et de l'horreur, alors, sur mon commandement, — tu m'occirais. Fais-le, le moment est venu. — Ce n'est pas moi que tu frapperas, c'est César que tu dépouilleras. — Rappelle la couleur sur ta joue.

ÉROS.

Que les dieux retiennent mon bras! — Ferai-je donc ce que toutes les flèches parthes, — bien qu'ennemies, n'ont pu faire?

ANTOINE.

Éros, voudrais-tu donc — d'une fenêtre, dans la grande Rome, voir — passer ton maître, les bras croisés, le cou ployé — sous le châtiment, le visage abattu — par une poignante humiliation, tandis que, traîné devant lui, — le trône roulant du fortuné César, narguerait — sa honte captive?

ÉROS.

Non, je ne voudrais pas voir cela.

ANTOINE.

— Approche donc; car je ne puis être guéri que par une blessure. — Tire cette honnête épée que tu as portée — si utilement pour ton pays.

ÉROS.

Oh! grâce, seigneur!

ANTOINE.

— Quand je t'ai affranchi, n'as-tu pas juré — de faire cela dès que je t'en requerrais? Fais-le donc vite; — ou tous tes services passés ne sont plus pour moi — que des hasards involontaires. Tire ton épée et approche.

ÉROS.

— Détourne de moi ce noble visage — où respire la majesté de tout un monde.

ANTOINE, détournant la tête.

Allons!

ÉROS.

— Mon épée est tirée.

ANTOINE.

Qu'elle fasse donc vite — la chose pour laquelle tu l'as tirée.

ÉROS.

Mon maître chéri, — mon capitaine et mon empereur! laissez-moi, — avant de frapper ce coup sanglant, laissez-moi vous dire adieu.

ANTOINE.

C'est dit, l'ami : adieu.

ÉROS.

— Adieu, grand chef. Frapperai-je maintenant?

ANTOINE.

Maintenant, Éros!

ÉROS.

— Eh bien donc, voilà!

Il se jette sur son épée.

C'est ainsi que j'échappe à la douleur — de tuer Antoine !

Il expire.

ANTOINE.

Ami trois fois plus noble que moi-même, — tu me montres, vaillant Éros, qu'il faut — que je fasse ce que tu n'as pu faire. Ma reine et Éros — m'ont, par leur brave exemple, rappelé — à la dignité : je veux être — un fiancé pour la mort, et courir à elle — comme au lit d'une bien-aimée. Allons ! Éros, — ton maître meurt ton disciple : voilà ce que — tu m'as appris (28).

Il se jette sur son épée.

Eh quoi ! pas encore mort ! pas mort ! — Holà, gardes !... Oh ! achevez-moi.

Entrent DERCÉTAS *et des* GARDES.

PREMIER GARDE.

Quel est ce bruit ?

ANTOINE.

— J'ai mal fait ma besogne, ami : oh ! achevez — ce que j'ai commencé.

DEUXIÈME GARDE.

L'étoile est tombée !

PREMIER GARDE.

— Et les temps sont consommés !

TOUS.

Hélas et malheur !

ANTOINE.

— Que celui qui m'aime me frappe à mort !

PREMIER GARDE.

Ce ne sera pas moi.

DEUXIÈME GARDE.

Ni moi.

SCÈNE XXV.

TROISIÈME GARDE.

Ni aucun de nous.

Les gardes sortent.

DERCÉTAS.

— Ta mort et ta fortune font fuir tes partisans.

Ramassant l'épée d'Antoine.

— Cette épée apportée à César avec cette nouvelle — me fera bien recevoir de lui.

Entre Diomède.

DIOMÈDE.

— Où est Antoine?

DERCÉTAS.

Là, Diomède, là.

DIOMÈDE.

Est-il vivant?... — Veux-tu pas répondre, l'homme?

Dercétas sort.

ANTOINE.

— Est-ce toi, Diomède? tire ton épée et donne-moi — un coup suffisant pour me tuer.

DIOMÈDE.

Très-excellent seigneur, — ma maîtresse Cléopâtre m'a envoyé vers toi.

ANTOINE.

— Quand t'a-t-elle envoyé?

DIOMÈDE.

A l'instant, monseigneur.

ANTOINE.

Où est-elle?

DIOMÈDE.

— Enfermée dans son sépulcre. Elle avait une crainte prophétique — de ce qui est arrivé. Voyant — que, par une défiance à jamais injustifiable, vous la soupçonniez

— d'avoir traité avec César, et que votre rage — ne pouvait plus se guérir, elle vous avait envoyé dire qu'elle était morte ; — mais depuis, craignant l'effet de ce message, elle m'a envoyé — vous déclarer la vérité, et j'ai peur d'être venu — trop tard.

ANTOINE.

Trop tard, bon Diomède... Appelle ma garde, je te prie.

DIOMÈDE.

— Holà ! la garde de l'empereur ! La garde, holà ! — venez, votre maître appelle.

Entrent plusieurs GARDES.

ANTOINE.

— Portez-moi, mes bons amis, où s'est retirée Cléopâtre ; — c'est le dernier service que je vous commanderai.

PREMIER GARDE.

— Quelle douleur pour nous, Sire, que vous n'ayez pu survivre — au dernier de vos partisans fidèles !

TOUS.

Jour accablant !

ANTOINE.

— Ah ! mes braves camarades, n'accordez pas au destin cruel — la jouissance de votre douleur : accueillons bien l'ennemi — qui vient nous châtier, et nous le châtions — par notre apparente insouciance. Enlevez-moi !
— Je vous ai souvent menés ; portez-moi à votre tour, mes bons amis, — et recevez, tous, mes remercîments.

Les gardes sortent, emportant Antoine.

SCÈNE XXXVI.

[Alexandrie. Devant un monument funéraire, percé de fenêtres dans sa partie supérieure.]

CLÉOPATRE, CHARMION et IRAS paraissent à la principale de ces fenêtres.

CLÉOPATRE.
— O Charmion, je ne sortirai jamais d'ici.
CHARMION.
— Consolez-vous, chère madame.
CLÉOPATRE.
Non, je ne veux pas; — tous les événements étranges et terribles sont les bienvenus, — mais je méprise les consolations. Ma douleur, — pour être proportionnée à sa cause, doit être immense — comme elle.

Arrive DIOMÈDE.

CLÉOPATRE.
Eh bien! est-il mort?
DIOMÈDE.
— La mort est sur lui, mais il n'est pas mort; — regardez aux abords de votre monument : ses gardes l'amènent.

Entre ANTOINE, porté par ses gardes.

CLÉOPATRE.
O soleil, — brûle la vaste sphère où tu te meus, et que les ténèbres couvrent — la face trop changeante du monde!... O Antoine! — Antoine! Antoine!... Charmion, à l'aide! à l'aide, Iras; — à l'aide, vous, mes amis, là-bas. Montons-le jusqu'ici.

ANTOINE.

Silence! — ce n'est pas la valeur de César qui a renversé Antoine, — c'est Antoine qui a triomphé de lui-même.

CLÉOPATRE.

— Cela devait être : nul autre qu'Antoine — ne devait vaincre Antoine; mais quel malheur que cela soit!

ANTOINE.

— Je suis mourant ; Égypte, je suis mourant, mais — j'implore de la mort un répit, jusqu'à ce que, — de tant de milliers de baisers, j'aie déposé — sur tes lèvres le pauvre dernier.

CLÉOPATRE.

Je n'ose pas, cher — (mon cher seigneur, pardon!), je n'ose pas descendre, — de peur d'être prise. Jamais l'impérieuse parade — du fortuné César ne sera — rehaussée par ma présence. Si les couteaux, les poisons, les serpents — ont une pointe, un dard, une action, je suis sauvegardée. — Ta femme Octavie, avec ses regards prudes — et son sang-froid impassible, n'aura pas l'honneur — de me dévisager... Mais viens, viens, Antoine...
— Aidez-moi, mes femmes. Il faut que nous le montions! — Assistez-moi, mes bons amis.

Elle jette par la fenêtre des cordes auxquelles les gardes attachent Antoine; puis elle hisse celui-ci, avec l'aide de ses femmes.

ANTOINE.

Oh! vite, ou je suis à bout.

CLÉOPATRE, tirant sur les cordes.

— Voilà un exercice, en vérité!... Combien monseigneur est pesant! — Notre force s'en va toute dans la douleur — qui nous accable. Si j'avais le pouvoir de la grande Junon, — Mercure t'enlèverait sur ses robustes ailes — et te déposerait aux côtés de Jupiter... Viens.

Encore un petit effort... — Les souhaits furent toujours des niaiseries... Oh! viens, viens, viens.

Elle attire Antoine à elle et le tient embrassé.

— Sois le bienvenu, le bienvenu! Meurs où tu as vécu, — et revis sous les baisers : si mes lèvres avaient le pouvoir de te ranimer, — je les userais ainsi!

TOUS.

Accablant spectacle!

ANTOINE.

— Je meurs, Égypte, je meurs : — donnez-moi du vin, que je puisse parler un peu!

CLÉOPATRE.

— Non, laisse-moi parler, laisse-moi proférer de telles invectives — que cette perfide ménagère, la Fortune, brise son rouet — de dépit.

ANTOINE.

Un seul mot, reine bien-aimée : — assurez auprès de César votre honneur et votre vie... Oh!

CLÉOPATRE.

— Ce sont deux choses inconciliables.

ANTOINE.

Charmante, écoutez-moi : — de tous ceux qui approchent César, ne vous fiez qu'à Proculéius.

CLÉOPATRE.

— Je me fierai à ma résolution et à mon bras, — jamais à quelqu'un qui approche César.

ANTOINE.

— Ne vous lamentez point pour la misérable mutation de ma fortune — à la fin de mes jours (29); mais charmez vos pensées — en les reportant sur les prospérités premières — où j'ai vécu, le plus puissant prince de l'univers — et le plus glorieux. Je meurs aujourd'hui, mais sans bassesse — et sans lâcheté : si je rends mon cimier, c'est — à un compatriote : Romain, par un Romain — je suis vaincu vaillamment... Maintenant, mon esprit s'en va : — je n'en puis plus...

Il expire.

CLÉOPATRE.

Veux-tu donc mourir, ô le plus noble des hommes? — As-tu pas souci de moi? Resterai-je donc — dans ce triste monde qui, en ton absence, n'est plus — que fumier?... Oh! voyez, mes femmes, — le couronnement du monde s'écroule... Monseigneur! — Oh! flétri est le laurier de la guerre, — l'étendard du soldat est abattu : les petits garçons et les petites filles — sont désormais à la hauteur des hommes; plus de supériorité! — Il n'est rien resté de remarquable — sous l'empire de la lune.

Elle s'évanouit.

CHARMION.

Oh! du calme, madame!

IRAS.

— Elle est morte aussi, notre souveraine.

CHARMION.

Maîtresse!

IRAS.

Madame!

CHARMION.

— O madame, madame, madame!

IRAS.

Royale Égypte! — Impératrice!

CHARMION.

Silence, silence, Iras!

CLÉOPATRE, revenant à elle.

— Je ne suis plus qu'une femme soumise — aux mêmes passions misérables que la laitière — qui fait la plus humble besogne... Je devrais jeter mon sceptre à la face des dieux injurieux — en leur disant que ce monde valait le leur — avant qu'ils nous eussent volé notre trésor. Tout n'est plus que néant : — la patience est sottise et l'impatience — est bonne pour un chien enragé... Est-ce donc un crime — de s'élancer dans la secrète demeure de la mort, — avant que la mort ose venir à nous ? Comment vous trouvez-vous, femmes ? — Allons, allons, bon courage !... Eh bien, Charmion ! — Mes nobles filles !... Ah ! femmes, femmes ! voyez, — notre flambeau est consumé, il s'est éteint...

Aux gardes restés en bas.

Du courage, mes bons amis ! — Nous allons l'ensevelir, et puis, l'acte vraiment brave et vraiment noble, — nous l'accomplirons à la grande façon romaine, — et nous rendrons la mort fière de nous obtenir. Allons, sortons : — l'enveloppe de ce vaste esprit est déjà froide. — Ah ! femmes, femmes, nous n'avons plus pour amis — que notre courage et la fin la plus prompte.

Elles sortent, emportant le corps d'Antoine.

SCÈNE XXXVII.

[Le camp de César devant Alexandrie.]

Entrent CÉSAR, AGRIPPA, DOLABELLA, MÉCÈNE, GALLUS, PROCULÉIUS et autres.

CÉSAR.

— Allez à lui, Dolabella, sommez-le de se rendre ; — dites-lui que, dans un pareil dénûment, — il nous oppose des délais dérisoires.

DOLABELLA.

J'obéis, César.

Sort Dolabella.

Entre Dercétas, apportant l'épée d'Antoine.

CÉSAR.

— Que signifie ceci? Qui es-tu donc, toi qui oses — paraître ainsi devant nous?

DERCÉTAS.

Je m'appelle Dercétas, — j'ai servi Marc-Antoine, l'homme le plus digne — d'être le mieux servi. Tant qu'il a pu rester debout et parler, — il a été mon maître et je n'ai tenu à la vie — que pour l'employer contre ses ennemis. S'il te plaît — de me prendre à ton service, ce que j'ai été pour lui, — je le serai pour toi; si cela ne te plaît pas, — je t'abandonne ma vie.

CÉSAR.

Qu'est-ce que tu dis là?

DERCÉTAS.

— Je dis, ô César, qu'Antoine est mort.

CÉSAR.

— L'écroulement d'une si grande existence aurait dû faire — un bien autre craquement. Le globe bouleversé aurait dû lancer — les lions dans les rues des cités, — et les citoyens dans les antres... La mort d'Antoine — n'est pas une catastrophe isolée : dans son nom tenait — une moitié du monde.

DERCÉTAS.

Il est mort, César, — mais non sous le glaive de la justice publique, — non sous un couteau soudoyé : c'est de sa propre main, — de cette main qui a écrit sa gloire dans ses actes, — qu'Antoine, avec le courage que lui inspirait le cœur, — s'est déchiré le cœur... Voici son épée, — je l'ai volée à sa blessure; regarde-la, teinte encore — du plus noble sang.

CÉSAR.

Soyez tristes à votre aise, amis! — que les dieux me

châtient, si ce n'est pas là une nouvelle — à inonder les yeux des rois!

AGRIPPA.

Chose étrange — que la nature nous force à déplorer — nos succès les mieux prémédités!

MÉCÈNE.

Les opprobres et les mérites — se balançaient en lui.

AGRIPPA.

Jamais plus rare esprit — ne pilota l'humanité; mais vous, dieux, vous nous donnez toujours — quelques faiblesses pour nous faire hommes. César est ému.

MÉCÈNE.

— Quand un miroir si spacieux est placé devant lui, — il faut bien qu'il s'y voie.

CÉSAR.

O Antoine! — c'est moi qui t'ai réduit à ceci... Mais il est des maladies — qui exigent le coup de lancette. Il fallait forcément — ou que je t'offrisse le spectacle d'une pareille chute — ou que j'assistasse à la tienne : nous ne pouvions pas tenir ensemble — dans l'univers. Pourtant laisse-moi te pleurer — avec ces larmes suprêmes qui saignent du cœur! — O toi, mon frère, mon associé — au but de toute entreprise, mon collègue dans l'empire, — mon ami, mon compagnon à la face des guerres, — bras droit de mon corps, cœur — où le mien allumait ses pensées, pourquoi faut-il que nos étoiles — irréconciliables aient rompu — ainsi notre égalité!... Écoutez-moi, mes bons amis... (30)

Entre un MESSAGER.

CÉSAR.

— Mais je vous dirai cela dans un meilleur moment; —

la mine de cet homme annonce quelque message; — écoutons ce qu'il dit... D'où venez-vous?

LE MESSAGER.

— Je ne suis qu'un pauvre Égyptien. La reine, ma maîtresse, — confinée dans le domaine qui lui reste, son tombeau, — désire être instruite de tes intentions, — afin de se décider d'avance — sur le parti qu'il lui faut prendre.

CÉSAR.

— Dis-lui de se rassurer; — elle saura bientôt, par quelqu'un des nôtres, — quel traitement honorable et cordial — nous lui réservons. César ne peut vivre — que généreux.

LE MESSAGER.

Qu'ainsi les dieux te préservent!

Il sort.

CÉSAR.

— Approchez, Proculéius; allez lui dire — qu'elle ne craigne de nous aucune humiliation; donnez-lui les consolations — que la violence de sa douleur exigera, — de peur, que dans son orgueil, elle ne nous échappe — par quelque coup mortel. Cléopâtre, vivante à Rome, — serait pour nous un éternel triomphe! Allez, — et revenez au plus vite nous apprendre ce qu'elle dit — et ce que vous pensez d'elle.

PROCULÉIUS.

J'obéis César.

Il sort.

CÉSAR.

— Gallus, allez avec lui.

Gallus sort.

Où est Dolabella, — pour seconder Proculéius?

AGRIPPA ET MÉCÈNE, appelant.

Dolabella!

CÉSAR.

— Laissez ; je me rappelle maintenant — à quelle mission il est employé : il sera prêt à temps... — Venez avec moi dans ma tente : vous verrez — avec quelle répugnance je me suis engagé dans cette guerre ; — quel calme et quelle douceur j'ai toujours montrés — dans mes lettres. Venez avec moi : vous verrez — les preuves que je puis vous donner.

Ils sortent.

SCÈNE XXXVIII.

[L'intérieur du monument funèbre. Au fond une grille.]

Entrent CLÉOPATRE, CHARMION et IRAS.

CLÉOPATRE.

— Ma désolation commence à prendre — meilleur courage. Chose misérable que d'être César ! — Il n'est pas la Fortune, il n'est que son valet, — le ministre de ses caprices ! En revanche, il est grand — d'accomplir l'acte qui met fin à tous les autres, — l'acte qui garrotte les accidents et verrouille les vicissitudes, — l'acte qui endort et dégoûte à jamais de la fange — qu'ont pour nourrice le mendiant et César.

PROCULÉIUS, GALLUS et des soldats entrent au fond du théâtre et se placent derrière la grille.

PROCULÉIUS, du dehors.

— César envoie saluer la reine d'Egypte — et l'invite à réfléchir aux demandes — qu'elle désire se voir accordées par lui.

CLÉOPATRE, de l'intérieur du monument.

Quel est ton nom ?

PROCULÉIUS.

— Mon nom est Proculéius.

CLÉOPATRE.

Antoine — m'a parlé de vous, et m'a dit de me fier à vous ; mais — je ne me soucie guère d'être trompée, — n'ayant plus que faire de la fidélité. Si votre maître — veut avoir une reine pour mendiante, allez lui dire — que la majesté, pour garder son décorum, ne peut — mendier moins qu'un royaume. S'il lui plaît — de me donner pour mon fils l'Égypte qu'il a conquise, — il me donnera, sur ce qui m'appartient, assez pour — que je le remercie à genoux.

PROCULÉIUS.

Ayez bonne espérance ; — vous êtes tombée entre des mains vraiment princières, ne craignez rien ; -- ne doutez point de tout commettre au bon vouloir de mon seigneur : — sa générosité est si vaste qu'elle déborde — sur tous ceux qui la réclament. Laissez-moi lui annoncer — votre gracieuse soumission ; et vous trouverez — un vainqueur qui appellera la bonté à votre aide, — dès que vous implorerez sa clémence.

CLÉOPATRE.

Dites-lui, je vous prie, — que je suis la vassale de sa fortune et que je lui remets' — l'autorité qu'il a conquise. Je m'instruis d'heure en heure — dans la science d'obéir, et je serai bien aise — de le voir face à face.

PROCULÉIUS.

Je vais le lui dire, chère dame ; — prenez courage, car je sais que votre malheur émeut de pitié — celui qui l'a causé.

> Pendant la dernière partie de ce dialogue, des gardes ont dressé une échelle contre une fenêtre pratiquée au haut du monument. A peine Proculéius a-t-il achevé de parler qu'il s'élance au haut de l'échelle, suivi de deux soldats, et pénètre dans l'intérieur du mausolée (31).

GALLUS, aux soldats restés en dehors.

— Vous voyez combien il était aisé de la surprendre ! — Gardez-la jusqu'à ce que César vienne.

Il s'éloigne.

IRAS, apercevant Proculéius.

— O reine !

CHARMION.

O Cléopâtre ! tu es prise, ma reine !

CLÉOPATRE, tirant une dague.

— Vite, vite, mes bonnes mains !

PROCULÉIUS, lui retenant le bras.

Arrêtez, noble dame, arrêtez. — N'attentez pas ainsi à vous-même ; je viens — vous sauver et non vous perdre !

Tandis que Proculéius désarme Cléopâtre, les deux soldats qui l'ont suivi ouvrent la grille du monument et s'y placent en faction avec le reste des gardes qui entrent en foule.

CLÉOPATRE, à Proculéius.

Vous ne me sauvez que de la mort, — qui délivre jusqu'aux chiens de la douleur !

PROCULÉIUS.

Cléopâtre, — ne trompez pas la générosité de mon maître, — en vous détruisant vous-même ; que le monde voie — se manifester sa noblesse d'âme, sans que votre mort — y mette obstacle !

CLÉOPATRE.

Où es-tu, mort ? — Viens ici, viens, viens, viens, et prends-moi : une reine — vaut bien un tas d'enfants et de misérables !

PROCULÉIUS.

Oh ! du calme, madame !

CLÉOPATRE.

— Monsieur, je ne veux plus manger ; je ne veux plus boire, monsieur ; — et, puisqu'il faut perdre le temps en explications frivoles, — je ne veux plus dormir... Je ruinerai cette mortelle demeure, — en dépit de César. Sachez-le, monsieur, je ne veux pas — paraître garrottée à la cour de votre maître, — ni me laisser insulter par le regard hautain — de la stupide Octavie. Croient-ils donc qu'ils vont me traîner — et m'exhiber sous les huées de la valetaille — insolente de Rome? Plutôt avoir un fossé de l'Égypte — pour ma plus douce sépulture! Plutôt être couchée toute nue — sur la vase du Nil et y devenir la proie horrible des moustiques! Plutôt avoir — pour gibet les hautes pyramides de mon pays — et y être pendue à des chaînes!

PROCULÉIUS.

Vous vous créez — des terreurs dont l'exagération vous sera prouvée — par César.

Entre DOLABELLA.

DOLABELLA.

Proculéius, — César, ton maître, sait ce que tu as fait — et t'envoie demander. Quant à la reine, — je la prends sous ma garde.

PROCULÉIUS.

Soit! Dolabella, — j'y consens de grand cœur... Soyez bon pour elle.

A Cléopâtre.

— Je dirai à César ce qui vous plaira, — si vous voulez m'employer près de lui.

CLÉOPATRE.

Dites-lui que je voudrais mourir.

Proculéius sort.

DOLABELLA.

— Très-noble impératrice, vous avez entendu parler de moi?

CLÉOPATRE.

Je ne puis dire.

DOLABELLA.

Assurément, vous me connaissez.

CLÉOPATRE.

— Peu importe, monsieur, ce que j'ai ouï dire et ce que je sais. — Vous éclatez de rire quand un enfant ou une femme vous raconte son rêve : — n'est-ce pas là votre manie?

DOLABELLA.

Je ne comprends pas, madame.

CLÉOPATRE.

— Eh bien, j'ai rêvé qu'il y avait un empereur nommé Antoine... — Oh! que ne puis-je refaire un pareil somme pour revoir — un homme pareil!

DOLABELLA.

Si vous permettez...

CLÉOPATRE.

— Son visage était comme les cieux; on y voyait briller — une lune et un soleil qui, dans leur cours, illuminaient — le petit orbe terrestre.

DOLABELLA.

Souveraine créature...

CLÉOPATRE.

— Il enjambait l'Océan; son bras levé — faisait un cimier au monde; sa voix était harmonieuse — comme les sphères, quand elle parlait à des amis : — mais quand il voulait dominer et ébranler l'univers, — c'était le cri de la foudre. Sa générosité — n'était pas d'hiver; c'était un automne — fécondé par la moisson elle-même. Ses plaisirs — étaient autant de dauphins qui s'ébattaient au-dessus — de l'élément où ils vivaient. Dans sa livrée — erraient des couronnes et des tortils : des royaumes et des îles étaient — la monnaie qui tombait de ses poches.

DOLABELLA.

Cléopâtre !

CLÉOPATRE.

— Crois-tu qu'il puisse y avoir ou qu'il y ait jamais eu un homme — comme celui dont j'ai rêvé?

DOLABELLA.

Non, gracieuse madame.

CLÉOPATRE.

— Vous en avez menti, à la face des dieux ! — Mais, qu'il ait existé ou qu'il doive exister jamais, — un pareil être dépasse les proportions du rêve. La nature est bien souvent impuissante — à rivaliser avec les créations merveilleuses de la pensée; mais, en concevant — un Antoine, la nature l'emporterait sur la pensée — et condamnerait au néant toutes les fictions.

DOLABELLA.

Écoutez-moi, madame : — votre perte est aussi grande que vous-même, et votre douleur — répond à son immensité. Puissé-je ne jamais — obtenir un succès désiré, s'il n'est pas vrai que — votre affliction rebondit, par contre-coup, — jusqu'au fond de mon cœur !

CLÉOPATRE.

Je vous remercie, monsieur... — Savez-vous ce que César entend faire de moi ?

DOLABELLA.

— Je répugne à vous dire ce que je voudrais que vous connussiez.

CLÉOPATRE.

— Ah ! je vous en prie, monsieur !

DOLABELLA.

Quoique César soit magnanime...

SCÈNE XXXVIII.

CLÉOPATRE.

— Il veut me traîner en triomphe!

DOLABELLA.

Il le veut, madame, — je le sais.

UNE VOIX, du dehors.

Faites place, là... César!

Entrent César, Gallus, Proculéius, Mécène, Séleucus et autres personnages de la suite.

CÉSAR.

Où est la reine — d'Égypte?

DOLABELLA, à Cléopâtre.

C'est l'empereur, madame.

Cléopâtre se jette aux pieds de César.

CÉSAR.

Relevez-vous. — Ne vous agenouillez pas. — Je vous en prie, debout! debout, Égypte!

CLÉOPATRE.

Sire, les dieux — le veulent ainsi; à mon maître et seigneur, — il me faut obéir.

CÉSAR.

Ne vous mettez point en tête d'idées pénibles; — les injures que vous nous avez faites, bien que le souvenir — en soit écrit avec notre sang, ne sont plus pour nous — que les effets du hasard.

CLÉOPATRE.

Seigneur unique du monde, — je ne puis présenter ma propre cause assez bien — pour qu'elle paraisse juste; mais je confesse — avoir cédé aux faiblesses qui déjà — trop souvent ont fait la honte de notre sexe.

CÉSAR.

Cléopâtre, sachez — que nous sommes plus disposé à atténuer tout qu'à tout aggraver. Si vous vous conformez à nos intentions, — qui sont pour vous des plus bienveillantes, vous trouverez — un bénéfice à ce changement; mais, si vous cherchez — à me rendre responsable d'une cruauté, en suivant — l'exemple d'Antoine, vous vous priverez de — mes bienfaits, et vous exposerez vos enfants — à une destruction dont je les sauverai — si vous vous fiez à moi... Je vais prendre congé de vous.

CLÉOPATRE.

— Vous pouvez aller à travers le monde entier; il est à vous; et nous, — vos écussons, vos insignes de victoire, nous resterons — fixés à la place qui vous plaira.

Lui remettant un papier.

Tenez, mon bon seigneur.

CÉSAR.

— Je prendrai conseil de vous pour tout ce qui concerne Cléopâtre.

CLÉOPATRE.

— Voici le bordereau des sommes, de l'argenterie et des bijoux — qui sont en ma possession : c'est un relevé exact, — à quelques vétilles près... Où est Séleucus?

SÉLEUCUS.

Ici, Madame.

CLÉOPATRE.

— Voici mon trésorier, monseigneur; sommez-le, — à ses risques et périls, de dire si je me suis rien réservé — pour moi-même. Dites la vérité, Séleucus.

SÉLEUCUS.

Madame, — j'aimerais mieux sceller mes lèvres que de dire, à mes risques et périls, — ce qui n'est pas.

CLÉOPATRE.

Qu'ai-je donc caché?

SÉLEUCUS.

— Assez pour racheter ce que vous avez déclaré.

CÉSAR.

— Voyons, ne rougissez pas, Cléopâtre; j'approuve — en ceci votre sagesse.

SCÈNE XXXVIII.

CLÉOPATRE.

Voyez, César, oh! voyez — comme le succès attire tout! Mes gens sont désormais à vous; — et, si nous changions de situation, les vôtres seraient à moi. — L'ingratitude de ce Séleucus — m'exaspère : ô esclave, aussi peu digne de foi — que l'amour mercenaire!

Elle s'avance vers lui menaçante. Séleucus recule devant elle.

Ah! tu recules? tu auras beau — reculer, je te garantis que j'attraperai tes yeux, — eussent-ils des ailes! Maroufle, scélérat sans âme, chien! — ô prodige de bassesse (32)!

CÉSAR.

Bonne reine, laissez-nous vous supplier.

CLÉOPATRE.

— O César, quelle blessante indignité! — Quoi! lorsque tu daignes me venir voir ici, — et faire les honneurs de ta grandeur — à une si chétive créature, il faut que mon propre serviteur — ajoute à la somme de mes disgrâces — le surcroît de sa perfidie! Admettons, bon César, — que j'aie réservé quelques colifichets de femme, — des bagatelles sans valeur, de ces riens — qu'on offre aux amis les plus familiers; admettons — que j'aie mis à part quelque présent plus noble — pour Livie et pour Octavie, afin de me concilier — leur intercession, est-il juste que je sois dénoncée — par un homme que j'ai nourri?... O dieux! ce nouveau coup — rend ma chute plus profonde...

A Séleucus.

Je t'en prie, va-t'en! — ou j'attiserais ma colère — sous les cendres de mon malheur... Si tu étais un homme tu aurais pitié de moi.

CÉSAR.

Retirez-vous, Séleucus.

Séleucus sort.

CLÉOPATRE.

— Qu'on le sache, nous, les grands de la terre, nous sommes toujours blâmés — pour ce que font les autres; et, dès que nous tombons, — nous avons à répondre personnellement des fautes d'autrui. — Ah! nous sommes bien à plaindre.

CÉSAR.

— Cléopâtre, rien de ce que vous avez réservé ou déclaré — ne sera mis au bilan de notre conquête. Tout est encore à vous, — disposez-en à votre gré; croyez bien — que César n'est pas homme à vous marchander — des choses qui sont vendues par les marchands. Rassurez-vous donc; — ne vous faites pas une prison imaginaire; non, chère reine; — car nous entendons ne régler votre sort que — d'après vos conseils. Mangez et dormez; — notre bienveillante compassion vous est tellement acquise — que nous resterons votre ami; sur ce, adieu.

CLÉOPATRE.
— Mon maître! mon seigneur!

CÉSAR.
Ne m'appelez pas ainsi... Adieu!

César sort avec sa suite.

CLÉOPATRE.

— Il me flagorne, mes filles, il me flagorne pour que je n'aie plus — le sentiment de ma dignité : mais écoute, Charmion!

Elle parle bas à Charmion.

IRAS.

— Finissons-en, madame; le jour brillant est passé, — et nous sommes à l'heure des ténèbres.

CLÉOPATRE, à Charmion.

Pars vite; — j'ai déjà donné des ordres et tout est préparé; — va dire qu'on se dépêche.

CHARMION.

J'obéis, Madame.

Rentre DOLABELLA.

DOLABELLA.

Où est la reine?

CHARMION, montrant Cléopâtre.

Vous la voyez, seigneur.

Charmion sort.

CLÉOPATRE.

Dolabella?

DOLABELLA.

— Madame, fidèle au serment que vous avez exigé de moi — et que mon affection se fait scrupule de tenir, — je viens vous prévenir que César a décidé — de reprendre son chemin par la Syrie; dans trois jours, — il vous enverra devant, vous et vos enfants. — Faites votre profit de cet avis : j'ai rempli — votre désir et ma promesse.

CLÉOPATRE.

Dolabella, — je resterai votre débitrice.

DOLABELLA.

Et moi, votre serviteur. — Adieu, bonne reine; il faut que je retourne auprès de César.

CLÉOPATRE.

— Adieu et merci.

Dolabella sort.

Eh bien! Iras, qu'en penses-tu? — Marionnette égyptienne, tu vas être exhibée — dans Rome, ainsi que moi : de misérables artisans, — avec des tabliers, des équerres et des marteaux crasseux, nous — hisseront à la portée de tous les regards; leurs haleines épaisses, — rancies par une nourriture grossière, feront un nuage autour de nous, — et nous serons forcées d'en aspirer la vapeur.

IRAS.

Aux dieux ne plaise!

CLÉOPATRE.

— Oui, cela est certain, Iras. D'insolents licteurs — nous rudoieront comme des filles publiques; de sales rimeurs — nasilleront sur nous des ballades; des comédiens expéditifs — nous parodieront en impromptu, et figureront — nos orgies d'Alexandrie. Antoine — sera représenté ivre; et je verrai — quelque garçon criard singer la grande Cléopâtre — dans la posture d'une prostituée.

IRAS.

O dieux bons!

CLÉOPATRE.

— Oui, cela est certain.

IRAS.

— Je ne le verrai jamais; car mes ongles, je suis sûre, — sont plus forts que mes yeux.

CLÉOPATRE.

Certes, voilà le moyen — de déjouer leurs préparatifs et d'écraser — leurs projets sous le ridicule!...

Entre Charmion.

CLÉOPATRE.

Eh bien, Charmion?... — Mes femmes, parez-moi comme une reine, allez me chercher — mes plus beaux vêtements; je vais encore sur le Cydnus — à la rencontre d'Antoine... Vite, Iras!... — Oui, ma noble Charmion, nous allons en finir; — et, quand tu auras achevé cette tâche, je te donnerai — congé jusqu'au jour du jugement...

A Iras.

Apporte-moi ma couronne et le reste...

Sort Iras. Rumeur au dehors.

— D'où vient ce bruit?

SCÈNE XXXVIII.

Entre un GARDE.

LE GARDE.

Il y a ici un homme de la campagne — qui veut absolument être admis devant Votre Altesse : — il vous apporte des figues.

CLÉOPATRE.

Qu'il entre !

Sort le garde.

Quelle noble action peut s'accomplir — avec un pauvre instrument ! Il m'apporte la liberté. — Ma résolution est fixée, et je n'ai plus rien — d'une femme en moi. Désormais de la tête aux pieds — je suis un marbre impassible ; désormais la lune variable — n'est plus ma planète.

Rentre le GARDE, *accompagné d'un* PAYSAN *portant une corbeille chargée de figues.*

LE GARDE.

Voilà l'homme.

CLÉOPATRE.

— Retire-toi, et laisse-nous.

Le garde sort.

Au paysan.

— As-tu là ce joli reptile du Nil — qui tue sans faire souffrir ?

LE PAYSAN.

Oui, vraiment, je l'ai ; mais je ne voudrais pas être le particulier qui vous engagerait à y toucher, car sa morsure est immortelle ; ceux qui en meurent n'en reviennent jamais ou n'en reviennent que rarement.

CLÉOPATRE.

Te rappelles-tu quelqu'un qui en soit mort ?

LE PAYSAN.

Beaucoup de personnes, hommes et femmes. J'ai entendu parler de l'une d'elles, pas plus tard qu'hier ; une très-honnête femme, mais quelque peu adonnée au mensonge, ce qu'une femme ne doit jamais être, si ce n'est en tout honneur ; j'ai ouï comme quoi elle est morte de la morsure de la bête, quelle peine elle a sentie... Eh bien, vraiment, elle fait du reptile un excellent rapport. Mais celui qui croirait toutes les choses que disent les femmes ne serait pas sauvé de la moitié de celles qu'elles font. Ce qu'il y a de faillible, c'est que le reptile est un singulier reptile.

CLÉOPATRE.

Va-t'en d'ici. Adieu.

LE PAYSAN.

Je vous souhaite bien du plaisir avec le reptile.

Il dépose le panier.

CLÉOPATRE.

Adieu.

LE PAYSAN.

Il faut toujours vous rappeler, voyez-vous, que le reptile obéit à son instinct.

CLÉOPATRE.

Oui, oui, adieu.

LE PAYSAN.

Voyez-vous, le reptile ne doit être confié qu'à la garde de personnes prudentes ; car, vraiment, il n'y a pas de bonté dans le reptile.

CLÉOPATRE.

Sois sans inquiétude ; on y veillera.

LE PAYSAN.

Très-bien. Ne lui donnez rien, je vous prie, car il ne vaut pas la nourriture.

CLÉOPATRE.

Et moi, me mangerait-il?

LE PAYSAN.

Ne me croyez pas assez simple pour ignorer que le diable lui-même ne mangerait pas une femme. Je sais que la femme est un mets digne des dieux, quand ce n'est pas le diable qui l'accommode. Mais, vraiment, ces putassiers de diables font grand tort aux dieux dans les femmes ; car sur dix que créent les dieux, les diables en gâtent cinq.

CLÉOPATRE.

C'est bien. Va-t'en, adieu.

LE PAYSAN.

Oui, ma foi, je vous souhaite bien du plaisir avec le serpent.

Il sort.

Iras rentre, apportant un manteau royal, une couronne et autres insignes dont elle aide Cléopâtre à se revêtir. Tout en habillant la reine, qui continue de parler, elle prend le temps de plonger son bras dans la corbeille où sont cachés les aspics, et l'en retire, sans que sa maîtresse s'en aperçoive.

CLÉOPATRE.

—. Donne-moi ma robe... Pose ma couronne... Je sens — en moi d'immortelles ardeurs. Désormais — le jus de la grappe d'Égypte ne mouillera plus ma lèvre... — Lestement, lestement, bonne Iras, vite! Il me semble que j'entends — Antoine qui appelle ; je le vois se dresser — pour louer ma noble action ; je l'entends qui se moque — du bonheur de César, bonheur que les dieux accordent aux hommes — pour justifier leurs futures colères... Époux, j'arrive ! — Qu'à ce nom si doux mon courage soit mon titre ! — Je suis d'air et de feu ; mes autres éléments, — je les lègue à une plus infime existence...

Bon... avez-vous fini? — Venez donc, et recueillez la dernière chaleur de mes lèvres... — Adieu, bonne Charmion ! Iras, un long adieu !

Elle les embrasse. Iras chancelle et tombe morte.

CLÉOPATRE, continuant.

— Y a-t-il donc un aspic sur mes lèvres? quoi, tu tombes? — Si tu peux si doucement te séparer de la nature, — le coup de la mort est comme l'étreinte d'un amant, — qui blesse et qu'on souhaite... Es-tu donc immobile? — Si tu t'évanouis ainsi, tu déclares au monde — qu'il n'est pas digne d'un adieu.

CHARMION.

—Nuages épais, dissolvez-vous en pluie, que je puisse dire : — Les dieux eux-mêmes pleurent !

CLÉOPATRE.

Ceci m'accuse de lâcheté : — si elle rencontre la première Antoine dans son tourbillon, — il lui demandera de mes nouvelles en lui accordant ce baiser — qui est pour moi le ciel.

A l'aspic qu'elle applique sur son sein.

Viens, misérable tueur, — défais avec ta dent acérée le nœud ardu — de cette vie : pauvre bête venimeuse, — irrite-toi et dépêche... Oh ! que ne peux-tu parler, — pour que je t'entende appeler le grand César âne — stupide !

CHARMION.

O étoile d'Orient !

CLÉOPATRE.

Silence ! silence ! — ne vois-tu pas mon enfant à la mamelle — qui tette sa nourrice en l'endormant?

CHARMION.

Oh ! finissons! finissons !

CLÉOPATRE.

— Aussi suave qu'un baume, aussi doux que l'air, aussi tendre... — O Antoine !

Appliquant un autre aspic à son bras.

Allons, je veux te prendre, toi aussi... — Pourquoi resterais-je...

Elle expire.

CHARMION.

— Dans ce monde désert?... Adieu donc!... — Maintenant, ô mort! tu peux te vanter d'avoir en ta possession — une créature incomparable!...

Lui fermant les yeux.

Rideaux frangés, fermez-vous! — Et puisse le dieu d'or Phébus ne jamais être contemplé — d'un regard si royal!... Votre couronne est de travers; — je vais la redresser, et puis je prendrai congé.

Entrent précipitamment plusieurs GARDES.

PREMIER GARDE.

— Où est la reine?

CHARMION.

Parlez doucement, ne l'éveillez pas.

PREMIER GARDE.

— César a envoyé...

CHARMION.

Un messager trop lent.

Elle s'applique un aspic.

— Oh! viens! vite! dépêche! Je te sens déjà.

PREMIER GARDE.

— Arrivez vite, holà! il y a quelque malheur. César est trahi.

DEUXIÈME GARDE.

— Dolabella vient d'être envoyé par César... Appelez-le!

PREMIER GARDE, *considérant Cléopâtre.*

— Quelle est cette besogne?... Charmion, cela est-il beau?

CHARMION.

— Très-beau, et convenable à une princesse, — extraite de la race de tant de rois!... — Ah! soldats (33)!

Elle expire.

Entre Dolabella.

DOLABELLA.

— Que se passe-t-il ici?

DEUXIÈME SOLDAT.

Toutes mortes!

DOLABELLA.

César, tes conjectures — viennent de se réaliser. Tu arrives — pour voir accompli l'acte redouté que tu — avais tant cherché à prévenir.

VOIX, au dehors.

Place, là! Place à César!

Entrent César et sa suite.

DOLABELLA.

— Ah! seigneur, vous étiez un trop infaillible augure : — ce que vous craigniez s'est accompli.

CÉSAR.

C'est une fin héroïque! — Elle avait pénétré nos intentions, et, en vraie reine, — elle a tout décidé à sa guise... Comment sont-elles mortes? — Je ne vois pas couler leur sang.

DOLABELLA.

Qui les a quittées le dernier?

PREMIER GARDE.

— Un simple campagnard qui leur a apporté des figues : — voici son panier.

CÉSAR.

Ces figues étaient donc empoisonnées?

PREMIER GARDE.

O César! — Cette Charmion vivait, il n'y a qu'un moment; elle était debout et parlait : — je l'ai trouvée raccoutrant le diadème — de sa maîtresse morte ; elle était toute tremblante, — et soudain elle s'est affaissée.

CÉSAR.

O noble faiblesse ! — Si elles avaient avalé du poison, cela se reconnaîtrait — à quelque enflure extérieure ; mais Cléopâtre semble endormie, — comme si elle voulait attirer un autre Antoine — dans le filet tout-puissant de sa grâce.

DOLABELLA.

Là, sur son sein, — il y a un épanchement de sang et une légère tuméfaction : — la même marque est à son bras.

PREMIER SOLDAT.

— C'est la trace d'un aspic : ces feuilles de figuier — ont sur elles la bave que laissent les aspics — dans les cavernes du Nil.

CÉSAR.

Il est très-probable — qu'elle est morte ainsi, car son médecin m'a dit — qu'elle avait recherché par d'innombrables expériences — les genres de mort les plus doux. Emportez-la sur son lit, — et retirez ses femmes de ce monument. — Elle sera ensevelie auprès de son Antoine ; — nulle tombe sur la terre n'aura enveloppé — un couple aussi fameux. De si grands événements — frappent ceux mêmes qui les ont faits ; et leur histoire — vivra dans la pitié des âges aussi longtemps que la gloire — de celui qui a rendu leur fin lamentable. Notre armée, — avec une pompe solennelle, assistera à ces funérailles ; — et ensuite à Rome ! Allez, Dolabella, veillez — à ce que le meilleur ordre préside à cette grande solennité.

Tous sortent.

FIN D'ANTOINE ET CLÉOPATRE.

LA
TRÈS EX-
cellente et lamentable Tragédie de Roméo
et *Juliette*

Nouvellement corrigée, augmentée et amendée :

Comme elle a été souventefois jouée publiquement par les serviteurs du très honorable
Lord Chambellan.

LONDRES
Imprimé par Thomas Creede pour Cuthbert Burby et mis en vente à sa boutique près la Bourse
1599

PERSONNAGES (34) :

LE PRINCE de Vérone.

PARIS, jeune seigneur.

MONTAGUE
CAPULET } chefs des deux maisons ennemies.

UN VIEILLARD, oncle de Capulet.

ROMÉO, fils de Montague.

MERCUTIO, parent du prince et ami de Roméo.

TYBALT, neveu de Capulet.

FRÈRE LAURENCE, moine franciscain.

FRÈRE JEAN, religieux du même ordre.

BALTHAZAR, page de Roméo.

SAMSON
GRÉGOIRE } valets de Capulet.

ABRAHAM, valet de Montague.

PIERRE, valet de la nourrice.

UN APOTHICAIRE.

LE CLOWN.

TROIS MUSICIENS.

UN PAGE.

UN OFFICIER.

LADY MONTAGUE, femme de Montague.

LADY CAPULET, femme de Capulet.

JULIETTE, fille de Capulet.

LA NOURRICE.

CITOYENS DE VÉRONE; SEIGNEURS ET DAMES, PARENTS DES DEUX FAMILLES; MASQUES, GARDES, GUETTEURS DE NUIT, GENS DE SERVICE.

La scène est tantôt à Vérone, tantôt à Mantoue.

CHOEUR.

Deux familles, égales en noblesse,
Dans la belle Vérone, où nous plaçons notre scène,
Sont entraînées par d'anciennes rancunes à des rixes nouvelles
Où le sang des citoyens souille les mains des citoyens.
Des entrailles prédestinées de ces deux ennemies
A pris naissance, sous des étoiles contraires, un couple d'amoureux
Dont la ruine néfaste et lamentable
Doit ensevelir dans leur tombe l'animosité de leurs parents.
Les terribles péripéties de leur fatal amour
Et les effets de la rage obstinée de ces familles
Que peut seule apaiser la mort de leurs enfants,
Vont en deux heures être exposés sur notre scène.
Si vous daignez nous écouter patiemment,
Notre zèle s'efforcera de corriger notre insuffisance (35).

SCÈNE I.

[Vérone. Une place publique.]

Entrent Samson et Grégoire, armés d'épées et de boucliers.

SAMSON.

Grégoire, sur ma parole, nous ne supporterons pas leurs brocarts.

GRÉGOIRE.

Non, nous ne sommes pas gens à porter le brocart.

SAMSON.

Je veux dire que, s'ils nous mettent en colère, nous allongeons le couteau.

GRÉGOIRE.

Oui, mais prends garde qu'on ne t'allonge le cou tôt ou tard.

SAMSON.

Je frappe vite quand on m'émeut.

GRÉGOIRE.

Mais tu es lent à t'émouvoir.

SAMSON.

Un chien de la maison de Montague m'émeut.

GRÉGOIRE.

Qui est ému, remue; qui est vaillant, tient ferme; conséquemment, si tu es ému, tu lâches pied.

SAMSON.

Quand un chien de cette maison-là m'émeut, je tiens ferme. Je suis décidé à prendre le haut du pavé sur tous les Montagues, hommes ou femmes.

GRÉGOIRE.

Cela prouve que tu n'es qu'un faible drôle; les faibles s'appuient toujours au mur.

SAMSON.

C'est vrai; et voilà pourquoi les femmes, étant les vases les plus faibles, sont toujours adossées au mur; aussi, quand j'aurai affaire aux Montagues, je repousserai les hommes du mur et j'y adosserai les femmes.

GRÉGOIRE.

La querelle ne regarde que nos maîtres et nous, leurs hommes.

SAMSON.

N'importe! je veux agir en tyran. Quand je me serai battu avec les hommes, je serai cruel avec les femmes. Il n'y aura plus de vierges!

GRÉGOIRE.

Tu feras donc sauter toutes leurs têtes?

SAMSON.

Ou tous leurs pucelages. Comprends la chose comme tu voudras.

GRÉGOIRE.

Celles-là comprendront la chose, qui la sentiront.

SAMSON.

Je la leur ferai sentir tant que je pourrai tenir ferme, et l'on sait que je suis un joli morceau de chair.

GRÉGOIRE.

Il est fort heureux que tu ne sois pas poisson; tu aurais fait un pauvre merlan. Tire ton instrument; en voici venir deux de la maison de Montague.

Ils dégaînent.

SCÈNE I.

Entrent ABRAHAM et BALTHAZAR.

SAMSON.

Voici mon épée nue; cherche-leur querelle; je serai derrière toi.

GRÉGOIRE.

Oui, tu te tiendras derrière pour mieux déguerpir.

SAMSON.

Ne crains rien de moi.

GRÉGOIRE.

De toi? Non, morbleu.

SAMSON.

Mettons la loi de notre côté et laissons-les commencer.

GRÉGOIRE.

Je vais froncer le sourcil en passant près d'eux, et qu'ils le prennent comme ils le voudront.

SAMSON.

C'est-à-dire comme ils l'oseront. Je vais mordre mon pouce en les regardant, et ce sera une disgrâce pour eux, s'ils le supportent (36).

ABRAHAM, à Samson.

Est-ce à notre intention que vous mordez votre pouce, monsieur?

SAMSON.

Je mors mon pouce, monsieur.

ABRAHAM.

Est-ce à notre intention que vous mordez votre pouce, monsieur?

SAMSON, bas, à Grégoire.

La loi est-elle de notre côté, si je dis oui?

GRÉGOIRE, bas, à Samson.

Non.

SAMSON, haut, à Abraham.

Non, monsieur, ce n'est pas à votre intention que je

mords mon pouce, monsieur; mais je mords mon pouce, monsieur.

GRÉGOIRE, à Abraham.

Cherchez-vous une querelle, monsieur?

ABRAHAM.

Une querelle, monsieur? Non, monsieur!

SAMSON.

Si vous en cherchez une, monsieur, je suis votre homme. Je sers un maître aussi bon que le vôtre.

ABRAHAM.

Mais pas meilleur.

SAMSON.

Soit, monsieur.

Entre au fond du théâtre BENVOLIO, puis, à distance, derrière lui, TYBALT.

GRÉGOIRE, à Samson.

Dis meilleur! Voici un parent de notre maître.

SAMSON, à Abraham.

Si fait, monsieur, meilleur!

ABRAHAM.

Vous en avez menti.

SAMSON.

Dégaînez, si vous êtes hommes!

Tous se mettent en garde.

Grégoire, souviens-toi de ta maîtresse botte!

BENVOLIO, s'avançant, la rapière au poing.

Séparez-vous, imbéciles! rengaînez vos épées; vous ne savez pas ce que vous faites.

Il rabat les armes des valets.

TYBALT, s'élançant, l'épée nue, derrière Benvolio.

— Quoi! l'épée à la main, parmi ces marauds sans cœur! — Tourne-toi, Benvolio, et fais face à ta mort.

BENVOLIO, à Tybalt.

— Je ne veux ici que maintenir la paix ; rengaîne ton épée, — ou emploie-la, comme moi, à séparer ces hommes.

TYBALT.

— Quoi, l'épée à la main, tu parles de paix ! Ce mot, je le hais, — comme je hais l'enfer, tous les Montagues et toi. — A toi, lâche !

Tous se battent. D'autres partisans des deux maisons arrivent et se joignent à la mêlée. Alors arrivent des CITOYENS armés de bâtons (37).

PREMIER CITOYEN.

— A l'œuvre les bâtons, les piques, les pertuisanes ! Frappez ! Écrasez-les ! — A bas les Montagues ! à bas les Capulets !

Entrent CAPULET, en robe de chambre, et LADY CAPULET.

CAPULET.

— Quel est ce bruit ?... Holà ! qu'on me donne ma grande épée.

LADY CAPULET.

— Non ! une béquille ! une béquille !... Pourquoi demander une épée ?

CAPULET.

— Mon épée, dis-je ! le vieux Montague arrive — et brandit sa rapière en me narguant !

Entrent MONTAGUE, l'épée à la main, et LADY MONTAGUE.

MONTAGUE.

— A toi, misérable Capulet !... Ne me retenez pas ! lâchez-moi.

LADY MONTAGUE, le retenant.

— Tu ne feras pas un seul pas vers ton ennemi (38).

Entre LE PRINCE, avec sa suite.

LE PRINCE.

— Sujets rebelles, ennemis de la paix!— profanateurs qui souillez cet acier par un fratricide!... — Est-ce qu'on ne m'entend pas?... Holà! vous tous, hommes ou brutes, — qui éteignez la flamme de votre rage pernicieuse — dans les flots de pourpre échappés de vos veines, — sous peine de torture, obéissez! Que vos mains sanglantes — jettent à terre ces épées trempées dans le crime, — et écoutez la sentence de votre prince irrité!

Tous les combattants s'arrêtent.

— Trois querelles civiles, nées d'une parole en l'air, ont déjà troublé le repos de nos rues, — par ta faute, vieux Capulet, et par la tienne, Montague; — trois fois les anciens de Vérone, — dépouillant le vêtement grave qui leur sied, — ont dû saisir de leurs vieilles mains leurs vieilles pertuisanes, — gangrenées par la rouille, pour séparer vos haines gangrenées. — Si jamais vous troublez encore nos rues, — votre vie payera le dommage fait à la paix. — Pour cette fois, que tous se retirent. — Vous, Capulet, venez avec moi; — et vous, Montague, vous vous rendrez cette après-midi, — pour connaître notre décision ultérieure sur cette affaire, — au vieux château de Villafranca, siége ordinaire de notre justice. — Encore une fois, sous peine de mort, que tous se séparent (39)!

Tous sortent, excepté Montague, lady Montague et Benvolio.

MONTAGUE.

— Qui donc a réveillé cette ancienne querelle? — Parlez, neveu, étiez-vous là quand les choses ont commencé?

BENVOLIO.

— Les gens de votre adversaire — et les vôtres se battaient ici à outrance quand je suis arrivé ; — j'ai dégaîné pour les séparer ; à l'instant même est survenu — le fougueux Tybalt, l'épée haute, — vociférant ses défis à mon oreille, — en même temps qu'il agitait sa lame autour de sa tête et pourfendait l'air — qui narguait son impuissance par un sifflement. — Tandis que nous échangions les coups et les estocades, — sont arrivés des deux côtés de nouveaux partisans qui ont combattu — jusqu'à ce que le prince soit venu les séparer (40).

LADY MONTAGUE.

— Oh! où est donc Roméo? l'avez-vous vu aujourd'hui ? — Je suis bien aise qu'il n'ait pas été dans cette bagarre.

BENVOLIO.

— Madame, une heure avant que le soleil sacré — perçât la vitre d'or de l'Orient, — mon esprit agité m'a entraîné à sortir; — tout en marchant dans le bois de sycomores — qui s'étend à l'ouest de la ville, — j'ai vu votre fils qui s'y promenait déjà ; — je me suis dirigé vers lui, mais, à mon aspect, — il s'est dérobé dans les profondeurs du bois. — Pour moi, jugeant de ses émotions par les miennes, — qui ne sont jamais aussi absorbantes que quand elles sont solitaires, — j'ai suivi ma fantaisie sans poursuivre la sienne, — et j'ai évité volontiers qui me fuyait si volontiers (41).

MONTAGUE.

— Voilà bien des matinées (42) qu'on l'a vu là — augmenter de ses larmes la fraîche rosée du matin — et à force de soupirs ajouter des nuages aux nuages. — Mais aussitôt que le vivifiant soleil — commence, dans le plus lointain orient, à tirer — les rideaux ombreux du lit de l'Aurore, — vite mon fils accablé fuit la lumière, il rentre, — s'emprisonne dans sa chambre, — ferme ses fenêtres, tire le verrou sur le beau jour, — et se fait une nuit artificielle. — Ah! cette humeur sombre lui sera fatale, — si de bons conseils n'en dissipent la cause.

BENVOLIO.
— Cette cause, la connaissez-vous, mon noble oncle?

MONTAGUE.
— Je ne la connais pas et je n'ai pu l'apprendre de lui.

BENVOLIO.
— Avez-vous insisté près de lui suffisamment?

MONTAGUE.
— J'ai insisté moi-même, ainsi que beaucoup de mes amis; — mais il est le seul conseiller de ses passions; — il est l'unique confident de lui-même, confident peu sage peut-être, — mais aussi secret, aussi impénétrable, — aussi fermé à la recherche et à l'examen — que le bouton qui est rongé par un ver jaloux — avant de pouvoir épanouir à l'air ses pétales embaumées — et offrir sa beauté au soleil! — Si seulement nous pouvions savoir d'où lui viennent ces douleurs, — nous serions aussi empressés pour les guérir que pour les connaître.

Roméo paraît à distance.

BENVOLIO.
— Tenez, le voici qui vient. Éloignez-vous, je vous prie, — ou je connaîtrai ses peines, ou je serai bien des fois refusé.

MONTAGUE.
— Puisses-tu, en restant, être assez heureux — pour entendre une confession complète!... Allons, madame, partons!

Sortent Montague et lady Montague.

BENVOLIO.
— Bonne matinée, cousin!

ROMÉO.

— Le jour est-il si jeune encore?

BENVOLIO.

— Neuf heures viennent de sonner.

ROMÉO.

Oh! que les heures tristes semblent longues! — N'est-ce pas mon père qui vient de partir si vite?

BENVOLIO.

— C'est lui-même. Quelle est donc la tristesse qui allonge les heures de Roméo?

ROMÉO.

— La tristesse de ne pas avoir ce qui les abrégerait.

BENVOLIO.

— Tu es amoureux?

ROMÉO.

Je suis éperdu...

BENVOLIO.

D'amour!

ROMÉO.

— Des dédains de celle que j'aime.

BENVOLIO.

— Hélas! faut-il que l'amour, si doux en apparence, — soit si tyrannique et si cruel à l'épreuve?

ROMÉO.

— Hélas! faut-il que l'amour, malgré le bandeau qui l'aveugle, — trouve toujours, sans y voir, un chemin vers son but (43)!... — Où dînerons-nous!... O mon Dieu!... Quel était ce tapage?... — Mais non, ne me le dis pas, car je sais tout! — Ici on a beaucoup à faire avec la haine, mais plus encore avec l'amour... — Amour! ô tumultueux amour! O amoureuse haine! — O tout, créé de rien! — O lourde légèreté! vanité sérieuse! — Informe chaos de ravissantes visions! — Plume de plomb, lumineuse fumée, feu glacé, santé maladive! — Sommeil toujours éveillé qui n'est pas ce qu'il est! — Voilà l'amour que je sens, et je n'y sens pas d'amour... — Tu ris, n'est-ce pas?

BENVOLIO.

Non, cousin : je pleurerais plutôt.

ROMÉO.

— Bonne âme!... et de quoi!

BENVOLIO.

De voir ta bonne âme si accablée.

ROMÉO.

Oui, tel est l'effet de la sympathie. — La douleur ne pesait qu'à mon cœur, et tu veux l'étendre sous la pression — de la tienne : cette affection que tu me montres — ajoute une peine de plus à l'excès de mes peines. — L'amour est une fumée de soupirs ; — dégagé, c'est une flamme qui étincelle aux yeux des amants ; — comprimé, c'est une mer qu'alimentent leurs larmes (44). — Qu'est-ce encore? la folie la plus raisonnable, — une suffoquante amertume, une vivifiante douceur!... — Au revoir, mon cousin.

Il va pour sortir.

BENVOLIO.

Doucement, je vais vous accompagner : — vous me faites injure en me quittant ainsi.

ROMÉO.

— Bah! je me suis perdu moi-même ; je ne suis plus ici ; — ce n'est pas Roméo que tu vois, il est ailleurs.

BENVOLIO.

— Dites-moi sérieusement qui vous aimez.

ROMÉO.

— Sérieusement? Roméo ne peut le dire qu'avec des sanglots.

BENVOLIO.

Avec des sanglots? non! — Dites-le-moi sérieusement.

ROMÉO.

— Dis donc à un malade de faire sérieusement son testament! — Ah! ta demande s'adresse mal à qui est si mal! — Sérieusement, cousin, j'aime une femme.

BENVOLIO.

— En le devinant, j'avais touché juste.

ROMÉO.

— Excellent tireur!... j'ajoute qu'elle est d'une éclatante beauté.

BENVOLIO.

— Plus le but est éclatant, beau cousin, plus il est facile à atteindre.

ROMÉO.

— Ce trait-là frappe à côté; car elle est hors d'atteinte — des flèches de Cupidon; elle a le caractère de Diane; — armée d'une chasteté à toute épreuve, — elle vit à l'abri de l'arc enfantin de l'Amour; — elle ne se laisse pas assiéger en termes amoureux, — elle se dérobe au choc des regards provocants (45) — et ferme son giron à l'or qui séduirait une sainte. — Oh! elle est riche en beauté, misérable seulement — en ce que ses beaux trésors doivent mourir avec elle (46)!

BENVOLIO.

— Elle a donc juré de vivre toujours chaste?

ROMÉO.

— Elle l'a juré, et cette réserve produit une perte immense. — En affamant une telle beauté par ses rigueurs, — elle en déshérite toute la postérité. — Elle est trop belle, trop sage, trop sagement belle, — car elle mérite le ciel en faisant mon désespoir. — Elle a juré de n'aimer jamais, et ce serment — me tue en me laissant vivre, puisque c'est un vivant qui te parle.

BENVOLIO.

— Suis mon conseil ; cesse de penser à elle.

ROMÉO.

— Oh ! apprends-moi comment je puis cesser de penser.

BENVOLIO.

— En rendant la liberté à tes yeux : — examine d'autres beautés.

ROMÉO.

Ce serait le moyen — de rehausser encore ses grâces exquises. — Les bienheureux masques qui baisent le front des belles, — ne servent, par leur noirceur, qu'à nous rappeler la blancheur qu'ils cachent. — L'homme frappé de cécité ne saurait oublier — le précieux trésor qu'il a perdu avec la vue. — Montre-moi la plus charmante maîtresse : — que sera pour moi sa beauté, sinon une page — ou je pourrai lire le nom d'une beauté plus charmante encore? — Adieu : tu ne saurais apprendre à oublier.

BENVOLIO.

— J'achèterai ce secret-là, dussé-je mourir insolvable !

Ils sortent.

SCÈNE II.

(Devant la maison de Capulet.)

Entrent CAPULET, PARIS et le CLOWN.

CAPULET.

— Montague est lié comme moi, — et sous une égale caution. Il n'est pas bien difficile, je pense, — à des vieillards comme nous de garder la paix (47).

PARIS.

— Vous avez tous deux la plus honorable réputation ; — et c'est pitié que vous ayez vécu si longtemps en querelle... — Mais maintenant, monseigneur, que répondez-vous à ma requête?

CAPULET.

— Je ne puis que redire ce que j'ai déjà dit. — Mon enfant est encore étrangère au monde ; — elle n'a pas encore vu la fin de ses quatorze ans ; — laissons deux étés encore se flétrir dans leur orgueil, — avant de la juger mûre pour le mariage.

PARIS.

— De plus jeunes qu'elles sont déjà d'heureuses mères.

CAPULET.

— Trop vite étiolées sont ces mères trop précoces... — La terre a englouti toutes mes espérances ; Juliette seule, — Juliette est la reine espérée de ma terre. — Courtisez-la, gentil Pâris, obtenez son cœur ; — mon bon vouloir n'est que la conséquence de son assentiment ; — si vous lui agréez, c'est de son choix — que dépendent mon approbation et mon plein consentement... (48) — Je donne ce soir une fête, consacrée par un vieil usage, — à laquelle j'invite ceux que j'aime ; vous — serez le très-bienvenu, si vous voulez être du nombre. — Ce soir, dans ma pauvre demeure, attendez-vous à contempler — des étoiles qui, tout en foulant la terre, éclipseront la clarté des cieux. — Les délicieux transports qu'éprouvent les jeunes galants — alors qu'Avril tout pimpant arrive sur les talons — de l'imposant hiver, vous les ressentirez — ce soir chez moi, au milieu de ces fraîches beautés en bouton. — Écoutez-les toutes, voyez-les toutes, — et donnez la préférence à celle qui la méritera. — Ma fille sera une de celles que vous verrez, — et, si elle ne se fait pas compter, elle peut du moins faire nombre, — Allons, venez avec moi...

Au clown.

Holà, maraud! tu vas te démener — à travers notre belle Vérone; tu iras trouver les personnes — dont les noms sont écrits ici, et tu leur diras — que ma maison et mon hospitalité sont mises à leur disposition.

Il remet un papier au clown et sort avec Pâris.

LE CLOWN, seul, les yeux fixés sur le papier.

Trouver les gens dont les noms sont écrits ici (49)? Il est écrit... que le cordonnier doit se servir de sa verge, le tailleur de son alêne, le pêcheur de ses pinceaux et le peintre de ses filets ; mais moi, on veut que j'aille trouver les personnes dont les noms sont écrits ici, quand je ne peux même pas trouver quels noms a écrits ici l'écrivain ! Il faut que je m'adresse aux savants... Heureuse rencontre !

Entrent BENVOLIO et ROMÉO.

BENVOLIO.

— Bah! mon cher, une inflammation éteint une autre inflammation ; — une peine est amoindrie par les angoisses d'une autre peine. — La tête te tourne-t-elle ? tourne en sens inverse, et tu te remettras... — Une douleur désespérée se guérit par les langueurs d'une douleur nouvelle ; — que tes regards aspirent un nouveau poison, — et l'ancien perdra son action venimeuse.

ROMÉO, ironiquement.

— La feuille de plaintain est excellente pour cela (50).

BENVOLIO.

— Pour quoi, je te prie?

ROMÉO.

Pour une jambe cassée.

BENVOLIO.

— Ça, Roméo, es-tu fou?

ROMÉO.

— Pas fou précisément, mais lié plus durement qu'un fou ; je suis tenu en prison, mis à la diète, — flagellé, tourmenté et...

Au clown.

Bonsoir, mon bon ami.

LE CLOWN.

Dieu vous donne le bonsoir!... Dites-moi, monsieur, savez-vous lire?

ROMÉO.

Oui, ma propre fortune dans ma misère.

LE CLOWN.

Peut-être avez-vous appris ça sans livre ; mais, dites-moi, savez-vous lire le premier écrit venu ?

ROMÉO.

Oui, si j'en connais les lettres et la langue.

LE CLOWN.

Vous parlez congrûment. Le ciel vous tienne en joie.

Il va pour se retirer.

ROMÉO, le rappelant.

Arrête, l'ami, je sais lire.

Il prend le papier des mains du valet et lit :

« Le signor Martino, sa femme et ses filles; le comte Anselme et ses charmantes sœurs; la veuve du signor Vitruvio; le signor Placentio et ses aimables nièces; Mercutio et son frère Valentin; mon oncle Capulet, sa femme et ses filles; ma jolie nièce Rosaline; Livia; le signor Valentio et son cousin Tybalt; Lucio et la vive Héléna. »

Rendant le papier.

Voilà une belle assemblée. Où doit-elle se rendre?

LE CLOWN.

Là-haut.

ROMÉO.

Où cela?

LE CLOWN.

Chez nous, à souper.

ROMÉO.

Chez qui?

LE CLOWN.

Chez mon maître.

ROMÉO.

J'aurais dû commencer par cette question.

LE CLOWN.

Je vais tout vous dire sans que vous le demandiez : mon maître est le grand et riche Capulet; si vous n'êtes pas de la maison des Montagues, je vous invite à venir chez nous faire sauter un cruchon de vin... Dieu vous tienne en joie!

Il sort.

BENVOLIO.

— C'est l'antique fête des Capulets; — la charmante Rosaline, celle que tu aimes tant, y soupera, — ainsi que toutes les beautés admirées de Vérone; — vas-y, puis, d'un œil impartial, — compare son visage à d'autres que je te montrerai, — et je te ferai convenir que ton cygne n'est qu'un corbeau.

ROMÉO.

— Si jamais mon regard, en dépit d'une religieuse dévotion, — proclamait un tel mensonge, que mes larmes se changent en flammes! — et que mes yeux, restés vivants, quoique tant de fois noyés, — transparents hérétiques, soient noyés[1] comme imposteurs! — Une femme plus belle que ma bien-aimée! Le soleil qui voit tout — n'a jamais vu son égale depuis qu'a commencé le monde!

BENVOLIO.

— Bah! vous l'avez vue belle, parce que vous l'avez [vu]e seule; — pour vos yeux, elle n'avait d'autre contre[po]ids qu'elle-même; — mais, dans ces balances cristal[lin]es, mettez votre — bien-aimée en regard de telle autre [be]auté — que je vous montrerai toute brillante à cette [fêt]e, — et elle n'aura plus cet éclat qu'elle a pour vous [au]jourd'hui.

ROMÉO.

— Soit! J'irai, non pour voir ce que tu dis, — mais [po]ur jouir de la splendeur de mon adorée.

Ils sortent.

SCÈNE III.

[Dans la maison de Capulet.]

Entrent LADY CAPULET *et la* NOURRICE.

LADY CAPULET.

— Nourrice, où est ma fille? Appelle-la.

LA NOURRICE.

— Eh! par ma virginité de douze ans, — je lui ai [dit] de venir...

Appelant.

Allons, mon agneau! Allons, mon oiselle! — Dieu [me] pardonne!... Où est donc cette fille!... Allons, Ju[liet]te!

Entre JULIETTE.

JULIETTE.

— Eh bien, qui m'appelle?

LA NOURRICE.

Votre mère.

####### JULIETTE.
Me voici, madame. — Quelle est votre volonté?
####### LADY CAPULET.
— Voici la chose.. Nourrice, laisse-nous un peu; — nous avons à causer en secret...

La nourrice va pour sortir.

Non, reviens, nourrice; — je me suis ravisée, tu assisteras à notre conciliabule. — Tu sais que ma fille est d'un joli âge.
####### LA NOURRICE.
— Ma foi, je puis dire son âge à une heure près.
####### LADY CAPULET.
— Elle n'a pas quatorze ans.
####### LA NOURRICE.
Je parierais quatorze de mes dents, — et, à ma grande douleur, je n'en ai plus que quatre, — qu'elle n'a pas quatorze ans... Combien y a-t-il d'ici à la Saint-Pierre-ès-Liens.
####### LADY CAPULET.
Une quinzaine au moins?
####### LA NOURRICE.
— Au moins ou au plus, n'importe! — Entre tous les jours de l'année, c'est précisément — la veille au soir de la Saint-Pierre-ès-Liens qu'elle aura quatorze ans. — Susanne et elle, Dieu garde toutes les âmes chrétiennes! — étaient du même âge... Oui, à présent, Susanne est avec Dieu; — elle était trop bonne pour moi; mais, comme je disais, — la veille au soir de la Saint-Pierre-ès-Liens, elle aura quatorze ans; — elle les aura, ma parole. Je m'en souviens bien. — Il y a maintenant onze ans du tremblement de terre; — et elle fut sevrée, je ne l'oublierai jamais, — entre tous les jours de l'année, précisément ce jour-là; — car j'avais mis de l'absinthe au bout de

mon sein, — et j'étais assise contre le mur du pigeonnier; — Monseigneur et vous, vous étiez alors à Mantoue... — Oh! j'ai le cerveau solide!... Mais, comme je disais, — dès qu'elle eût goûté l'absinthe au bout — de mon sein et qu'elle en eut senti l'amertume, il fallait voir comme la petite folle, — toute furieuse, s'est emportée contre le téton! — Tremble, fit le pigeonnier; il n'était pas besoin, je vous jure, — de me dire de décamper... — Et il y a onze ans de ça; — car alors elle pouvait se tenir toute seule; oui, par la sainte croix, — elle pouvait courir et trottiner tout partout; — car, tenez, la veille même, elle s'était cogné le front; — et alors mon mari, Dieu soit avec son âme! — c'était un homme bien gai! releva l'enfant : — *Oui-dà,* dit-il, *tu tombes sur la face? — Quand tu auras plus d'esprit, tu tomberas sur le dos; — n'est-ce pas, Juju?* Et, par Notre-Dame, — la petite friponne cessa de pleurer et dit : *Oui!* — Voyez donc à présent comme une plaisanterie vient à point! — Je garantis que, quand je vivrais mille ans, — je n'oublierais jamais ça : *N'est-ce pas, Juju?* fit-il; — et la petite folle s'arrêta et dit : *Oui!*

LADY CAPULET.

— En voilà assez ; je t'en prie, tais-toi.

LA NOURRICE.

— Oui, madame; pourtant je ne peux pas m'empêcher de rire — quand je songe qu'elle cessa de pleurer et dit : *Oui!* — Et pourtant je garantis qu'elle avait au front — une bosse aussi grosse qu'une coque de jeune poussin, — un coup terrible! Et elle pleurait amèrement : —*Oui-dà,* fit mon mari, *tu tombes sur la face? — Quand tu seras d'âge, tu tomberas sur le dos; — n'est-ce pas, Juju?* Et elle s'arrêta et dit : *Oui* (51)!

JULIETTE.

— Arrête-toi donc aussi, je t'en prie, nourrice!

LA NOURRICE.

— Paix! j'ai fini. Que Dieu te marque de sa grâce! — Tu étais le plus joli poupon que j'aie jamais nourri; — si je puis vivre pour te voir marier un jour, — je serai satisfaite.

LADY CAPULET.

Voilà justement le sujet — dont je viens l'entretenir... Dis-moi, Juliette, ma fille, — quelle disposition te sens-tu pour le mariage?

JULIETTE.

— C'est un honneur auquel je n'ai pas même songé.

LA NOURRICE.

— Un honneur! Si je n'étais pas ton unique nourrice, — je dirais que tu as sucé la sagesse avec le lait.

LADY CAPULET.

— Eh bien, songez au mariage dès à présent; de plus jeunes que vous, — dames fort estimées, ici à Vérone même, — sont déjà devenues mères; si je ne me trompe, — j'étais mère moi-même avant l'âge — où vous êtes fille encore. En deux mots, voici : — le vaillant Pâris vous recherche pour sa fiancée (52).

LA NOURRICE.

— Voilà un homme, ma jeune dame! un homme — comme le monde entier... Quoi! c'est un homme en cire!

LADY CAPULET.

— Le parterre de Vérone n'offre pas une fleur pareille.

LA NOURRICE.

— Oui, ma foi, il est la fleur du pays, la fleur par excellence (53).

LADY CAPULET.

— Qu'en dites-vous? Pourrez-vous aimer ce gentilhomme? — Ce soir vous le verrez à notre fête; — lisez alors sur le visage du jeune Pâris, — et observez toutes les grâces qu'y a tracées la plume de la beauté; — examinez ces traits si bien mariés, — et voyez quel charme chacun prête à l'autre; — si quelque chose reste obscur en cette belle page, — vous le trouverez éclairci sur la marge de ses yeux. — Ce précieux livre d'amour, cet amant jusqu'ici détaché, — pour être parfait, n'a besoin que d'être relié!... — Le poisson brille sous la vague, et c'est la splendeur suprême — pour le beau extérieur de recéler le beau intérieur; — aux yeux de beaucoup, il n'en est que plus magnifique, le livre — qui d'un fermoir d'or étreint la légende d'or! — Ainsi, en l'épousant, vous aurez part à tout ce qu'il possède, — sans que vous-même soyez en rien diminuée.

LA NOURRICE.

— Elle, diminuer! Elle grossira, bien plutôt. Les femmes s'arrondissent auprès des hommes!

LADY CAPULET, à Juliette.

— Bref, dites-moi si vous répondrez à l'amour de Pâris.

JULIETTE.

— Je verrai à l'aimer, s'il suffit de voir pour aimer : — mais mon attention à son égard ne dépassera pas — la portée que lui donneront vos encouragements.

Entre un VALET.

LE VALET.

Madame, les invités sont venus, le souper est servi; on vous appelle; on demande mademoiselle; on maudit la nourrice à l'office; et tout est terminé. Il faut que je m'en aille pour servir; je vous en conjure, venez vite.

LADY CAPULET.

— Nous te suivons, Juliette, le comte nous attend.

LA NOURRICE.

— Va, fillette, va ajouter d'heureuses nuits à tes heureux jours.

Tous sortent.

SCÈNE IV.

[Une place sur laquelle est située la maison de Capulet.]

Entrent ROMÉO, costumé en pèlerin ; MERCUTIO, BENVOLIO, avec cinq ou six masques; des gens portant des torches et des muciciens.

ROMÉO.

— Voyons, faut-il prononcer un discours pour nous excuser — ou entrer sans apologie?

BENVOLIO.

— Ces harangues prolixes ne sont plus de mode. — Nous n'aurons pas de Cupidon aux yeux bandés d'une écharpe, portant un arc peint à la tartare, — et faisant fuir les dames comme un épouvantail; pas de prologue appris par cœur et mollement débité — à l'aide d'un souffleur, pour préparer notre entrée. — Qu'ils nous estiment dans la mesure qu'il leur plaira; — nous leur danserons une mesure et nous partirons.

ROMÉO.

— Qu'on me donne une torche! Je ne suis pas en train de gambader! — Sombre comme je suis, je veux porter la lumière (54).

MERCUTIO.

— Ah! mon doux Roméo, nous voulons que vous dansiez.

ROMÉO.

— Non, croyez-moi : vous avez tous la chaussure de bal — et le talon léger : moi, j'ai une âme de plomb — qui me cloue au sol et m'ôte le talent de remuer.

MERCUTIO.

— Vous êtes amoureux (55); empruntez à Cupidon ses ailes, — et vous dépasserez dans votre vol notre vulgaire essor.

ROMÉO.

— Ses flèches m'ont trop cruellement blessé — pour que je puisse m'élancer sur ses ailes légères; enchaîné comme je le suis, — je ne saurais m'élever au-dessus d'une immuable douleur; je succombe sous l'amour qui m'écrase.

MERCUTIO.

— Prenez le dessus et vous l'écraserez : — le délicat enfant sera bien vite accablé par vous.

ROMÉO.

— L'amour, un délicat enfant! Il est brutal, — rude, violent; il écorche comme l'épine.

MERCUTIO.

— Si l'amour est brutal avec vous, soyez brutal avec lui; — écorchez l'amour qui vous écorche, et vous le dompterez.

Aux valets.

— Donnez-moi un étui à mettre mon visage!

Se masquant.

— Un masque sur un masque! Peu m'importe à présent — qu'un regard curieux cherche à découvrir mes laideurs! — Voilà d'épais sourcils qui rougiront pour moi!

BENVOLIO.

— Allons, frappons et entrons; aussitôt dedans, — que chacun ait recours à ses jambes (56)!

ROMÉO.

— A moi une torche! Que les galants au cœur léger — agacent du pied la natte insensible. — Pour moi, je m'accommode d'une phrase de grand-père : — je tiendrai la chandelle et je regarderai... — A vos brillants ébats mon humeur noire ferait tache.

MERCUTIO.

— Bah! la nuit tous les chats sont gris! — Si tu es en humeur noire, nous te tirerons, sauf respect, du bourbier — de cet amour où tu patauges — jusqu'aux oreilles... Allons, vite. Nous usons notre éclairage de jour...

ROMÉO.

— Comment cela !

MERCUTIO.

Je veux dire, messire, qu'en nous attardant — nous consumons nos lumières en pure perte, comme des lampes en plein jour... — Ne tenez compte que de ma pensée : notre mérite — est cinq fois dans notre intention pour une fois qu'il est dans notre bel esprit.

ROMÉO.

— En allant à cette mascarade, nous avons bonne intention, — mais il y a peu d'esprit à y aller.

MERCUTIO.

Peut-on demander pourquoi?

ROMÉO.

— J'ai fait un rêve cette nuit.

MERCUTIO.

Et moi aussi.

ROMÉO.

— Eh bien! qu'avez-vous rêvé?

MERCUTIO.

Que souvent les rêveurs sont mis dedans!

ROMÉO.

— Oui, dans le lit où, tout en dormant, ils rêvent la vérité.

MERCUTIO.

— Oh! je le vois bien, la reine Mab vous a fait visite.

— Elle est la fée accoucheuse et elle arrive, — pas plus grande qu'une agate — à l'index d'un alderman, — traînée par un attelage de petits atomes — à travers les nez des hommes qui gisent endormis. — Les rayons des roues de son char sont faits de longues pattes de faucheux ; — la capote, d'ailes de sauterelles ; — les rênes, de la plus fine toile d'araignée ; — les harnais, d'humides rayons de lune. — Son fouet, fait d'un os de grillon, a pour corde un fil de la Vierge. — Son cocher est un petit cousin en livrée grise, — moins gros de moitié qu'une petite bête ronde — tirée avec une épingle du doigt paresseux d'une servante. — Son chariot est une noisette vide, — taillée par le menuisier écureuil ou par le vieux ciron, — carrossier immémorial des fées. — C'est dans cet apparat qu'elle galope de nuit en nuit — à travers les cerveaux des amants qui alors rêvent d'amour, — sur les genoux des courtisans qui rêvent aussitôt de courtoisies, — sur les doigts des gens de loi qui aussitôt rêvent d'honoraires, — sur les lèvres des dames qui rêvent de baisers aussitôt ! — Ces lèvres, Mab les crible souvent d'ampoules, irritée — de ce que leur haleine est gâtée par quelque pommade. — Tantôt elle galope sur le nez d'un solliciteur, — et vite il rêve qu'il flaire une place ; — tantôt elle vient avec la queue d'un cochon de la dîme — chatouiller la narine d'un curé endormi, — et vite il rêve d'un autre bénéfice ; — tantôt elle passe sur le cou d'un soldat, — et alors il rêve de gorges ennemies coupées, — de brèches, d'embuscades, de lames espagnoles, — de rasades profondes de cinq brasses, et puis de tambours — battant à son oreille ; sur quoi il tressaille, s'éveille, — et, ainsi alarmé, jure une prière ou deux, — et se rendort. C'est cette même Mab — qui, la nuit, tresse la crinière des chevaux — et dans les poils emmêlés durcit ces nœuds magiques — qu'on ne peut débrouiller sans encourir malheur. — C'est la stryge qui, quand les filles sont couchées sur le dos, — les étreint et les habitue à porter leur charge — pour en faire des femmes à solide carrure. — C'est elle (57)...

ROMÉO.

Paix, paix, Mercutio, paix. — Tu nous parles de riens!

MERCUTIO.

En effet, je parle des rêves, — ces enfants d'un cerveau en délire, — que peut seule engendrer l'hallucination, — aussi insubstantielle que l'air, — et plus variable que le vent qui caresse — en ce moment le sein glacé du nord, — et qui tout à l'heure, s'échappant dans une bouffée de colère, — va se tourner vers le midi encore humide de rosée!

BENVOLIO.

— Ce vent dont vous parlez nous emporte hors de nous-mêmes : — le souper est fini et nous arriverons trop tard.

ROMÉO.

— Trop tôt, j'en ai peur! Mon âme pressent — qu'une amère catastrophe, encore suspendue à mon étoile, — — aura pour date funeste — cette nuit de fête, et terminera — la méprisable existence contenue dans mon sein — par le coup sinistre d'une mort prématurée. — Mais que Celui qui est le nautonnier de ma destinée — dirige ma voile!... En avant, joyeux amis!

BENVOLIO.

— Battez, tambours!

Ils sortent.

SCÈNE V.

[Une salle dans la maison de Capulet.]

Entrent PLUSIEURS VALETS.

PREMIER VALET.

Où est donc Laterrine, qu'il ne m'aide pas à desservir? Lui, soulever une assiette! Lui, frotter une table! Fi donc!

DEUXIÈME VALET.

Quand le soin d'une maison est confié aux mains d'un ou deux hommes, et que ces mains ne sont même pas lavées, c'est une sale chose.

PREMIER VALET.

Dehors les tabourets!... Enlevez le buffet!... Attention à l'argenterie...

A l'un de ses camarades.

Mon bon, mets-moi de côté un massepain; et, si tu m'aimes, dis au portier de laisser entrer Suzanne Lameule et Nelly... Antoine! Laterrine!

TROISIÈME VALET.

Voilà, mon garçon! présent!

PREMIER VALET.

On vous attend, on vous appelle, on vous demande, on vous cherche dans la grande chambre.

TROISIÈME VALET.

Nous ne pouvons pas être ici et là... Vivement, mes enfants; mettez-y un peu d'entrain, et que le dernier restant emporte tout (58).

Ils se retirent.

Entrent le vieux CAPULET, puis, parmi la foule des convives, TYBALT, JULIETTE et la NOURRICE; enfin, ROMÉO, accompagné de ses amis, tous masqués. Les valets vont et viennent.

CAPULET.

— Messieurs, soyez les bienvenus! Celles de ces dames qui ne sont pas — affligées de cors aux pieds vont vous donner de l'exercice!... — Ah! ah! mes donzelles! qui de vous toutes — refusera de danser à présent? Celle qui fera la mijaurée, celle-là, — je jurerai qu'elle a des cors! Eh! je vous prends par l'endroit sensible, n'est-ce pas?

A de nouveaux arrivants.

— Vous êtes les bienvenus, messieurs. J'ai vu le temps — où, moi aussi, je portais un masque et où je savais — chuchoter à l'oreille des belles dames de ces mots — qui les charment : ce temps-là n'est plus, il n'est plus, il n'est plus (59) !

A de nouveaux arrivants.

— Vous êtes les bienvenus, messieurs... Allons, musiciens, jouez! — Salle nette pour le bal! Qu'on fasse place, et en avant jeunes filles!

La musique joue. Les danses commencent. Aux valets.

— Encore des lumières, marauds. Redressez ces tables, — et éteignez le feu ; il fait trop chaud ici...

A son cousin Capulet, qui arrive.

— Ah! mon cher, ce plaisir inespéré est d'autant mieux venu... — Asseyez-vous, asseyez-vous, bon cousin Capulet; — car vous et moi, nous avons passé nos jours de danse. — Combien de temps y a-t-il depuis le dernier bal où vous et moi — nous étions masqués?

DEUXIÈME CAPULET.

Trente ans, par Notre-Dame!

PREMIER CAPULET.

— Bah! mon cher! pas tant que ça! pas tant que ça! — C'était à la noce de Lucentio. — Vienne la Pentecôte aussi vite qu'elle voudra, — il y aura de cela quelque vingt-cinq ans ; et cette fois nous étions masqués.

DEUXIÈME CAPULET.

— Il y a plus longtemps, il y a plus longtemps : son fils est plus âgé, messire ; — son fils a trente ans.

PREMIER CAPULET.

Pouvez-vous me dire ça! — Son fils était encore mineur il y a deux ans (60).

ROMÉO, à un valet, montrant Juliette.

— Quelle est cette dame qui enrichit la main — de ce cavalier, là-bas?

LE VALET.

Je ne sais pas, monsieur.

ROMÉO.

Oh! elle apprend aux flambeaux à illuminer! — Sa beauté est suspendue à la face de la nuit — comme un riche joyau à l'oreille d'une Éthiopienne! — Beauté trop précieuse pour la possession, trop exquise pour la terre! — Telle la colombe de neige dans une troupe de corneilles (61), — telle apparaît cette jeune dame au milieu de ses compagnes. — Cette danse finie, j'épierai la place où elle se tient, — et je donnerai à ma main grossière le bonheur de toucher la sienne. — Mon cœur a-t-il aimé jusqu'ici? Non ; jurez-le, mes yeux! — Car jusqu'à ce soir, je n'avais pas vu la vraie beauté.

TYBALT, désignant Roméo.

— Je reconnais cette voix ; ce doit être un Montague...

A un page.

— Va me chercher ma rapière, page! Quoi! le misérable ose — venir ici, couvert d'un masque grotesque,

— pour insulter et narguer notre solennité? — Ah! par l'antique honneur de ma race, — je ne crois pas qu'il y ait péché à l'étendre mort!

PREMIER CAPULET, s'approchant de Tybalt.

— Eh bien! qu'as-tu donc, mon neveu? Pourquoi cette tempête?

TYBALT.

— Mon oncle, voici un Montague, un de nos ennemis, — un misérable qui est venu ici par bravade — insulter à notre soirée solennelle.

PREMIER CAPULET.

— N'est-ce pas le jeune Roméo?

TYBALT.

C'est lui, ce misérable Roméo!

PREMIER CAPULET.

— Du calme, gentil cousin! laisse-le tranquille; — il a les manières du plus courtois gentilhomme; — et, à dire vrai, Vérone est fière de lui, — comme d'un jouvenceau vertueux et bien élevé. — Je ne voudrais pas, pour toutes les richesses de cette ville, — qu'ici, dans ma maison, il lui fût fait une avanie. — Aie donc patience, ne fais pas attention à lui, — c'est ma volonté; si tu la respectes, — prends un air gracieux et laisse là cette mine farouche — qui sied mal dans une fête.

TYBALT.

— Elle sied bien dès qu'on a pour hôte un tel misérable; — je ne le tolérerai pas!

PREMIER CAPULET.

Vous le tolérerez! — Qu'est-ce à dire, monsieur le freluquet! J'entends que vous le tolériez... Allons donc! — Qui est le maître ici, vous ou moi? Allons donc! — Vous ne le tolérerez pas! Dieu me pardonne! — Vous voulez soulever une émeute au milieu de mes hôtes! —

Vous voulez mettre le vin en perce! vous voulez faire l'homme!

TYBALT.

— Mais mon oncle, c'est une honte.

PREMIER CAPULET.

Allons, allons, — vous êtes un insolent garçon. En vérité, — cette incartade pourrait vous coûter cher. Je sais ce que je dis... — Il faut que vous me contrariiez!... Morbleu! c'est le moment (62)!...

Aux danseurs.

— A merveille, mes chers cœurs!...

A Tybalt.

Vous êtes un faquin... — Restez tranquille, sinon...

Aux valets.

Des lumières! encore des lumières! par décence!

A Tybalt.

— Je vous ferai rester tranquille, allez!

Aux danseurs.

De l'entrain, mes petits cœurs!

TYBALT.

— La patience qu'on m'impose lutte en moi avec une colère obstinée, — et leur choc fait trembler tous mes membres... — Je vais me retirer; mais cette fureur rentrée, — qu'en ce moment on croit adoucie, se convertira en fiel amer.

Il sort.

ROMÉO, prenant la main de Juliette.

— Si j'ai profané avec mon indigne main — cette châsse sacrée, je suis prêt à une douce pénitence : — permettez à mes lèvres, comme à deux pèlerins rougissants, — d'effacer ce grossier attouchement par un tendre baiser.

JULIETTE.

— Bon pèlerin, vous êtes trop sévère pour votre main

— qui n'a fait preuve en ceci que d'une respectueuse dévotion. — Les saintes mêmes ont des mains que peuvent toucher les mains des pèlerins ; — et cette étreinte est un pieux baiser.

ROMÉO.

— Les saintes n'ont-elles pas des lèvres, et les pèlerins aussi?

JULIETTE.

— Oui, pèlerin, des lèvres vouées à la prière.

ROMÉO.

— Oh! alors, chère sainte, que les lèvres fassent ce que font les mains. — Elles te prient; exauce-les, de peur que leur foi ne se change en désespoir.

JULIETTE.

— Les saintes restent immobiles, tout en exauçant les prières.

ROMÉO.

— Restez donc immobile, tandis que je recueillerai l'effet de ma prière.

Il l'embrasse sur la bouche.

— Vos lèvres ont effacé le péché des miennes.

JULIETTE.

— Mes lèvres ont gardé pour elles le péché qu'elles ont pris des vôtres.

ROMÉO.

— Vous avez pris le péché de mes lèvres? O reproche charmant! — Alors rendez-moi mon péché.

Il l'embrasse encore.

JULIETTE.

Vous avez l'art des baisers.

LA NOURRICE, à Juliette.

— Madame, votre mère voudrait vous dire un mot (63).

Juliette se dirige vers lady Capulet.

ROMÉO, à la nourrice.

— Qui donc est sa mère ?

LA NOURRICE.

Eh bien, bachelier, — sa mère est la maîtresse de la maison, — une bonne dame, et sage et vertueuse ; — j'ai nourri sa fille, celle avec qui vous causiez ; — je vais vous dire : celui qui parviendra à mettre la main sur elle — pourra faire sonner les écus.

ROMÉO.

C'est une Capulet ! — O trop chère créance ! Ma vie est due à mon ennemie (64) !

BENVOLIO, à Roméo.

— Allons, partons : la fête est à sa fin.

ROMÉO, à part.

— Hélas ! oui, et mon trouble est à son comble.

CAPULET, aux invités qui se retirent.

— Çà, messieurs, n'allez pas nous quitter encore : — nous avons un méchant petit souper qui se prépare... — Vous êtes donc décidés?... Eh bien, alors je vous remercie tous... — Je vous remercie, honnêtes gentilshommes, bonne nuit (65). — Des torches par ici!... Allons, mettons-nous au lit !

A son cousin Capulet.

— Ah! ma foi, mon cher, il se fait tard : — je vais me reposer.

Tous sortent, excepté Juliette et la nourrice.

JULIETTE.

— Viens ici, nourrice : quel est ce gentilhomme, là-bas?

LA NOURRICE.

— C'est le fils et l'héritier du vieux Tibério.

JULIETTE.

— Quel est celui qui sort à présent ?

LA NOURRICE.

— Ma foi, je crois que c'est le jeune Pétruchio.

JULIETTE, montrant Roméo.

— Quel est cet autre qui suit et qui n'a pas voulu danser?

LA NOURRICE.

Je ne sais pas.

JULIETTE.

— Va demander son nom.

La nourrice s'éloigne un moment.

S'il est marié, — mon cercueil pourrait bien être mon lit nuptial.

LA NOURRICE, revenant.

— Son nom est Roméo; c'est un Montague, — le fils unique de votre grand ennemi.

JULIETTE.

— Mon unique amour émane de mon unique haine! — Je l'ai vu trop tôt sans le connaître et je l'ai connu trop tard. — Il m'est né un prodigieux amour, — puisque je dois aimer un ennemi exécré!

LA NOURRICE.

— Que dites-vous? que dites-vous?

JULIETTE.

Une strophe que vient de m'apprendre — un de mes danseurs.

Voix au dehors appelant Juliette.

LA NOURRICE.

Tout à l'heure! tout à l'heure!... — Allons-nous-en; tous les étrangers sont partis.

Entre le CHŒUR.

LE CHŒUR.

Maintenant, le vieil amour agonise sur son lit de mort,
Et une passion nouvelle aspire à son héritage.

Cette belle pour qui'notre amant gémissait et voulait mourir,
Comparée à la tendre Juliette, a cessé d'être belle.
Maintenant Roméo est aimé de celle qu'il aime :
Et tous deux sont ensorcelés par le charme de leurs regards.
Mais il a besoin de conter ses peines à son ennemie supposée,
Et elle dérobe ce doux appât d'amour sur un hameçon dangereux.
Traité en ennemi, Roméo ne peut avoir un libre accès
Pour soupirer ces vœux que les amants se plaisent à prononcer,
Et Juliette, tout aussi éprise, est plus impuissante encore
A ménager une rencontre entre les amoureux.
Mais la passion leur donne la force, et le temps, l'occasion
De goûter ensemble d'ineffables joies dans d'ineffables transes.

Il sort (66).

SCÈNE VI.

[Une route aux abords du jardin de Capulet.]

Roméo entre précipitamment.

ROMÉO, montrant le mur du jardin.

— Puis-je aller plus loin, quand mon cœur est ici ? —
En arrière, masse terrestre, et trouve ton centre.

Il escalade le mur et disparaît.

Entrent MERCUTIO et BENVOLIO.

BENVOLIO.

— Roméo ! mon cousin Roméo !

MERCUTIO.

Il a fait sagement. — Sur ma vie, il s'est esquivé pour gagner son lit.

BENVOLIO.

— Il a couru de ce côté et sauté par dessus le mur de ce jardin. — Appelle-le, bon Mercutio.

MERCUTIO.

Je ferai plus : je vais le conjurer... — Roméo ! caprice !

frénésie!. passion! amour! — apparais-nous sous la forme d'un soupir! — Dis seulement un vers, et je suis satisfait! — Crie seulement *hélas!* accouple seulement *amour* avec *jour!* — Rien qu'un mot aimable pour ma commère Vénus! — Rien qu'un sobriquet pour son fils, pour son aveugle héritier, — le jeune Abraham Cupido, celui qui visa si juste, — quand le roi Cophétua s'éprit de la mendiante (67)!.... — Il n'entend pas, il ne remue pas, il ne bouge pas. — Il faut que ce babouin-là soit mort : évoquons-le (68). — Roméo, je te conjure par les yeux brillants de Rosaline, — par son front élevé et par sa lèvre écarlate, — par son pied mignon, par sa jambe svelte, par sa cuisse frémissante, — et par les domaines adjacents : — apparais-nous sous ta propre forme!

BENVOLIO.

— S'il t'entend, il se fâchera.

MERCUTIO.

— Cela ne peut pas le fâcher; il se fâcherait avec raison, — si je faisais surgir dans le cercle de sa maîtresse un démon — d'une nature étrange que je laisserais en arrêt — jusqu'à ce qu'elle l'eût désarmé par ses exorcismes. — Cela serait une offense : mais j'agis en enchanteur — loyal et honnête; et, au nom de sa maîtresse, — c'est lui seul que je veux faire surgir.

BENVOLIO.

— Allons! il s'est enfoncé sous ces arbres — pour y chercher une nuit assortie à son humeur. — Son amour est aveugle, et n'est à sa place que dans les ténèbres.

MERCUTIO.

— Si l'amour est aveugle, il ne peut pas frapper le but... — Sans doute Roméo s'est assis au pied d'un pêcher, — pour rêver qu'il le commet avec sa maîtresse. — Bonne nuit, Roméo... Je vais trouver ma chère couchette; — ce lit de camp est trop froid pour que j'y dorme. — Eh bien, partons-nous?

BENVOLIO.

Oui, partons; car il est inutile — de chercher ici qui ne veut pas se laisser trouver (69).

Ils sortent.

SCÈNE VII.

[Le jardin de Capulet. Sous les fenêtres de l'appartement de Juliette.]

Entre ROMÉO.

ROMÉO.

— Il se rit des plaies, celui qui n'a jamais reçu de blessures!

Apercevant Juliette qui apparaît à une fenêtre.

— Mais doucement! Quelle lumière jaillit par cette fenêtre? — Voilà l'Orient, et Juliette est le soleil! — Lève-toi, belle aurore, et tue la lune jalouse, — qui déjà languit et pâlit de douleur, — parce que toi, sa prêtresse, tu es plus belle qu'elle-même! — Ne sois plus sa prêtresse, puisqu'elle est jalouse de toi; — sa livrée de vestale est maladive et blême, — et les folles seules la portent : rejette-la!... — Voilà ma dame! Oh! voilà mon amour! — Oh! si elle pouvait le savoir (70)... — Que dit-elle? Rien... Elle se tait... Mais non : — son regard parle, et je veux lui répondre... — Ce n'est pas à moi qu'elle s'adresse. — Deux des plus belles étoiles du ciel, — ayant affaire ailleurs, adjurent ses yeux — de vouloir bien resplendir dans leur sphère jusqu'à ce qu'elles reviennent. — Ah! si les étoiles se substituaient à ses yeux, en même temps que ses yeux aux étoiles, — le seul éclat de ses joues ferait pâlir la clarté des astres, — comme le grand jour, une lampe; et ses yeux, du haut du ciel, — darderaient une telle lumière à travers les régions aériennes, — que les oiseaux chanteraient, croyant que la nuit n'est plus. — Voyez comme elle appuie sa joue sur sa main! — Oh! que ne suis-je le gant de cette main! — Je toucherais sa joue!

JULIETTE.

Hélas!

ROMÉO.

Elle parle! — Oh! parle encore, ange resplendissant! Car — tu rayonnes dans cette nuit, au-dessus de ma tête, — comme le messager ailé du ciel, — quand aux yeux bouleversés — des mortels qui se rejettent en arrière pour le contempler, — il devance les nuées paresseuses — et vogue sur le sein des airs!

JULIETTE.

— O Roméo! Roméo! pourquoi es-tu Roméo? — Renie ton père et abdique ton nom; — ou, si tu ne le veux pas, jure de m'aimer, — et je ne serai plus une Capulet.

ROMÉO, à part.

— Dois-je l'écouter encore ou lui répondre?

JULIETTE.

— Ton nom seul est mon ennemi. — Tu n'es pas un Montague, tu es toi-même (71). — Qu'est-ce qu'un Montague? Ce n'est ni une main, ni un pied, — ni un bras, ni un visage, ni rien — qui fasse partie d'un homme... Oh! sois quelque autre nom (72)! — Qu'y a-t-il dans un nom? Ce que nous appelons une rose — embaumerait autant sous un autre nom. — Ainsi, quand Roméo ne s'appellerait plus Roméo, — il conserverait encore les chères perfections qu'il possède (73)... — Roméo, renonce à ton nom; — et, à la place de ce nom qui ne fait pas partie de toi, — prends-moi toute entière (74).

ROMÉO.

Je te prends au mot! — Appelle-moi seulement ton amour, et je reçois un nouveau baptême : — désormais je ne suis plus Roméo.

JULIETTE.

— Quel homme es-tu, toi qui, ainsi caché par la nuit, viens de te heurter à mon secret?

ROMÉO.

Je ne sais — par quel nom t'indiquer qui je suis. — Mon nom, sainte chérie, m'est odieux à moi-même, — parce qu'il est pour toi un ennemi : — si je l'avais écrit là, j'en déchirerais les lettres.

JULIETTE.

— Mon oreille n'a pas encore aspiré cent paroles — proférées par cette voix, et pourtant j'en reconnais le son. — N'es-tu pas Roméo et un Montague?

ROMÉO.

— Ni l'un ni l'autre, belle vierge, si tu détestes l'un et l'autre.

JULIETTE.

— Comment es-tu venu ici, dis-moi? et dans quel but? — Les murs du jardin sont hauts et difficiles à gravir. — Considère qui tu es : ce lieu est ta mort, — si quelqu'un de mes parents te trouve ici.

ROMÉO.

— J'ai escaladé ces murs sur les ailes légères de l'amour : — car les limites de pierre ne sauraient arrêter l'amour, — et ce que l'amour peut faire, l'amour ose le tenter; — voilà pourquoi tes parents ne sont pas un obstacle pour moi.

JULIETTE.

— S'ils te voient, ils te tueront.

ROMÉO.

— Hélas! il y a plus de péril pour moi dans ton regard

— que dans vingt de leurs épées : que ton œil me soit doux, — et je suis à l'épreuve de leur inimitié.

JULIETTE.

— Je ne voudrais pas pour le monde entier qu'ils te vissent ici.

ROMÉO.

— J'ai le manteau de la nuit pour me soustraire à leur vue. — D'ailleurs, si tu ne m'aimes pas, qu'ils me trouvent ici! — J'aime mieux ma vie finie par leur haine — que ma mort prorogée sans ton amour.

JULIETTE.

— Quel guide as-tu donc eu pour arriver jusqu'ici?

ROMÉO.

— L'amour, qui le premier m'a suggéré d'y venir : — il m'a prêté son esprit et je lui ai prêté mes yeux. — Je ne suis pas un pilote; mais, quand tu serais à la même distance — que la vaste plage baignée par la mer la plus lointaine, — je risquerais la traversée pour une denrée pareille.

JULIETTE.

— Tu sais que le masque de la nuit est sur mon visage; — sans cela, tu verrais une virginale couleur colorer ma joue, — quand je songe aux paroles que tu m'as entendue dire cette nuit. — Ah! je voudrais rester dans les convenances; je voudrais, je voudrais nier — ce que j'ai dit... Mais, adieu les cérémonies! — M'aimes-tu? Je sais que tu vas dire *oui*, — et je te croirai sur parole. Ne le jure pas; — tu pourrais trahir ton serment : les parjures des amoureux font, dit-on, rire Jupiter... Oh! gentil Roméo, — si tu m'aimes, proclame-le loyalement : — et si tu crois que je me laisse trop vite gagner, — je froncerai le sourcil, et je serai cruelle, et je te dirai non, — pour que tu me fasses la cour : autrement, rien au monde ne m'y déciderait... — En vérité, beau Montague, je suis trop éprise, — et aussi tu pourrais croire ma conduite légère ; — mais crois-moi ; gentilhomme, je me montrerai plus fidèle — que celles qui savent mieux affecter la réserve. — J'aurais été plus réservée, il faut que je l'avoue, — si tu n'avais pas surpris, à mon insu, — l'aveu passionné de mon amour : pardonne-moi donc — et n'impute pas à une légèreté d'amour cette faiblesse — que la nuit noire t'a permis de découvrir.

ROMÉO.

— Madame, je jure par cette lune sacrée — qui argente toutes ces cimes chargées de fruits !...

JULIETTE.

— Oh ! ne jure pas par la lune, l'inconstante lune — dont le disque change chaque mois, — de peur que ton amour ne devienne aussi variable !

ROMÉO.

— Par quoi dois-je jurer ?

JULIETTE.

Ne jure pas du tout ; — ou, si tu le veux, jure par ton gracieux être (75), — qui est le dieu de mon idolâtrie, — et je te croirai.

ROMÉO.

Si l'amour profond de mon cœur...

JULIETTE.

— Ah ! ne jure pas (76) ! Quoique tu fasses ma joie, — je ne puis goûter cette nuit toutes les joies de notre rapprochement ; — il est trop brusque, trop imprévu, trop subit, — trop semblable à l'éclair qui a cessé d'être — avant qu'on ait pu dire : il brille !... Doux ami, bonne nuit ! — Ce bouton d'amour, mûri par l'haleine de l'été, — pourra devenir une belle fleur, à notre prochaine entrevue... - Bonne nuit, bonne nuit ! Puisse le repos, puisse le calme délicieux — qui est dans mon sein, arriver à ton cœur !

ROMÉO.

— Oh! vas-tu donc me laisser si peu satisfait?

JULIETTE.

— Quelle satisfaction peux-tu obtenir cette nuit?

ROMÉO.

— Le solennel échange de ton amour contre le mien.

JULIETTE.

— Mon amour! je te l'ai donné avant que tu l'aies demandé. — Et pourtant je voudrais qu'il fût encore à donner.

ROMÉO.

— Voudrais-tu me le retirer? Et pour quelle raison, mon amour?

JULIETTE.

— Rien que pour être généreuse et te le donner encore. — Mais je désire un bonheur que j'ai déjà : — ma libéralité est aussi illimitée que la mer, — et mon amour aussi profond : plus je te donne, — plus il me reste, car l'une et l'autre sont infinis.

On entend la voix de la nourrice.

— J'entends du bruit dans la maison... Cher amour, adieu! — J'y vais, bonne nourrice!... Doux Montague, sois fidèle. — Attends un moment, je vais revenir.

Elle se retire de la fenêtre.

ROMÉO.

— O céleste, céleste nuit! J'ai peur, — comme il fait nuit, que tout ceci ne soit qu'un rêve, — trop délicieusement flatteur pour être réel.

Juliette revient.

JULIETTE.

— Trois mots encore, cher Roméo, et bonne nuit, cette fois! — Si l'intention de ton amour est honorable,

— si ton but est le mariage, fais-moi savoir demain, — par la personne que je ferai parvenir jusqu'à toi, — en quel lieu et à quel moment tu veux accomplir la cérémonie, — et alors je déposerai à tes pieds toutes mes destinées, — et je te suivrai, mon seigneur, jusqu'au bout du monde !

LA NOURRICE, derrière le théâtre.

Madame !

JULIETTE.

— J'y vais ! tout à l'heure ! Mais si ton arrière-pensée n'est pas bonne, — je te conjure...

LA NOURRICE, derrière le théâtre.

Madame !

JULIETTE.

A l'instant ! j'y vais !... — de cesser tes instances et de me laisser à ma douleur... — J'enverrai demain.

ROMÉO.

Par le salut de mon âme...

JULIETTE.

— Mille fois bonne nuit !

Elle quitte la fenêtre.

ROMÉO.

— La nuit ne peut qu'empirer mille fois, dès que ta lumière lui manque...

Se retirant à pas lents.

— L'amour court vers l'amour comme l'écolier hors de la classe ; — mais il s'en éloigne avec l'air accablé de l'enfant qui rentre à l'école.

Juliette reparaît à la fenêtre.

JULIETTE.

— Stt ! Roméo ! stt !... Oh ! que n'ai-je la voix du fauconnier — pour réclamer mon noble tiercelet ! — Mais la captivité est enrouée et ne peut parler haut : — sans quoi j'ébranlerais la caverne où Écho dort, — et sa voix aérienne serait bientôt plus enrouée que la mienne, — tant je lui ferais répéter le nom de mon Roméo!

ROMÉO, revenant sur ses pas.

— C'est mon âme qui me rappelle par mon nom! — Quels sons argentins a dans la nuit la voix de la bien-aimée! — Quelle suave musique pour l'oreille attentive (77)!

JULIETTE.

— Roméo!

ROMÉO.

Ma...

LA NOURRICE, derrière le théâtre.

Madame!

JULIETTE.

A quelle heure, demain, — enverrai-je vers toi?

ROMÉO.

A neuf heures.

JULIETTE.

— Je n'y manquerai pas : il y a vingt ans d'ici là. — J'ai oublié pourquoi je t'ai rappelé.

ROMÉO.

— Laisse-moi rester ici jusqu'à ce que tu t'en souviennes.

JULIETTE.

— Je l'oublierai, pour que tu restes là toujours, — me rappelant seulement combien j'aime ta compagnie.

ROMÉO.

— Et je resterai là pour que tu l'oublies toujours, — oubliant moi-même que ma demeure est ailleurs.

JULIETTE.

— Il est presque jour. Je voudrais que tu fusses parti, — mais sans t'éloigner plus que l'oiseau familier d'une joueuse enfant : — elle le laisse voleter un peu hors de sa main, — pauvre prisonnier embarrassé de liens, — et vite elle le ramène en tirant le fil de soie, — tant elle est tendrement jalouse de sa liberté !

ROMÉO.

— Je voudrais être ton oiseau !

JULIETTE.

Ami, je le voudrais aussi ; — mais je te tuerais à force de caresses. — Bonne nuit ! bonne nuit ! Si douce est la tristesse de nos adieux — que je te dirais : bonne nuit ! jusqu'à ce qu'il soit jour.

Elle se retire.

ROMÉO, seul.

— Que le sommeil se fixe sur tes yeux et la paix dans ton cœur ! — Je voudrais être le sommeil et la paix, pour reposer si délicieusement ! — Je vais de ce pas à la cellule de mon père spirituel, — pour implorer son aide et lui conter mon bonheur.

Il sort.

SCÈNE VIII.

[La cellule de Frère Laurence.]

Entre frère LAURENCE, portant un panier.

LAURENCE.

L'aube aux yeux gris couvre de son sourire la nuit grimaçante, — et diapre de lignes lumineuses les nuées d'Orient ; — l'ombre couperosée, chancelant comme un ivrogne, — s'éloigne de la route du jour devant les roues du Titan radieux. — Avant que le soleil, de son regard de flamme, ait ranimé le jour et séché la moite rosée de la nuit, — il faut que je remplisse cette cage d'osier — de plantes pernicieuses et de fleurs au suc précieux. — La terre, qui est la mère des créatures, est aussi leur tombe ;

— leur sépulcre est sa matrice même. — Les enfants de toute espèce, sortis de son flanc, — nous les trouvons suçant sa mamelle inépuisable ; — la plupart sont doués de nombreuses vertus ; — pas un qui n'ait son mérite, et pourtant tous diffèrent (78) ! — Oh ! combien efficace est la grâce qui réside — dans les herbes, dans les plantes, dans les pierres et dans leurs qualités intimes ; — il n'est rien sur la terre de si humble — qui ne rende à la terre un service spécial ; — il n'est rien non plus de si bon qui, détourné de son légitime usage, — ne devienne rebelle à son origine et ne tombe dans l'abus. — La vertu même devient vice, étant mal appliquée, — et le vice est parfois ennobli par l'action.

Entre ROMÉO.

LAURENCE, prenant une fleur dans un panier.

— Le calice enfant de cette faible fleur — recèle un poison et un cordial puissants : — respirez-la, elle stimule et l'odorat et toutes les facultés ; — goûtez-la, elle frappe de mort et le cœur et tous les sens. — Deux reines ennemies sont sans cesse en lutte — dans l'homme comme dans la plante, la grâce et la rude volonté ; — et là où la pire prédomine, — le ver de la mort a bien vite dévoré la créature.

ROMÉO.

— Bonjour, père.

LAURENCE.

Benedicite ! — Quelle voix matinale me salue si doucement ? — Jeune fils, c'est signe de quelque désordre d'esprit, — quand on dit adieu sitôt à son lit. — Le souci fait le guet dans les yeux du vieillard, — et le sommeil n'entre jamais où loge le souci. — Mais là ou la jeunesse ingambe repose, le cerveau dégagé, — là règne le sommeil d'or. — Je conclus donc de ta visite matinale que quelque grave perturbation t'a mis sur pied. — Si cela n'est pas, je devine que — notre Roméo ne s'est pas couché cette nuit.

ROMÉO.

— Cette dernière conjecture est la vraie; mais mon repos n'en a été que plus doux.

LAURENCE.

— Dieu pardonne au pécheur! Étais-tu donc avec Rosaline?

ROMÉO.

— Avec Rosaline! Oh non, mon père spirituel : — j'ai oublié ce nom, et tous les maux attachés à ce nom.

LAURENCE.

— Voilà un bon fils... — Mais où as-tu été alors?

ROMÉO.

— Je vais te le dire et t'épargner de nouvelles questions. — Je me suis trouvé à la même fête que mon ennemie : — tout à coup cette ennemie m'a blessé, — et je l'ai blessée à mon tour : notre guérison à tous deux — dépend de tes secours et de ton ministère sacré. — Tu le vois, saint homme, je n'ai pas de haine; car — j'intercède pour mon adversaire comme pour moi.

LAURENCE.

— Parle clairement, mon cher fils, et explique-toi sans détour : — une confession équivoque n'obtient qu'une absolution équivoque.

ROMÉO.

— Apprends-le donc tout net, j'aime d'un amour profond — la fille charmante du riche Capulet. — Elle a fixé mon cœur comme j'ai fixé le sien; — pour que notre union soit complète, il ne nous manque que d'être unis par toi — dans le saint mariage. Quand, où et comment — nous nous sommes vus, aimés et fiancés, — je te le dirai chemin faisant; mais, avant tout, je t'en prie, — consens à nous marier aujourd'hui même.

LAURENCE.

— Par saint François! quel changement!j — Cette Rosaline que tu aimais tant, — est-elle donc si vite délaissée? Ah! l'amour des jeunes gens — n'est pas vraiment dans le cœur, il n'est que dans les yeux. — *Jesu Maria!* que de larmes — pour Rosaline ont inondé tes joues blêmes! — Que d'eau salée prodiguée en pure perte — pour assaisonner un amour qui n'en garde pas même l'arrière-goût! — Le soleil n'a pas encore dissipé tes soupirs dans le ciel : — tes gémissements passés tintent encore à mes vieilles oreilles. — Tiens, il y a encore là, sur ta joue, la trace — d'une ancienne larme, non essuyée encore! — Si alors tu étais bien toi-même, si ces douleurs étaient bien les tiennes, — toi et tes douleurs vous étiez tout à Rosaline ; — et te voilà déjà changé! Prononce donc avec moi cette sentence : — Les femmes peuvent faillir, quand les hommes ont si peu de force.

ROMÉO.

— Tu m'as souvent reproché mon amour pour Rosaline.

LAURENCE.

— Ton amour? Non, mon enfant, mais ton idolâtrie.

ROMÉO.

— Et tu m'as dit d'ensevelir cet amour.

LAURENCE.

Je ne t'ai pas dit — d'enterrer un amour pour en exhumer un autre.

ROMÉO.

— Je t'en prie, ne me gronde pas : celle que j'aime à présent — me rend faveur pour faveur, et amour pour amour ; l'autre n'agissait pas ainsi.

LAURENCE.

Oh! elle voyait bien que — ton amour déclamait sa leçon avant même de savoir épeler. — Mais viens, jeune volage, viens avec moi ; — une raison me décide à t'assister : — cette union peut, par un heureux effet, — changer en pure affection la rancune de vos familles.

ROMÉO.

— Oh! partons : il y a urgence à nous hâter.

LAURENCE.

— Allons sagement et doucement : trébuche qui court vite (79).

Ils sortent.

SCÈNE XI.

[Une rue].

Entrent Benvolio *et* Mercutio.

MERCUTIO.

— Où diable ce Roméo peut-il être ? — Est-ce qu'il n'est pas rentré cette nuit ?

BENVOLIO.

— Non, pas chez son père ; j'ai parlé à son valet.

MERCUTIO.

— Ah ! cette pâle fille au cœur de pierre, cette Rosaline, — le tourmente tant qu'à coup sûr il en deviendra fou.

BENVOLIO.

— Tybalt, le parent du vieux Capulet, — lui a envoyé une lettre chez son père.

MERCUTIO.

— Un cartel, sur mon âme !

BENVOLIO.

Roméo répondra.

MERCUTIO.

— Tout homme qui sait écrire peut répondre à une lettre. —

BENVOLIO.

C'est à l'auteur de la lettre qu'il répondra : provocation pour provocation.

MERCUTIO.

Hélas! pauvre Roméo! il est déjà mort : poignardé par l'œil noir d'une blanche donzelle, frappé à l'oreille par un chant d'amour, atteint au beau milieu du cœur par la flèche de l'aveugle archerot... Est-ce là un homme en état de tenir tête à Tybalt?

BENVOLIO.

Eh! qu'est-ce donc que ce Tybalt?

MERCUTIO.

Plutôt le prince des tigres que des chats, je puis vous le dire (80). Oh! il est le courageux capitaine du point d'honneur. Il se bat comme vous modulez un air, observe les temps, la mesure et les règles, allonge piano, une, deux, trois, et vous touche en pleine poitrine. C'est un pourfendeur de boutons de soie, un duelliste, un duelliste, un gentilhomme de première salle, qui ferraille pour la première cause venue.

Il se met en garde et se fend.

Oh! la botte immortelle! la riposte en tierce! touché!

BENVOLIO.

Quoi donc?

MERCUTIO, se relevant.

Au diable ces merveilleux grotesques avec leur zézayement, et leur affectation, et leur nouvel accent!

Changeant de voix.

Jésus! la bonne lame! le bel homme! l'excellente putain! Ah! mon grand-père, n'est-ce pas chose lamentable que nous soyons ainsi harcelés par ces moustiques étrangers, par ces colporteurs de modes qui nous poursuivent de leurs *pardonnez-moi* (81), et qui, tant ils sont rigides sur leurs nouvelles formes, ne sauraient plus s'asseoir à l'aise sur nos vieux escabeaux? Peste soit de leurs bonjours et de leurs bonsoirs !

Entre Roméo, rêveur.

BENVOLIO.

Voici Roméo ! Voici Roméo !

MERCUTIO.

N'ayant plus que les os ! sec comme un hareng saur ! Oh ! pauvre chair, quel triste maigre tu fais !... Voyons, donne-nous un peu de cette poésie dont débordait Pétrarque : comparée à ta dame, Laure n'était qu'une fille de cuisine, bien que son chantre sût mieux rimer que toi ; Didon, une dondon ; Cléopâtre, une gypsy ; Hélène, une catin ; Héro, une gourgandine ; Thisbé, un œil d'azur, mais sans éclat ! Signor Roméo, *bonjour* ! A votre culotte française le salut français !... Vous nous avez joués d'une manière charmante hier soir.

ROMÉO.

Salut à tous deux !... que voulez-vous dire ?

MERCUTIO.

Eh ! vous ne comprenez pas ? vous avez fait une fugue, une si belle fugue !

ROMÉO.

Pardon, mon cher Mercutio, j'avais une affaire urgente ; et, dans un cas comme le mien, il est permis à un homme de brusquer la politesse.

MERCUTIO.

Autant dire que, dans un cas comme le vôtre, un homme est forcé de fléchir le jarret pour...

ROMÉO.

Pour tirer sa révérence.

MERCUTIO.

Merci. Tu as touché juste.

ROMÉO.

C'est l'explication la plus bienséante.

MERCUTIO.

Sache que je suis la rose de la bienséance.

ROMÉO.

Fais-la-moi sentir.

MERCUTIO.

La rose même !

ROMÉO, montrant sa chaussure couverte de rubans.

Mon escarpin t'en offre la rosette !

MERCUTIO.

Bien dit. Prolonge cette plaisanterie jusqu'à ce que ton escarpin soit éculé ; quand il n'aura plus de talon, tu pourras du moins appuyer sur la pointe.

ROMÉO.

Plaisanterie de va-nu-pieds !

MERCUTIO.

Au secours, bon Benvolio ! mes esprits se dérobent.

ROMÉO.

Donne-leur du fouet et de l'éperon ; sinon, je crie : victoire !

MERCUTIO.

Si c'est à la course des oies que tu me défies, je me récuse : il y a de l'oie dans un seul de tes esprits plus que dans tous les miens... M'auriez-vous pris pour une oie ?

ROMÉO.

Je ne t'ai jamais pris pour autre chose.

MERCUTIO.

Je vais te mordre l'oreille pour cette plaisanterie-là.

ROMÉO.

Non. Bonne oie ne mord pas.

MERCUTIO.

Ton esprit est comme une pomme aigre : il est à la sauce piquante.

ROMÉO.

N'est-ce pas ce qu'il faut pour accommoder l'oie grasse ?

MERCUTIO.

Esprit de chevreau ! cela prête à volonté : avec un pouce d'ampleur on en fait long comme une verge.

ROMÉO.

Je n'ai qu'à prêter l'ampleur à l'oie en question ; cela suffit : te voilà déclaré... grosse oie.

Ils éclatent de rire.

MERCUTIO.

Eh bien, ne vaut-il pas mieux rire ainsi que de geindre par amour? Te voilà sociable, à présent, te voilà redevenu Roméo; te voilà ce que tu dois être, de par l'art et de par la nature. Crois-moi, cet amour grognon n'est qu'un grand nigaud qui s'en va, tirant la langue, et cherchant un trou où fourrer sa... marotte.

BENVOLIO.

Arrête-toi là, arrête-toi là.

MERCUTIO.

Tu veux donc que j'arrête mon histoire à contre-poil?

BENVOLIO.

Je craignais qu'elle ne fût trop longue.

MERCUTIO.

Oh! tu te trompes : elle allait être fort courte; car je suis à bout et je n'ai pas l'intention d'occuper la place plus longtemps.

ROMÉO.

Voilà qui est parfait.

Entrent la Nourrice *et* Pierre.

MERCUTIO.
Une voile! une voile! une voile!

BENVOLIO.
Deux voiles! deux voiles! une culotte et un jupon.

LA NOURRICE.
Pierre!

PIERRE.
Voilà!

LA NOURRICE.
Mon éventail, Pierre.

MERCUTIO.
Donne-le-lui, bon Pierre, qu'elle cache son visage, son éventail est moins laid.

LA NOURRICE.
Dieu vous donne le bonjour, mes gentilshommes!

MERCUTIO.
Dieu vous donne le bonsoir, ma gentille femme!

LA NOURRICE.
C'est donc déjà le soir?

MERCUTIO.
Oui, déjà, je puis vous le dire, car l'index libertin du cadran est en érection sur midi.

LA NOURRICE.
Diantre de vous! quel homme êtes-vous donc?

ROMÉO.
Un mortel, gentille femme, que Dieu créa pour se faire injure à lui-même.

LA NOURRICE.
Bien répondu, sur ma parole! Pour se faire injure à lui-même, a-t-il dit?... Messieurs, quelqu'un de vous saurait-il m'indiquer où je puis trouver le jeune Roméo?

ROMÉO.

Je puis vous l'indiquer : pourtant le jeune Roméo, quand vous l'aurez trouvé, sera plus vieux qu'au moment où vous vous êtes mise à le chercher. Je suis le plus jeune de ce nom-là, à défaut d'un pire.

LA NOURRICE.

Fort bien !

MERCUTIO.

C'est le pire qu'elle trouve fort bien ! bonne remarque, ma foi, fort sensée, fort sensée.

LA NOURRICE, à Roméo.

Si vous êtes Roméo, monsieur, je désire vous faire une courte confidence.

BENVOLIO.

Elle va le convier à quelque souper.

MERCUTIO.

Une maquerelle ! une maquerelle ! une maquerelle ! Taïaut !

ROMÉO, à Mercutio.

Quel gibier as-tu donc levé ?

MERCUTIO.

Ce n'est pas précisément un lièvre, mais une bête à poil, rance comme la venaison moisie d'un pâté de carême.

Il chante.

> Un vieux lièvre faisandé,
> Quoiqu'il ait le poil gris,
> Est un fort bon plat de carême ;
> Mais un vieux lièvre faisandé
> A trop longtemps duré,
> S'il est moisi avant d'être fini.

Roméo, venez-vous chez votre père ? Nous y allons dîner (82).

ROMÉO.

Je vous suis.

MERCUTIO, *saluant la nourrice.*

Adieu, l'antique dame, adieu, la dame, la dame, la dame!

Sortent Mercutio et Benvolio.

LA NOURRICE.

Oui, morbleu, adieu! Dites-moi donc quel est cet impudent fripier qui a débité tant de vilenies?

ROMÉO.

C'est un gentilhomme, nourrice, qui aime à s'entendre parler, et qui en dit plus en une minute qu'il ne pourrait écouter en un mois.

LA NOURRICE.

S'il s'avise de rien dire contre moi, je le mettrai à la raison, fût-il vigoureux comme vingt freluquets de son espèce; et si je ne le puis moi-même, j'en trouverai qui y parviendront. Le polisson! le malotru! Je ne suis pas une de ses drôlesses; je ne suis pas une de ses femelles!

A Pierre.

Et toi aussi, il faut que tu restes coi, et que tu permettes au premier croquant venu d'user de moi à sa guise!

PIERRE.

Je n'ai vu personne user de vous à sa guise; si je l'avais vu, ma lame aurait bien vite été dehors, je vous le garantis. Je suis aussi prompt qu'un autre à dégaîner, quand je vois occasion pour une bonne querelle, et que la loi est de mon côté.

LA NOURRICE.

Vive Dieu! je suis si vexée que j'en tremble de tous mes membres!... Le polisson! le malotru!... De grâce, monsieur, un mot! Comme je vous l'ai dit, ma jeune maîtresse m'a chargée d'aller à votre recherche... Ce qu'elle m'a chargée de vous dire, je le garde pour moi...

Mais d'abord laissez-moi vous déclarer que, si vous aviez l'intention, comme on dit, de la mener au paradis des fous, ce serait une façon d'agir très-grossière, comme on dit : car la demoiselle est si jeune! Si donc il vous arrivait de jouer double jeu avec elle, ce serait un vilain trait à faire à une demoiselle, et un procédé très-mesquin.

ROMÉO.

Nourrice, recommande-moi à ta dame et maîtresse. Je te jure...

LA NOURRICE.

L'excellent cœur! Oui, ma foi, je le lui dirai. Seigneur! Seigneur! elle va être bien joyeuse.

ROMÉO.

Que lui diras-tu, nourrice? Tu ne m'écoutes pas.

LA NOURRICE.

Je lui dirai, monsieur, que vous jurez, ce qui, à mon avis, est une action toute gentilhommière.

ROMÉO.

— Dis-lui de trouver quelque moyen d'aller à confesse — cette après-midi (83); — c'est dans la cellule de frère Laurence — qu'elle sera confessée et mariée. Voici pour ta peine.

Il lui offre la bourse.

LA NOURRICE.

— Non vraiment, monsieur, pas un denier!

ROMÉO.

Allons! il le faut, te dis-je.

LA NOURRICE, *prenant la bourse.*

— Cette après-midi, monsieur? Bon, elle sera là.

ROMÉO.

— Et toi, bonne nourrice, tu attendras derrière le mur de l'abbaye. — Avant une heure, mon valet ira te rejoindre — et t'apportera une échelle de cordes : — ce sont les haubans par lesquels je dois, dans le mystère de la nuit, — monter au hunier de mon bonheur... — Adieu ! recommande-moi à ta maîtresse.

LA NOURRICE.

— Sur ce, que le Dieu du ciel te bénisse ! Écoutez, monsieur.

ROMÉO.

— Qu'as-tu à dire, ma chère nourrice?

LA NOURRICE.

— Votre valet est-il discret? Vous connaissez sans doute le proverbe : — Deux personnes, hormis une, peuvent garder un secret.

ROMÉO.

— Rassure-toi : mon valet est éprouvé comme l'acier. —

LA NOURRICE.

Bien, monsieur : ma maîtresse est bien la plus charmante dame... Seigneur ! Seigneur !... Quand elle n'était encore qu'un petit être babillard !... Oh ! il y a en ville un grand seigneur, un certain Pâris, qui voudrait bien tâter du morceau ; mais elle, la bonne âme, elle aimerait autant voir un crapaud, un vrai crapaud, que de le voir, lui. Je la fâche quelquefois quand je lui dis que Pâris est l'homme qui lui convient le mieux : ah ! je vous le garantis, quand je dis ça, elle devient aussi pâle que n'importe quel linge au monde... *Romarin* et *Roméo* commencent tous deux par la même lettre, n'est-ce pas?

ROMÉO.

Oui, nourrice. L'un et l'autre commencent par un R. Après?

LA NOURRISE.

Ah ! vous dites ça d'un air moqueur. Un R, c'est bon pour le nom d'un chien, puisque c'est un grognement de chien (84)... Je suis bien sûr que Roméo commence par une autre lettre... Allez, elle dit de si jolies sentences sur vous et sur le romarin, que cela vous ferait du bien de les entendre.

ROMÉO.

Recommande-moi à ta maîtresse.

Il sort.

LA NOURRICE.

Oui, mille fois!... Pierre!

PIERRE.

Voilà!

LA NOURRICE.

En avant, et lestement!

Ils sortent.

SCÈNE X.

[L'appartement de Juliette].

Entre JULIETTE.

JULIETTE.

— L'horloge frappait neuf heures, quand j'ai envoyé la nourrice; — elle m'avait promis d'être de retour en une demi-heure... — Peut-être n'a-t-elle pas pu le trouver!... Mais non... — Oh! elle est boiteuse! Les messagers d'amour devraient être des pensées — plus promptes dix fois que les rayons du soleil — qui dissipent l'ombre au-dessus des collines nébuleuses. — Aussi l'amour est-il traîné par d'agiles colombes; — aussi Cupidon a-t-il des ailes rapides comme le vent. — Maintenant le soleil a atteint le sommet suprême — de sa course d'aujourd'hui; de neuf heures à midi — il y a trois longues heures, et elle n'est pas encore venue! — Si elle avait les affections et le sang brûlant de la jeunesse, — elle aurait le leste mouvement d'une balle;

— d'un mot je la lancerais à mon bien-aimé — qui me la renverrait d'un mot. — Mais ces vieilles gens, on les prendrait souvent pour des morts, à voir leur — inertie, leur lenteur, leur lourdeur et leur pâleur de plomb (85).

Entrent la NOURRICE *et* PIERRE.

JULIETTE.

— Mon Dieu, la voici enfin... O nourrice de miel, quoi de nouveau? — L'as-tu trouvé?... Renvoie cet homme.

LA NOURRICE.

Pierre, restez à la porte.

Pierre sort.

JULIETTE.

— Eh bien, bonne, douce nourrice?... Seigneur! pourquoi as-tu cette mine abattue? — Quand tes nouvelles seraient tristes, annonce-les-moi gaiement. — Si tes nouvelles sont bonnes, tu fais tort à leur douce musique — en me la jouant avec cet air aigre.

LA NOURRICE.

— Je suis épuisée; laisse-moi respirer un peu. — Ah! que mes os me font mal! Quelle course j'ai faite!

JULIETTE.

— Je voudrais que tu eusses mes os, pourvu que j'eusse tes nouvelles... — Allons, je t'en prie, parle; bonne, bonne nourrice, parle.

LA NOURRICE.

— Jésus! quelle hâte! Pouvez-vous pas attendre un peu? — Voyez-vous pas que je suis hors d'haleine?

JULIETTE.

— Comment peux-tu être hors d'haleine quand il te reste assez d'haleine — pour me dire que tu es hors d'haleine? — L'excuse que tu donnes à tant de délais —

est plus longue à dire que le récit que tu t'excuses de différer. — Tes nouvelles sont-elles bonnes ou mauvaises? Réponds à cela; — réponds d'un mot, et j'attendrai les détails. — Édifie-moi : sont-elles bonnes ou mauvaises? —

LA NOURRICE.

Ma foi, vous avez fait là un pauvre choix : vous ne vous entendez pas à choisir un homme : Roméo, un homme? non. Bien que son visage soit le plus beau visage qui soit, il a la jambe mieux faite que tout autre; et pour la main, pour le pied, pour la taille, bien qu'il n'y ait pas grand'chose à en dire, tout cela est incomparable... Il n'est pas la fleur de la courtoisie, pourtant je le garantis aussi doux qu'un agneau... Va ton chemin, fillette, sers Dieu... Ah çà! avez-vous dîné, ici?

JULIETTE.

— Non, non... Mais je savais déjà tout cela. — Que dit-il de notre mariage? Qu'est-ce qu'il en dit?

LA NOURRICE.

— Seigneur, que la tête me fait mal! Quelle tête j'ai! — Elle bat comme si elle allait tomber en vingt morceaux... — Et puis, d'un autre côté, mon dos... Oh! mon dos! mon dos! — Méchant cœur que vous êtes de m'envoyer ainsi — pour attraper ma mort à galoper de tous côtés!

JULIETTE.

— En vérité, je suis fâchée que tu ne sois pas bien : — chère, chère, chère nourrice, dis-moi, que dit mon bien-aimé?

LA NOURRICE.

— Votre bien-aimé parle en gentilhomme loyal, — et courtois, et affable, et gracieux, — et, j'ose le dire, vertueux... Où est votre mère?

JULIETTE.

— Où est ma mère? Eh bien, elle est à la maison : — où veux-tu qu'elle soit! Que tu réponds singulièrement! — *Votre bien-aimé parle en gentilhomme loyal, — où est votre mère?*

LA NOURRICE.

Oh! Notre-Dame du bon Dieu! — Êtes-vous à ce point brûlante? Pardine, échauffez-vous encore : — est-ce là votre cataplasme pour mes pauvres os? — Dorénavant faites vos messages vous-même!

JULIETTE.

— Que d'embarras!... Voyons, que dit Roméo?

LA NOURRICE.

— Avez-vous la permission d'aller à confesse aujourd'hui?

JULIETTE.

Oui.

LA NOURRICE.

— Eh bien, courez de ce pas à la cellule de frère Laurence : — un mari vous y attend pour faire de vous sa femme. — Ah bien! voilà ce fripon de sang qui vous vient aux joues : — bientôt elles deviendront écarlates à la moindre nouvelle. — Courez à l'église; moi, je vais d'un autre côté — chercher l'échelle par laquelle votre bien-aimé — doit grimper jusqu'au nid de l'oiseau, dès qu'il fera nuit noire. — C'est moi qui suis la bête de somme, et je m'épuise pour votre plaisir ; — mais, pas plus tard que ce soir, ce sera vous qui porterez le fardeau. — Allons, je vais dîner ; courez vite à la cellule.

JULIETTE.

— Vite au bonheur suprême!... Honnête nourrice, adieu.

Elles sortent par des côtés différents.

SCÈNE XI (86).

[La cellule de Frère Laurence.]

Entrent Frère LAURENCE et ROMÉO.

LAURENCE.

— Veuille le ciel sourire à cet acte pieux, — et puisse l'avenir ne pas nous le reprocher par un chagrin !

ROMÉO.

— Amen, amen ! Mais viennent tous les chagrins possibles, — ils ne sauraient contrebalancer le bonheur — que me donne la plus courte minute passée en sa présence. — Joins seulement nos mains avec les paroles saintes, — et qu'alors la mort, vampire de l'amour. fasse ce qu'elle ose : — c'est assez que Juliette soit mienne !

LAURENCE.

— Ces joies violentes ont des fins violentes, — et meurent dans leur triomphe : flamme et poudre, — elles se consument en un baiser. Le plus doux miel — devient fastidieux par sa suavité même, — et détruit l'appétit par le goût : — aime donc modérément : modéré est l'amour durable : — la précipitation n'atteint pas le but plus tôt que la lenteur...

Entre JULIETTE.

LAURENCE.

— Voici la dame. Oh ! jamais un pied aussi léger — n'usera la dalle éternelle : — les amoureux pourraient chevaucher sur ces fils de la vierge — qui flottent au souffle ardent de l'été, — et ils ne tomberaient pas : si légère est toute vanité !

JULIETTE.

— Salut à mon vénérable confesseur !

LAURENCE.

— Roméo te remerciera pour nous deux, ma fille.

JULIETTE.

— Je lui envoie le même salut : sans quoi ses remercîments seraient immérités.

ROMÉO.

— Ah ! Juliette, si ta joie est à son comble — comme la mienne, et si, plus habile que moi, — tu peux la peindre, alors parfume de ton haleine — l'air qui nous entoure, et que la riche musique de ta voix — exprime le bonheur idéal que — nous fait ressentir à tous deux une rencontre si chère.

JULIETTE.

— Le sentiment, plus riche en impressions qu'en paroles, — est fier de son essence, et non des ornements : — indigents sont ceux qui peuvent compter leurs richesses ; — mais mon sincère amour est parvenu à un tel excès — que je ne saurais évaluer la moitié de mes trésors.

LAURENCE.

— Allons, venez avec moi, et nous aurons bientôt fait ; — sauf votre bon plaisir, je ne vous laisserai seuls — que quand la sainte Église vous aura incorporés l'un à l'autre.

Ils sortent.

SCÈNE XII.

[Vérone. La promenade du Cours près de la porte des Borsari.]

Entrent MERCUTIO, BENVOLIO, un PAGE et des VALETS.

BENVOLIO.

— Je t'en prie, bon Mercutio, retirons-nous ; — la journée est chaude ; les Capulets sont dehors, — et, si nous les rencontrons, nous ne pourrons pas éviter une querelle : — car, dans ces jours de chaleur, le sang est furieusement excité (87) ! —

MERCUTIO.

Tu m'as tout l'air d'un de ces gaillards qui, dès qu'ils entrent dans une taverne, me flanquent leur épée sur la table en disant : *Dieu veuille que je n'en aie pas besoin !* et qui, à peine la seconde rasade a-t-elle opéré, dégaînent contre le cabaretier, sans qu'en réalité il en soit besoin.

BENVOLIO.

Moi! j'ai l'air d'un de ces gaillards-là?

MERCUTIO.

Allons, allons, tu as la tête aussi chaude que n'importe quel drille d'Italie ; personne n'a plus d'emportement que toi à prendre de l'humeur et personne n'est plus d'humeur à s'emporter.

BENVOLIO.

Comment cela?

MERCUTIO.

Oui, s'il existait deux êtres comme toi, nous n'en aurions bientôt plus un seul, car l'un tuerait l'autre (88). Toi! mais tu te querelleras avec un homme qui aura au menton un poil de plus ou de moins que toi! Tu te querelleras avec un homme qui fera craquer des noix, par cette unique raison que tu as l'œil couleur noisette : il faut des yeux comme les tiens pour découvrir là un grief! Ta tête est pleine de querelles, comme l'œuf est plein du poussin; ce qui ne l'empêche pas d'être vide, comme l'œuf cassé, à force d'avoir été battue à chaque querelle. Tu t'es querellé avec un homme qui toussait dans la rue, parce qu'il avait réveillé ton chien endormi au soleil. Un jour, n'as-tu pas cherché noise à un tailleur parce qu'il portait un pourpoint neuf avant Pâques, et 'un autre parce qu'il attachait ses souliers neufs avec un vieux ruban? Et c'est toi qui me fais un sermon contre les querelles!

BENVOLIO.

Si j'étais aussi querelleur que toi, je céderais ma vie en nue propriété au premier acheteur qui m'assurerait une heure et quart d'existence.

MERCUTIO.

En nue propriété! Voilà qui serait propre (89)!

Entrent TYBALT, PÉTRUCHIO et quelques partisans.

BENVOLIO.

Sur ma tête, voici les Capulets.

MERCUTIO.

Par mon talon, je ne m'en soucie pas.

TYBALT, à ses amis.

Suivez-moi de près, car je vais leur parler...

A Mercutio et à Benvolio.

Bonsoir, messieurs : un mot à l'un de vous.

MERCUTIO.

Rien qu'un mot? Accouplez-le à quelque chose : donnez le mot et le coup.

TYBALT.

Vous m'y trouverez assez disposé, messire, pour peu que vous m'en fournissiez l'occasion.

MERCUTIO.

Ne pourriez-vous pas prendre l'occasion sans qu'on vous la fournît?

TYBALT.

Mercutio, tu es de concert avec Roméo...

MERCUTIO.

De concert! Comment! nous prends-tu pour des ménestrels? Si tu fais de nous des ménestrels, prépare-toi à n'entendre que désaccords.

Mettant la main sur son épée.

Voici mon archet; voici qui vous fera danser. Sang-dieu, de concert!

BENVOLIO.

— Nous parlons ici sur la promenade publique ; — ou retirons-nous dans quelque lieu écarté, — ou raisonnons froidement nos griefs, — ou enfin séparons-nous. Ici tous les yeux se fixent sur nous.

MERCUTIO.

— Les yeux des hommes sont faits pour voir : laissons-les se fixer sur nous : — aucune volonté humaine ne me fera bouger, moi (90)!

Entre ROMÉO.

TYBALT, à Mercutio.

— Allons, la paix soit avec vous, messire!
Montrant Roméo.
Voici mon homme.

MERCUTIO.

— Je veux être pendu, messire, si celui-là porte votre livrée : — morbleu, allez sur le terrain, il sera de votre suite ; — c'est dans ce sens-là que Votre Seigneurie peut l'appeler son homme.

TYBALT.

— Roméo, l'amour que je te porte ne me fournit pas — de terme meilleur que celui-ci : Tu es un infâme!

ROMÉO.

— Tybalt, les raisons que j'ai de t'aimer — me font excuser la rage qui éclate — par un tel salut (91)... Je ne suis pas un infâme... — Ainsi, adieu : je vois que tu ne me connais pas.

Il va pour sortir.

TYBALT.

— Enfant, ceci ne saurait excuser les injures — que tu m'as faites : tourne-toi donc, et en garde!

ROMÉO.

— Je proteste que je ne t'ai jamais fait injure, — et que je t'aime d'une affection dont tu n'auras idée — que le jour où tu en connaîtras les motifs... — Ainsi, bon Capulet... (ce nom m'est — aussi cher que le mien), tiens-toi pour satisfait.

MERCUTIO.

— O froide, déshonorante, ignoble soumission! — Une estocade pour réparer cela!

Il met l'épée à la main.

— Tybalt, tueur de rats, voulez-vous faire un tour? —

TYBALT.

Que veux-tu de moi?

MERCUTIO.

Rien, bon roi des chats, rien qu'une de vos neuf vies; celle-là, j'entends m'en régaler, me réservant, selon votre conduite future à mon égard, de mettre en hachis les huit autres. Tirez donc vite votre épée par les oreilles; ou, avant qu'elle soit hors de l'étui, vos oreilles sentiront la mienne.

TYBALT, *l'épée à la main.*

Je suis à vous (92).

ROMÉO.

Mon bon Mercutio, remets ton épée.

MERCUTIO, *à Tybalt.*

— Allons, messire, votre meilleure passe!

Ils se battent.

ROMÉO.

— Dégaine, Benvolio, et abattons leurs armes... — Messieurs, par pudeur, reculez devant un tel outrage : — Tybalt! Mercutio! Le prince a expressément — interdit les rixes dans les rues de Vérone... — Arrêtez, Tybalt! cher Mercutio!

<small>Roméo étend son épée entre les combattants. Tybalt atteint Mercutio par-dessous le bras de Roméo et s'enfuit avec ses partisans.</small>

MERCUTIO.

Je suis blessé... — Malédiction sur les deux maisons!... Je suis expédié... — Il est parti! Est-ce qu'il n'a rien?

<small>Il chancelle.</small>

BENVOLIO, soutenant Mercutio.

Quoi, es-tu blessé?

MERCUTIO.

— Oui, oui, une égratignure, une égratignure; morbleu, c'est bien suffisant... — Où est mon page? Maraud, va me chercher un chirurgien.

<small>Le page sort.</small>

ROMÉO.

Courage, ami : la blessure ne peut être sérieuse.

MERCUTIO.

Non, elle n'est pas aussi profonde qu'un puits, ni aussi large qu'une porte d'église! mais elle est suffisante, elle peut compter : demandez à me voir demain, et, quand vous me retrouverez, j'aurai la gravité que donne la bière. Je suis poivré, je vous le garantis, assez pour ce bas-monde... Malédiction sur vos deux maisons!... Moi, un homme, être égratigné à mort par un chien, un rat, une souris, un chat! par un fier-à-bras, un gueux, un maroufle qui ne se bat que par règle d'arithmétique!

<small>A Roméo.</small>

Pourquoi diable vous êtes-vous mis entre nous? J'ai reçu le coup par-dessous votre bras.

ROMÉO.

J'ai cru faire pour le mieux.

MERCUTIO.

— Aide-moi jusqu'à une maison, Benvolio, — ou je

vais défaillir... Malédiction sur vos deux maisons! — Elles ont fait de moi de la viande à vermine... — Oh! j'ai reçu mon affaire, et bien à fond... Vos maisons!...

Mercutio sort, soutenu par Benvolio (93).

ROMÉO, seul.

— Donc un bon gentilhomme, le proche parent du prince, — mon intime ami, a reçu le coup mortel — pour moi, après l'outrage déshonorant — fait à ma réputation par Tybalt, par Tybalt, qui depuis une heure — est mon cousin!... O ma douce Juliette, — ta beauté m'a efféminé ; — elle a amolli la trempe d'acier de ma valeur !

Rentre BENVOLIO.

BENVOLIO.

— O Roméo, Roméo ! le brave Mercutio est mort : — Ce galant esprit a aspiré la nuée, — trop tôt dégoûté de cette terre.

ROMÉO.

— Ce jour fera peser sur les jours à venir sa sombre fatalité : — il commence le malheur, d'autres doivent l'achever.

Rentre TYBALT.

BENVOLIO.

— Voici le furieux Tybalt qui revient.

ROMÉO.

— Vivant! triomphant! et Mercutio tué ! — Remonte au ciel, circonspecte indulgence, — et toi, furie à l'œil de flamme, sois mon guide maintenant ! — Ah ! Tybalt, reprends pour toi ce nom d'*infâme* — que tu m'as donné tout à l'heure : l'âme de Mercutio — n'a fait que peu de chemin au-dessus de nos têtes, — elle attend que la tienne vienne lui tenir compagnie. — Il faut que toi ou moi, ou tous deux, nous allions le rejoindre (94).

TYBALT.

— Misérable enfant, tu étais son camarade ici-bas : — c'est toi qui partiras d'ici avec lui.

ROMÉO, mettant l'épée à la main.

Voici qui en décidera.

Ils se battent. Tybalt tombe.

BENVOLIO.

— Fuis, Roméo, va-t'en ! — Les citoyens sont sur pied, et Tybalt est tué… — Ne reste pas là stupéfait. Le prince va te condamner à mort, — si tu es pris… Hors d'ici ! va-t'en ! fuis !

ROMÉO.

— Oh ! je suis le bouffon de la fortune (95) !

BENVOLIO.

Qu'attends-tu donc ?

Roméo s'enfuit.

Entrent une foule de CITOYENS armés.

PREMIER CITOYEN.

— Par où s'est enfui celui qui a tué Mercutio ? — Tybalt, ce meurtrier, par où s'est-il enfui ?

BENVOLIO.

— Ce Tybalt, le voici à terre !

PREMIER CITOYEN.

Debout, monsieur, suivez-moi : — je vous somme de m'obéir au nom du prince.

Entrent le PRINCE et sa suite, MONTAGUE, CAPULET, LADY MONTAGUE, LADY CAPULET et d'autres.

LE PRINCE.

— Où sont les vils promoteurs de cette rixe ?

BENVOLIO.

— O noble prince, je puis te révéler toutes — les circonstances douloureuses de cette fatale querelle.

Montrant le corps de Tybalt.

— Voici l'homme qui a été tué par le jeune Roméo, — après avoir tué ton parent, le jeune Mercutio.

LADY CAPULET, se penchant sur le corps.

— Tybalt, mon neveu!... Oh! l'enfant de mon frère! — Oh! prince!... Oh! mon neveu!... mon mari (96)! C'est le sang — de notre cher parent qui a coulé!... Prince, si tu es juste, — verse le sang des Montagues pour venger notre sang... — Oh! mon neveu! mon neveu!

LE PRINCE.

— Benvolio, qui a commencé cette rixe?

BENVOLIO.

— Tybalt, que vous voyez ici, tué de la main de Roméo. — En vain Roméo lui parlait sagement, lui disait de réfléchir — à la futilité de la querelle, et le mettait en garde — contre votre auguste déplaisir... Tout cela, dit d'une voix affable, d'un air calme, avec l'humilité d'un suppliant agenouillé, — n'a pu faire trêve à la fureur indomptable — de Tybalt, qui, sourd aux paroles de paix, a brandi — la pointe de son épée contre la poitrine de l'intrépide Mercutio. — Mercutio, tout aussi exalté, oppose le fer au fer dans ce duel à outrance ; — avec un dédain martial, il écarte d'une main — la froide mort et de l'autre la retourne — contre Tybalt, dont la dextérité — la lui renvoie ; Roméo leur crie : — *Arrêtez, amis! amis, séparez-vous!* et, d'un geste — plus rapide que sa parole, il abat les pointes fatales. — Au moment où il s'élance entre eux, passe sous son bras même — une botte perfide de Tybalt qui frappe mortellement — le fougueux Mercutio. Tybalt s'enfuit alors, — puis tout à coup revient sur Roméo, — qui depuis un instant n'écoute plus que la vengeance. — Leur lutte a été un éclair, car, avant que — j'aie pu dégaîner pour les séparer, le fougueux Tybalt était tué. — En le voyant tomber, Roméo s'est enfui. — Que Benvolio meure si telle n'est pas la vérité (97) !

LADY CAPULET, désignant Benvolio.

— Il est parent des Montagues ; — l'affection le fait mentir, il ne dit pas la vérité (98) ! — Une vingtaine d'entre eux se sont ligués pour cette lutte criminelle, — et il a fallu qu'ils fussent vingt pour tuer un seul homme ! — Je demande justice, fais-nous justice, prince, — Roméo a tué Tybalt ; Roméo ne doit plus vivre.

LE PRINCE.

— Roméo a tué Tybalt, mais Tybalt a tué Mercutio : — qui maintenant me payera le prix d'un sang si cher?

MONTAGUE.

— Ce ne doit pas être Roméo, prince, il était l'ami de Mercutio. — Sa faute n'a fait que terminer ce que la loi eût tranché, — la vie de Tybalt.

LE PRINCE.

Et, pour cette offense, — nous l'exilons sur-le-champ. — Je suis moi-même victime de vos haines ; — mon sang coule pour vos brutales disputes ; — mais je vous imposerai une si rude amende — que vous vous repentirez tous du malheur dont je souffre. — Je serai sourd aux plaidoyers et aux excuses ; — ni larmes ni prières ne rachèteront les torts ; — elles sont donc inutiles. Que Roméo se hâte de partir ; — l'heure où on le trouverait ici serait pour lui la dernière. — Qu'on emporte ce corps, et qu'on défère à notre volonté : — la clémence ne fait qu'assassiner en pardonnant à ceux qui tuent (99).

SCÈNE XIII.

[L'appartement de Juliette] (100).

Entre JULIETTE.

JULIETTE.

— Retournez au galop, vous coursiers aux pieds de flamme, — vers le logis de Phébus; déjà un cocher — comme Phaéton vous aurait lancés dans l'ouest — et aurait ramené la nuit nébuleuse... — Étends ton épais rideau, nuit vouée à l'amour, — que les yeux de la rumeur se ferment et que Roméo — bondisse dans mes bras, ignoré, inaperçu ! — Pour accomplir leurs amoureux devoirs, les amants y voient assez — à la seule lueur de leur beauté; et, si l'amour est aveugle, — il s'accorde d'autant mieux avec la nuit... Viens, nuit solennelle, — matrone au sobre vêtement noir, — apprends-moi à perdre, en la gagnant, cette partie — qui aura pour enjeux deux virginités sans tâche ; — cache le sang hagard qui se débat dans mes joues, — avec ton noir chaperon, jusqu'à ce que le timide amour, devenu plus hardi, — ne voie plus que chasteté dans l'acte de l'amour ! — A moi, nuit! Viens, Roméo, viens : tu feras le jour de la nuit, — quand tu arriveras sur les ailes de la nuit, — plus éclatant que la neige nouvelle sur le dos du corbeau. — Viens, gentille nuit ; viens, chère nuit au front noir, — donne-moi mon Roméo, et, quand il sera mort, — prends-le et coupe-le en petites étoiles, — et il rendra la face du ciel si splendide — que tout l'univers sera amoureux de la nuit — et refusera son culte à l'aveuglant soleil... — Oh! j'ai acheté un domaine d'amour, — mais je n'en ai pas pris possession, et celui qui m'a acquise —

n'a pas encore joui de moi. Fastidieuse journée, — lente comme la nuit l'est, à la veille d'une fête, — pour l'impatiente enfant qui a une robe neuve — et ne peut la mettre encore ! Oh ! voici ma nourrice...

Entre la NOURRICE, avec une échelle de corde.

JULIETTE.

Elle m'apporte des nouvelles; chaque bouche qui me parle — de Roméo, me parle une langue céleste... — Eh bien, nourrice, quoi de nouveau?... Qu'as-tu là? l'échelle de corde — que Roméo t'a dit d'apporter?

LA NOURRICE.

Oui, oui, l'échelle de corde !

Elle laisse tomber l'échelle avec un geste de désespoir.

JULIETTE.

— Mon Dieu ! que se passe-t-il? Pourquoi te tordre ainsi les mains?

LA NOURRICE.

— Ah ! miséricorde ! il est mort, il est mort, il est mort ! — Nous sommes perdues, madame, nous sommes perdues ! — Hélas ! quel jour ! C'est fait de lui, il est tué, il est mort !

JULIETTE.

— Le ciel a-t-il pu être aussi cruel !

LA NOURRICE.

Roméo l'a pu, — sinon le ciel... O Roméo ! Roméo ! — Qui l'aurait jamais cru? Roméo !

JULIETTE.

— Quel démon es-tu pour me torturer ainsi? — C'est un supplice à faire rugir les damnés de l'horrible enfer. — Est-ce que Roméo s'est tué? Dis-moi *oui* seulement, — et ce simple *oui* m'empoisonnera plus vite — que le regard meurtrier du basilic. — Je cesse d'exister s'il me faut ouïr ce oui, — et si tu peux répondre : oui, les yeux de Roméo sont fermés! — Est-il mort? dis oui ou non, — et qu'un seul mot décide de mon bonheur ou de ma misère!

LA NOURRICE.

— J'ai vu la blessure, je l'ai vue de mes yeux... — Par la croix du Sauveur!... là, sur sa mâle poitrine... — Un triste cadavre, un triste cadavre ensanglanté, — pâle, pâle comme la cendre, tout couvert de sang, — de sang caillé. . A le voir, je me suis évanouie.

JULIETTE.

— Oh! renonce, mon cœur; pauvre failli, fais banqueroute à cette vie! — En prison, mes yeux! Fermez-vous à la libre lumière! — Terre vile, retourne à la terre, cesse de te mouvoir, — et, Roméo et toi, affaissez-vous dans le même tombeau.

LA NOURRICE.

— O Tybalt, Tybalt, le meilleur ami que j'eusse! — O courtois Tybalt! honnête gentilhomme! — Faut-il que j'aie vécu pour te voir mourir!

JULIETTE.

— Quel est cet ouragan dont les rafales se heurtent? — Roméo est-il tué et Tybalt est-il mort? — Mon cher cousin, et mon mari plus cher! — Alors, sonne la trompette terrible du dernier jugement! — Car qui donc est vivant, si ces deux-là ne sont plus?

LA NOURRICE.

— Tybalt n'est plus, et Roméo est banni! — Roméo, qui l'a tué, est banni.

JULIETTE.

— O mon Dieu! Est-ce que la main de Roméo a versé le sang de Tybalt?

LA NOURRICE.

— Oui, oui, hélas! oui.

JULIETTE.

— O cœur reptile caché sous la beauté en fleur! — Jamais dragon occupa-t-il une caverne si splendide! — Gracieux tyran! démon angélique! — corbeau aux plumes de colombe! agneau ravisseur de loups! — méprisable substance d'une forme divine! — Juste l'opposé de ce que tu sembles être justement, — saint damné, noble misérable (101)! — O nature, à quoi réservais-tu l'enfer, — quand tu reléguas l'esprit d'un démon — dans le paradis mortel d'un corps si exquis? — Jamais livre contenant aussi vile rapsodie — fut-il si bien relié? Oh! que la perfidie habite — un si magnifique palais!

LA NOURRICE.

Il n'y a plus à se fier aux hommes; — chez eux ni bonne foi, ni honneur, ce sont tous des parjures, — tous des traîtres, tous des vauriens, tous des hypocrites... — Ah! où est mon valet? Vite, qu'on me donne de l'eau-de-vie! — Ces chagrins, ces malheurs, ces peines me font vieillir. — Honte à Roméo!

JULIETTE.

Que ta langue se couvre d'ampoules — après un pareil souhait! Il n'est pas né pour la honte, lui. — La honte serait honteuse de siéger sur son front; — car c'est un trône où l'honneur devrait être couronné — monarque absolu de l'univers. — Oh! quel monstre j'étais de l'outrager ainsi!

LA NOURRICE.

— Pouvez-vous dire du bien de celui qui a tué votre cousin?

JULIETTE.

— Dois-je dire du mal de celui qui est mon mari? — Ah! mon pauvre seigneur, quelle est la langue qui caressera ta renommée, — quand moi, ton épousée depuis trois heures, je la déchire? — Mais pourquoi, méchant, as-tu tué mon cousin? — C'est que, sans cela, ce méchant cousin aurait tué mon Roméo! — Arrière, larmes folles, retournez à votre source naturelle : — il n'appartient qu'à la douleur, ce tribut — que par méprise vous offrez à la joie. — Mon mari, que Tybalt voulait tuer, est vivant ; — et Tybalt, qui voulait tuer mon mari, est mort. — Tout cela est heureux : pourquoi donc pleurer?... — Ah! il y a un mot, plus terrible que la mort de Tybalt, — qui m'a assassinée! je voudrais bien l'oublier, — mais hélas! il pèse sur ma mémoire, — comme une faute damnable sur l'âme du pécheur. — *Tybalt est mort et Roméo est... banni.* — Banni! ce seul mot *banni* — a tué pour moi dix mille Tybalt. Que Tybalt mourût, c'était un malheur suffisant, se fût-il arrêté là. — Si même le malheur inexorable ne se plaît qu'en compagnie, — s'il a besoin d'être escorté par d'autres catastrophes, — pourquoi, après m'avoir dit : *Tybalt est mort*, n'a-t-elle pas ajouté : — *Ton père aussi*, ou *ta mère aussi*, ou même *ton père et ta mère aussi?* — Cela m'aurait causé de tolérables angoisses. — Mais, à la suite de la mort de Tybalt, faire surgir cette arrière-garde : — *Roméo est banni*, prononcer seulement ces mots, — c'est tuer, c'est faire mourir à la fois père, mère, Tybalt, Roméo et Juliette! — *Roméo est banni!* — Il n'y a ni fin, ni limite, ni mesure, ni borne — à ce mot meurtrier! Il n'y a pas de cri pour rendre cette douleur-là. — Mon père et ma mère, où sont-ils, nourrice?

LA NOURRICE.

— Ils pleurent et sanglotent sur le corps de Tybalt. — Voulez-vous aller près d'eux? Je vous y conduirai.

JULIETTE.

— Ils lavent ses blessures de leurs larmes? Les miennes, je les réserve, — quand les leurs seront séchées, pour le bannissement de Roméo. — Ramasse ces cordes... Pauvre échelle, te voilà déçue — comme moi, car Roméo est exilé : — il avait fait de toi un chemin jusqu'à mon lit ; — mais, restée vierge, il faut que je meure dans un virginal veuvage. — A moi, cordes ! à moi, nourrice ! je vais au lit nuptial, — et, au lieu de Roméo, c'est le sépulcre qui prendra ma virginité.

LA NOURRICE.

— Courez à votre chambre ; je vais trouver Roméo — pour qu'il vous console... Je sais bien où il est... — Entendez-vous, votre Roméo, sera ici cette nuit ; — je vais à lui ; il est caché dans la cellule de Laurence.

JULIETTE, détachant une bague de son doigt.

— Oh ! trouve-le ! Remets cet anneau à mon fidèle chevalier, — et dis-lui de venir me faire ses derniers adieux.

SCÈNE XIV.

[La cellule de frère Laurence.]

Entre frère LAURENCE, puis ROMÉO. Le jour baisse.

LAURENCE.

— Viens, Roméo ; viens, homme sinistre ; l'affliction s'est énamourée de ta personne, — et tu es fiancé à la calamité.

ROMÉO.

— Quoi de nouveau, mon père ? Quel est l'arrêt du prince ? Quel est le malheur inconnu qui sollicite accès près de moi ?

LAURENCE.

Tu n'es que trop familier — avec cette triste société, mon cher fils. — Je viens t'apprendre l'arrêt du prince.

ROMÉO.

— Quel arrêt, plus doux qu'un arrêt de mort, a-t-il pu prononcer ?

LAURENCE.

— Un jugement moins rigoureux a échappé à ses lèvres : — il a décidé, non la mort, mais le bannissement du corps.

ROMÉO.

— Ah! le bannissement! Par pitié, dis la mort! — L'exil a l'aspect plus terrible, — bien plus terrible que la mort. Ne dis pas le bannissement!

LAURENCE.

— Tu es désormais banni de Vérone. — Prends courage ; le monde est grand et vaste.

ROMÉO.

— Hors des murs de Vérone, — le monde n'existe pas ; — il n'y a que purgatoire, torture, enfer même. — Être banni d'ici, c'est être banni du monde, — et cet exil-là, c'est la mort. Donc le bannissement, — c'est la mort sous un faux nom. En appelant la mort bannissement, — tu me tranches la tête avec une hache d'or, — et tu souris au coup qui me tue!

LAURENCE.

— O péché mortel! O grossière ingratitude! — Selon notre loi, ta faute, c'était la mort; mais le bon prince, — prenant ton parti, a tordu la loi, — et à ce mot sombre, la mort, a substitué le bannissement. — C'est une grâce insigne, et tu ne le vois pas.

ROMÉO.

— C'est une torture, et non une grâce! Le ciel est là — où vit Juliette : un chat, un chien, — une petite souris, l'être le plus immonde, — vivent dans le paradis et peuvent la contempler, mais Roméo ne le peut pas. La mouche du charnier est plus privilégiée, — plus comblée d'honneur, plus favorisée — que Roméo ; elle peut saisir — les blanches merveilles de la chère main de Juliette, — et dérober une immortelle béatitude sur ces lèvres —

qui, dans leur pure et vestale modestie, — rougissent sans cesse, comme d'un péché, du baiser qu'elles se donnent! — Mais Roméo ne le peut pas, il est exilé. — Ce bonheur que la mouche peut avoir, je dois le fuir, moi; — elle est libre, mais je suis banni. — Et tu dis que l'exil n'est pas la mort! — Tu n'avais donc pas un poison subtil, un couteau bien affilé, — un instrument quelconque de mort subite, — tu n'avais donc, pour me tuer, que ce mot : banni!... banni! — Ce mot-là, mon père, les damnés de l'enfer l'emploient — et le prononcent dans des hurlements! Comment as-tu le cœur, — toi, prêtre, toi, confesseur spirituel, — toi qui remets les péchés et t'avoues mon ami, — de me broyer avec ce mot : *bannissement?*

LAURENCE.

— Fou d'amour, laisse-moi te dire une parole.

ROMÉO.

— Oh! tu vas encore me parler de bannissement.

LAURENCE.

— Je vais te donner une armure à l'épreuve de ce mot. — La philosophie, ce doux lait de l'adversité, — te soutiendra dans ton bannissement.

ROMÉO.

— Encore le bannissement!... Au gibet la philosophie! — Si la philosophie ne peut pas faire une Juliette, — déplacer une ville, renverser l'arrêt d'un prince, — elle ne sert à rien, elle n'est bonne à rien, ne m'en parle plus!

LAURENCE.

— Oh! je le vois bien, les fous n'ont pas d'oreilles!

ROMÉO.

— Comment en auraient-ils, quand les sages n'ont pas d'yeux!

LAURENCE.

— Laisse-moi discuter avec toi sur ta situation.

ROMÉO.

— Tu ne peux pas parler de ce que tu ne sens pas. — Si tu étais jeune comme moi et que Juliette fût ta bien-aimée, — si, marié depuis une heure, tu avais tué Tybalt, — si, tu étais éperdu comme moi et comme moi banni, — alors tu pourrais parler, alors tu pourrais t'arracher les cheveux, — et te jeter contre terre, comme je fais en ce moment, — pour y prendre d'avance la mesure d'une tombe!

Il s'affaisse à terre. On frappe à la porte.

LAURENCE.

— Lève-toi, on frappe... Bon Roméo, cache-toi.

ROMÉO.

— Je ne me cacherai pas ; à moins que mes douloureux soupirs — ne fassent autour de moi un nuage qui me dérobe aux regards !

On frappe encore.

LAURENCE.

— Entends-tu comme on frappe?... Qui est là?... Roméo, lève-toi, — tu vas être pris... Attendez un moment... Debout! — Cours à mon laboratoire!...

On frappe.

Tout à l'heure!... Mon Dieu! — quelle démence!...

On frappe.

J'y vais, j'y vais !

Allant à la porte.

— Qui donc frappe si fort? D'où venez-vous ? que voulez-vous?

LA NOURRICE, du dehors.

— Laissez-moi entrer et vous connaîtrez mon message. — Je viens de la part de madame Juliette.

LAURENCE, ouvrant.

Soyez la bienvenue, alors.

SCÈNE XIV.

Entre LA NOURRICE.

LA NOURRICE.

— O saint moine, oh! dites-moi, saint moine, — où est le seigneur de madame, où est Roméo?

LAURENCE.

— Là, par terre, ivre de ses propres larmes.

LA NOURRICE.

— Oh! dans le même état que ma maîtresse, — juste dans le même état.

LAURENCE.

O triste sympathie! — lamentable situation!

LA NOURRICE.

C'est ainsi qu'elle est affaissée, — sanglotant et pleurant, pleurant et sanglotant...

Se penchant sur Roméo.

— Debout, debout. Levez-vous, si vous êtes un homme. — Au nom de Juliette, au nom de Juliette, levez-vous, debout! — Pourquoi tomber dans un si profond désespoir?

ROMÉO, se redressant comme en sursaut.

La nourrice!

LA NOURRICE.

— Ah! monsieur! ah! monsieur!... Voyons, la mort est au bout de tout.

ROMÉO.

— Tu as parlé de Juliette! en quel état est-elle? — Est-ce qu'elle ne me regarde pas comme un assassin endurci, — maintenant que j'ai souillé l'enfance de notre bonheur — d'un sang si proche du sien? — Où est-elle? et comment est-elle? Que dit — ma mystérieuse compagne de notre amoureuse misère?

LA NOURRICE.

— Oh! elle ne dit rien, monsieur; mais elle pleure,

elle pleure ; — et alors elle se jette sur son lit, et puis elle se redresse, — et appelle Tybalt ; et puis elle crie : Roméo ! — et puis elle retombe.

ROMÉO.

Il semble que ce nom, — lancé par quelque fusil meurtrier, — l'assassine, comme la main maudite qui répond à ce nom — a assassiné son cousin !... Oh ! dis-moi, prêtre, dis-moi — dans quelle vile partie de ce squelette — est logé mon nom ; dis-le moi, pour que je mette à sac — ce hideux repaire !

Il tire son poignard comme pour s'en frapper, la nourrice le lui arrache.

LAURENCE.

Retiens ta main désespérée ! — Es-tu un homme ? ta forme crie que tu en es un ; — mais tes larmes sont d'une femme, et ta sauvage action dénonce — la furie déraisonnable d'une bête brute. — O femme disgracieuse qu'on croirait un homme, — bête monstrueuse qu'on croirait homme et femme, — tu m'as étonné !... Par notre saint ordre, — je croyais ton caractère mieux trempé. — Tu as tué Tybalt et tu veux te tuer ! — tu veux tuer la femme qui ne respire que par toi, — en assouvissant sur toi-même une haine damnée ! — Pourquoi insultes-tu à la vie, au ciel et à la terre ? — La vie, le ciel et la terre se sont tous trois réunis — pour ton existence ; et tu veux renoncer à tous trois ! — Fi ! fi ! tu fais honte à ta beauté, à ton amour, à ton esprit. — Usurier, tu regorges de tous les biens, — et tu ne les emploies pas à ce légitime usage — qui ferait honneur à ta beauté, à ton amour, à ton esprit. — Ta noble beauté n'est qu'une image de cire, — dépourvue d'énergie virile : — ton amour, ce tendre engagement, n'est qu'un misérable parjure, — qui tue celle que tu avais fait vœu de chérir ; — ton esprit, cet ornement de la beauté et de l'amour, — n'en est chez toi que le guide égaré : — comme la poudre dans la calebasse d'un soldat maladroit, — il prend feu par ta propre ignorance — et te mutile au lieu de te défendre. — Allons, relève-toi, l'homme ! Elle vit, ta Juliette, — cette chère Juliette pour qui tu mourais tout à l'heure : — n'es-tu pas heureux? Tybale voulait t'égorger, — mais tu as tué Tybalt : n'es-tu pas heureux encore? — La loi qui te menaçait de la mort devient ton amie — et change la sentence en exil : n'es-tu pas heureux toujours? — Les bénédictions pleuvent sur ta tête; — la fortune te courtise sous ses plus beaux atours; — mais toi, maussade comme une fille mal élevée, — tu fais la moue au bonheur et à l'amour. — Prends garde, prends garde, c'est ainsi qu'on meurt misérable. — Allons, rends-toi près de ta bien-aimée, comme il a été convenu ; — monte dans sa chambre et va la consoler; — mais surtout quitte-la avant la fin de la nuit, — car alors tu ne pourrais plus gagner Mantoue ; — et c'est là que tu dois vivre jusqu'à ce que nous trouvions le moment favorable — pour proclamer ton mariage, réconcilier vos familles, — obtenir le pardon du prince et te rappeler ici. — Tu reviendras alors plus heureux un million de fois — que tu n'auras été désolé au départ... (102) — Va en avant, nourrice, recommande-moi à ta maîtresse, — et dis-lui de faire coucher son monde de bonne heure; — le chagrin dont tous sont accablés les disposera vite au repos... — Roméo te suit.

LA NOURRICE.

— Vrai Dieu! je pourrais rester ici toute la nuit — à écouter vos bons conseils. Oh! ce que c'est que la science!

A Roméo.

— Mon seigneur, je vais annoncer à madame que vous allez venir.

ROMÉO.

— Vă, et dis à ma bien-aimée de s'apprêter à me gronder.

LA NOURRICE, lui remettant une bague.

— Voici, monsieur, un anneau qu'elle m'a dit de vous donner. Monsieur, — accourez vite, dépêchez-vous, car il se fait tard.

La nourrice sort.

ROMÉO, mettant la bague.

— Comme ceci ranime mon courage !

LAURENCE.

— Partez. Bonne nuit. Mais faites-y attention, tout votre sort en dépend ; — quittez Vérone avant la fin de la nuit, — ou éloignez-vous à la pointe du jour sous un déguisement. — Restez à Mantoue ; votre valet, que je saurai trouver, — vous instruira de temps à autre — des incidents heureux pour vous qui surviendront ici... — Donne-moi ta main ; il est tard : adieu ; bonne nuit.

ROMÉO.

— Si une joie au-dessus de toute joie ne m'appelait ailleurs, — j'aurais un vif chagrin à me séparer de toi si vite. — Adieu.

Ils sortent.

SCÈNE XV.

[Dans la maison de Capulet.]

Entrent Capulet, lady Capulet et Paris.

CAPULET.

— Les choses ont tourné si malheureusement, messire, — que nous n'avons pas eu le temps de disposer notre fille. — C'est que, voyez-vous, elle aimait chèrement son cousin Tybalt, — et moi aussi... Mais quoi !

nous sommes nés pour mourir. — Il est très-tard ; elle ne descendra pas ce soir. — Je vous promets que, sans votre compagnie, — je serais au lit depuis une heure.

PARIS.

— Quand la mort parle, ce n'est pas pour l'amour le moment de parler. — Madame, bonne nuit : présentez mes hommages à votre fille.

LADY CAPULET.

— Oui, messire, et demain de bonne heure je connaîtrai sa pensée. — Ce soir elle est cloîtrée dans sa douleur.

CAPULET.

— Sire Pâris, je puis hardiment vous offrir — l'amour de ma fille ; je pense qu'elle se laissera diriger — par moi en toutes choses ; bien plus, je n'en doute pas… — Femme, allez la voir avant d'aller au lit ; — apprenez-lui l'amour de mon fils Pâris, — et dites-lui, écoutez bien, que mercredi prochain… — Mais doucement ! Quel jour est-ce ?

PARIS.

Lundi, monseigneur.

CAPULET.

— Lundi ? hé ! hé ! alors, mercredi est trop tôt. — Ce sera pour jeudi… dites-lui que jeudi — elle sera mariée à ce noble comte.. — Serez-vous prêt ? Cette hâte vous convient-elle ? — Nous ne ferons pas grand fracas : un ami ou deux ! — Car, voyez-vous, le meurtre de Tybalt étant si récent, — on pourrait croire que nous nous soucions fort peu — de notre parent, si nous faisions de grandes réjouissances. — Conséquemment, nous aurons une demi-douzaine d'amis, et ce sera tout. Mais que dites-vous de jeudi ?

PARIS.

— Monseigneur, je voudrais que jeudi fût demain.

####### CAPULET.

— Bon; vous pouvez partir... — Ce sera pour jeudi, alors. — Vous, femme, allez voir Juliette avant d'aller au lit, — et préparez-la pour la noce... — Adieu, messire... De la lumière dans ma chambre, holà! — Ma foi, il est déjà si tard — qu'avant peu il sera de bonne heure... Bonne nuit.

Ils sortent.

SCÈNE XVI.

[La chambre à coucher de Juliette.]

Entrent Roméo et Juliette.

####### JULIETTE.

— Veux-tu donc partir? le jour n'est pas proche encore : — c'était le rossignol et non l'alouette — dont la voix perçait ton oreille craintive. — Toutes les nuits il chante sur le grenadier, là-bas. — Crois-moi, amour, c'était le rossignol.

####### ROMÉO.

— C'était l'alouette, la messagère du matin, — et non le rossignol. Regarde, amour, ces lueurs jalouses — qui dentellent le bord des nuages à l'orient! — Les flambeaux de la nuit sont éteints, et le jour joyeux — se dresse sur la pointe du pied au sommet brumeux de la montagne. — Je dois partir et vivre, ou rester et mourir.

####### JULIETTE.

— Cette clarté là-bas n'est pas la clarté du jour, je le sais bien, moi ; — c'est quelque météore que le soleil exhale — pour te servir de torche cette nuit — et éclairer ta marche vers Mantoue. — Reste donc, tu n'as pas besoin de partir encore (103).

SCÈNE XVI.

ROMÉO.

— Soit! qu'on me prenne, qu'on me mette à mort; — je suis content, si tu le veux ainsi. — Non, cette lueur grise n'est pas le regard du matin, elle n'est que le pâle reflet du front de Cynthia; — et ce n'est pas l'alouette qui frappe de notes si hautes — la voûte du ciel au-dessus de nos têtes. — J'ai plus le désir de rester que la volonté de partir. — Vienne la mort, et elle sera bienvenue!... Ainsi le veut Juliette... — Comment êtes-vous, mon âme? Causons, il n'est pas jour.

JULIETTE.

— C'est le jour, c'est le jour! Fuis-vite, va-t'en, pars : — C'est l'alouette qui détonne ainsi, — et qui lance ces notes rauques, ces strettes déplaisantes. — On dit que l'alouette prolonge si doucement les accords; — cela n'est pas, car elle rompt le nôtre. — On dit que l'alouette et le hideux crapaud ont changé d'yeux : — oh! que n'ont-ils aussi changé de voix, — puisque cette voix nous arrache effarés l'un à l'autre — et te chasse d'ici par son hourvari matinal (104)! — Oh! maintenant pars. Le jour est de plus en plus clair.

ROMÉO.

— De plus en plus clair?... De plus en plus sombre est notre malheur.

Entre LA NOURRICE.

LA NOURRICE.

— Madame !

JULIETTE.

Nourrice ?

LA NOURRICE.

Madame votre mère va venir dans votre chambre. — Le jour paraît; soyez prudente, faites attention.

La nourrice sort.

JULIETTE.

— Allons, fenêtre, laissez entrer le jour et sortir ma vie.

ROMÉO.

— Adieu, adieu ! un baiser, et je descends.

Ils s'embrassent. Roméo descend.

JULIETTE, se penchant sur le balcon.

— Te voilà donc parti? amour, seigneur, époux, ami ! — Il me faudra de tes nouvelles à chaque heure du jour, — car il y a tant de jours dans une minute ! — Oh ! à ce compte-là, je serai bien vieille, — quand je reverrai mon Roméo.

ROMÉO.

— Adieu! je ne perdrai pas une occasion, — mon amour, de t'envoyer un souvenir.

JULIETTE.

— Oh ! crois-tu que nous nous rejoindrons jamais ?

ROMÉO.

— Je n'en doute pas ; et toutes ces douleurs feront — le doux entretien de nos moments à venir.

JULIETTE.

— O Dieu! j'ai dans l'âme un présage fatal. — Maintenant que tu es en bas, tu m'apparais — comme un mort au fond d'une tombe. — Ou mes yeux me trompent, ou tu es bien pâle.

ROMÉO.

— Crois-moi, amour, tu me sembles bien pâle aussi. — L'angoisse aride boit notre sang. Adieu! adieu!

Roméo sort.

JULIETTE.

— O fortune! fortune! tout le monde te dit capricieuse! — Si tu es capricieuse, qu'as-tu à faire avec un homme d'aussi illustre constance? Fortune, soit capricieuse, — car alors tu ne le retiendras pas longtemps, j'espère, — et tu me le renverras (105).

LADY CAPULET, du dehors.

— Holà! ma fille! êtes-vous levée?

JULIETTE.

— Qui m'appelle? est-ce madame ma mère? — Se serait-elle couchée si tard ou levée sitôt? — Quel étrange motif l'amène?

Entre LADY CAPULET.

LADY CAPULET.

— Eh bien, comment êtes-vous, Juliette?

JULIETTE.

Je ne suis pas bien, madame.

LADY CAPULET.

— Toujours à pleurer la mort de votre cousin?... — Prétends-tu donc le laver de la poussière funèbre avec tes larmes? — Quand tu y parviendrais, tu ne pourrais pas le faire revivre. — Cesse donc : un chagrin raisonnable prouve l'affection ; — mais un chagrin excessif prouve toujours un manque de sagesse (106).

JULIETTE.

— Laissez-moi pleurer encore une perte aussi sensible.

LADY CAPULET.

— Vous ne sentirez que plus vivement cette perte, sans sentir plus près de vous l'ami — que vous pleurerez.

JULIETTE.

Je sens si vivement la perte — de cet ami, que je ne puis m'empêcher de le pleurer toujours.

LADY CAPULET.

— Va, ma fille, ce qui te fait pleurer, c'est moins de

le savoir mort — que de savoir vivant l'infâme qui l'a tué.

JULIETTE.
— Quel infâme, madame?

LADY CAPULET.
Eh bien! cet infâme, Roméo!

JULIETTE.
— Entre un infâme et lui il y a bien des milles de distance. — Que Dieu lui pardonne! Moi, je lui pardonne de tout mon cœur; — et pourtant nul homme ne navre mon cœur autant que lui.

LADY CAPULET.
— Parce qu'il vit, le traître!

JULIETTE.
— Oui, madame, et trop loin de mes bras. — Que ne suis-je seule chargée de venger mon cousin!

LADY CAPULET.
— Nous obtiendrons vengeance, sois-en sûre. — Ainsi ne pleure plus. Je ferai prévenir quelqu'un à Mantoue, — où vit maintenant ce vagabond banni : — on lui donnera une potion insolite — qui l'enverra vite tenir compagnie à Tybalt, — et alors j'espère que tu seras satisfaite.

JULIETTE.
— Je ne serai vraiment satisfaite — que quand je verrai Roméo... supplicié, — torturé est mon pauvre cœur, depuis qu'un tel parent m'est enlevé. — Madame, trouvez seulement un homme — pour porter le poison; moi, je le préparerai, — et si bien qu'après l'avoir pris, Roméo — dormira vite en paix. Oh! quelle horrible souffrance pour mon cœur — de l'entendre nommer, sans pouvoir aller jusqu'à lui, — pour assouvir l'amour que je portais à mon cousin — sur le corps de son meurtrier!

LADY CAPULET.

— Trouve les moyens, toi; moi, je trouverai l'homme. — Maintenant, fille, j'ai à te dire de joyeuses nouvelles.

JULIETTE.

— La joie est la bienvenue quand elle est si nécessaire : — quelles sont ces nouvelles? j'adjure votre Grâce.

LADY CAPULET.

— Va, va, mon enfant, tu as un excellent père : — pour te tirer de ton accablement, — il a improvisé une journée de fête — à laquelle tu ne t'attends pas et que je n'espérais guère.

JULIETTE.

— Quel sera cet heureux jour, madame?

LADY CAPULET.

— Eh bien, mon enfant, jeudi prochain, de bon matin, — un galant, jeune et noble gentilhomme, — le comte Pâris, te mènera à l'église Saint-Pierre, — et aura le bonheur de faire de toi sa joyeuse épouse.

JULIETTE.

— Ah! par l'église de Saint-Pierre et par saint Pierre lui-même, — il ne fera pas de moi sa joyeuse épouse. — Je m'étonne de tant de hâte ; ordonner ma noce, — avant que celui qui doit être mon mari m'ait fait sa cour! — Je vous en prie, madame, dites à mon seigneur et père — que je ne veux pas me marier encore. Si jamais je me marie, je le jure, — ce sera plutôt à ce Roméo que vous savez haï de moi, — qu'au comte Pâris. Voilà des nouvelles, en vérité.

LADY CAPULET.

— Voici votre père qui vient; faites-lui vous-même votre réponse, — et nous verrons comment il la prendra.

Entrent CAPULET et la NOURRICE.

CAPULET, regardant Juliette qui sanglote.

— Quand le soleil disparaît, la terre distille la rosée; — mais, après la disparition du radieux fils de mon frère, — il pleut tout de bon. Eh bien! es-tu devenue gouttière, fillette? Quoi, toujours des larmes! — toujours des averses! Dans ta petite personne — tu figures à la fois la barque, la mer et le vent; — tes yeux, que je puis comparer à la mer, ont sans cesse — un flux et un reflux de larmes; ton corps est la barque — qui flotte au gré de cette onde salée, et tes soupirs sont les vents — qui, luttant de furie avec tes larmes, — finiront, si un calme subit ne survient, par faire sombrer — ton corps dans la tempête... Eh bien, femme, — lui avez-vous signifié notre décision?

LADY CAPULET.

— Oui, messire; mais elle refuse; elle vous remercie. — La folle! je voudrais qu'elle fût mariée à son linceul!...

CAPULET.

— Doucement, je n'y suis pas, je n'y suis pas, femme. — Comment! elle refuse! elle nous remercie! — et elle n'est pas fière, elle ne s'estime pas bien heureuse, — tout indigne qu'elle est, d'avoir, par notre entremise, obtenu — pour mari un si digne gentilhomme!

JULIETTE.

— Je ne suis pas fière, mais reconnaissante; — fière, je ne puis l'être de ce que je hais comme un mal. — Mais je suis reconnaissante du mal même qui m'est fait par amour.

CAPULET.

— Eh bien, eh bien, raisonneuse, qu'est-ce que cela signifie? — Je vous remercie et je ne vous remercie pas...

Je suis fière — et je ne suis pas fière !... Mignonne donzelle, — dispensez-moi de vos remercîments et de vos fiertés, — et préparez vos fines jambes pour vous rendre jeudi prochain — à l'église Saint-Pierre en compagnie de Pâris ; — ou je t'y traînerai sur la claie, moi ! — Ah ! livide carogne ! ah ! bagasse ! — Ah ! face de suif !

LADY CAPULET.

Fi, fi ! perdez-vous le sens ?

JULIETTE, s'agenouillant.

— Cher père, je vous en supplie à genoux, — ayez la patience de m'écouter ! rien qu'un mot !

CAPULET.

— Au diable, petite bagasse ! misérable révoltée ! — Tu m'entends, rends-toi à l'église jeudi, — ou évite de me rencontrer jamais face à face : — ne parle pas, ne réplique pas, ne me réponds pas ; — mes doigts me démangent... Femme, nous croyions notre union pauvrement bénie, — parce que Dieu ne nous avait prêté que cette unique enfant ; — mais, je le vois maintenant, cette enfant unique était déjà de trop, — et nous avons été maudits en l'ayant. — Arrière, éhontée !

LA NOURRICE.

Que le Dieu du ciel la bénisse ! — Vous avez tort, monseigneur, de la traiter ainsi.

CAPULET.

— Et pourquoi donc, dame Sagesse ?... Retenez votre langue, — maîtresse Prudence, et allez bavarder avec vos commères.

LA NOURRICE.

— Ce que je dis n'est pas un crime.

CAPULET.

Au nom du ciel, bonsoir !

LA NOURRICE.

— Peut-on pas dire un mot ?

CAPULET.

Paix, stupide radoteuse ! — Allez émettre vos sentences sur le bol d'une commère, — car ici nous n'en avons pas besoin.

LADY CAPULET.

Vous êtes trop brusque.

CAPULET.

— Jour de Dieu ! j'en deviendrai fou. — Le jour, la nuit, à tout heure, à toute minute, à tout moment, que je fusse occupé ou non, — seul ou en compagnie, mon unique souci a été — de la marier; enfin je trouve — un gentilhomme de noble lignée, — ayant de beaux domaines, jeune, d'une noble éducation, — pétri, comme on dit, d'honorables qualités, — un homme aussi accompli qu'un cœur peut le souhaiter, — et il faut qu'une petite sotte pleurnicheuse, — une poupée gémissante, quand on lui offre sa fortune, — réponde : *Je ne veux pas me marier, je ne puis aimer,* — *je suis trop jeune, je vous prie de me pardonner !* — Ah ! si vous ne vous mariez pas, vous verrez comme je vous pardonne ; — allez paître où vous voudrez, vous ne logerez plus avec moi. — Faites-y attention, songez-y, je n'ai pas coutume de plaisanter. — Jeudi approche ; mettez la main sur votre cœur, et réfléchissez. — Si vous êtes ma fille, je vous donnerai à mon ami; — si tu ne l'es plus, va au diable, mendie, meurs de faim dans les rues. — Car sur mon âme, jamais je ne te reconnaîtrai, — et jamais rien de ce qui est à moi ne sera ton bien. — Compte là-dessus, réfléchis, je tiendrai parole.

Il sort.

JULIETTE.

— N'y a-t-il pas de pitié, planant dans les nuages, — qui voie au fond de ma douleur ? — O ma mère bien-aimée, ne me rejetez pas, — ajournez ce mariage d'un mois, d'une semaine ! — Sinon, dressez le lit nuptial — dans le sombre monument où Tybalt repose !

LADY CAPULET.

— Ne me parle plus, car je n'ai rien à te dire ; — fais ce que tu voudras, car entre toi et moi tout est fini.

Elle sort.

JULIETTE.

— O mon Dieu !... Nourrice, comment empêcher cela? — Mon mari est encore sur la terre, et ma foi est au ciel : — comment donc ma foi peut-elle redescendre ici-bas, — tant que mon mari ne me l'aura pas renvoyée du ciel — en quittant la terre?... Console-moi, console-moi! — Hélas! hélas! se peut-il que le ciel tende de pareils piéges — à une créature aussi frêle que moi ! — Que dis-tu? n'as-tu pas un mot qui me soulage ! — Console-moi, nourrice (107).

LA NOURRICE.

Ma foi, écoutez : Roméo — est banni ; je gage le monde entier contre néant — qu'il n'osera jamais venir vous réclamer; — s'il le fait, il faudra que ce soit à la dérobée. — Donc, puisque tel est le cas, — mon avis, c'est que vous épousiez le comte. — Oh ! c'est un si aimable gentilhomme ! — Roméo n'est qu'un torchon près de lui!... Un aigle, madame, — n'a pas l'œil aussi vert, aussi vif, aussi brillant — que Pâris. Maudit soit mon cœur, — si je ne vous trouve pas bien heureuse de ce second mariage! — il vaut bien mieux que votre premier. Au surplus, — votre premier est mort, ou autant vaudrait qu'il le fût, — que de vivre sans vous être bon à rien.

JULIETTE.

— Parles-tu du fond de ton cœur?

LA NOURRICE.

Et du fond de mon âme; — sinon, malédiction à tous deux !

JULIETTE.

Amen!

LA NOURRICE.

Quoi?

JULIETTE.

— Ah! tu m'as merveilleusement consolée. — Va dire à madame — qu'ayant déplu à mon père, je suis allée à la cellule de Laurence, — pour me confesser et recevoir l'absolution.

LA NOURRICE.

— Oui, certes, j'y vais. Vous faites sagement.

Elle sort.

JULIETTE, regardant s'éloigner la nourrice.

— O vieille damnée! abominable démon! — Je ne sais quel est ton plus grand crime, ou de souhaiter que je me parjure, — ou de ravaler mon seigneur de cette même bouche — qui l'a exalté au-dessus de toute comparaison — tant de milliers de fois... Va-t'en conseillère; — entre toi et mon cœur il y a désormais rupture. — Je vais trouver le religieux pour lui demander un remède; — à défaut de tout autre, j'ai la ressource de mourir.

Elle sort.

SCÈNE XVII.

[La cellule de frère Laurence.]

Entrent LAURENCE et PARIS.

LAURENCE.

— Jeudi, seigneur! le terme est bien court.

PARIS.

— Mon père Capulet le veut ainsi, — et je ne retarderai son empressement par aucun obstacle.

LAURENCE.

— Vous ignorez encore, dites-vous, les sentiments de la dame. — Voilà une marche peu régulière, et qui ne me plaît pas.

PARIS.

— Elle ne cesse de pleurer la mort de Tybalt, — et c'est pourquoi je lui ai peu parlé d'amour ; — car Vénus ne sourit guère dans une maison de larmes. - Or, son père voit un danger — à ce qu'elle se laisse ainsi dominer par la douleur ; — et, dans sa sagesse, il hâte notre mariage — pour arrêter cette inondation de larmes. — Le chagrin qui l'absorbe dans la solitude — pourra se dissiper dans la société. — Maintenant vous connaissez les raisons de cet empressement.

LAURENCE, à part.

— Hélas ! je connais trop celles qui devraient le ralentir !

Haut.

— Justement, messire, voici la dame qui vient à ma cellule.

Entre Juliette.

PARIS.

— Heureux de vous rencontrer, ma dame et ma femme !

JULIETTE.

— Votre femme ! Je pourrai l'être quand je pourrai être mariée.

PARIS.

— Vous pouvez, et vous devez l'être, amour, jeudi prochain.

JULIETTE.

— Ce qui doit être sera.

LAURENCE.

Voilà une vérité certaine.

PARIS, à Juliette.

— Venez-vous faire votre confession à ce bon père!

JULIETTE.

— Répondre à cela, ce serait me confesser à vous.

PARIS.

— Ne lui cachez pas que vous m'aimez.

JULIETTE.

— Je vous confesse que je l'aime.

PARIS.

— Comme vous confesserez, j'en suis sûr, que vous m'aimez.

JULIETTE.

— Si je fais cet aveu, il aura plus de prix — en arrière de vous qu'en votre présence.

PARIS.

— Pauvre âme, les larmes ont bien altéré ton visage.

JULIETTE.

— Elles ont remporté là une faible victoire : — il n'avait pas grand charme avant leurs ravages.

PARIS.

— Ces paroles-là lui font plus d'injure que tes larmes.

JULIETTE.

— Ce n'est pas une calomnie, monsieur, c'est une vérité ; — et cette vérité je la dis à ma face.

PARIS.

— Ta beauté est à moi, et tu la calomnies.

JULIETTE.

— Il se peut, car elle ne m'appartient pas... — Êtes-vous de loisir, saint père, en ce moment, — ou reviendrai-je ce soir après vêpres?

LAURENCE.

— J'ai tout mon loisir, pensive enfant... — Mon seigneur, nous aurions besoin d'être seuls.

PARIS.

— Dieu me préserve de troubler la dévotion ! — Juliette, jeudi, de bon matin, j'irai vous réveiller. — Jusque-là, adieu, et recueillez ce pieux baiser.

Il l'embrasse et sort.

JULIETTE.

— Oh ! ferme la porte, et, cela fait, — viens pleurer avec moi : plus d'espoir, plus de ressource, plus de remède.

LAURENCE.

— Ah ! Juliette, je connais déjà ton chagrin, — et j'ai l'esprit tendu par une anxiété inexprimable. — Je sais que jeudi prochain, sans délai possible, — tu dois être mariée au comte.

JULIETTE

— Ne me dis pas que tu sais cela, frère, — sans me dire aussi comment je puis l'empêcher. — Si dans ta sagesse tu ne trouves pas de remède, — déclare seulement que ma résolution est sage, — et sur-le-champ je remédie à tout avec ce couteau.

Elle montre un poignard.

— Dieu a joint mon cœur à celui de Roméo ; toi, tu as joint nos mains ; — et, avant que cette main, engagée par toi à Roméo, — scelle un autre contrat, — avant que mon cœur loyal, devenu perfide et traître, — se donne à un autre, ceci aura eu raison de tous deux. — Donc, en vertu de ta longue expérience (108), — donne-moi vite un conseil ; sinon, regarde ! — entre ma détresse et moi je prends ce couteau sanglant — pour médiateur : c'est lui qui arbitrera le litige — que l'autorité de ton âge et de ta science — n'aura pas su terminer à mon honneur. — Réponds-moi sans retard ; il me tarde de mourir — si ta réponse ne m'indique pas de remède !

LAURENCE.

— Arrête, ma fille ; j'entrevois une espérance possible, — mais le moyen nécessaire à son accomplissement — est aussi désespéré que le mal que nous voulons empêcher. — Si, plutôt que d'épouser le comte Pâris, — tu as l'énergie de vouloir te tuer, — il est probable que tu oseras affronter — l'image de la mort pour repousser le déshonneur, — toi qui, pour y échapper, veux provoquer la mort elle-même. — Eh bien, si tu as ce courage, je te donnerai un remède.

JULIETTE.

— Oh ! plutôt que d'épouser Pâris, dis-moi de m'élancer — des créneaux de cette tour là-bas, — ou d'errer sur le chemin des bandits ; dis-moi de me glisser — où rampent des serpents ; enchaîne-moi avec des ours rugissants ; — enferme-moi, la nuit, dans un charnier, — sous un monceau d'os de morts qui s'entre-choquent, — de moignons fétides et de crânes jaunes et décharnés ; — dis-moi d'aller, dans une fosse fraîche remuée, — m'enfouir sous le linceul avec un mort : — ordonne-moi des choses dont le seul récit me faisait trembler, — et je les ferai sans crainte, sans hésitation, — pour rester l'épouse sans tache de mon doux bien-aimé (109) !

LAURENCE.

— Écoute alors : rentre à la maison, aie l'air gai et dis que tu consens — à épouser Pâris. C'est demain mercredi. — Demain soir, fais en sorte de coucher seule ; — que ta nourrice ne couche pas dans ta chambre ; — une fois au lit, prends cette fiole — et avale la liqueur qui y est distillée. — Aussitôt dans toutes tes veines se répandra — une froide et léthargique humeur : le pouls suspendra — son mouvement naturel et cessera de battre ;

— ni chaleur, ni souffle n'attestera que tu vis. — Les roses de tes lèvres et de tes joues seront flétries — et ternes comme la cendre ; les fenêtres de tes yeux seront closes, — comme si la mort les avait fermées au jour de la vie. — Chaque partie de ton être, privée de souplesse et d'action, — sera roide, inflexible et froide comme la mort (110). — Dans cet état apparent de cadavre — tu resteras juste quarante-deux heures, — et alors tu t'éveilleras comme d'un doux sommeil. — Le matin, quand le fiancé arrivera — pour hâter ton lever, il te trouvera morte dans ton lit. — Alors, selon l'usage de notre pays, — vêtue de ta plus belle parure, et placée dans un cerceuil découvert, — tu seras transportée à l'ancien caveau — où repose toute la famille des Capulets. — Cependant, avant que tu sois éveillée, — Roméo, instruit de notre plan par mes lettres, — arrivera ; lui et moi — nous épierons ton réveil, et cette nuit-là même — Roméo t'emmènera à Mantoue. — Et ainsi tu seras sauvée d'un déshonneur imminent, — si nul caprice futile, nulle frayeur féminine — n'abat ton courage au moment de l'exécution.

JULIETTE.

— Donne ! oh ! donne ! ne me parle pas de frayeur.

LAURENCE, lui remettant la fiole.

— Tiens, pars ! Sois forte et sois heureuse dans ta résolution. Je vais dépêcher un religieux — à Mantoue avec un message pour ton mari.

JULIETTE.

— Amour, donne-moi ta force, et cette force me sauvera. — Adieu, mon père !

Ils se séparent.

SCÈNE XVIII.

[Dans la maison de Capulet.]

Entrent CAPULET, LADY CAPULET, la NOURRICE et des VALETS.

CAPULET, remettant un papier au premier valet (111).
Tu inviteras toutes les personnes dont les noms sont écrits ici.

Le valet sort.

Au second valet.
— Maraud, va me louer vingt cuisiniers habiles. —

DEUXIÈME VALET.
Vous n'en aurez que de bons, monsieur, car je m'assurerai d'abord s'ils se lèchent les doigts.

CAPULET.
Et comment t'assureras-tu par là de leur savoir-faire?

DEUXIÈME VALET.
Pardine, monsieur, c'est un mauvais cuisinier que celui qui ne se lèche pas les doigts : ainsi ceux qui ne se lécheront pas les doigts, je ne les prendrai pas.

CAPULET.
Bon, va-t'en.

Le valet sort.

— Nous allons être pris au dépourvu cette fois. — Eh bien, est-ce que ma fille est allée chez frère Laurence?

LA NOURRICE.
Oui, ma foi.

CAPULET.
— Allons, il aura peut-être une bonne influence sur elle. — La friponne est si maussade, si opiniâtre!

SCÈNE XVIII.

Entre JULIETTE (112).

LA NOURRICE.

Voyez donc avec quelle mine joyeuse elle revient onfesse.

CAPULET.

Eh bien, mon entêtée, où avez-vous été comme ça?

JULIETTE.

Chez quelqu'un qui m'a appris à me repentir — de coupable résistance — à vous et à vos ordres. Le véble Laurence — m'a enjoint de me prosterner à vos s, — et de vous demander pardon...

Elle s'agenouille devant son père.

ardon, je vous en conjure! — Désormais je me laisi régir entièrement par vous.

CAPULET.

Qu'on aille chercher le comte, et qu'on l'instruise eci. — Je veux que ce nœud soit noué dès demain n.

JULIETTE.

J'ai rencontré le jeune comte à la cellule de Laue, — et je lui ai témoigné mon amour autant que je)uvais — sans franchir les bornes de la modestie.

CAPULET.

Ah! j'en suis bien aise... Voilà qui est bien... Re-toi.

Juliette se relève.

Les choses sont comme elles doivent être... Il faut je voie le comte. — Morbleu, qu'on aille le chercher, dis-je. — Ah! pardieu, c'est un saint homme que vérend père, — et toute notre cité lui est bien redee.

JULIETTE.

Nourrice, voulez-vous venir avec moi dans mon

cabinet? — Vous m'aiderez à ranger les parures — que vous trouverez convenables pour ma toilette de demain.

LADY CAPULET.

— Non, non, pas avant jeudi. Nous avons le temps.

CAPULET.

— Va, nourrice, va avec elle.

Juliette sort avec la nourrice.

A lady Capulet.

Nous irons à l'église demain.

LADY CAPULET.

— Nous serons pris à court pour les préparatifs : — il est presque nuit déjà.

CAPULET.

Bah ! je vais me remuer, — et tout ira bien, je te le garantis, femme ! — Toi, va rejoindre Juliette, et aide-la à se parer ; — je ne me coucherai pas cette nuit... Laisse-moi seul ; — c'est moi qui ferai la ménagère cette fois... Holà !... — Ils sont tous sortis. Allons, je vais moi-même — chez le comte Pâris le prévenir — pour demain. J'ai le cœur étonnamment allègre, — depuis que cette petite folle est venue à résipiscence.

Ils sortent.

SCÈNE XIX.

[La chambre à coucher de Juliette.]

Entrent JULIETTE et la NOURRICE (113).

JULIETTE.

— Oui, c'est la toilette qu'il faut... Mais, gentille nourrice, — laisse-moi seule cette nuit, je t'en prie : — car j'ai besoin de beaucoup prier, — pour décider le ciel à sourire à mon existence, — qui est, tu le sais bien, pleine de trouble et de péché.

Entre LADY CAPULET.

LADY CAPULET.

— Allons, êtes-vous encore occupées? avez-vous besoin de mon aide?

JULIETTE.

— Non, madame; nous avons choisi — tout ce qui sera nécessaire pour notre cérémonie de demain. — Veuillez permettre que je reste seule à présent, — et que la nourrice veille avec vous cette nuit; — car, j'en suis sûre, vous avez trop d'ouvrage sur les bras, — dans des circonstances si pressantes.

LADY CAPULET.

Bonne nuit! — Mets-toi au lit, et repose; car tu en as besoin.

Lady Capulet sort avec la nourrice.

JULIETTE.

— Adieu!... Dieu sait quand nous nous reverrons. — Une vague frayeur répand le frisson dans mes veines — et y glace presque la chaleur vitale... — Je vais les rappeler pour me rassurer... — Nourrice!... Qu'a-t-elle à faire ici? — Il faut que je joue seule mon horrible scène!

Prenant la fiole que Laurence lui a donnée.

— A moi, fiole!... — Eh quoi! si ce breuvage n'agissait pas! — Serais-je donc mariée demain matin?... — Non, non... Voici qui l'empêcherait... Repose ici, toi.

Elle met un couteau à côté de son lit.

— Et si c'était un poison que le moine — m'eût subtilement administré pour me faire mourir, — afin de ne pas être déshonoré par ce mariage, — lui qui m'a déjà marié à Roméo! — J'ai peur de cela; mais non, c'est impossible : — il a toujours été reconnu pour un saint homme... — Et si, une fois déposée dans le tombeau, — je m'éveillais avant le moment où Roméo — doit venir me délivrer! Ah! l'effroyable chose! — Ne pourrais-je pas être étouffée dans ce caveau — dont la bouche hideuse n'aspire jamais un air pur, — et mourir suffoquée avant que Roméo n'arrive! — Ou même, si je vis, n'est-il pas probable — que l'horrible impression de la mort et de la nuit — jointe à la terreur du lieu... — En effet, ce caveau est l'ancien réceptacle — où depuis bien des siècles sont entassés — les os de tous mes ancêtres ensevelis; — où Tybalt sanglant et encore tout frais dans la terre — pourrit sous son linceul; où, dit-on, — à certaines heures de la nuit, les esprits s'assemblent!... — Hélas! hélas! n'est-il pas probable que, — réveillée avant l'heure, au milieu d'exhalaisons infectes — et de gémissements pareils à ces cris de mandragores déracinées — que des vivants ne peuvent entendre sans devenir fous... (113) — Oh! si je m'éveille ainsi, est-ce que je ne perdrai pas la raison, — environnée de toutes ces horreurs? — Peut-être alors, insensée, voudrai-je jouer avec les squelettes de mes ancêtres, — et arracher de son linceul Tybalt mutilé, — et, dans ce délire, saisissant l'os de quelque grand parent — comme une massue, en broyer ma cervelle désespérée! — Oh! tenez! il me semble voir le spectre de mon cousin — poursuivant Roméo qui lui a troué le corps — avec la pointe de son épée... Arrête, Tybalt, arrête!

Elle porte la fiole à ses lèvres.

— Roméo! Roméo! Roméo! voici à boire! je bois à toi.

Elle se jette sur son lit, derrière un rideau.

SCÈNE XX.

[Une salle dans la maison de Capulet. Le jour se lève.]

Entrent LADY CAPULET et la NOURRICE.

LADY CAPULET, donnant un trousseau de clefs à la nourrice.
— Tenez, nourrice, prenez ces clefs et allez chercher d'autres épices (115).

LA NOURRICE.
— On demande des dattes et des coings pour la pâtisserie.

Entre CAPULET.

CAPULET.
— Allons! debout! debout! debout! le coq a chanté deux fois; — le couvre-feu a sonné; il est trois heures...

A lady Capulet.
— Ayez l'œil aux fours, bonne Angélique — et qu'on n'épargne rien.

LA NOURRICE, à Capulet.
Allez, allez, cogne-fêtu, allez — vous mettre au lit; ma parole, vous serez malade demain — d'avoir veillé cette nuit.

CAPULET.
— Nenni, nenni. Bah! j'ai déjà passé — des nuits entières pour de moindres motifs, et je n'ai jamais été malade.

LADY CAPULET.
— Oui, vous avez chassé les souris dans votre temps; — mais je veillerai désormais à ce que vous ne veilliez plus ainsi.

Lady Capulet et la nourrice sortent.

####### CAPULET.

— Jalousie! jalousie!

Des valets passent portant des broches, des bûches et des paniers.

####### Au premier valet.

Eh bien, l'ami, — qu'est-ce que tout ça?

####### PREMIER VALET.

— Monsieur, c'est pour le cuisinier, mais je ne sais trop ce que c'est.

####### CAPULET.

— Hâte-toi, hâte-toi.

Sort le premier valet.

####### Au deuxième valet.

Maraud, apporte des bûches plus sèches, — appelle Pierre, il te montrera où il y en a.

####### DEUXIÈME VALET.

— J'ai assez de tête, monsieur, pour suffire aux bûches — sans déranger Pierre.

Il sort.

####### CAPULET.

— Par la messe, bien répondu. Voilà un plaisant coquin! Ah! — je te proclame roi des bûches... Ma foi, il est jour. — Le comte va être ici tout à l'heure avec la musique, — car il me l'a promis.

Bruit d'instruments qui se rapprochent.

Je l'entends qui s'avance... — Nourrice! Femme!... Holà! nourrice, allons donc!

Entre la NOURRICE.

####### CAPULET.

— Allez éveiller Juliette, allez, et habillez-la; — je vais causer avec Pâris... Vite, hâtez-vous, — hâtez-vous! le fiancé est déjà arrivé; — hâtez-vous, vous dis-je.

Tous sortent.

SCÈNE XXI.

[La chambre à coucher de Juliette.]

Entre la NOURRICE.

LA NOURRICE, appelant.

— Madame ! allons, madame !... Juliette !... Elle dort profondément, je le garantis... — Eh bien, agneau ! eh bien, maîtresse !... Fi, paressseuse !... — Allons, amour, allons ! Madame ! mon cher cœur ! Allons, la mariée ! — Quoi, pas un mot !... Vous en prenez pour votre argent cette fois, — vous dormez pour une semaine, car, la nuit prochaine, j'en réponds, — le comte a pris son parti — de ne vous laisser prendre que peu de repos... Dieu me pardonne ! — Jésus Marie ! comme elle dort ! — Il faut que je l'éveille... Madame ! madame ! madame ! — Oui, que le comte vous surprenne au lit ; — c'est lui qui vous secouera, ma foi...
Elle tire les rideaux du lit et découvre Juliette étendue et immobile.

Est-il possible ! — Quoi ! toute vêtue, toute parée, et recouchée ! — Il faut que je la réveille... Madame ! madame ! madame ! — O malheur ! faut-il que je sois jamais née !... — Holà, de l'eau-de-vie !... Monseigneur ! Madame !

Entre LADY CAPULET.

LADY CAPULET.
— Quel est ce bruit ?

LA NOURRICE.
O jour lamentable !

LADY CAPULET.
Qu'y a-t-il ?

LA NOURRICE, montrant le lit.

Regardez, regardez! O jour désolant!

LADY CAPULET.

— Ciel! ciel! Mon enfant, ma vie! — Renais, rouvre les yeux, ou je vais mourir avec toi! — Au secours! au secours! appelez au secours!

Entre CAPULET.

CAPULET.

— Par pudeur, amenez Juliette; son mari est arrivé.

LA NOURRICE.

— Elle est morte, décédée, elle est morte; ah! mon Dieu!

LADY CAPULET.

— Mon Dieu! elle est morte! elle est morte! elle est morte!

CAPULET, s'approchant de Juliette.

— Ah! que je la voie!... C'est fini, hélas! elle est froide! — Son sang est arrêté et ses membres sont roides. — La vie a depuis longtemps déserté ses lèvres. — La mort est sur elle, comme une gelée précoce — sur la fleur des champs la plus suave (116)!

LA NOURRICE.

— O jour lamentable!

LADY CAPULET.

Douloureux moment!

CAPULET.

— La mort qui me l'a prise pour me faire gémir — enchaîne ma langue et ne me laisse pas parler.

Entrent FRÈRE LAURENCE et PARIS suivi de MUSICIENS.

LAURENCE.

— Allons, la fiancée est-elle prête à aller à l'église?

CAPULET.

— Prête à y aller, mais pour n'en pas revenir!
A Pâris.
— O mon fils, la nuit qui précédait tes noces, — la
[mor]t est entrée dans le lit de ta fiancée, — et voici la
[pau]vre fleur toute déflorée par elle. — Le sépulcre est
[mo]n gendre, le sépulcre est mon héritier, — le sépulcre
[a ép]ousé ma fille. Moi, je vais mourir — et tout lui lais-
[ser.] Quand la vie se retire, tout est au sépulcre.

PARIS.

— N'ai-je si longtemps désiré voir cette aurore, — que
[pou]r qu'elle me donnât un pareil spectacle (117)!

LADY CAPULET.

— Jour maudit, malheureux, misérable, odieux! —
[Heu]re la plus atroce qu'ait jamais vu le temps — dans le
[cour]s laborieux de son pèlerinage! — Rien qu'une pau[vre]
enfant, une pauvre chère enfant, — rien qu'un seul
[être] pour me réjouir et me consoler, — et la mort cruelle
[l'arr]ache de mes bras (118)!

LA NOURRICE.

— O douleur! ô douloureux, douloureux, douloureux
[jour]! — Jour lamentable! jour le plus douloureux — que
[jama]is, jamais j'aie vu! — O jour! ô jour! ô jour! ô jour
[odie]ux! — Jamais jour ne fut plus sombre! — O jour
[doul]oureux! ô jour douloureux!

PARIS.

— Déçue, divorcée, frappée, accablée, assassinée! —
[O] détestable mort, déçue par toi, — ruinée par toi,
[cruel]le, cruelle! — O mon amour! ma vie... Non, tu n'es
[pas] ma vie, tu es mon amour dans la mort!

CAPULET.

[—]Honnie, désolée, navrée, martyrisée, tuée! — Si-
[nistr]e catastrophe, pourquoi es-tu venue — détruire, dé-
[truir]e notre solennité?... — O mon enfant! mon enfant!

mon enfant! Non! toute mon âme! — Quoi, tu es morte!... Hélas! mon enfant est morte, — et, avec mon enfant, sont ensevelies toutes mes joies!

LAURENCE.

— Silence, n'avez-vous pas de honte? Le remède aux maux désespérés — n'est pas dans ces désespoirs. Le ciel et vous, — vous vous partagiez cette belle enfant: maintenant le ciel l'a tout entière, — et pour elle c'est tant mieux. — Votre part en elle, vous ne pouviez la garder de la mort, — mais le ciel garde sa part dans l'éternelle vie. — Une haute fortune était tout ce que vous lui souhaitiez; — c'était le ciel pour vous de la voir s'élever, — et vous pleurez maintenant qu'elle s'élève, — au-dessus des nuages, jusqu'au ciel même! — Oh! vous aimez si mal votre enfant — que vous devenez fou en voyant qu'elle est bien. — Vivre longtemps mariée, ce n'est pas être bien mariée; — la mieux mariée est celle qui meurt jeune. — Séchez vos larmes et attachez vos branches de romarin — sur ce beau corps; puis, selon la coutume, — portez-la dans sa plus belle parure à l'église. — Car, bien que la faible nature nous force tous à pleurer, — les larmes de la nature font sourire la raison.

CAPULET.

— Tous nos préparatifs de fête — se changent en appareil funèbre : — notre concert devient un glas mélancolique; — notre repas de noces, un triste banquet d'obsèques; — nos hymnes solennels, des chants lugubres. — Notre bouquet nuptial sert pour une morte, — et tout change de destination.

LAURENCE.

— Retirez-vous, monsieur, et vous aussi, madame, — et vous aussi, messire Pâris; que chacun se prépare — à escorter cette belle enfant jusqu'à son tombeau. — Le ciel s'appesantit sur vous, pour je ne sais quelle offense;

SCÈNE XXI.

— ne l'irritez pas davantage en murmurant contre sa volonté suprême. —

<small>Sortent Capulet, lady Capulet, Pâris et frère Laurence (119).</small>

PREMIER MUSICIEN.

Nous pouvons serrer nos flûtes et partir.

LA NOURRICE.

— Ah! serrez-les, serrez-les, mes bons, mes honnêtes amis; — car, comme vous voyez, la situation est lamentable. —

PREMIER MUSICIEN.

Oui, et je voudrais qu'on pût l'amender.

<small>Sort la nourrice.</small>

<small>Entre PIERRE (120).</small>

PIERRE.

Musiciens! Oh! musiciens, vite *Gaieté du cœur! Gaieté du cœur!* Oh! si vous voulez que je vive, jouez-moi *Gaieté du cœur!*

PREMIER MUSICIEN.

Et pourquoi *Gaieté du cœur!*

PIERRE.

O musiciens! parce que mon cœur lui-même joue l'air de *Mon cœur est triste.* Ah! jouez-moi quelque complainte joyeuse pour me consoler.

DEUXIÈME MUSICIEN.

Pas la moindre complainte; ce n'est pas le moment de jouer à présent.

PIERRE.

Vous ne voulez pas, alors?

LES MUSICIENS.

Non.

PIERRE.

Alors vous allez l'avoir solide.

PREMIER MUSICIEN.

Qu'est-ce que nous allons avoir?

PIERRE.

Ce n'est pas de l'argent, morbleu, c'est une râclée, méchants râcleurs!

PREMIER MUSICIEN.

Méchant valet!

PIERRE.

Ah! je vais vous planter ma dague de valet dans la perruque. Je ne supporterai pas vos fadaises; je vous en donnerai des fa-dièse, moi, sur les épaules, notez bien.

PREMIER MUSICIEN.

En nous donnant le fa-dièse, c'est vous qui nous noterez.

DEUXIÈME MUSICIEN.

Voyons, rengaînez votre dague et dégaînez votre esprit.

PIERRE.

En garde donc! Je vais vous attaquer à la pointe de l'esprit et rengaîner ma pointe d'acier... Ripostez-moi en hommes.

Il chante.

> Quand une douleur poignante blesse le cœur
> Et qu'une morne tristesse accable l'esprit,
> Alors la musique au son argentin...

Pourquoi *son argentin?* Pourquoi la musique a-t-elle le son argentin? Répondez, Simon Corde-à-Boyau!

PREMIER MUSICIEN.

Eh! parce que l'argent a le son fort doux.

PIERRE.

Joli!... Répondez, vous, Hugues Rebec!

DEUXIÈME MUSICIEN.

La musique a le son argentin parce que les musiciens la font sonner pour argent.

PIERRE.

Joli aussi!... Répondez, vous, Jacques Serpent.

TROISIÈME MUSICIEN.

Ma foi, je ne sais que dire.

PIERRE.

Oh! j'implore votre pardon : vous êtes le chanteur de la bande. Eh bien, je vais répondre pour vous. La musique a le son argentin, parce que les gaillards de votre espèce font rarement sonner l'or.

Il chante.

Alors la musique au son argentin
Apporte promptement le remède.

Il sort.

PREMIER MUSICIEN.

Voilà un fieffé coquin!

DEUXIÈME MUSICIEN.

Qu'il aille se faire pendre!... Sortons, nous autres, attendons le convoi, et nous resterons à dîner.

Ils sortent.

SCÈNE XXII.

[Mantoue. Une rue.]

Entre ROMÉO (121).

ROMÉO,

— Si je puis me fier aux flatteuses assurances du sommeil, — mes rêves m'annoncent l'arrivée de quelque joyeuse nouvelle. — La pensée souveraine de mon cœur siége sereine sur son trône; — et, depuis ce matin, une allégresse singulière — m'élève au-dessus de terre par de riantes pensées. — J'ai rêvé que ma dame arrivait et me trouvait mort, — (étrange rêve qui laisse à un mort la faculté de penser!) — puis, qu'à force de baisers elle ranimait la vie sur mes lèvres, — et que je renaissais, et que j'étais empereur. — Ciel! combien doit être douce la possession de l'amour, — si son ombre est déjà si prodigue de joies (122) !

Entre BALTHAZAR.

ROMÉO.

— Des nouvelles de Vérone!... Eh bien, Balthazar, — est-ce que tu ne m'apportes pas de lettre du moine (123)? — Comment va ma dame? Mon père est-il bien? — Comment va madame Juliette? Je te répète cette question-là ; — car, si ma Juliette est heureuse, il n'existe pas de malheur.

BALTHAZAR.

— Elle est heureuse, il n'existe donc pas de malheur. — Son corps repose dans le tombeau des Capulets, — et son âme immortelle vit avec les anges. — Je l'ai vu déposer dans le caveau de sa famille, — et j'ai pris aussitôt la poste pour vous l'annoncer. — Oh! pardonnez-moi de vous apporter ces tristes nouvelles : — je remplis l'office dont vous m'aviez chargé, monsieur (124).

ROMÉO.

— Est-ce ainsi? eh bien, astres, je vous défie !...

A Balthazar.

— Tu sais où je loge : procure-moi de l'encre et du papier, — et loue des chevaux de poste : je pars d'ici ce soir (125).

BALTHAZAR.

— Je vous en conjure, monsieur, ayez de la patience. — Votre pâleur, votre air hagard annonce — quelque catastrophe.

ROMÉO.

Bah! tu te trompes!... — Laisse-moi et fais ce que je

SCÈNE XXII.

te dis : — est-ce que tu n'as pas de lettre du moine pour moi ?

BALTHAZAR.

— Non, mon bon seigneur.

ROMÉO.

N'importe : va-t'en, — et loue des chevaux ; je te rejoins sur-le-champ.

Sort Balthazar.

— Oui, Juliette, je dormirai près de toi cette nuit. — Cherchons le moyen... O destruction ! comme — tu t'offres vite à la pensée des hommes désespérés ! — Je me souviens d'un apothicaire — qui demeure aux environs ; récemment encore je le remarquais — sous sa guenille, occupé, le sourcil froncé, — à cueillir des simples : il avait la mine amaigrie, — l'âpre misère l'avait usé jusqu'aux os. — Dans sa pauvre échoppe étaient accrochés une tortue, — un alligator empaillés et des peaux — de poissons monstrueux ; sur ses planches, — une chétive collection de boîtes vides, — des pots de terre verdâtres, des vessies et des graines moisies, — des restes de ficelle et de vieux pains de rose — étaient épars çà et là pour faire étalage. — Frappé de cette pénurie, je me dis à moi-même : — « Si un homme avait besoin de poison, — bien que la vente en soit punie de mort à Mantoue, — voici un pauvre gueux qui lui en vendrait. — Oh ! je pressentais alors mon besoin présent ; — il faut que ce besoigneux m'en vende... — Autant qu'il m'en souvient, ce doit être ici sa demeure ; — comme c'est fête aujourd'hui, la boutique du misérable est fermée... — Holà ! l'apothicaire (126) !

Une porte s'ouvre. Paraît L'APOTHICAIRE.

L'APOTHICAIRE.

Qui donc appelle si fort ?

ROMÉO.

— Viens ici, l'ami… Je vois que tu es pauvre ; — tiens, voici quarante ducats (127); donne-moi — une dose de poison ; mais il me faut une drogue énergique — qui, à peine dispersée dans les veines — de l'homme las de vivre, le fasse tomber mort, — et qui chasse du corps le souffle — aussi violemment, aussi rapidement que la flamme — renvoie la poudre des entrailles fatales du canon !

L'APOTHICAIRE.

— J'ai de ces poisons meurtriers. Mais la loi de Mantoue, — c'est la mort pour qui les débite.

ROMÉO.

— Quoi ! tu es dans ce dénûment et dans cette misère, — et tu as peur de mourir ! La famine est sur tes joues ; — le besoin et la souffrance agonisent dans ton regard ; — le dégoût et la misère pendent à tes épaules (128). — Le monde ne t'est point ami, ni la loi du monde ; — le monde n'a pas fait sa loi pour t'enrichir ; — viole-la donc, cesse d'être pauvre et prends ceci.

Il lui montre sa bourse.

L'APOTHICAIRE.

— Ma pauvreté consent, mais non ma volonté.

ROMÉO.

— Je paye ta pauvreté, et non ta volonté.

L'APOTHICAIRE.

— Mettez ceci dans le liquide que vous voudrez, — et avalez ; eussiez-vous la force de vingt hommes, vous serez expédié immédiatement (129).

ROMÉO, lui jetant sa bourse.

— Voici ton or ; ce poison est plus funeste à l'âme des hommes, — il commet plus de meurtres dans cet odieux monde — que ces pauvres mixtures que tu n'as pas le droit de vendre. — C'est moi qui te vends du poison ; tu ne m'en as pas vendu. — Adieu, achète de quoi manger et engraisse.

Serrant la fiole que l'apothicaire lui a remise.

— Ceci, du poison ? non ! Viens, cordial, viens avec moi — au tombeau de Juliette ; c'est là que tu dois me servir.

Ils se séparent.

SCÈNE XXXIII.

[La cellule de frère Laurence.]

Entre frère JEAN.

JEAN.

— Saint franciscain ! Mon frère, holà !

Entre frère LAURENCE.

LAURENCE.

— Ce doit être la voix du frère Jean, — De Mantoue ! Sois le bienvenu. Que dit Roméo ?... — A-t-il écrit ? Alors donne-moi sa lettre.

JEAN.

— J'étais allé à la recherche d'un frère déchaussé — de notre ordre, qui devait m'accompagner, — et je l'avais trouvé ici dans la cité en train de visiter les malades ; — mais les inspecteurs de la ville, — nous ayant rencontrés tous deux dans une maison — qu'ils soupçonnaient infectée de la peste, — en ont fermé les portes et n'ont pas voulu nous laisser sortir. — C'est ainsi qu'a été empêché mon départ pour Mantoue.

LAURENCE.

— Qui donc a porté ma lettre à Roméo ?

JEAN.

— La voici. Je n'ai pas pu l'envoyer, — ni me procurer

un messager pour te la rapporter, — tant la contagion effrayait tout le monde.

LAURENCE.

— Malheureux événement! Par notre confrérie, — ce n'était pas une lettre insignifiante, c'était un message — d'une haute importance, et ce retard — peut produire de grands malheurs. Frère Jean, va — me chercher un levier de fer, et apporte-le-moi sur-le-champ — dans ma cellule.

JEAN.

Frère, je vais te l'apporter.

Il sort.

LAURENCE.

— Maintenant il faut que je me rende seul au tombeau; — dans trois heures la belle Juliette s'éveillera. — Elle me maudira, parce que Roméo — n'a pas été prévenu de ce qui est arrivé; — mais je vais récrire à Mantoue, — et je la garderai dans ma cellule jusqu'à la venue de Roméo. — Pauvre cadavre vivant, enfermé dans le sépulcre d'un mort (130) !

Il sort.

SCÈNE XXIV.

[Vérone. Un cimetière au milieu duquel s'élève le tombeau des Capulets.]

Entre PARIS suivi de son PAGE qui porte une torche et des fleurs.

PARIS.

— Page, donne-moi ta torche. Éloigne-toi et tiens-toi à l'écart... — Mais, non, éteins-la, car je ne veux pas être vu. — Va te coucher sous ces ifs là-bas, — en appliquant ton oreille contre la terre sonore; — aucun pied ne pourra se poser sur le sol du cimetière, — tant de fois amolli et fouillé par la bêche du fossoyeur, — sans que tu l'entendes : tu siffleras, — pour m'avertir, si tu entends approcher quelqu'un... — Donne-moi ces fleurs. Fais ce que je te dis. Va.

LE PAGE, à part.

— J'ai presque peur de rester seul — ici dans le cimetière; pourtant je me risque.

Il se retire.

PARIS.

— Douce fleur, je sème ces fleurs sur ton lit nuptial, — dont le dais, hélas! est fait de poussière et de pierres; — je viendrai chaque nuit les arroser d'eau douce, — ou, à son défaut, de larmes distillées par des sanglots; — oui, je veux célébrer tes funérailles — en venant, chaque nuit, joncher ta tombe et pleurer (131).

Lueur d'une torche et bruit de pas au loin. Le page siffle.

— Le page m'avertit que quelqu'un approche. — Quel est ce pas sacrilége qui erre par ici la nuit — et trouble les rites funèbres de mon amour? — Eh quoi! une torche!... — Nuit, voile-moi un instant.

Il se cache.

Entre ROMÉO, suivi de BALTHAZAR qui porte une torche, une pioche et un levier.

ROMÉO.

— Donne-moi cette pioche et ce crocheteur d'acier.

Remettant un papier au page.

— Tiens, prends cette lettre; demain matin, de bonne heure, — aie soin de la remettre à mon seigneur et père... — Donne-moi la lumière. Sur ta vie, voici mon ordre : — quoi que tu voies ou entendes, reste à l'écart — et ne m'interromps pas dans mes actes. — Si je descends dans cette alcôve de la mort, — c'est pour contempler les traits de ma dame, — mais surtout pour détacher de son doigt inerte — un anneau précieux, un anneau que je dois employer — à un cher usage. Ainsi, éloigne-toi, va-t'en... — Mais si, cédant au soupçon, tu oses revenir pour épier — ce que je veux faire, — par le ciel, je te déchirerai lambeau par lambeau, — et je joncherai de tes membres ce cimetière affamé. — Ma résolution est farouche comme le moment ; elle est plus terrible et plus inexorable — que le tigre à jeun ou la mer rugissante (132).

BALTHAZAR.

— Je m'en vais, monsieur, et je ne vous troublerai pas.

ROMÉO.

— C'est ainsi que tu me prouveras ton dévouement...

Lui jetant sa bourse.

Prends ceci : — vis et prospère... Adieu, cher enfant.

BALTHAZAR, à part.

— N'importe. Je vais me cacher aux alentours ; — sa mine m'effraye, et je suis inquiet sur ses intentions.

Il se retire.

ROMÉO, prenant le levier et allant au tombeau.

— Horrible gueule, matrice de la mort, — gorgée de ce que la terre a de plus précieux, — je parviendrai bien à ouvrir tes lettres pourries — et à te fourrer de force une nouvelle proie !

Il enfonce la porte du monument.

PARIS.

— C'est ce banni, ce Montague hautain — qui a tué le cousin de ma bien-aimée : — la belle enfant en est morte de chagrin, à ce qu'on suppose. — Il vient ici pour faire quelque infâme outrage — aux cadavres : je vais l'arrêter...

Il s'avance.

— Suspends ta besogne impie, vil Montague : — la

vengeance peut-elle se poursuivre au delà de la mort? — Misérable condamné, je t'arrête. — Obéis et viens avec moi ; car il faut que tu meures (133).

ROMÉO.

— Il le faut en effet, et c'est pour cela que je suis venu ici... — Bon jeune homme, ne tente pas un désespéré, — sauve-toi d'ici et laisse-moi...

Montrant les tombeaux.

Songe à tous ces morts, — et recule épouvanté... Je t'en supplie, jeune homme, — ne charge pas ma tête d'un péché nouveau — en me poussant à la fureur... Oh! va-t'en. — Par le ciel, je t'aime plus que moi-même, — car c'est contre moi-même que je viens ici armé. — Ne reste pas, va-t'en ; vis, et dis plus tard — que la pitié d'un furieux t'a forcé de fuir (134).

PARIS, l'épée à la main.

— Je brave ta commisération, — et je t'arrête ici comme félon.

ROMÉO.

— Tu veux donc me provoquer? Eh bien, à toi, enfant!

Ils se battent.

LE PAGE.

— O ciel! ils se battent : je vais appeler le guet.

Il sort en courant.

PARIS, tombant.

— Oh! je suis tué!... Si tu es généreux, — ouvre le tombeau et dépose-moi près de Juliette.

Il expire.

ROMÉO.

— Sur ma foi, je le ferai.

Se penchant sur le cadavre.

Examinons cette figure : — un parent de Mercutio, le noble comte Pâris! — Que m'a donc dit mon valet? Mon âme, bouleversée, — n'y a pas fait attention... Nous étions à cheval... Il me contait, je crois, — que Pâris devait épouser Juliette. — M'a-t-il dit cela, ou l'ai-je rêvé? — Ou, en l'entendant parler de Juliette, ai-je eu la folie — de m'imaginer cela?

Prenant le cadavre par le bras.

Oh! donne-moi ta main, — toi que l'âpre adversité a inscrit comme moi sur son livre! — Je vais t'ensevelir dans un tombeau triomphal... — Un tombeau? Oh! non, jeune victime, c'est un louvre splendide, — car Juliette y repose, et sa beauté fait — de ce caveau une salle de fête illuminée.

Il dépose Pâris dans le monument.

— Mort, repose ici, enterré par un mort. — Que de fois les hommes à l'agonie — ont eu un accès de joie, un éclair avant la mort, — comme disent ceux qui les soignent... Ah! comment comparer — ceci à un éclair?

Contemplant le corps de Juliette.

O mon amour! ma femme! — La mort qui a sucé le miel de ton haleine — n'a pas encore eu de pouvoir sur ta beauté : — elle ne t'a pas conquise ; la flamme de la beauté — est encore toute cramoisie sur tes lèvres et sur tes joues, — et le pâle drapeau de la mort n'est pas encore déployé là...

Allant à un autre cercueil.

— Tybalt! te voilà donc couché dans ton linceul sanglant! — Oh! que puis-je faire de plus pour toi? — De cette même main qui faucha ta jeunesse, — je vais abattre celle de ton ennemi. — Pardonne-moi, cousin.

Revenant sur ses pas.

Ah! chère Juliette, — pourquoi es-tu si belle encore? Dois-je croire — que le spectre de la Mort est amoureux — et que l'affreux monstre décharné te garde — ici dans les ténèbres pour te posséder!... — Horreur! Je veux rester près de toi, et ne plus sortir de ce sinistre palais de la nuit ; — ici, ici, je veux rester — avec ta chambrière, la vermine ! Oh ! c'est ici — que je veux fixer mon éternelle demeure — et soustraire au joug des étoiles ennemies — cette chair lasse du monde...

<small>Tenant le corps embrassé.</small>

Un dernier regard, mes yeux ! — bras, une dernière étreinte ! et vous, lèvres, vous, — portes de l'haleine, scellez par un baiser légitime — un pacte indéfini avec le sépulcre accapareur !

<small>Saisissant la fiole.</small>

— Viens, amer conducteur, viens, âcre guide. — Pilote désespéré, vite ! lance — sur les brisants ma barque épuisée par la tourmente ! — A ma bien-aimée !

<small>Il boit le poison.</small>

Oh ! l'apothicaire ne m'a pas trompé : — ses drogues sont actives... Je meurs ainsi... sur un baiser (135) !

<small>Il expire en embrassant Juliette.</small>

<small>Frère LAURENCE paraît à l'autre extrémité du cimetière, avec une lanterne, un levier et une bêche.</small>

LAURENCE.

— Saint François me soit en aide ! Que de fois cette nuit — mes vieux pieds se sont heurtés à des tombes (136) !

<small>Il rencontre Balthazar étendu à terre.</small>

Qui est là ?

<small>BALTHAZAR, se relevant.</small>

— Un ami ! quelqu'un qui vous connaît bien.

<small>LAURENCE, montrant le tombeau des Capulets.</small>

— Soyez béni !... Dites-moi, mon bon ami, — quelle est cette torche là-bas qui prête sa lumière inutile — aux larves et aux crânes sans yeux ? Il me semble — qu'elle brûle dans le monument des Capulets.

BALTHAZAR.

— En effet, saint prêtre; il y a là mon maître, — quelqu'un que vous aimez.

LAURENCE.

Qui donc?

BALTHAZAR.

Roméo.

LAURENCE.

— Combien de temps a-t-il été là?

BALTHAZAR.

Une grande demi-heure.

LAURENCE.

— Viens avec moi au caveau.

BALTHAZAR.

Je n'ose pas, messire. — Mon maître croit que je suis parti; — il m'a menacé de mort en termes effrayants, — si je restais à épier ses actes (137).

LAURENCE.

— Reste donc, j'irai seul... L'inquiétude me prend : oh! je crains bien quelque malheur.

BALTHAZAR.

— Comme je dormais ici sous cet if, — j'ai rêvé que mon maître se battait avec un autre homme — et que mon maître le tuait (138).

LAURENCE, allant vers le tombeau.

Roméo!

Dirigeant la lumière de sa lanterne sur l'entrée du tombeau.

— Hélas! hélas! quel est ce sang qui tache — le seuil de pierre de ce sépulcre? — Pourquoi ces épées abandonnées et sanglantes — projettent-elles leur sinistre lueur sur ce lieu de paix?

Il entre dans le monument.

— Roméo! Oh! qu'il est pâle!... Quel est cet autre? Quoi, Pâris aussi! — baigné dans son sang! Oh! quelle heure cruelle — est donc coupable de cette lamentable catastrophe (139)?...

Éclairant Juliette.

Elle remue!

Juliette s'éveille et se soulève.

JULIETTE.

— O frère charitable, où est mon seigneur? — Je me rappelle bien en quel lieu je dois être : — m'y voici... Mais où est Roméo?

Rumeur au loin.

LAURENCE.

— J'entends du bruit... Ma fille, quitte ce nid — de mort, de contagion, de sommeil contre nature. — Un pouvoir au-dessus de nos contradictions — a déconcerté nos plans. Viens, viens, partons! — Ton mari est là gisant sur ton sein, — et voici Pâris. Viens, je te placerai — dans une communauté de saintes religieuses; — pas de questions! le guet arrive... — Allons, viens, chère Juliette.

La rumeur se rapproche.

Je n'ose rester plus longtemps.

Il sort du tombeau et disparaît.

JULIETTE.

— Va, sors d'ici, car je ne m'en irai pas, moi. — Qu'est ceci? Une coupe qu'étreint la main de mon bien-aimé? — C'est le poison, je le vois, qui a causé sa fin prématurée. — L'égoïste! il a tout bu! il n'a pas laissé une goutte amie — pour m'aider à le rejoindre!... Je veux baiser tes lèvres; — peut-être y trouverai-je un reste de poison — dont le baume me fera mourir...

Elle l'embrasse.

— Tes lèvres sont chaudes!

PREMIER GARDE, *derrière le théâtre.*

Conduis-nous, page... De quel côté?

JULIETTE.

— Oui, du bruit! Hâtons-nous donc!

Saisissant le poignard de Roméo.

O heureux poignard! — voici ton fourreau...

Elle se frappe.

Rouille-toi là et laisse-moi mourir (140)!

Elle tombe sur le corps de Roméo et expire.

Entre le GUET, conduit par le PAGE de Pâris.

LE PAGE, montrant le tombeau.

— Voilà l'endroit, là où la torche brûle.

PREMIER GARDE, à l'entrée du tombeau.

— Le sol est sanglant. Qu'on fouille le cimetière. — Allez plusieurs et arrêtez qui vous trouverez.

Des gardes sortent.

— Spectacle navrant! Voici le comte assassiné... — et Juliette en sang!... chaude encore!... morte il n'y a qu'un moment, — elle qui était ensevelie depuis deux jours!... — Allez prévenir le prince, courez chez les Capulets, — réveillez les Montagues... que d'autres aillent aux recherches.

D'autres gardes sortent.

— Nous voyons bien le lieu où sont entassés tous ces désastres; — mais les causes qui ont donné lieu à ces désastres lamentables, — nous ne pouvons les découvrir sans une enquête.

Entrent quelques GARDES, ramenant BALTHAZAR.

DEUXIÈME GARDE.

— Voici le valet de Roméo, nous l'avons trouvé dans le cimetière.

PREMIER GARDE.

— Tenez-le sous bonne garde jusqu'à l'arrivée du prince.

SCÈNE XXIV.

Entre un GARDE, ramenant frère LAURENCE.

TROISIÈME GARDE.

— Voici un moine qui tremble, soupire et pleure. — Nous lui avons pris ce levier et cette bêche, comme il venait de ce côté du cimetière.

PREMIER GARDE.

— Graves présomptions ! Retenez aussi ce moine.

Le jour commence à poindre. Entrent le PRINCE et sa suite.

LE PRINCE.

— Quel est le malheur matinal — qui enlève ainsi notre personne à son repos ?

Entrent CAPULET, LADY CAPULET, et leur suite.

CAPULET.

— Pourquoi ces clameurs qui retentissent partout ?

LADY CAPULET.

— Le peuple dans les rues crie : Roméo !... — Juliette !... Pâris ! et tous accourent, — en jetant l'alarme, vers notre monument.

LE PRINCE.

— D'où vient cette épouvante qui fait tressaillir nos oreilles ?

PREMIER GARDE, montrant les cadavres.

— Mon souverain, voici le comte Pâris assassiné ; — voici Roméo mort ; voici Juliette, la morte qu'on pleurait, — chaude encore et tout récemment tuée.

LE PRINCE.

— Cherchez, fouillez partout, et sachez comment s'est fait cette horrible massacre.

PREMIER GARDE.

— Voici un moine, et le valet du défunt Roméo : —

ils ont été trouvés munis des instruments nécessaires pour ouvrir — la tombe de ces morts.

CAPULET.

— O ciel!... Oh! vois donc, femme, notre fille est en sang!... — Ce poignard s'est mépris... tiens! sa gaîne — est restée vide au flanc du Montague, — et il s'est égaré dans la poitrine de ma fille (141)!

LADY CAPULET.

— Mon Dieu! ce spectacle funèbre est le glas — qui appelle ma vieillesse au sépulcre.

Entrent MONTAGUE *et sa suite.*

LE PRINCE,

— Approche, Montague : tu t'es levé avant l'heure — pour voir ton fils, ton héritier couché avant l'heure.

MONTAGUE.

— Hélas! mon suzerain, ma femme est morte cette nuit. — L'exil de son fils l'a suffoquée de douleur (142)! — Quel est le nouveau malheur qui conspire contre mes années?

LE PRINCE, *montrant le tombeau.*

— Regarde, et tu verras.

MONTAGUE, *reconnaissant Roméo.*

— O mal appris! Y a-t-il donc bienséance — à prendre le pas sur ton père dans la tombe?

LE PRINCE.

— Fermez la bouche aux imprécations, — jusqu'à ce que nous ayons pu éclaircir ces mystères, — et en connaître la source, la cause et l'enchaînement. — Alors c'est moi qui mènerai votre deuil, — et qui le conduirai, s'il le faut, jusqu'à la mort. En attendant, contenez-vous, — et que l'affliction s'asservisse à la patience... — Produisez ceux qu'on soupçonne.

Les gardes amènent Laurence et Balthazar.

LAURENCE.

— Tout impuissant que j'ai été, c'est moi — qui suis le plus suspect, puisque l'heure et le lieu — s'accordent à m'imputer cet horrible meurtre ! — me voici, prêt à m'accuser et à me défendre, — prêt à m'absoudre en me condamnant.

LE PRINCE.

— Dis donc vite ce que tu sais sur ceci.

LAURENCE.

— Je serai bref : car le peu de souffle qui me reste — ne suffirait pas à un récit prolixe. — Roméo, ici gisant, était l'époux de Juliette ; — et Juliette, ici gisante, était la femme fidèle de Roméo. — Je les avais mariés : le jour de leur mariage secret — fut le dernier jour de Tybalt, dont la mort prématurée — proscrivit de cette cité le nouvel époux. — C'était lui, et non Tybalt, que pleurait Juliette.

A Capulet.

— Vous, pour chasser la douleur qui assiégeait votre fille, — vous l'aviez fiancée et vous vouliez la marier de force — au comte Pâris. Sur ce, elle est venue à moi, — et, d'un air effaré, m'a dit de trouver un moyen — pour la soustraire à ce second mariage : — sinon, elle voulait se tuer, là, dans ma cellule. — Alors, sur la foi de mon art, je lui ai remis — un narcotique qui a agi, — comme je m'y attendais, en lui donnant — l'apparence de la mort. Cependant j'ai écrit à Roméo — d'arriver, dès cette nuit fatale, — pour aider Juliette à sortir de sa tombe empruntée, — au moment où l'effet du breuvage cesserait. — Mais celui qui était chargé de ma lettre, frère Jean, — a été retenu par un accident, et me l'a rapportée — hier soir (143). Alors tout seul, — à l'heure fixée d'avance pour le réveil de Juliette, — je me suis rendu au caveau des Capulets dans l'intention de l'emmener — et de la recueillir dans ma cellule — jusqu'à ce qu'il me fût possible de prévenir Roméo. — Mais quand je suis arrivé, quelques minutes avant le moment — de son réveil, j'ai trouvé ici — le noble Pâris et le fidèle Roméo prématurément couchés dans le sépulcre. — Elle s'éveille, je la conjure de partir — et de supporter ce coup du ciel avec patience... — Aussitôt un bruit alarmant me chasse de la tombe; — Juliette, désespérée, refuse de me suivre, — et c'est sans doute alors qu'elle s'est fait violence à elle-même. — Voilà tout ce que je sais. La nourrice était dans le secret — de ce mariage. Si dans tout ceci quelque malheur — est arrivé par ma faute, que ma vieille vie — soit sacrifiée, quelques heures avant son épuisement, — à la rigueur des lois les plus sévères.

LE PRINCE.

— Nous t'avons toujours connu pour un saint homme... — Où est le valet de Roméo? qu'a-t-il à dire?

BALTHAZAR.

— J'ai porté à mon maître la nouvelle de la mort de Juliette; — aussitôt il a pris la poste, a quitté Mantoue — et est venu dans ce cimetière, à ce monument. — Là, il m'a chargé de remettre de bonne heure à son père la lettre que voici, — et, entrant dans le caveau, m'a ordonné sous peine de mort — de partir et de le laisser seul.

LE PRINCE, prenant le papier que tient Balthazar.

— Donne-moi cette lettre, je veux la voir... — Où est le page du comte, celui qui a appelé le guet? — Maraud, qu'est-ce que ton maître a fait ici?

LE PAGE.

— Il est venu jeter des fleurs sur le tombeau de sa fiancée — et m'a dit de me tenir à l'écart, ce que j'ai fait.

— Bientôt un homme avec une lumière est arrivé pour ouvrir la tombe ; — et, quelques instants après, mon maître a tiré l'épée contre lui ; — et c'est alors que j'ai couru appeler le guet.

LE PRINCE, jetant les yeux sur la lettre.

— Cette lettre confirme les paroles du moine... — Voilà tout le récit de leurs amours... Il a appris qu'elle était morte ; — aussitôt, écrit-il, il a acheté du poison — d'un pauvre apothicaire et sur-le-champ — s'est rendu dans ce caveau pour y mourir et reposer près de Juliette...

Regardant autour de lui.

— Où sont-ils, ces ennemis ? Capulet ! Montague ! — Voyez par quel fléau le ciel châtie votre haine : — pour tuer vos joies il se sert de l'amour !... — Et moi, pour avoir fermé les yeux sur vos discordes, — j'ai perdu deux parents. Nous sommes tous punis (144).

CAPULET.

— O Montague, mon frère, donne-moi ta main.

Il serre la main de Montague.

— Voici le douaire de ma fille ; je n'ai rien — à te demander de plus.

MONTAGUE.

Mais moi, j'ai à te donner plus encore. — Je veux dresser une statue de ta fille en or pur. — Tant que Vérone gardera son nom, — il n'existera pas de figure plus honorée — que celle de la loyale et fidèle Juliette (145).

CAPULET.

Je veux que Roméo soit auprès de sa femme dans la même splendeur : — pauvres victimes de nos inimitiés !

LE PRINCE.

— Cette matinée apporte avec elle une paix sinistre,

— le soleil se voile la face de douleur. — Partons pour causer encore de ces tristes choses. — Il y aura des graciés et des punis. — Car jamais aventure ne fut plus douloureuse — que celle de Juliette et de son Roméo.

Tous sortent (145).

FIN DE ROMÉO ET JULIETTE.

NOTES

SUR

ANTOINE ET CLÉOPATRE ET ROMÉO ET JULIETTE.

—⊸✠⊶—

(1) La tragédie d'*Antoine et Cléopâtre* a été imprimée pour la première fois, sans division d'actes ni de scènes, dans l'édition in-folio de 1623 ; elle est l'avant-dernière pièce du volume, où elle prend place entre *Othello* et *Cymbeline*. — Les recherches faites par les commentateurs pour fixer l'époque à laquelle elle a été représentée, sont restées jusqu'ici infructueuses : Malone et Chalmers indiquent l'année 1608, mais sans donner de motif sérieux. *Antoine et Cléopâtre* appartient évidemment au même cycle que *Coriolan* et *Jules César*, et j'incline à croire avec M. Knight que la composition des trois pièces romaines occupa la fin de l'existence de Shakespeare. Sans doute cette magnifique trilogie fut le dernier miracle de ce génie tout-puissant, qui, après avoir ressuscité le monde du moyen âge, voulut, avant de disparaître, faire revivre la société antique.

Ainsi que je l'ai dit à l'introduction, l'auteur a suivi minutieusement le récit de Plutarque. Dès 1579, les *Vies des hommes illustres* avaient été traduites par sir Thomas North, non sur le texte grec, mais d'après la version française d'Amyot, et, — disons-le avec orgueil, — c'est le travail de notre compatriote qui a servi à Shakespeare pour élever son monument. Si scrupuleuse est l'exactitude avec laquelle Shakespeare reproduit Amyot, que, pour traduire l'un, je n'ai eu souvent qu'à copier l'autre. Le lecteur trouvera cités plus loin tous les passages dont l'auteur s'est particulièrement inspiré ; j'ai souligné dans ces citations quantité de phrases et de mots littéralement empruntés par le poëte au prosateur.

Antoine et Cléopâtre a été abrégé pour le théâtre de Drury-Lane, en 1758, par Edward Capell.

(2) « Mais, pour revenir à Cléopatra, Platon écrit que l'art et science de flatter se traite en quatre manières, toutefois elle en inventa beaucoup de sortes : car fût en jeu ou en affaire de conséquence, elle trouvait toujours quelque nouvelle volupté par laquelle elle tenait sous sa main et maîtrisait Antonius, ne l'abandonnant jamais, et jamais ne le perdant de vue ni de jour ni de nuit : car elle jouait aux dés, elle buvait, elle chassait ordinairement avec lui, elle était toujours présente quand il prenait quelque exercice de la personne : quelquefois qu'il se déguisait en valet pour *aller la nuit rôder par la ville,* et s'amuser aux fenêtres et aux huis des boutiques des petites gens mécaniques, à contester et railler avec ceux qui étaient dedans, elle prenait l'accoutrement de quelque chambrière, et s'en allait battre le pavé et courir avec lui, dont il revenait toujours avec quelques moqueries et bien souvent avec des coups qu'on lui donnait : et combien que cela déplût et fût suspect à la plupart, toutefois communément ceux d'Alexandrie étaient bien aises de cette joyeuseté et la prenaient en bonne part, disant élégamment et ingénieusement qu'Antonius leur montrait un visage comique, c'est-à-dire joyeux, et aux Romains un tragique, c'est-à-dire austère. » — (*Plutarque traduit par Amyot. Vie d'Antoine.*)

(3) « Ainsi comme Antonius prenait ses ébats en telles folies et telles jeunesses, il lui vint de mauvaises nouvelles de deux côtés : l'une de Rome, que Lucius, son frère, et Fulvia, sa femme, avaient premièrement eu noise et débat ensemble, et puis étaient entrés en guerre ouverte contre César, et avaient tout gâté, tant qu'ils avaient été contraints de vider et s'enfuir de l'Italie : l'autre, qui n'était point meilleure que celle-là, c'est que Labiénus, avec l'armée des Parthes, subjuguait et conquérait toute l'Asie, depuis le fleuve

d'Euphrate et depuis la Syrie, jusques au pays de Lydie et Ionie. Et adonc commença-t-il à toute peine à s'éveiller un petit, comme s'il eût été bien fort endormi, et par manière de dire à s'en revenir d'une grande ivresse. Si voulut aller à l'encontre des Parthes premièrement, et tira jusques à la contrée de la Phénicie; mais là il reçut des lettres de Fulvia pleines de lamentations et de pleurs : *par quoi il tourna tout court devers l'Italie avec deux cents navires,* et allant recueillir par les chemins tous ses amis qui s'enfuyaient de l'Italie vers lui, et par lesquels il fut informé que Fulvia était la seule cause de cette guerre, laquelle étant d'une nature fâcheuse, perverse et téméraire, avait expressément ému ce trouble et tumulte en Italie, pour l'espérance de le retirer par ce moyen d'avec Cléopatra. Or advint-il de bonne fortune que cette Fulvia, en allant trouver Antonius, mourut de maladie en la ville de Sicyone, et pourtant fut l'appointement entre lui et César plus aisé à traiter. »

(4) Allusion à une ancienne superstition mentionnée par Holinshed: « Un crin de cheval jeté dans un bassin d'eau croupie ne tardera pas à remuer et à devenir une créature vivante. » — *Description of England*, p. 224.

(5) « D'autre part Cicéron, qui était lors le premier homme de la ville en autorité et en réputation, irritait et mutinait tout le monde à l'encontre d'Antonius, tellement qu'à la fin il fit tant que le sénat le déclara et jugea ennemi de la chose publique, et décerna au jeune Cæsar des sergents qui porteraient les haches devant lui et autres marques et enseignes du magistrat et de la dignité prétoriale, et envoya Hircius et Pansa, qui pour lors étaient consuls, avec deux armées, pour débouter et chasser Antonius hors de toute l'Italie. Ces deux consuls ensemble, avec Cæsar qui avait aussi une armée, allèrent trouver Antonius au siége devant la ville de Modène, et là le défirent en bataille : mais tous les deux consuls y moururent. Antonius, en s'enfuyant de cette défaite, se trouva en plusieurs nécessités et détresses grandes tout à un coup, dont la plus pressante était la faim : mais il avait cela de nature qu'il se surpassait soi-même en patience et en vertu quand il se trouvait en adversité, et plus la fortune le pressait, plus il devenait semblable à un homme véritablement vertueux. Or, est-ce bien chose commune à tous ceux qui tombent en tels détroits de nécessité, de sentir et entendre ce que requiert alors le devoir et la vertu : mais il en est peu qui

en telles traverses et secousses de fortune aient le cœur assez ferme pour faire et imiter ce qu'ils louent et estiment, ou pour fuir ce qu'ils blâment et reprennent, mais plutôt au contraire se laissent aller pour l'accoutumance qu'ils ont de vivre à leur aise et, par faiblesse et lâcheté de cœur, fléchissent et changent leurs premiers discours. Pourtant était-ce un exemple merveilleux aux soldats de voir Antonius, qui avait accoutumé de vivre en délices et en si grande affluence de toutes choses, boire facilement de l'eau puante et corrompue, manger des fruits et racines sauvages : et dit-on encore plus qu'il mangea des écorces d'arbres et des bêtes, dont par avant jamais homme n'avait tâté, en passant les monts des Alpes. »

(6) « Quand Antonius eut pris terre en Italie et qu'on vit que Cæsar ne lui demandait rien quand à lui, et qu'Antonius, d'autre côté, rejetait tout ce dont on le chargeait sur sa femme Fulvia, les amis de l'un et de l'autre ne voulurent point qu'ils entrassent plus avant en contestation ni inquisition pour avérer qui avait le tort ou le droit, et qui était cause de ce trouble, de peur d'aigrir davantage les choses, mais les accordèrent, et divisèrent entre eux l'empire de Rome, faisant la mer Ionique borne de leur partage : car ils baillèrent toutes les provinces du Levant à Antonius et celles de l'Occident à Cæsar, laissant à Lépidus l'Afrique, et arrêtèrent que, l'un après l'autre, ils feraient leurs amis consuls quand ils ne le voudraient être eux-mêmes. Cela semblait être bien avisé, mais qu'il avait besoin de plus étroit lien et de plus grande sûreté dont fortune bailla le moyen. Car il y avait Octavia, sœur aînée de Cæsar, non d'une même mère, car elle était née d'Ancharia, et lui après d'Accia. Il aimait singulièrement cette sienne sœur : aussi était-ce à la vérité une excellente dame, veuve de son premier mari, Caïus Marcellus, qui naguères était décédé, et sembla qu'Antonius était veuf depuis le décès de Fulvia, car il ne niait point qu'il n'eût Cléopatra, mais aussi ne confessait-il pas qu'il la tînt pour femme, mais débatait encore de cela la raison contre l'amour de cette Égyptienne. Par quoi tout le monde mit en avant ce mariage, espérant que cette dame Octavia, laquelle avait la grâce, l'honnêteté et la prudence conjointe à une si rare beauté, quand elle demeurerait avec Antonius, étant aimée et estimée, comme la raison voulait que le fût une telle dame, qu'elle serait cause d'une bonne paix et certaine amitié entre eux. »

(7) « J'ai autrefois ouï raconter à mon grand-père Lampryas qu'un Philotas, médecin, natif de la ville d'Amphissa, lui contait comme en ce temps-là il était en Alexandrie, étudiant en son art de médecine, et que l'un des maîtres cuisiniers de la maison d'Antonius, auquel il avait pris connaissance, le mena avec lui comme un jeune homme curieux de voir, pour lui montrer le grand appareil et la somptuosité d'un seul souper. Quand il fut en la cuisine, il y vit une infinité de viandes, et, entre autres, huit sangliers tout entiers qu'on rôtissait, dont il fut fort ébahi, disant qu'il devait avoir grand nombre de gens à ce souper. Le cuisinier s'en prit à rire, et lui répondit qu'il n'y en avait pas beaucoup, mais environ douze seulement : mais qu'il fallait que tout ce qui était mis sur la table fut cuit et servi à son point, lequel se gâte et se passe en un moment, et Antonius voudra peut-être souper tout à cette heure, ou bien d'ici à un peu de temps, ou possible qu'il le différera plus tard, pour ce qu'il aura bu sur jour, ou qu'il sera entré en quelque long propos : et à cette cause on prépare, non un souper seul, mais plusieurs pour autant qu'on ne saurait deviner l'heure qu'il voudra souper. »

(8) « Étant Antonius de telle nature, le dernier et le comble de tous ses maux, c'est à savoir l'amour de Cléopatra, lui survint qui éveilla et excita plusieurs vices qui étaient encore cachés en lui : et s'il lui était resté quelque scintille de bien et quelque espérance de ressource, elle l'éteignit du tout et le gâta encore plus qu'il n'était auparavant. Si fut pris en cette manière : ainsi qu'il allait pour faire la guerre contre les Parthes, il envoya ajourner Cléopatra à comparoir en personne par-devant lui quand il serait en la Cilicie, pour répondre aux charges et imputations qu'on proposait à l'encontre d'elle. Si Cléopatra fit provision de quantité de dons et de présents, de force or et argent, de richesses et de beaux ornements, comme il est croyable qu'elle pouvait apporter d'une si grande maison et d'un si opulent et si riche royaume comme celui d'Égypte. Mais pourtant elle ne porta rien avec elle en quoi elle eût tant d'espérance ni de confiance comme en soi-même, et aux charmes et enchantements de sa beauté et bonne grâce. Par quoi, combien qu'elle fût mandée par plusieurs lettres, tant d'Antonius même que de ses amis, elle en fit si peu de compte et se moqua tant de lui, qu'elle n'en daigna autrement s'avancer, sinon que de se mettre sur le fleuve Cydnus dedans un bateau dont *la poupe était d'or, les voiles de pourpre, les rames d'argent*, qu'on maniait au son et à la cadence

d'une musique de flûtes, hautbois, cithres, violes et autres tels instruments dont on jouait dedans. Et au reste, *quant à sa personne, elle était couchée dessous un pavillon d'or tissu,* vêtue et accoutrée tout en la sorte qu'on dépeint ordinairement Vénus, et auprès d'elle, d'un côté et d'autre, de beaux petits enfants, habillés ni plus ni moins que les peintres ont accoutumé de portraire les amours, avec des éventaux en leurs mains dont ils s'éventaient. Ses femmes et damoiselles, semblablement les plus belles, étaient habillées *en nymphes néréides* qui sont *les fées des eaux,* et comme les Graces, les unes appuyées sur le timon, les autres sur les câbles et cordages du bateau, duquel il sortait de merveilleusement douces et suaves odeurs de parfums qui remplissaient deçà et delà les rives toutes couvertes de monde innumérable : car les uns accompagnaient le bateau le long de la rivière, les autres accouraient de la ville pour voir ce que c'était; et sortit une si grande foule de peuple, que finalement Antonius, étant sur la place en son siége impérial à donner audience, y demeura tout seul, et courait une voix par les bouches du commun peuple, que c'était la déesse Vénus, laquelle venait jouer chez le dieu Bacchus pour le bien universel de toute l'Asie. *Quand elle fut descendue en terre, Antonius l'envoya convier* devenir souper en son logis : mais elle lui manda qu'il valait mieux que lui plutôt vînt souper chez elle. Par quoi, pour se montrer gracieux à son arrivée envers elle, il lui voulut bien obtempérer et y alla, où il trouva l'appareil du festin si grand et si exquis qu'il n'est possible de le bien exprimer. »

(9) « Antonius avait avec lui un devin égyptien, de ceux qui se mêlent de juger les nativités et prédire les aventures des hommes en considérant l'heure de leur naissance, lequel, fût pour gratifier à Cléopatra ou pour ce qu'il le trouvait ainsi par son art, disait franchement à Antonius que sa fortune, laquelle était de soi très-illustre et très-grande, s'effaçait et s'offusquait auprès de celle de Cæsar, et pourtant lui conseillait de se reculer le plus loin qu'il pourrait de ce jeune seigneur : car *ton démon,* disait-il, c'est-à-dire *le bon ange et l'esprit qui t'a en garde,* craint et redoute le sien, et *étant courageux et hautain* quand il est seul à part lui, il devient craintif et peureux quand il s'approche de l'autre. Quoi que ce soit, les événements approuvaient ce que disait cet Égyptien. Car on dit que toutes les fois qu'ils tiraient au sort, par manière de passetemps, à qui aurait quelque chose, ou qu'ils jouaient aux dés, Antonius perdait toujours. Quelquefois, par jeu, ils faisaient joûter des

coqs ou des cailles qui étaient duites et faites à se battre. Celles de Cæsar vainquaient toujours, de quoi Antonius était marri en soi-même, combien qu'il n'en montrât rien par dehors, et pourtant en ajoutait plus de foi à cet Égyptien. »

(10) « Antonius se mit quelquefois à pêcher à la ligne, et voyant qu'il ne pouvait rien prendre, en était fort dépité et marri à cause que Cléopatra était présente. Si commanda secrètement à quelques pêcheurs, quand il aurait jeté sa ligne, qu'ils se plongeassent soudain en l'eau et qu'ils allassent accrocher à son hameçon quelques poissons de ceux qu'ils auraient pêchés auparavant, et puis retira ainsi deux ou trois fois la ligne avec prise. Cléopatra s'en aperçut incontinent, toutefois elle fit semblant de n'en rien savoir et de s'émerveiller comment il pêchait si bien : mais à part elle conta le tout à ses familiers et leur dit que le lendemain ils se trouvassent sur l'eau pour voir l'ébattement. Ils y vinrent sur le port en grand nombre et se mirent dedans des bateaux de pêcheurs, et Antonius aussi lâcha la ligne, et lors Cléopatra commanda à l'un de ses serviteurs qu'il se hâtât de plonger devant ceux d'Antonius et qu'il allât attacher à l'hameçon de sa ligne quelque vieux poisson salé, comme ceux qu'on apporte du pays de Pont : cela fait, Antonius, qui cuida qu'il y avait un poisson de pris, tira incontinent sa ligne, et adonc, comme on peut penser, tous les assistants se prirent bien fort à rire, et Cléopatra en riant lui dit : Laisse-nous, seigneur, à nous autres Égyptiens habitants de Pharus et de Canopus, laisse-nous la ligne : ce n'est pas ton métier : ta chasse est de prendre et conquérir villes et cités, pays et royaumes. »

(11) « Or tenait alors Sextus Pompéius la Sicile, et de là courait et pillait toute l'Italie avec un grand nombre de fustes et autres navires de corsaires que conduisaient Ménas et Ménécrates, deux écumeurs de mer, dont ils travaillaient tellement toute la mer que personne ne s'osait mettre à la voile : et si avait plus que Sextus Pompéius s'était honnêtement porté envers Antonius, car il reçut humainement sa mère, laquelle s'enfuyait de l'Italie avec Fulvia : par quoi ils avisèrent qu'il fallait aussi appointer avec lui. Si convinrent ensemble près le mont de Misène sur une levée qui est jetée assez avant dedans la mer, ayant Pompéius la flotte de ses navires là auprès à l'ancre, et Antonius et Cæsar leurs armées sur le bord de la mer tout à l'endroit de lui, là où, après qu'ils eurent arrêté que Pompéius aurait la Sicile et la Sardaigne, par tel convenant *qu'il*

nettoierait la mer de tous corsaires et larrons, et la rendrait sûre et navigable et outre enverrait quelque certaine quantité de blés à Rome, ils se convièrent les uns les autres à manger ensemble, et tirèrent au sort à qui le premier ferait le festin. Le sort échut premier à Pompéius, pourquoi Antonius lui demanda : Et où souperons-nous? Là, répondit Pompéius, en lui montrant sa galère Capitainesse qui était à six rangs de rames : car c'est, dit-il, la seule maison paternelle qu'on m'a laissée. Ce qu'il disait pour piquer Antonius, à cause qu'il tenait la maison de Pompéius le Grand, son père : si fit jeter en mer force ancres pour assurer sa galère, et bâtir un pont de bois pour passer depuis le chef de Misène jusques en sa galère, où il les reçut et festoya à bonne chère : mais au milieu du festin, comme ils commençaient à s'échauffer et à gaudir Antonius de l'amour de Cléopatra, Ménas le corsaire s'approcha de Pompéius, et lui dit tout bas en l'oreille : *Veux-tu* que je coupe les cordages des ancres, et que *je te fasse seigneur*, non-seulement de Sicile et de Sardaigne, *mais aussi de tout l'état* et empire de Rome? Pompéius, après avoir un petit pensé en soi-même, lui répondit : *Tu le devais faire sans m'en avertir*, mais maintenant contentons-nous de ce que nous avons : car quant à moi, je n'ai point appris de fausser ma foi, ni de faire acte de trahison.

(12) Julius Cæsar manda secrètement à Cléopatra qui était aux champs, qu'elle revînt; et elle prenant en sa compagnie Apollodorus, Sicilien, seul de tous ses amis, se mit dedans un petit bateau, sur lequel elle vint aborder au pied du château d'Alexandrie qu'il était jà nuit toute noire : et n'ayant moyen d'y entrer autrement sans être connue, elle s'étendit tout de son long dessus un faisceau de hardes qu'Apollodorus plia et lia par-dessus avec une grosse courroie, puis le chargea sur son col, et le porta ainsi dedans à Cæsar par la porte du château. Ce fut la première amorce, à ce qu'on dit, qui attira Cæsar à l'aimer. » *Plutarque traduit par Amyot. Vie de Julius Cæsar.*

(13) « Cependant Ventidius défit une autre fois en bataille, qui fut donnée en la contrée Cyrrestique, Pacorus, le fils d'Orodes, roi des Parthes, lequelle était derechef venu avec grosse puissance pour envahir et occuper la Syrie, en laquelle journée il mourut un grand nombre de Parthes, et entre les autres y demeura Pacorus lui-même. Cet exploit d'armes, excellent entre les plus glorieux qui furent

onques faits, donna aux Romains pleine et entière vengeance de la honte et perte qu'ils reçurent à la mort de Marcus Crassus, et fit retirer les Parthes et se contenir au dedans des limites de la Mésopotamie et de la Médie, après avoir été déconfits et défaits par trois fois tout de rang en bataille ordonnée; mais Ventidius n'osa pas entreprendre de les poursuivre plus outre, à cause qu'il craignait qu'il ne s'acquît l'envie et la male grâce d'Antonius. » *Vie d'Antoine.*

(14) Shakespeare semble avoir transporté dans son drame une scène historique dont il a été contemporain. En écoutant les minutieuses questions que Cléopâtre adresse ici au messager, on croirait entendre la reine Élisabeth interrogeant Melville sur le compte de sa rivale Marie Stuart. « Sa Majesté, raconte l'ambassadeur écossais dans ses *Mémoires,* me demanda quels cheveux je préférais, les siens ou ceux de la reine Marie. Je lui dis que leurs deux chevelures étaient d'un blond également rare. — Elle me pressa de lui dire qui des deux était la plus belle. Je lui dis qu'elle (la reine Élisabeth) était la plus belle en Angleterre et que ma reine était la plus belle en Écosse. Elle insista sur sa question. Je répondis qu'elles étaient les deux plus gracieuses personnes de leurs royaumes : que Sa Majesté était la plus jolie et ma souveraine la plus belle. — Elle me demanda quelle était la plus grande. Je lui dis que c'était ma reine. « Elle est trop grande alors, fit-elle, car je ne suis ni trop grande ni trop petite. » Elle me demanda quelles étaient les occupations de la reine Marie. Je répliquai que, d'après ma dernière dépêche, ma reine revenait d'une chasse dans les hautes terres; que, quand ses affaires le lui permettaient, elle lisait l'histoire, que d'autres fois elle jouait du luth et du clavecin. — En joue-t-elle bien? — Mais raisonnablement pour une reine.. — Elle me demanda qui dansait le mieux, ma reine ou elle? Je répondis que ma reine dansait avec autant de noblesse qu'elle. Elle me répéta alors qu'elle voudrait voir la reine Marie d'une manière commode. Je lui offris de la mener secrètement en poste, déguisée en page. Elle pourrait voir ainsi la reine comme le roi Jacques V avait vu la sœur du duc de Vendôme qu'il devait épouser. J'ajoutai qu'elle n'aurait qu'à faire défendre son appartement pendant son absence, comme si elle était malade. Il n'était nécessaire de mettre dans la confidence que Lady Strafford et l'un des grooms de la chambre. Cette idée parut d'abord lui plaire; puis elle reprit en soupirant : « Hélas! si je pouvais faire ça! » — *Melville's Memoirs.*

(15) « Pour quelques rapports qu'on lui fit, Antonius se courrouça derechef à l'encontre de Cæsar et s'embarqua pour aller vers l'Italie avec trois cents navires : et pour ce que ceux de Brundusium ne voulurent pas recevoir son armée en leur port, il tira à Tarente là où Octavia sa femme, qui était venue avec lui de la Grèce, le supplia que son plaisir fût de l'envoyer vers son frère, ce qu'il fit. Elle était pour lors enceinte, et si avait déjà une seconde fille de lui, et néanmoins se mit en voie et rencontra Cæsar en chemin, qui menait avec lui Mæcenas et Agrippa, ses deux principaux amis, lesquels elle tira à part, et leur fit les plus affectueuses prières et supplications de quoi elle se put aviser, qu'ils ne voulussent permettre qu'elle, qui était la plus heureuse femme du monde, devînt la plus misérable et la plus infortunée qui fut oncques : car maintenant tout le monde, disait-elle, a les yeux sur moi, pour autant que je suis sœur de l'un des empereurs et femme de l'autre. Or si (ce qu'à Dieu ne plaise) le pire conseil a lieu et que la guerre se fasse, quant à vous, il est incertain auquel des deux les dieux aient destiné d'être vainqueur ou vaincu : mais quant à moi, de quelque côté que la victoire se tourne, en tout événement ma condition sera toujours malheureuse. » — *Plutarque traduit par Amyot. Vie d'Antoine.*

(16) « Aussi à vrai dire Antonius était par trop insolent et trop superbe, et quasi comme fait en dépit et en mépris des Romains. Car il fit assembler tout le peuple dedans le parc, là où les jeunes gens s'adressent aux exercices de la personne, et là, dessus un haut *tribunal argenté*, fit mettre *deux chaires d'or*, l'une pour lui et l'autre pour Cléopatra, et d'autres plus basses pour ses enfants : puis déclara publiquement devant toute l'assistance qu'il établissait premièrement Cléopatra *reine d'Égypte, de Cypre, de Lydie et de la basse Syrie*, et avec elle Cæsarion aussi roi des mêmes royaumes : on estimait ce Cæsarion fils de Julius Cæsar, qui avait laissé Cléopatra enceinte. Secondement il appela ses enfants de lui et d'elle les rois des rois et donna pour apanage à Alexandre l'Arménie, la Médie et les Parthes quand il les aurait subjugués et conquis, et à Ptolémœus la Phénicie, la Syrie et la Cilicie : mais quand et quand il amena en public Alexandre vêtu d'une robe longue à la médoise, avec un haut chapeau pointu sur la tête, dont la pointe était droite, ainsi que le portent les rois des Médois et des Arméniens, et Ptolemœus vêtu d'un manteau à la macédonienne avec des pantoufles à ses pieds et un chapeau à large rebras bordé d'un bandeau royal, car

tel était l'accoutrement que soulaient porter les rois successeurs d'Alexandre le Grand. Ainsi après que ses enfants eurent fait la révérence et baisé leur père et mère, incontinent une troupe de gardes arméniens, attitrés expressément, en environna l'un, et une de Macédoniens l'autre. Quant à Cléopatra *elle vêtait l'accoutrement sacré de la déesse Isis et donnait audience* à ses sujets comme une nouvelle Isis. Cæsar rapportant ces choses au sénat, et l'en accusant souventefois devant tout le peuple romain, fit tant qu'il irrita tout le monde contre lui. Antonius de l'autre côté envoya à Rome pour le contrecharger et accuser aussi : mais les principaux points des charges étaient qu'ayant dépouillé Sextus Pompéius de la Sicile, *il ne lui avait point baillé sa part de l'île* : secondement, *qu'il ne lui rendait point les navires* et vaisseaux qu'il avait empruntés de lui pour cette guerre : tiercement, qu'ayant débouté Lépidus leur compagnon au triumvirat de sa part de l'empire, et l'ayant destitué de tous honneurs, il retenait par devers lui la personne, les terres et revenus d'icelles qui lui avaient été assignées pour sa part, et après tout qu'il avait presque distribué à ses gendarmes toute l'Italie et n'en avait rien laissé aux siens. Cæsar lui répondait, quant à Lépidus, qu'il l'avait déposé voirement, et privé de sa part de l'empire, pour autant qu'il en abusait outrageusement : et quant à ce qu'il avait conquis par les armes, qu'il en ferait volontiers part à Antonius, pourvu qu'il lui fît aussi le semblable de l'Arménie; quant à ses gens de guerre, qu'ils ne devaient rien quereller en Italie pour autant qu'ils possédaient la Médie et la Parthe, lesquels ils avaient ajoutées à l'Empire Romain, en combattant vaillamment avec leur Empereur. »

(17) « Après donc que Cæsar eut suffisamment fait ses apprêts, il fit publiquement décerner la guerre contre Cléopatra et abroger la puissance et l'empire d'Antonius, attendu qu'il l'avait préalablement cédé à une femme. Et disait davantage Cæsar qu'Antonius n'était pas maître de soi, mais que Cléopatra par quelques charmes et poisons amatoires l'avait fortrait de son bon sens, *et que ceux qui leur feraient la guerre, seraient un Mardian eunuque, un Photinus*, une Iras, femme de chambre de Cléopatra qui lui accoutrait ses cheveux, et une Charmion, lesquelles maniaient les principales affaires de l'empire d'Antonius. »

(18) « Antonius était si abbêti et si asservi au vouloir d'une femme que, combien qu'il fût de beaucoup le plus fort par terre, il voulut néanmoins que l'affaire se vidât par un combat de mer pour

l'amour de Cléopatra, encore qu'il vît devant ses yeux qu'à faute de forçaires ses capitaines prenaient et enlevaient de la pauvre Grèce par force toutes gens qu'on pouvait trouver par les champs, viateurs passants, muletiers, moissonneurs, de jeunes garçons, et encore ne pouvaient-ils pas fournir à emplir les galères, tellement que la plus grande partie était vide et ne pouvait voguer qu'à peine à cause qu'il n'y avait pas assez de gens de rame dedans. Mais au contraire, celles de Cæsar n'étaient point bâties pompeusement en grandeur et hauteur pour une ostentation de magnificence, mais étaient légères et faciles à manier, armées et fournies de forçaires autant comme il leur en fallait, lesquelles il tenait toutes prêtes ès ports de Tarente et de Brundusium. Si manda à Antonius qu'il ne reculât plus en perdant temps et qu'il vînt avec son armée en Italie, et quant à lui, qu'il lui baillerait havres et rades pour pouvoir sûrement et sans empêchement prendre terre, et qu'il se reculerait avec son armée arrière de la mer au dedans de l'Italie, autant que se peut étendre la course d'un cheval, jusqu'à ce qu'il eût exposé son armée en terre et qu'il fût logé. Antonius bravant à l'opposite, lui remanda qu'il *le défiait de combattre seul à seul* en champ clos, combien qu'il fût le plus vieil, et, s'il fuyait ce combat, qu'il le combattrait en bataille rangée ès campagnes de Pharsale, comme avaient fait auparavant Julius Cæsar et Pompéius. »

(19) « Après donc qu'il fut tout conclu et arrêté qu'on combattrait par mer, il fit brûler toutes les autres naves fors que soixante égyptiennes, et ne retint que les meilleures et les plus grandes galères depuis trois rangs de rames jusqu'à dix, sur lesquelles il mit vingt et deux mille combattants, avec deux mille hommes de trait : mais ainsi qu'il ordonnait ses gens en bataille, il y eut un chef de bande, vaillant homme et qui s'était trouvé en plusieurs affaires et rencontres sous sa charge, tellement qu'il en avait le corps tout détaillé et cicatricé de coups, lequel, ainsi qu'Antonius passait au long de lui, s'écria et dit tout haut : Sire empereur, comment mets-tu ton espérance en ces méchants et frêles bois ici? *te défies-tu de ces miennes cicatrices et de cette épée?* laisse combattre les Phéniciens et les Ægyptiens sur la mer et nous laisse la terre ferme sur laquelle *nous avons accoutumé de vaincre ou de mourir debout*. Antonius passa outre sans lui répondre, seulement lui fit-il signe de la main et de la tête, comme s'il eût voulu admonester qu'il eût bon courage, toutefois il n'avait pas lui-même guère bonne espérance. »

(20) « Toutefois le combat était encore égal et la victoire en doute

sans incliner plus d'un côté que d'autre, quand on vit soudainement les soixante naves de Cléopatra dresser les mâts et déployer les voiles pour prendre la fuite : si s'enfuirent tout à travers de ceux qui combattaient; car elles avaient été mises derrière les grands vaisseaux et mirent les autres en grand trouble et désarroi : pour ce les ennemis mêmes s'émerveillèrent fort de les voir ainsi cingler à voiles déployées vers le Péloponèse : et là Antonius montra tout évidemment qu'il avait perdu le sens et le cœur, non-seulement d'un empereur, mais aussi d'un vertueux homme, et qu'il était transporté d'entendement, et que cela est vrai qu'un certain ancien a dit en se jouant que l'âme d'un amant vit au cœur d'autrui, non pas au sien : tant il se laissa mener et traîner à cette femme comme s'il eût été collé à elle, et qu'elle n'eût su se remuer sans le mouvoir aussi. Car, tout aussitôt qu'il vit partir son vaisseau, il oublia, abandonna et trahit ceux qui combattaient et se faisaient tuer pour lui, et se jeta en une galère à cinq rangs de rames pour suivre celle qui l'avait déjà commencé à ruiner, et qui le devait encore du tout achever de détruire. »

(21) « Quant à lui-même, il se délibérait de traverser en Afrique, et prit l'une de ses carraques chargée d'or et d'argent et d'autres meubles, laquelle il donna à ses amis, leur commandant qu'ils la partissent entre eux, et qu'ils cherchassent moyen de se sauver. Ils répondirent en pleurant qu'ils ne le feraient point et qu'ils ne l'abandonneraient jamais. Adonc Antonius les reconforta fort humainement et affectueusement, les priant de se retirer. Si écrivit à Theophilus, le gouverneur de Corinthe, qu'il leur donnât moyen d'être en sûreté et qu'il les cachât dans quelque lieu secret jusqu'à ce qu'ils eussent fait leur appointement avec César. »

(22) « Ils envoyèrent des ambassadeurs vers César en Asie, elle requérant le royaume d'Égypte pour ses enfants, et lui priant qu'on *le laissât vivre à Athènes comme personne privée*, si César ne voulait qu'il demeurât en Égypte. Et pour tant qu'ils n'avaient à l'entour d'eux autre personne de quelque apparence, à cause que les uns s'en étaient fuis et qu'il ne se fiaient guères aux autres, ils furent contraints d'y envoyer Euphronius, le précepteur de leurs enfants; César ne voulut point ouïr les prières et requêtes d'Antonius; mais quant à Cléopatra, il lui fit réponse qu'il ne lui refusait rien qui fût juste ou équitable, moyennant qu'elle fît mourir ou qu'elle chassât hors de son pays Antonius. »

(23) « César envoya l'un de ses serviteurs, nommé Tyréus, homme clairvoyant et bien avisé, et qui, apportant lettres de créance d'un jeune seigneur à une femme hautaine et qui se contentait grandement et se fiait de sa beauté, l'eût par son éloquence facilement pu émouvoir. Celui-ci parlait à elle plus longtemps que les autres, et lui faisait la reine très-grand honneur, tellement qu'il mit Antonius en quelque imagination et soupçon : si le fit saisir au corps et fouetter à bon escient, puis le renvoya ainsi accoutré à César, lui mandant qu'il l'avait irrité, *pour autant qu'il faisait trop du superbe, et l'avait eu en mépris*, mêmement lorsqu'il était *facile et aisé à aigrir* pour la misère, en laquelle il se trouvait. Bref, *si tu le trouves mauvais* (dit-il), *tu as par devers toi un de mes affranchis. Hipparchus, pends-le si tu veux, ou le fouette à ton plaisir afin que nous soyons égaux.* De là en avant Cléopatra, pour se purger des imputations qu'il lui mettait sus et des soupçons qu'il avait contre elle, l'entretint et le caressa le plus soigneusement et le plus diligemment qu'elle put : car tout premier là où elle solennisait le jour de sa nativité petitement et escharsement, comme il convenait à sa fortune présente, au contraire elle célébrait le jour de la sienne de telle sorte qu'elle outrepassait toutes les bornes de somptuosité et magnificence en manière que plusieurs des conviés au festin, lesquels y étaient venus pauvres, s'en retournaient tous riches. »

(24) « Si César approcha tant qu'il vint planter son camp tout joignant la ville dedans les lices, où on avait accoutumé de manière et piquer les chevaux. Antonius fit une saillie sur lui et combattit vaillamment, si bien qu'il repoussa les gens de cheval de César et les mena battant jusque dedans leur camp, puis s'en revint au palais se glorifiant grandement de cette victoire, et baisa Cléopatra tout aussi armé comme il était venu du combat, lui recommandant l'un de ses hommes d'armes, lequel en cette escarmouche avait très-bien fait son devoir, elle pour loyer de sa vertu, lui donna un corselet et un armet d'or ; mais l'homme d'armes, après qu'il eut reçu ce riche présent, la nuit s'en alla rendre à César. Et Antonius envoya une autre fois défier César, et lui présenter le combat d'homme à homme. *César lui fit réponse qu'il avait beaucoup d'autres moyens de mourir que celui-là* [1].

---

[1] L'ambiguïté de cette phrase, fidèlement reproduite par North, a fait commettre à Shakespeare une erreur historique. Le poëte a cru que le

(25) « Parquoi Antonius voyant qu'il ne restait point de plus honnête moyen de mourir qu'en combattant vaillamment, se délibéra de faire tout son dernier effort tant par mer comme par terre : et en soupant, comme on dit, commanda à ses serviteurs et officiers domestiques qui le servaient à table, qu'ils lui versassent largement à boire et le traitassent à la meilleure chère qu'ils pourraient : Car, dit-il, vous ne savez si vous m'en ferez demain autant, ou si vous servirez autres maîtres, et peut-être ne sera-ce plus rien que de moi, sinon un corps mort étendu : toutefois, voyant que ses gens et ses familiers fondaient en larmes en lui oyant dire ces paroles, pour rhabiller ce qu'il avait dit, il y ajouta qu'il ne les mènerait point en bataille, *dont il ne pensât plutôt retourner sûrement avec la victoire qu'y mourir vaillamment avec gloire.* »

(26) « Au demeurant cette nuit même environ la minuit presque, comme toute la ville était en silence, frayeur et tristesse, pour l'attente de l'issue de cette guerre, on dit que soudainement on ouït l'harmonie et les sons accordés de toutes sortes d'instruments de musique, avec la clameur d'une grande multitude, comme si c'eussent été des gens qui eussent dansé et qui fussent allés chantant, ainsi qu'on fait ès fêtes de Bacchus, avec mouvement et saltations satyriques ; et semblait que cette danse passât tout à travers de la ville par la porte qui répondait au camp des ennemis, et par cette porte dont on oyait le bruit, toute la troupe sortit hors de la ville. Si fut avis à ceux qui, avec quelque raison, cherchèrent l'interprétation de ce prodige que c'était *le dieu auquel Antonius avait singulière dévotion* de le contrefaire et affection de lui ressembler, *qui le laissait.* »

(27) « Le lendemain à la point du jour, il alla parquer le peu de

mot *il* se rapportait à *César*, et en conséquence il a prêté cette réponse à Octave :

     Let the old ruffian know,
 I have many other ways to die.
 Que le vieux Ruffian sache — que j'*ai* bien d'autres moyens de mourir. »

Il suffit de consulter le texte grec pour reconnaître la méprise. Octave ne réplique pas que c'est lui-même, mais son adversaire qui a bien d'autres moyens de mourir. La phrase de Plutarque, littéralement traduite, dissipe toute équivoque ; la voici : « Après cela, Antoine envoya défier César à combattre corps à corps et reçut pour réponse qu'il pourrait trouver d'autres moyens de terminer sa vie. »

gens de pied qu'il avait sur les coteaux qui sont au-devant de la ville, et de là se prit à regarder ses galères qui partaient du port et voguaient contre celles des ennemis, si s'arrêta tout de pied coi, attendant de voir quelque exploit des gens de guerre qui étaient dedans; mais incontinent qu'à force de rames ils se furent approchés, ils saluèrent les premiers ceux de César, et ceux de César les resaluèrent aussi, et firent des deux une seule armée, et puis tous d'une flotte voguèrent vers la ville. Antonius n'eut pas plus tôt vu cela que ses gens de cheval l'abandonnèrent et se rendirent à César, et ses gens de pied furent rompus et défaits : par quoi il se retira dedans la ville, *criant que Cléopatra l'avait trahi* à ceux contre qui il avait entrepris et fait la guerre pour l'amour d'elle. »

(28) « Adonc elle, craignant sa fureur et sa désespérance, s'enfuit dedans la sépulture qu'elle avait fait bâtir, là où elle fit serrer les portes et abattre les grilles et les herses qui se fermaient à grosses serrures et fortes barrières, et cependant envoya vers Antonius lui dénoncer qu'elle était morte : ce qu'il crut tout aussitôt et dit en lui-même : Qu'attends-tu plus, Antonius, quand la fortune ennemie t'a ôté la seule cause qui te restait, pour laquelle tu aimais encore à vivre? Après qu'il eut dit ces paroles, il entra en une chambre et délaça le corps de sa cuirasse, et quand il fut découvert, il se prit à dire : O Cléopatra, je ne suis point dolent d'être privé et séparé de ta compagnie, car je me rendrai tantôt par devers toi : mais bien suis-je marri qu'ayant été si grand capitaine et si grand empereur, je sois par effet convaincu d'être moins magnanime et de moindre cœur qu'une femme. Or avait-il un sien serviteur nommé Éros, duquel il se fiait et *auquel* il avait longtemps auparavant *fait donner la foi qu'il l'occirait* quand par lui il en serait requis : il le somma lors de tenir sa promesse : par quoi le serviteur dégaîna son épée et l'étendit comme pour le frapper, mais en détournant son visage d'un autre côté, il se la fourra à soi-même tout au travers du corps, et tomba tout mort aux pieds de son maître : et adonc dit Antonius : O gentil Éros, je te sais bon gré et est vertueusement fait à toi de *me montrer qu'il faut que je fasse moi-même ce que tu n'as pu faire* en mon endroit En disant ces paroles il se donna de l'épée dedans le ventre, et puis se laissa tomber à la renverse sur un petit lit : si n'était pas le coup pour en mourir soudainement, et pourtant l'effusion du sang se restreignit un peu quand il fut couché, et après qu'il se fut un peu revenu, il pria ceux qui étaient là présents de l'achever d'occire, mais ils s'enfuirent tous de la chambre, et le laissèrent là,

criant et se tourmentant, jusqu'à ce qu'un certain secrétaire, nommé Diomède, vint par devers lui, lequel avait charge de le faire porter dedans le monument où était Cléopatra. Quand il sut qu'elle vivait encore, il commanda de grande affection à ses gens qu'ils y portassent son corps, et fut ainsi porté entre les bras de ses serviteurs jusques à l'entrée. »

(29) « Toutefois Cléopatra ne voulut pas ouvrir les portes, mais elle se vint mettre à des fenêtres hautes, et dévala en bas quelques chaînes et cordes, dedans lesquelles on empaqueta Antonius, et elle, avec deux de ses femmes seulement qu'elle avait souffert entrer avec elle dedans ces sépulcres, le tira amont. Ceux qui furent présents à ce spectacle, dirent qu'il ne fut oncques chose si piteuse à voir : car, on tirait ce pauvre homme tout souillé de sang tirant aux traits de la mort, et qui tendait les deux mains à Cléopatra, et se soulevait le mieux qu'il pouvait. C'était une chose bien malaisée que de le monter, mêmement à des femmes, toutefois Cléopatra en grande peine s'efforçant de toute sa puissance, la tête courbée contre bas sans jamais lâcher les cordes, fit tant à la fin qu'elle le monta et tira à soi, à l'aide de ceux d'à bas qui lui donnaient courage, et tiraient autant de peine à la voir ainsi travailler comme elle-même. Après qu'elle l'eut en cette sorte tiré amont, et couché dessus un lit, elle dérompit et déchira adonc ses habillements sur lui, battant sa poitrine, et s'égratignant le visage et l'estomac ; puis lui essuya le sang qui lui avait souillé la face, en l'appelant son seigneur, son mari et son empereur, oubliant presque sa misère et sa calamité propre, pour la compassion de celle où elle le voyait. Antonius lui fit cesser sa lamentation, et demanda à boire du vin, fût ou pour ce qu'il eût soif ou pour ce qu'il espérât par ce moyen plus tôt mourir. Après qu'il eut bu, il l'admonesta et lui conseilla qu'elle mît peine à sauver sa vie, si elle le pouvait faire sans honte ni déshonneur et qu'elle *se fiât principalement en Proculeius*, plus qu'à nul autre de ceux qui avaient crédit autour de César : et quant à lui qu'elle *ne le lamentât point pour la misérable mutation de sa fortune sur la fin de ses jours*, mais qu'elle l'estimât plutôt bien heureux pour les triomphes et honneurs qu'il avait reçus par le passé ; vu *qu'il avait été en sa vie le plus glorieux, le plus triomphant et le plus puissant homme de la terre, et que lors il avait été vaincu, non lâchement, mais vaillamment, lui qui était Romain, par un autre Romain aussi.* »

(30) « Après qu'Antonius se fut frappé, ainsi qu'on le portait dedans les sépulcres à Cléopatra, l'un de ses gardes, nommé Dercetaus, prit l'épée de laquelle il s'était frappé, et la cacha : puis se déroba secrètement, et fut le premier qui porta la nouvelle de la mort à César, et en montra l'épée encore toute teinte de sang. César, ces nouvelles ouïes, se retira incontinent au plus secret de sa tente, et illec se prit à pleurer par compassion, et à plaindre sa misérable fortune, comme de celui qui avait été son allié et son beau-frère, son égal en empire, et compagnon en plusieurs exploits d'armes et grandes affaires : puis appela tous ses amis, et leur montra les lettres qu'il lui avait écrites et ses réponses aussi durant leurs différends et querelles, et comment à toutes les choses justes et raisonnables qu'il lui écrivait, l'autre lui répondait fièrement et arrogamment. Cela fait, il y envoya Proculeius, lui commandant qu'il fît tout devoir et toute diligence de ravir Cléopatra vive, s'il pouvait, pour autant qu'il craignait que son trésor ne fût perdu, et davantage qu'il estimait que ce serait un grand ornement de son triomphe, s'il la pouvait prendre et mener vive à Rome. »

(31) « Mais elle ne se voulut point mettre entre les mains de Proculeius : toutefois ils parlèrent ensemble, car Proculeius s'approcha près des portes, qui étaient grosses et fortes et sûrement barrées : mais il y avait quelques fentes par où la voix pouvait passer, et entendait-on qu'elle demandait le royaume d'Égypte pour ses enfants, et que Proculeius lui répondait qu'elle eût bonne espérance, et qu'elle ne doutât point de *commettre tout au bon vouloir de César.* Après qu'il eût bien regardé et considéré le lieu, il vint faire son rapport à César, lequel envoya derechef Gallus pour parlementer encore un coup avec elle : et lui fit expressément durer le propos, cependant que Proculeius faisait dresser une échelle contre la fenêtre haute, par laquelle on avait monté Antonius et descendit dedans avec deux de ses serviteurs tout contre la porte, près de laquelle était Cléopatra, entendant à ce que Gallus lui disait. L'une des femmes qui étaient léans enfermées avec elle, avisa d'aventure Proculeius ainsi qu'il descendait et se prit à crier : Pauvre femme Cléopatra, tu es prise. Et adonc quand elle vit en se retournant Proculeius derrière elle, elle cuida se donner d'une courte dague qu'elle avait tout expressément ceinte à son côté ; mais Proculeius s'avança soudainement qui l'embrassa à deux mains, et lui dit : Cléopatra, tu feras tort à toi-même premièrement, et puis à César, lui voulant ôter l'occasion de mettre en évidence sa grande bonté et clémence, et

donnant à ses malveillants matière de calomnier le plus doux et le plus humain Prince qui fut oncques, comme s'il était personne sans merci, et auquel il n'y eût point de fiance. En disant cela, il lui ôta a dague qu'elle portait, et secoua ses habillements de peur qu'elle n'eût dedans quelque poison caché. »

(32) « Peu de jours après, César lui-même en personne l'alla visiter pour parler à elle et la réconforter : elle était couchée sur un petit lit bas en bien pauvre état : mais sitôt qu'elle le vit entrer en sa chambre, elle se leva soudain, et s'alla jeter toute nue en chemise à ses pieds étant merveilleusement défigurée, tant pour ses cheveux qu'elle avait arrachés que pour la face qu'elle avait déchirée avec ses ongles, et si avait la voix faible et tremblante, les yeux battus et fondus à force de larmoyer continuellement, et si pouvait-on voir la plus grande partie de son estomac déchiré et meurtri. Bref le corps ne se portait guère mieux que l'esprit : néanmoins sa bonne grâce, et la vigueur et force de sa beauté n'étaient pas du tout éteintes; mais, encore qu'elle fût en si piteux état, elle apparaissait du dedans, et se démontrait aux mouvements de son visage. Après que César l'eut fait recoucher, et qu'il se fut assis auprès d'elle, elle commença à vouloir détruire ses défenses et alléguer ses justifications, s'excusant de ce qu'elle avait fait, et s'en déchargeant sur la peur et crainte d'Antonius. César, au contraire, la convainquait en chaque point et article : par quoi elle tourna tout soudain sa parole à lui requérir pardon et implorer sa merci, comme si elle eût eu grande peur de mourir et bonne envie de vivre. A la fin elle lui bâilla un bordereau des bagues et finances qu'elle pouvait avoir. Mais il se trouva là d'aventure l'un de ses trésoriers, nommé Séleucus, qui la vint devant César convaincre pour faire du bon valet, qu'elle n'y avait pas tout mis, et qu'elle en recélait sciemment, et retenait quelques choses, dont elle fut si fort pressée d'impatience et de colère qu'elle l'alla prendre aux cheveux, et lui donna plusieurs coups de poing sur le visage. César s'en prit à rire, et la fit cesser. Hélas ! dit-elle, adonc César, *n'est-ce pas une grande indignité, que tu aies bien daigné prendre la peine de venir vers moi*, et m'aies fait cet honneur de parler avec moi, chétive, réduite en un si piteux et misérable état, et puisque mes serviteurs me viennent accuser, si j'ai peut-être réservé et mis à part quelques bagues et joyaux propres aux femmes, non point, hélas ! pour moi, malheureuse, en parer, mais *en intention d'en faire quelques petits présents à Octavia et à Livia*, à celle fin que par leur intercession et moyen tu me fusses plus doux et

plus gracieux. César fut très-joyeux de ces propos, se persuadant de là qu'elle désirait fort assurer sa vie : si lui fit réponse qu'il lui donnait non-seulement ce qu'elle avait retenu pour en faire du tout à son plaisir, mais qu'outre cela il la traiterait plus libéralement et plus magnifiquement qu'elle ne saurait espérer : et ainsi prit congé d'elle, et s'en alla pensant l'avoir bien trompée, mais étant bien trompé lui-même. »

(33) « Or y avait-il un jeune gentilhomme nommé Cornelius Dolabella, qui était l'un des mignons de César, et n'était point mal affectionné envers Cléopatra : celui-ci lui manda secrètement, comme elle l'en avait prié, que César *se délibérait de reprendre son chemin par la Syrie, et que dedans trois jours il la devait envoyer devant avec ses enfants.* Quand elle eut entendu ces nouvelles, elle fit requête à César, que son bon plaisir fût de lui permettre qu'elle offrît les dernières oblations des morts à l'âme d'Antonius : ce qui lui étant permis, elle se fit porter au lieu de sa sépulture, et là, à genoux, embrassant le tombeau avec ses femmes, se prit à dire les larmes aux yeux : O cher seigneur Antonius, je t'inhumai naguères étant encore libre et franche, et maintenant te présente ces offertes et effusions funèbres étant prisonnière et captive, et me défend-on de déchirer et meurtrir de coups ce mien esclave corps, dont on fait soigneuse garde seulement pour triompher de toi : n'attends donc plus autres honneurs, offrandes ni sacrifices de moi. Tant que nous avons vécu, rien ne nous a pu séparer d'ensemble : mais maintenant à notre mort je fais doute qu'on ne nous fasse échanger les lieux de notre naissance : et comme toi, Romain, as été ici inhumé en Égypte, aussi moi, malheureuse Égyptienne, ne sois en sépulture en Italie, qui sera le seul bien que j'aurai reçu de ton pays. Si donc les dieux de là où tu es à présent ont quelque autorité et puissance, puisque ceux de par deçà nous ont abandonnés, ne souffre pas qu'on emmène vive ton amie, et n'endure qu'en moi on triomphe de toi, mais me reçois avec toi et m'ensevelis en un même tombeau : car, combien que mes maux soient infinis, il n'y en a pas un qui m'ait été si grief à supporter comme le peu de temps que j'ai été contrainte de vivre sans toi Après avoir fait telles lamentations, et qu'elle eut couronné le tombeau de bouquets, festons et chapeaux de fleurs, et qu'elle l'eut embrassé fort affectueusement, elle commanda qu'on lui apprêtât un bain, puis quand elle se fut baignée et lavée, elle se mit à table où elle fut servie magnifiquement. Et cependant qu'elle dînait, il arriva un paysan des champs qui apportait un panier : les gardes lui de-

mandèrent incontinent que c'était qu'il portait léans : il ouvrit son panier, et ôta les feuilles de figuier qui étaient dessus, et leur montra que c'étaient des figues. Ils furent tous émerveillés de la beauté et grosseur de ce fruit. Le paysan se prit à rire, et leur dit qu'ils en prissent s'ils voulaient : ils crurent qu'il dit vrai, et lui dirent qu'il les portât léans. Après que Cléopatra eut dîné, elle envoya à César des tablettes écrites et scellées, et commanda que tous les autres sortissent des sépultures où elle était, fors ses deux femmes : puis elle ferma les portes. Incontinent que César eut ouvert ces tablettes et eut commencé à y lire des lamentations et supplications par lesquelles elle le requérait qu'il voulût la faire inhumer avec Antonius, il entendit soudain que c'était à dire, et y cuida aller lui-même : toutefois il envoya premièrement en grande diligence voir que c'était. La mort fut fort soudaine : car ceux que César y envoya accoururent à grande hâte et trouvèrent les gardes qui ne se doutaient de rien, ne s'étant aucunement aperçus de cette mort; mais quand ils eurent ouvert les portes, ils trouvèrent Cléopatra raide morte, couchée sur un lit d'or, accoutrée de ses habits royaux, et l'une de ses femmes, celle qui avait nom Iras, morte aussi à ses pieds, et l'autre, Charmion, à demi morte et déjà tremblante, qui lui raccoûtrait le diadème qu'elle portait à l'entour de la tête : il y eut quelqu'un qui lui dit en courroux : Cela est-il beau, Charmion? *Très-beau,* répondit-elle, *et convenable à une dame extraite de la race de tant de rois.* Elle ne dit jamais autre chose, mais chût en la place toute morte près du lit. Aucuns disent qu'on lui apporta l'aspic dedans ce panier avec les figues, et qu'elle l'avait ainsi commandé qu'on le cachât de feuilles de figuier, afin que quand elle penserait prendre des figues, le serpent la piquât et mordît, sans qu'elle l'aperçût première; mais que quand elle voulut ôter les feuilles pour reprendre du fruit, elle l'aperçut et dit : Es-tu donc ici? et qu'elle lui tendit le bras tout nu pour le faire mordre. Les autres disent qu'elle le gardait dedans une buie, et qu'elle le provoqua et irrita avec un fuseau d'or, tellement que le serpent courroucé sortit de grande raideur et lui piqua le bras; mais il n'y a personne qui en sache rien à la vérité. Car on dit même qu'elle avait du poison caché dedans une petite râpe ou étrille creuse qu'elle portait entre ses cheveux, et toutefois il ne se leva nulle tache sur son corps, ni n'y eut aucune apercevance ni signe qu'elle fût empoisonnée, ni aussi d'autre côté ne trouva-t-on jamais dedans le sépulcre ce serpent; seulement dit-on qu'on en vit quelque frai et quelque trace sur le bord de la mer, là où regardait ce sépulcre, mêmement du côté des portes. Aucuns disent qu'on aperçut deux piqûres en l'un de ses bras fort petites, et qui n'apparaissaient quasi point ; à quoi il semble que César lui-même ajouta foi, pour ce qu'en son triomphe il fit porter l'image de Cléopatra, qu'un aspic mordait au bras. Voilà comme on dit qu'il en alla. Quant à César, combien qu'il fût fort marri de la mort de cette femme, si eut-il en admiration la grandeur et noblesse de son courage, et commanda qu'on inhumât royalement et magnifiquement son corps avec celui d'Antonius, et voulut aussi que ses femmes eussent pareillement honorables funérailles. Cléopatra mourut en l'âge de trente-huit ans, après en avoir régné vingt et deux, et gouverné avec Antonius plus de quatorze. »

(34) Les diverses traductions de *Roméo et Juliette* qui jusqu'ici ont paru dans notre langue ont toutes été faites sur le texte inexact d'une édition toute moderne, publiée au siècle dernier par Steevens et Malone. A défaut d'autre qualité, la traduction que voici a du moins ce mérite tout nouveau de reproduire l'œuvre de Shakespeare telle que l'auteur l'a écrite, et non telle que ses commentateurs l'ont forgée. Le texte que j'ai adopté est celui de l'édition in-quarto qui fut imprimée, en 1599, par Thomas Creede pour Cuthbert Burby et qui a servi de type aux éditions de 1609 et de 1623.

Ainsi que l'indique son titre même, cette édition princeps fut composée sur un manuscrit *nouvellement corrigé* par l'auteur. Deux ans avant sa publication, avait paru à l'étalage du libraire John Danter un petit volume in-quarto de trente-neuf feuillets, sur la première page duquel on lisait ceci : « *La tragédie excellemment conçue de Roméo et Juliette, telle qu'elle a été jouée souvent, aux grands applaudissemente du public, par les serviteurs du très-honorable lord Hunsdon,* 1597. » Cette édition, qui se vendait alors quelques deniers, a acquis aujourd'hui une valeur immense, car elle donne le drame de *Roméo et Juliette* tel que le poëte l'a primitivement conçu et écrit. Grâce aux rares exemplaires qui nous en sont parvenus, la critique peut maintenant se rendre un compte exact des phases qu'a subies la pensée de Shakespeare avant de trouver son expression suprême ; elle peut comparer le premier mot au dernier, le brouillon à l'œuvre, l'ébauche au monument : étude pleine d'attraits qui lui permet de pénétrer, sans indiscrétion, dans le laboratoire du poëte et de surprendre sans scrupule les secrets les plus intimes de son génie !

En effet, le rapprochement entre le *Roméo et Juliette* de 1597 et le *Roméo et Juliette* de 1599, en nous faisant voir quel trait l'auteur a jugé nécessaire de rectifier, quelle figure il a trouvé bon de modifier, nous aide à mieux comprendre sa pensée même. Disons vite que ces corrections n'ont rien changé au plan général de l'œuvre. Sauf un incident, — la mort de Benvolio que le poëte tuait primitivement sans expliquer pourquoi, — le scénario de la pièce originale et le scénario de la pièce corrigée nous offrent exactement les mêmes péripéties, les mêmes événements, les mêmes éléments d'émotion et d'intérêt. Ce que la retouche du maître a transformé, je devrais dire transfiguré, ce n'est pas l'action, ce sont les caractères. Les développements nouveaux donnés partout au dialogue ont accentué l'individualité de tous les personnages. Les lignes, d'abord faiblement indiquées, de chaque physionomie ont acquis désormais un relief ineffaçable. La passion chez Roméo et chez Juliette s'est accusée par une exaltation plus éloquente; la sénilité de Capulet s'est nuancée d'une bonhomie originale; l'esprit de Mercutio a gagné en verve railleuse; le cynisme de la nourrice s'est trahi par un redoublement de loquacité populacière; la sagesse du moine Laurence s'est élevée, grâce à une philosophie plus haute, jusqu'à l'intuition prophétique. Mais de toutes les figures du drame, celle qui a subi la plus complète métamorphose, c'est celle de Pâris. — Dans l'esquisse originale, le rival de Roméo paraissait réellement épris de Juliette; la croyant morte, il manifestait le plus profond désespoir; si sincère était son affection que Roméo lui-même s'avouait en quelque sorte vaincu par elle : « *Je veux exaucer ta dernière prière*, disait-il en ensevelissant son adversaire, *car tu as estimé ton amour plus que ta vie.* »

> But I will satisfy thy last request,
> For thou hast prized love above thy life.

En corrigeant son œuvre, l'auteur semble avoir vu la nécessité de raturer l'hommage que Roméo adressait à son rival en termes si élogieux; il a fait plus : il a retranché du rôle de Pâris tout ce qui pouvait faire croire à la sincérité de son attachement pour Juliette. Ainsi, — pour ne citer qu'un exemple, — d'après le texte primitif, Pâris s'écriait en présence de Juliette qu'il croyait morte : « N'ai-je pas si longtemps désiré voir cette aurore — que pour qu'elle me présentât de pareilles catastrophes! — Maudit, malheureux, misérable homme! — Je suis abandonné, délaissé, ruiné, venu au monde pour y être opprimé — par la détresse et par une irrémédiable infortune. — O cieux! ô nature! pourquoi m'avez-vous fait — une existence si vile et si lamentable? » D'après le texte révisé, il se borne à dire : « N'ai-je si longtemps désiré voir cette aurore — que pour qu'elle m'offrît un pareil spectacle? » J'appelle l'attention des critiques sur ces modifications qui tendent à prouver que Shakespeare a voulu justifier la rencontre sanglante de Pâris et de Roméo en établissant un contraste frappant entre les sentiments des deux rivaux.

Le lecteur trouvera, traduits plus loin, de nombreux extraits du drame, imprimé en 1597. En rapprochant ces extraits des passages qui y correspondent dans le drame publié en 1599, il lui sera facile de poursuivre lui-même cette comparaison si intéressante et si instructive entre l'œuvre ébauchée et l'œuvre achevée par Shakespeare.

Les travaux des commentateurs ont été jusqu'ici impuissants à établir d'une manière certaine la date précise à laquelle *Roméo et Juliette* a été composé et représenté. D'après une ingénieuse conjecture de Tyrwhit qui a voulu voir dans le célèbre récit de la nourrice une allusion à un tremblement de terre ressenti à Londres en 1580, *Roméo et Juliette* aurait été composé sous sa forme primitive vers 1591. Quant au drame définitif, il a été terminé et joué peu de temps avant l'année 1599, ainsi que le trouve le titre même de l'édition publiée par Cuthbert Burby : « *La très-excellente et lamentable tragédie de Roméo et Juliette,* nouvellement *corrigée, augmentée et amendée, telle qu'elle a été jouée plusieurs fois publiquement par les serviteurs du très-honorable lord Chambellan.* » Si ces calculs sont exacts, il s'est écoulé entre la composition première de *Roméo et Juliette* et sa révision un intervalle de huit années environ durant lesquelles le poëte a publié ses poëmes, ses sonnets, presque toutes ses pièces historiques, et ces deux ravissantes comédies, le *Marchand de Venise* et le *Songe d'une Nuit d'été*.

Aucun détail ne nous est parvenu sur la mise en scène et sur la distribution des rôles de *Roméo et Juliette*. Nous savons seulement, d'après une mention insérée par inadvertance dans l'édition de 1623, que le personnage de Pierre, le valet de la nourrice, était représenté par l'acteur comique William Kempe qui, à en croire le témoignage d'un chroniqueur contemporain, « avait succédé au fameux Tarleton dans les bonnes grâces de la reine et dans la faveur du public. » Si un rôle aussi insignifiant était rempli par un comédien aussi renommé, il faut croire que la troupe du lord Chambellan avait tout fait pour assurer le succès du chef-d'œuvre immortel que lui avait confié Will Shakespeare.

(35) Dans la pièce primitive (1597), le cœur s'esprime ainsi :

Deux familles alliées, égales en noblesse,
Dans la belle Vérone où nous plaçons notre scène,
Sont entraînées par des discordes civiles à une inimitié
Qui souille par la guerre civile les mains des citoyens.

Des entrailles prédestinées de ces deux ennemies
A pris naissance sous des astres contraires un couple d'amoureux
Dont la mésaventure, catastrophe lamentable,
Causée par la lutte obstinée de leurs pères
Et par la rage fatale de leurs parents,
Va en deux heures être exposée sur notre scène.
Si vous daignez nous écouter patiemment,
Nous tâcherons de suppléer à notre insuffisance.

(36) Ce genre d'insulte, qu'on croit originaire d'Italie, s'était naturalisé en Angleterre au temps de Shakespeare. Dans une comédie de mœurs écrite en 1608, le poëte Decker nous présente les groupes turbulents qui fréquentaient la promenade de Saint-Paul se défiant de la même manière.

(37) Ceci est une indication moderne. Les anciens textes disent tout simplement : « *Enter three or four citizens with clubs or partysans* (entrent trois ou quatre citoyens avec des massues ou des pertuisannes). »

(38) Tout ce dialogue, depuis l'entrée de Benvolio jusqu'à l'apparition du prince, a été ajouté par le poëte, lorsqu'il a refait son drame. Originairement la lutte entre les partisans des deux maisons ennemies était une pantomime, indiquée ainsi par l'édition de 1597 : « *Ils (les valets) dégaînent; au milieu d'eux arrive Tybalt; tous se battent. Alors entrent le prince, le vieux Montague et sa femme, le vieux Capulet et sa femme, et d'autres citoyens qui séparent les combattants.* »

(39) Ce discours du prince a été considérablement amplifié. Le voici dans sa concision primitive :

« Sujets rebelles, ennemis de la paix — sous peine de torture, obéissez! que vos mains sanglantes — jettent à terre ces épées trempées dans le mal! — Trois querelles civiles nées d'une parole en l'air, — par ta faute, vieux Capulet, et par la tienne, Montague, ont trois fois troublé le repos de nos rues. — Si jamais vous troublez encore nos rues, — votre vie paiera la rançon de votre crime. — Que pour cette fois chacun se retire en paix. — Vous, Capulet, venez avec moi, — et vous, Montague, vous vous rendrez cette après-midi, — pour connaître notre décision ultérieure sur cette affaire, — au vieux château de Villafranca, siége ordinaire de notre justice. — Encore une fois, sous peine de mort, que chacun se retire. »

(40) Les huit vers précédents manquent à l'édition de 1597.

(41) Ce vers : « Et j'ai évité volontiers qui me fuyait si volontiers » manque à l'édition de 1597.

(42) La fin de ce dialogue entre Montague et Benvolio (depuis ces mots : *Voilà bien des matinées,* jusqu'à ceux-ci : *pour les guérir que pour les connaître,*) est une addition à l'esquisse originale. Des vingt-cinq vers qui précèdent, l'édition de 1597 ne contient que ceux-ci :

MONTAGUE.

— Ah ! cette humeur sombre lui sera fatale, — si de bons conseils n'en dissipent la cause.

BENVOLIO.

— Cette cause, la connaissez-vous, mon noble oncle?

MONTAGUE.

— Je ne la connais pas et je n'ai pu l'apprendre de lui.

Après quoi Benvolio reprend : « Tenez, le voici qui vient. »

(43) Au lieu de ce distique :

Alas! that love, whose views are muffled still,
Should without eyes see pathways to his will!
« Hélas ! faut-il que l'amour, malgré le bandeau qui l'aveugle,
Trouve, sans y voir, un chemin vers son but! »

L'édition de 1597 a celui-ci :

Alas! that love whose views are muffled still,
Should, without laws, give pathways to our will!
« Hélas ! faut-il que l'amour, malgré le bandeau qui l'aveugle,
Prescrive, lui qui ne connaît pas de loi, un chemin à notre volonté ! »

(44) Au lieu de :

Being vex'd, a sea, nourish'd with loving tears.
« Comprimé, c'est une mer qu'alimentent des larmes amoureuses. »

L'édition de 1597 dit :

Being vex'd, a sea raging with a lover's tears.
« Comprimé, c'est une mer mise en fureur par les larmes d'un amoureux. »

(45) Ce vers : « Elle se dérobe au choc des regards provocants » manque à l'édition de 1597.

(46) Dans la pièce primitive, la scène finit à ces mots : « Ses

beaux trésors doivent périr avec elle. » L'auteur a composé après coup les vingt vers où Roméo décrit en concettis le désespoir auquel le réduit Rosaline et son impuissance à combattre cet amour par une diversion.

(47) Les trois vers qui précèdent manquent à l'édition de 1597.

(48) Ce distique : « Si vous lui agréez, c'est de son choix—que dépendent mon approbation et mon plein consentement » n'est pas dans l'édition de 1597.

(49) Après ces mots : « trouver les gens dont les noms sont écrits ici » le clown ajoutait, selon le texte primitif : « Je ne sais pas quels sont les noms écrits ici ; il faut que je m'adresse aux savants pour qu'ils me le fassent savoir. »

(50) Le plantain était célèbre pour ses vertus médicales. Le lecteur se rappelle que, dans *Peines d'amour perdues*, Trogne demande du plantain pour guérir sa jambe meurtrie.

(51) Ces huit vers si caractéristiques où la nourrice rabâche la même histoire ont été ajoutés par l'auteur, lorsqu'il a refait sa pièce.

(52) Au lieu des six vers qui précèdent, lady Capulet disait originairement ce seul vers : « Eh bien, fillette, le noble comte Pâris te recherche pour femme. »

(53) Après ces paroles de la nourrice : « Oui, ma foi, il est la fleur du pays, la fleur par excellence, » la scène se terminait ainsi primitivement.

LADY CAPOLET.
— Eh bien, Juliette, comment répondez-vous à l'amour de Pâris ?
JULIETTE.
— Je verrai à l'aimer, s'il suffit de voir pour aimer ; mais mon attention à son égard ne dépassera pas — la portée que lui donneront vos encouragements.

Entre un VALET.

LE VALET.
Madame, on vous demande ; le souper est prêt ; on maudit la nourrice à l'office ; tout est terminé ; dépêchez-vous, car il faut que je parte pour servir.

Ils sortent.

(54) Un passage d'une comédie de mœurs écrite par Decker et Webster explique parfaitement pourquoi Roméo demande à porter la torche au milieu de la joyeuse réunion : « il est juste comme un porte-torche dans une mascarade, il porte de beaux habits, se mêle à la bonne compagnie, mais ne fait rien. » *Westward Hoë* (1607).

(55) Ce dialogue de douze vers entre Mercutio et Roméo (depuis ces mots : *Vous êtes amoureux,* jusqu'à ceux-ci : *Écorchez l'amour qui vous écorche, vous le dompterez*) manque à l'édition de 1597.

(56) La pièce originale ne contient pas les trois vers qui précèdent.

(57) Voici, telle que nous la présente l'édition de 1597, l'ébauche de cette merveilleuse peinture faite par Mercutio :

MERCUTIO.
— Ah ! je le vois bien, la reine Mab vous a fait visite.
BENVOLIO.
— La reine Mab ? qui donc est-elle ?
MERCUTIO.
— Elle est la fée accoucheuse et elle arrive, — pas plus grande qu'une agate à l'index d'une bourgmestre, — traînée par un attelage de petits atômes — à travers les nez des hommes, quand ils gisent endormis. — Les rayons des roues de son char sont faits de fils d'araignée, — la capote d'ailes de sauterelles ; — les rênes sont d'humides rayons de lune ; — les harnais des os de grillon ; la corde de son fouet un fil de la vierge. — Son cocher est un petit cousin en livrée grise, — moins gros de moitié qu'une menue vermine — tirée du doigt paresseux d'une servante. — C'est de cette façon qu'elle galope en tous sens — à travers les cerveaux des amants qui alors rêvent d'amour, — sur les genoux des courtisans qui rêvent aussitôt de courtoisies, — sur les lèvres des dames qui rêvent de baisers aussitôt. — Ces lèvres, Mab les crible souvent d'ampoules, — irritée de ce que leur haleine est gâtée par quelque pommade ! Tantôt elle galoppe sur les genoux d'un légiste, — et alors il rêve qu'il flaire un procès ; — tantôt elle vient avec la queue d'un cochon de la dîme — chatouiller la narine d'un curé endormi, — et vite il rêve d'un autre bénéfice ; tantôt elle galope sur le nez d'un soldat, — et alors il rêve de gorges ennemies coupées, — de brêches, d'embuscades, de contremines, — de rasades profondes de cinq brasses, et puis de tambours battant à son oreille ; sur quoi il tressaille, s'éveille, — jure une prière ou deux et se rendort. — C'est cette Mab qui force les filles à se coucher sur

le dos — et en fait des femmes à solide carrure. — C'est cette même Mab qui, la nuit, tresse les crinières des chevaux — et dans les poils emmêlés fait ces nœuds magiques — qu'on ne peut dénouer sans s'attirer malheur!

(58) Cette courte scène, où l'auteur fait intervenir et parler les valets est une addition à la pièce primitive.

(59) Ces quatre vers où Capulet rappelle mélancoliquement le temps où *il portait un masque et où il chuchotait à l'oreille des belles dames* sont une retouche magistrale à l'esquisse de 1597.

(60) L'édition de 1597 donne ainsi la réplique de Capulet. « Pouvez-vous me dire çà ? — Son fils était encore mineur, il y a trois ans... — Vivent les jeunes gens ! Oh! la jeunesse est une joyeuse chose! »

(61) Au lieu de *Telle la colombe de neige*, le texte original dit : *Tel brille un cygne blanc comme la neige.*

(62) Ces mots : « Il faut que vous me contrariez! morbleu, c'est le moment!... Vous êtes un faquin, allez... De l'entrain, mes petits cœurs, » ont été ajoutés à la réplique primitive de Capulet.

(63) Au lieu de : *Madame, votre mère voudrait vous dire un mot,* la nourrice disait originairement : *Madame, votre mère appelle.*

(64) Au lieu de ce vers devenu si célèbre :

O dear account! my life is my foë's *debt.*
« Oh! trop chère créance! ma vie est *due* à mon ennemie! »

L'édition de 1597 faisait dire à Roméo :

O dear account! my life is my foë's *thrall.*
« Oh! trop chère créance! ma vie est *asservie* à mon ennemie! »

(65) Après ces mots *je vous remercie, honnêtes gentilshommes,* Capulet ajoutait primitivement : « *Je vous promets que, sans votre compagnie, — je serais au lit depuis une heure.* » L'auteur a transposé ces deux vers à la scène XV de la pièce définitive. Là, au lieu de les adresser aux danseurs, Capulet les adresse à Pâris.

(66) Dans la pièce originale le chœur ne paraissait pas ici.

(67) Voir la note 33 du sixième volume.

(68) L'édition de 1597 ne contient pas cette saillie de Mercutio : « Il n'entend pas, il ne bouge pas, il ne remue pas. — Il faut que ce babouin soit mort, évoquons-le. »

(69) Cette réplique, attribuée définitivement à Benvolio, termine l'apostrophe de Mercutio dans l'édition de 1597.

(70) Le Roméo de la pièce primitive n'avait pas à dire ces deux vers : « Voilà ma dame ! Oh ! voilà mon amour ! — Oh ! si elle pouvait le savoir ! »

(71) Ces vers : *Tu n'es pas un Montague, tu es toi-même*, est un trait sublime ajouté à l'esquisse première.

(72) *Qui fasse partie d'un homme. Oh ! sois quelque autre nom !* Encore une addition à l'œuvre originale.

(73) L'édition de 1597 dit « les *divines* perfections » au lieu de « les *chères* perfections. »

(74) Au lieu de : *prends-moi toute entière*, Juliette disait d'abord moins énergiquement : *prends tout ce que j'ai*.

(75) Ces mots : *par ton gracieux être*, ont été substitués à ceux-ci *par ton glorieux être*.

(76) Tout ce passage a été considérablement allongé dans l'édition de 1599. L'édition de 1597 présentait ainsi le dialogue :

JULIETTE.

— Ah ! ne jure pas : quoique tu fasses ma joie, — je ne puis goûter cette nuit toutes les joies de notre mutuelle union : — elle est brusque, trop imprévue, trop subite, — trop semblable, à l'éclair — qui a cessé d'être — avant qu'on ait pu dire : Il brille ! — Doux ami, bonne nuit !... — J'entends quelqu'un venir... Cher amour, adieu ! — attends un moment, je vais revenir.

Elle sort.

ROMÉO.

— Oh ! céleste, céleste nuit ! etc.

(77) *Quelle suave musique pour l'oreille attentive!* Addition à l'œuvre originale.

(78) Les six beaux vers qui précèdent ont été ajoutés dans l'édition de 1599 au monologue de frère Laurence.

(79) Le distique qui termine cette scène manque à l'édition de 1597.

(80) Pour comprendre cette exclamation de Mercutio, il faut se rappeler que, dans l'antique légende du *Renard* (légende traduite du français par Caxton), le prince des chats, fort timide et fort prudent, s'appelle *Thibaut,* en anglais *Tibert* ou *Tybalt.*

(81) « *Pardonnez-moi* était une expression de doute et d'hésitation usitée parmi les gens d'épée, dans un temps où le point d'honneur, chatouilleux à l'excès, se fût offensé de tout autre mode de contradiction. » JOHNSON.

(82) Au lieu de : *Venez-vous chez votre père? Nous y allons dîner,* Mercutio disait primitivement : *Vous viendrez souper chez votre père.*

(83) Cette fin du dialogue entre la nourrice et Roméo a été presque toute entière ajoutée à la seconde édition. Voici la conclusion de la scène, dans l'édition de 1597 :

ROMÉO.

— Dis-lui de sortir demain matin — pour venir à confesse dans la cellule de frère Laurence. — Adieu! sois fidèle et je te récompenserai de tes peines. — Adieu! recommande-moi à ta maîtresse.

Il sort.

LA NOURRICE.

— Oui, mille fois... Pierre!

PIERRE.

Voilà!

LA NOURRICE.

— Pierre, prenez mon éventail et marchez devant.

Ils sortent.

(84) Dans le moyen âge, la consonne R était appelée la lettre du chien, à cause de son analogie avec le grognement de cet animal. Érasme, pour expliquer l'adage *canina facundia*, dit : R, *littera quæ in Rixando prima est, canina vocatur.*

De même, le vieux poète Lucilius :

« Irritata canis quod RR quam plurima dicat. »

(85) Ce monologue a subi, dans le drame corrigé, d'importantes modifications. Pour s'en rendre compte, le lecteur n'a qu'à le comparer avec l'esquisse publiée en 1597 :

JULIETTE.

— L'horloge frappait neuf heures, quand j'ai envoyé la nourrice ; — elle m'avait promis d'être de retour, en une demi-heure. — Peut-être ne l'a-t-elle pas trouvé... Mais non... — Oh ! elle est paresseuse ! Les messagers d'amour devraient être des pensées, — et courir aussi vite que la flamme — chasse la poudre de la gueule terrible du canon. — Ah ! enfin, elle arrive ! Dis-moi, gentille nourrice, — que dit mon amour ?

Tout en retranchant de la pièce corrigée les quatre derniers vers de cette citation, le poète n'a pas voulu que son œuvre perdît la belle image qu'ils contiennent ; voilà pourquoi, avec ce tact scrupuleux qui caractérise le génie, il a transposé cette image à une autre scène du drame définitif. — En lisant tout à l'heure la scène XXII, le lecteur retrouvera dans la bouche de Roméo la pensée exprimée ici par Juliette : « Donne-moi un poison, dit Roméo à l'apothicaire, qui enlève du corps le souffle vital — aussi violemment, *aussi rapidement que la flamme — chasse la poudre des entrailles fatales du canon.* »

(86) Cette scène a été complétement refaite. La voici, telle que le poète l'avait primitivement conçue :

Entre frère LAURENCE et ROMÉO.

ROMÉO.

— Maintenant, père Laurence, c'est de ton consentement sacré — que dépendent mon bonheur et celui de Juliette.

LAURENCE.

— Sans plus de paroles, je ferai tout au monde — pour vous rendre heureux, si cela est en mon pouvoir.

ROMÉO.

— Elle a décidé que nous nous rencontrerions ici ce matin — et que nous resserrerions les liens indissolubles, — gage de notre mutuel amour, par l'union de nos mains ; elle va venir.

LAURENCE.

— Je devine qu'elle va venir en effet ; l'amour chez la jeunesse est alerte, i est plus rapide que la plus rapide précipitation.

JULIETTE entre assez hâtivement et se jette dans les bras de Roméo.

Voyez! la voici qui vient! — Un pied aussi léger marcherait sur une fleur sans la froisser : — de l'amour et de la joie, voyez, voyez le souverain pouvoir.

JULIETTE.

Roméo!

ROMÉO.

Sois la bienvenue, ma Juliette! comme le regard en éveil guette la riante aurore, tout enfoui qu'il est dans les brumes de la nuit, — ainsi Roméo a attendu Juliette, — et te voilà venue!

JULIETTE.

Si je suis l'aurore, me voilà venue — à mon éclatant soleil; brille donc, et fais-moi rayonner.

ROMÉO.

— Tous les rayons de la beauté sont dans tes yeux.

JULIETTE.

— Roméo, c'est de ta splendeur qu'ils jaillissent.

LAURENCE.

— Allons, mes galants, allons, les heures furtives passent; ajournez les embrassements à un moment plus opportun; — séparez-vous pour un moment; vous ne serez seuls — que quand tous deux, joints par la sainte église, vous ne ferez plus qu'un.

ROMÉO.

— En avant, saint père, tout délai semble long.

JULIETTE.

— Vite! vite! ces langueurs nous font mal.

LAURENCE.

— Oh! modération et douceur font, dit-on, la meilleure besogne; — d'ordinaire, la précipitation bronche aux chemins de traverse.

Ils sortent.

(87) Ces deux derniers vers manquent à l'édition de 1597.

(88) Ces mots *car l'un tuerait l'autre* y manquent également.

(89) Cette réplique de Mercutio et les paroles de Benvolio qui la provoquent ont été ajoutées au texte original.

(90) Au lieu des trois répliques qui précèdent, l'édition de 1597, contient cette courte réponse de Mercutio à Tybalt :

« De concert! corbleu! de concert! le drôle veut faire de nous des râcleurs! »

(91) Cette réplique a été légèrement altérée. Roméo disait dans

l'origine : « Tybalt, l'amour que je te porte me fait excuser la rage qui éclate — dans de telles paroles ! »

(92) Après ces mots *je suis à vous*, l'édition de 1597 abrége la scène par cette simple indication :

Tybalt frappe Mercutio par-dessous le bras de Roméo et s'enfuit.

(93) Les dernières paroles de Mercutio ont été complétement modifiées à la seconde édition. Voici celles que lui prête l'édition de 1597.

MERCUTIO.

Je suis poivré pour ce bas monde, je suis expédié tout de bon ; il a fait de moi de la viande à vermine. Si vous demandez à me voir demain, vous me trouverez avec la gravité que donne la bière. Que la vérole confonde vos maisons ! je vais être magnifiquement monté sur les épaules de quatre hommes ! Et cela pour vos maisons des Montègues et des Capolets ! Puis quelque misérable paysan, quelque fossoyeur, quelque ignoble maraud, écrira pour mon épitaphe que Tybalt est venu et a violé les décrets du prince et que Mercutio a été tué pour la cause la plus frivole. Où est le chirurgien ?

LE PAGE.

Il est arrivé, seigneur.

MERCUTIO.

Il va pouvoir tenir conversation à travers mes boyaux. Allons, Benvolio, prête-moi ton bras. Que la vérole confonde vos maisons !

Ils sortent.

(94) Dans la pièce primitive, le combat entre Roméo et Tybalt commence, sans plus de paroles, après cette exclamation de Roméo :

« Il faut que toi ou moi ou tous deux nous le suivions. »

(95) D'après l'édition de 1597, Roméo s'écriait : Je suis l'*esclave* de la fortune, et s'enfuyait sans que Benvolio lui dit : qu'attends-tu donc ?

(96) Au lieu de ces mots : « Oh ! prince ! oh ! mon neveu ! mon mari ! » Lady Capulet, s'écriait : « Malheureux spectacle ! hélas ! »

(97) Voici le récit de Benvolio, tel que le poëte l'avait conçu d'abord :

LE PRINCE.

Benvolio, qui a commencé cette rixe sanglante ?

BENVOLIO.

— Tybalt, que vous voyez ici tué de la main de Roméo. — En vain Roméo, lui parlant sagement, lui avait dit de réfléchir à la futilité de la querelle; — Tybalt persistait toujours dans ses outrages. — Le fougueux Mercutio a dégaîné pour calmer la tempête. — Ce que voyant, Roméo leur a crié : *Arrêtez, messieurs!* — m'a appelé, et a dégaîné pour séparer les combattants. — Puis d'un geste rapide, le jeune Roméo — a cherché à rétablir la paix, en même temps qu'il la réclamait par la parole. — Tandis qu'ils échangeaient les coups et les estocades, — sous le bras même du jeune Roméo qui s'évertuait à les séparer, — le furieux Tybalt a allongé une botte perfide — qui a terminé la vie du fougueux Mercutio. — Sur quoi il s'est enfui, mais il est revenu sur le champ, — et avec sa rapière a bravé Roméo, — qui depuis un instant n'écoutait plus que la vengeance, — et, avant que je puisse tirer l'épée — pour séparer leur furie, Tybalt est tombé, — et Roméo s'est enfui de ce côté.

(98) La première édition omet ce vers : « L'affection le fait mentir, il ne dit pas la vérité. » Elle omet également les deux répliques du prince et de Montague qui suivent la réclamation de Lady Capulet.

(99) Au lieu de ces vers :

Bear hence this body, and attend our vill.
Mercy but murders, pardoning those that kill.

« Qu'on emporte ce corps et qu'on défère à notre volonté : — la clémence ne fait qu'assassiner en pardonnant à ceux qui tuent. »

Le prince du drame primitif disait :

Pity shall dwell and govern with us still :
Mercy to all but murderers, pardoning none that kill.

« La pitié siégera et gouvernera toujours avec nous : — la clémence n'exclut que les meurtriers; elle ne pardonne pas à celui qui tue. »

(100) Rien ne peut donner une plus complète idée de la transfiguration subie par *Roméo et Juliette* que le rapprochement entre cette scène et l'esquisse primitive :

Entre JULIETTE.

JULIETTE.

— Retournez au galop, vous, coursiers aux pieds de flamme, — vers la demeure de Phébus; un cocher — comme Phaéton vous aurait vite ramenés — et aurait sur le champ déchaîné la nuit nébuleuse.

Entre la NOURRICE se tordant les mains et portant l'échelle de corde dans son tablier.

JULIETTE, continuant.

— Eh bien, nourrice? Oh mon Dieu! pourquoi as-tu l'air si triste?
— Qu'as-tu là? l'échelle de corde?

LA NOURRICE.

— Oui, oui, l'échelle de corde. Hélas! nous sommes perdues! — nous sommes perdues, madame! nous sommes perdues!

JULIETTE.

— Quel démon es-tu, pour me torturer ainsi?

LA NOURRICE.

— Hélas! quel jour! il est mort, il est mort, il est mort!

JULIETTE.

— C'est un supplice à faire rugir les damnés d'un horrible enfer. — Les cieux ont-ils pu être aussi cruels?

LA NOURRICE.

Roméo l'a pu, si les cieux ne l'ont pu. — J'ai vu la blessure, je l'ai vue de mes yeux, Dieu garde son âme! sur sa mâle poitrine! — un cadavre ensanglanté, un triste cadavre ensanglanté, — pâle comme la cendre! A le voir, je me suis évanouie! etc., etc.

(101) Les quatre vers commençant par ces mots : *Corbeaux aux plumes de colombe!* manquent à l'édition de 1597.

(102) Les cinq vers qui précèdent et la phrase finale de cette réplique: *Roméo te suit*, ont été ajoutés à la seconde édition.

(103) L'édition de 1597 a ici une légère variante; elle dit :

Reste encore un moment, tu ne t'en iras pas si vite.

ROMÉO.

— Oui, je resterai ici : qu'on me prenne et qu'on me tue!

(104) Les commentateurs ont expliqué ces paroles un peu obscures dites par Juliette : « Le crapaud a de très-beaux yeux, remarque Warburton, et l'alouette de très-laids; de là ce dicton populaire, auquel Juliette fait allusion : « Le crapaud et l'alouette ont changé d'yeux. » — « Si le crapaud et l'alouette avaient changé de voix, ajoute Heath, le cri de l'alouette n'aurait plus indiqué l'apparition du jour, et conséquemment n'aurait pas donné à Roméo le signal du départ. »

(105) Cette belle invocation à la Fortune et les deux répliques

qui précèdent l'entrée de lady Capulet manquent au drame primitif.

(106) Les trois vers qui précèdent ont été ajoutés à la seconde édition.

(107) Ces neuf vers admirables qui peignent si éloquemment l'angoisse de Juliette sont dûs à une retouche exquise. D'après l'édition de 1597, Juliette disait tout prosaïquement : « Ah! nourrice! quelle consolation, quel conseil peux-tu me donner? »

(108) L'édition de 1597 ne contient pas les neuf vers qui précèdent.

(109) Ici Juliette disait primitivement : « Enchaîne-moi au sommet de quelque montagne escarpée — où errent des ours rugissants ou des lions sauvages, — ou couche-moi dans une tombe avec un mort d'hier. — Les choses dont le seul récit me faisait trembler, — je les ferai sans crainte, sans hésitation, — pour me garder, épouse fidèle et sans tache, — à mon cher seigneur, à mon très-cher Roméo. »

(110) Les six vers qui précèdent manquent au texte primitif.

(111) Cette scène commençait ainsi dans l'origine :

CAPOLET.
— Où es-tu maraud?
LE VALET.
Ici, pardine.
CAPOLET.
— Va me chercher vingt cuisiniers habiles, etc.

(112) Le dialogue, depuis l'entrée de Juliette jusqu'à sa sortie, a été curieusement remanié à la seconde édition du drame. Le voici, tel que l'indiquait la première édition :

CAPOLET.
— Eh bien, mon entêtée, où avez-vous été comme ça ?
JULIETTE.
— Chez quelqu'un qui m'a appris à me repentir comme d'un péché — de mon opposition impertinente et obstinée — à vous et à vos ordres. Le pieux Laurence — m'a enjoint de me prosterner à vos pieds — et d'implorer rémission d'une si noire action.
Elle s'agenouille.

LA MÈRE.
— Allons, voilà qui est bien dit.

CAPOLET.
— Ah! par Dieu, c'est un saint homme que ce révérend père — et toute notre cité lui est bien redevable. — Qu'on aille immédiatement prévenir le comte de ceci, — car je veux que ce nœud soit noué dès demain.

JULIETTE.
— Nourrice, voulez-vous venir avec moi dans mon cabinet, — afin de choisir les choses requises pour demain?

LA MÈRE.
— Oui, je t'en prie, bonne nourrice, va avec elle, — aide-la à trier ses coiffures, ses rabats, ses chaînes; je vais vous rejoindre sur-le-champ.

LA NOURRICE.
— Allons, cher cœur, sortons-nous?

JULIETTE.
— Viens, je te prie.

Exeunt.

(113) Voici l'esquisse de cette scène, d'après l'in-quarto de 1597:

Entrent JULIETTE *et la* NOURRICE.

LA NOURRICE.
— Allons, allons, que vous faut-il encore?

JULIETTE.
— Rien, bonne nourrice. Laisse-moi, — car je veux coucher seule cette nuit.

LA NOURRICE.
— C'est bon, il y a une chemise blanche sur votre oreiller; sur ce bonsoir!

Entre la MÈRE.

LA MÈRE.
— Eh bien, êtes-vous encore occupées? Est-ce que vous avez besoin de mon aide?

JULIETTE.
— Non, madame; nous avons choisi tous les effets — qui me seront nécessaires pour notre cérémonie de demain; — maintenant veuillez permettre que je reste seule — et que la nourrice veille avec vous cette nuit; — car, j'en suis sûre, vous avez trop d'ouvrage sur les bras, — dans des circonstances si pressantes.

LA MÈRE.
— Bonne nuit; — mets-toi au lit et repose, car tu en as besoin.

La mère et la nourrice sortent.

JULIETTE.

— Adieu... Dieu sait quand nous nous reverrons : — Ah! j'entreprends une chose effrayante. — Eh quoi! si cette potion n'agissait pas du tout, — faudrait-il donc forcément que je fusse marié au comte? — Voici qui l'empêcherait... Couteau, repose ici... — Et si le moine m'avait donné ce breuvage — pour m'empoisonner, de peur que je ne révèle notre récent mariage? Ah! je le calomnie, — c'est un religieux et saint homme : — je ne veux pas accueillir une si mauvaise pensée. — Et si j'allais être étouffée dans la tombe! — Si seulement je m'éveillais une heure avant l'instant fixé! — Ah! j'en ai peur, alors je deviendrais lunatique, — et, jouant avec les ossements de mes ancêtres, — j'en broierais ma frénétique cervelle... Il me semble voir — mon cousin Tybalt, baigné dans son sang, — qui cherche Roméo... Arrête, Tybalt, arrête... — Roméo, j'arrive... Tiens! je bois à toi.

Elle se jette sur son lit derrière les rideaux.

(114) Juliette fait ici allusion à l'une des superstitions les plus tenaces du moyen âge. D'après la croyance populaire, la mandragore déracinée jetait des cris surnaturels qu'aucune créature ne pouvait entendre sans mourir. Pour éviter ce danger, nos pères avaient recours à un expédient singulier : ils creusaient la terre autour des racines de la plante, fixaient à la tige une corde qu'ils attachaient par l'autre extrémité au cou d'un chien, et, après s'être soigneusement bouché les oreilles, appelaient le malheureux animal qui tombait foudroyé, après avoir arraché la précieuse plante dans son élan.

(115) D'après l'édition de 1597, cette scène commence ainsi :

LA MÈRE.

— Voilà qui est bien dit, nourrice : faites tout préparer ; — le comte va être ici immédiatement.

Entre CAPOLET.

CAPOLET.

— Hâtez-vous, hâtez-vous! etc.

(116) Texte primitif :

LE VIEILLARD (CAPULET.)

Arrêtez! laissez-moi voir... Toute pâle et toute blême! — Temps maudit! infortuné vieillard! (Éd. 1597).

(117) Au lieu de ces deux vers, Pâris disait antérieurement : « N'ai-je si longtemps désiré voir cette aurore, — que pour qu'elle

me présentât de pareils prodiges! — Maudit, malheureux, misérable homme! — Je suis abandonné, délaissé, ruiné, — venu au monde pour y être opprimé — par la détresse et par une irrémédiable infortune! — O cieux! ô nature! pourquoi m'avez-vous fait une existence si vile et si lamentable? »

(118) Après cette réplique de lady Capulet, le texte primitif abrége ainsi la scène :

Tous se tordent les mains et crient à la fois.

TOUS.

Toute notre joie, toute notre espérance est morte, — morte, perdue, anéantie, évanouie, à jamais disparue.

(119) L'édition de 1597 contient ici cette curieuse indication :

Tous, excepté la nourrice, sortent en jetant du romarin sur elle (Juliette) et en fermant les rideaux.

(120) Texte primitif :

Entre un MARMITON.

LE MARMITON.

Hélas! hélas! que vais-je faire? allons! crincrins, jouez-moi quelque complainte joyeuse.

PREMIER MUSICIEN.

Eh! monsieur! ce n'est pas le moment de jouer.

LE MARMITON.

Vous ne voulez pas, alors?

PREMIER MUSICIEN.

Non, morbleu, nous ne voulons pas.

LE MARMITON.

Je vais vous en donner alors, et solidement!

PREMIER MUSICIEN.

Qu'allez-vous nous donner?

LE MARMITON.

Je vas vous donner des fa-dièze, moi, sur les épaules.

PREMIER MUSICIEN.

Si vous nous donnez le fa-dièze, nous vous noterons à notre tour, nous, etc.

(121) Texte primitif :

Entre ROMÉO.

ROMÉO.

— Si je puis me fier à l'œil flatteur du sommeil, — mes rêves m'ont annoncé pour l'avenir de bons événements; — la pensée, souveraine de mon cœur, siége joyeuse sur son trône, — et je suis soulagé par d'agréables songes. — J'ai rêvé, etc.

(122) Les deux vers précédents manquent à l'édition de 1597.

(123) Dans la pièce originale, Roméo n'adressait pas à Balthazar cette question si importante qu'il va répéter tout à l'heure :

« Est-ce que tu ne m'apportes pas de lettres du moine? »

(124) Texte primitif : « Pardonne-moi, seigneur, à moi, ton messager, de t'annoncer une si mauvaise nouvelle. »

(125) Dans le drame original, Roméo ne donnait pas à son page ces instructions. « Tu sais où je loge, procure-moi de l'encre et du papier, — et loue des chevaux de poste, je pars d'ici ce soir. »

(126) Le lecteur verra avec un vif intérêt l'esquisse de ce fameux monologue :

ROMÉO.

— Oui, Juliette, je dormirai près de toi cette nuit. Cherchons le moyen. Autant qu'il m'en souvient, — ici demeure un apothicaire que j'ai souvent remarqué — en passant : sa pauvre échoppe est garnie — d'une chétive collection de boîtes vides ; un alligator y est accroché ; — de vieux bouts de ficelle et des pains de rose — sont rangés çà et là pour faire étalage. — Tout en le remarquant, j'ai pensé en moi-même : — Si en ce moment un homme avait besoin de poison, — bien que la vente en soit punie de mort à Mantoue, — il pourrait en acheter là. Cette pensée — était un pressentiment de mon besoin présent... C'est par ici qu'il demeure. — Comme c'est fête aujourd'hui, la boutique du misérable est fermée. — Holà ! l'apothicaire ! montre-toi, allons ! »

(127) Texte primitif : « Vingt ducats. »

(128) Texte primitif : « La misère déguenillée pend à tes épaules, — et la famine hideuse s'attache à tes joues. »

(129) Texte primitif : « Mettez ceci dans le liquide que vous voudrez, — et vous serez expédié, eussiez-vous la vie de vingt hommes. »

(130) Texte primitif :

LAURENCE.

— Maintenant il faut que je me rende seul au tombeau. — De peur que la dame ne s'éveille — avant que j'arrive, je vais me hâter — de la délivrer de cette tombe de misère.

(131) Au lieu de ces six vers, voici ce que l'édition de 1597 fait dire à Pâris :

PARIS.

— Douce fleur, je sème des fleurs sur ton lit nuptial! Douce tombe, qui contiens dans ton enceinte — le plus parfait modèle de l'éternité ; — belle Juliette qui demeures avec les anges, — accepte de ma main ce dernier hommage. — Vivante, je t'honorai ; morte, —j'orne ton tombeau de funèbres louanges.

(132) Les deux derniers vers manquent à l'édition de 1597.

(133) Texte primitif :

PARIS.

— C'est ce banni, ce Montague hautain, — qui a tué le cousin de ma bien-aimée. — Suspends ta besogne sacrilége, vil Montague : — la vengeance peut-elle se poursuivre au delà de la mort? Je te saisis ici comme félon. — La loi te condamne : donc il faut que tu meures.

(134) Les deux derniers vers ont été ajoutés à l'édition originale.

(135) Ce monologue de Roméo a été transfiguré par la retouche du maître. En voici l'ébauche :

ROMÉO.

— Sur ma foi, je le ferai... Examinons cette figure : — un parent de Mercutio, le noble comte Pâris... Que m'a donc dit mon valet? mon âme bouleversée n'y a pas fait attention... Nous étions à cheval. Il m'a conté, je crois, — que Pâris devait épouser Juliette; — m'a-t-il dit cela ou l'ai-je rêvé? — N'importe, je veux exaucer ta dernière prière, — car tu as estimé ton amour plus que ta vie. — Mort, repose ici enterré par un mort.

Il dépose Pâris dans le monument.

— Que de fois les hommes à l'agonie — ont eu un accès d'enjouement et de gaieté, un éclair avant la mort — comme disent ceux qui les soignent. Oh! comment puis-je appeler — un éclair ce que je ressens? Ah! chère Juliette, — comme ta beauté pare cette tombe! — Oh! je crois que le spectre de la mort — est amoureux et qu'il courtise mon adorée. — Aussi je veux à jamais, oh! à jamais — fixer ici mon éternelle demeure, — avec la vermine qui te sert de chambrière! — Viens, pilote désespéré, lance vite

— sur les brisants ma barque épuisée par la tourmente... — A ma bien-aimée!

Il boit.

L'apothicaire ne m'a pas trompé, — ses drogues sont actives... Ainsi je meurs sur un baiser.

Il meurt.

(Ed. 1597.)

(136) Après ce vers, l'édition de 1597 ajoute :
— Quel est celui qui si tard fraternise avec les morts?

(137) Texte primitif : « Si je le troublais dans son entreprise. »

(138) Au lieu des cinq vers qui précèdent, l'édition de 1597 n'a que ce seul vers, dit par Laurence :
« Alors il faut que j'accoure. J'ai dans l'esprit un mauvais pressentiment. »

(139) Texte primitif : « Ah! quelle heure fatale — a donc été complice d'un si noir peché! »

(140) Voici les dernières paroles que le drame original faisait dire à Juliette :

Le moine sort.

JULIETTE.

— Va, sors d'ici! car moi, je ne m'en irai pas. — Qu'est ceci? une coupe qu'étreint la main de mon amant! — Ah! l'égoïste! il a tout bu! Il n'en a pas laissé une goutte pour moi!

Rumeur au dehors.

— Du bruit! alors soyons résolue. — Oh! heureux poignard, tu vas mettre fin à ma frayeur : — repose dans mon sein!... Ainsi je viens à toi.

Elle meurt.

(141) Texte primitif :

CAPOLET.

— Vois donc, femme. Ce poignard s'est mépris. — Tiens, il a quitté le dos du jeune Montague — pour se fourrer dans la poitrine de ma fille.

(142) Texte primitif :

MONTAGUE.

— Hélas! mon suzerain, ma femme est morte cette nuit, et le jeune Benvolio est aussi décédé.

(143) Dans l'origine, Laurence expliquait avec plus de détail l'accident qui avait arrêté Frère Jean :

« Mais celui, disait-il, qui avait mes lettres, le religieux Jean, — cherchant un Frère qui devait l'accompagner, — dans un endroit où régnait le fléau contagieux, — fut retenu par les inspecteurs de la ville, etc. »

(144) Au lieu des cinq vers qui précèdent, le prince disait d'abord :
« — Où sont ces ennemis ? Voyez ce qu'a fait la haine. »

(145) Texte primitif :
— Il n'y aura pas de statue estimée à plus haut prix — que celle de Roméo et de sa bien-aimée Juliette.

(146) Voici le dénoûment de *Roméo et Juliette,* tel que Garrick l'a refait en 1750 pour la scène de Drury Lane :

Roméo et Pâris se battent.

PARIS *tombant.*

— Oh ! je suis tué ! si tu es généreux, — ouvre le tombeau et dépose-moi près de Juliette.

Il expire.

ROMÉO.

— Sur ma foi, je le ferai... Examinons cette figure : — un parent de Mercutio, le noble comte Pâris ! — Toi que l'âpre adversité a inscrit comme moi sur son livre, — je vais t'ensevelir dans un tombeau triomphal...

Il enfonce la porte du monument.

— Car Juliette y repose. O mon amour ! ma femme ! — La mort qui a sucé le miel de ton haleine — n'a pas encore eu de pouvoir sur ta beauté ; — elle ne t'a pas conquise. La flamme de la beauté — est encore toute cramoisie sur tes lèvres et sur tes joues — et le pâle drapeau de la mort n'est pas encore déployé là ! — O Juliette, pourquoi es-tu si belle encore ? — Ici, ici — je veux fixer mon éternelle demeure, — et soustraire au joug des étoiles ennemies — cette chair lasse du monde.

Il saisit la fiole.

— Viens, amer conducteur, viens, âcre guide. — Pilote désespéré, vite, lance — sur les brisants ma barque épuisée par la tourmente !... — Assez !... A ma bien-aimée !

Il boit le poison.

— Un dernier regard, mes yeux ! bras, une dernière étreinte, et vous, lèvres, — scellez les portes de cette haleine par un légitime baiser !

Juliette s'éveille.

— Doucement !... elle respire et remue !

JULIETTE.

— Où suis-je ?... Défendez-moi, puissances !

ROMÉO.

— Elle parle, elle vit! Nous allons être heureux encore! — **Ma bonne étoile propice me dédommage maintenant** — de tous mes chagrins passés. Lève-toi, lève-toi, ma Juliette; — et de cet antre de la mort, de cette maison d'horreur — laisse-moi t'emporter dans les bras de ton Roméo; — laisse-moi souffler sur tes lèvres un esprit vital — et te rappeler, mon âme, à l'existence et à l'amour.

Il la redresse.

JULIETTE.

— Mon Dieu! qu'il fait froid?... Qui est là?

ROMÉO.

Ton mari, — Juliette! Ton Roméo revenu du désespoir — à d'inexprimables joies!... Quitte, quitte ce lieu, — et fuyons ensemble.

Il la tire du tombeau.

JULIETTE.

— Pourquoi me faites-vous violence?... Je ne consentirai jamais. — Mes forces peuvent me trahir, mais ma volonté est immuable. — Je ne veux pas épouser Pâris : Roméo est mon mari!

ROMÉO.

— Roméo est ton mari! je suis ce Roméo; et toutes les puissances de la terre ou de l'homme — ne parviendraient pas à briser nos liens ni à t'arracher de mon cœur!

JULIETTE.

— Je reconnais cette voix; sa magique suavité éveille — mon âme ravie : à présent je me rappelle bien — toutes les circonstances. — Oh! mon seigneur! mon mari! — Est-ce que tu m'évites, Roméo? — Vous m'effrayez! Parlez! Oh! que j'entende une voix — autre que la mienne dans ce sinistre caveau de la mort, — ou je vais défaillir... Soutiens-moi.

ROMÉO.

Oh! je ne puis; — je n'ai plus de force; j'ai besoin moi-même de ton faible appui. — Cruel poison!

JULIETTE.

— Du poison? que veut dire monseigneur? — Cette voix tremblante! ces lèvres livides! ces yeux hagards!... La mort est sur ton visage!

ROMÉO.

— Oui, je lutte avec elle en ce moment. — Les transports que j'ai éprouvés — à t'entendre parler, à voir tes yeux s'ouvrir, — ont arrêté pour un moment sa marche impétueuse, — et toute ma pensée était au bonheur et à toi; — mais maintenant le poison court dans mes veines... — Je n'ai pas le temps de t'expliquer... — Le destin m'a amené ici pour dire un dernier, — un dernier adieu à ma bien-aimée et mourir avec toi.

JULIETTE.

— Mourir? Le moine m'a donc trompée?

ROMÉO.

Je ne sais pas cela. — Je t'ai crue morte; égaré à cette vue, — ô promptitude fatale! j'ai bu du poison, baisé tes lèvres, — et trouvé dans tes bras un précieux tombeau! Mais à ce moment... Oh!

JULIETTE.

Et je me suis éveillée pour cela!

ROMÉO.

— Mes forces sont brisées ; — la mort et l'amour se disputent et m'arrachent mon être, — mais la mort est la plus forte... Il faut que je te quitte, Juliette! O cruel, cruel destin! A la face du ciel...

JULIETTE.

— Tu délires : appuie-toi sur mon sein.

ROMÉO.

— Les pères ont des cœurs de pierre que jamais larmes n'attendriront... — La nature parle en vain, il faut que les enfants soient misérables.

JULIETTE.

— Oh! mon cœur se fend!

ROMÉO.

— Elle est ma femme... Nos cœurs sont tramés l'un dans l'autre... — Arrête, Capulet... Pâris, lâchez donc, — ne tirez pas ainsi les fibres de nos cœurs... elles éclatent... elles se brisent... — Oh! Juliette! Juliette!

Il meurt. Juliette s'évanouit sur son corps.

Entre Frère LAURENCE, *avec une lanterne et un levier.*

LAURENCE.

— Saint François me soit en aide! Que de fois cette nuit — mes vieux pieds se sont heurtés à des tombes!... Qui est là? — Hélas! hélas! quel est ce sang qui souille le seuil de pierre de ce sépulcre?

JULIETTE.

— Qui est là?

LAURENCE.

— Ciel! Juliette est éveillée! et Roméo mort! — et Pâris aussi! Ah! quelle heure néfaste — est donc coupable de cette lamentable catastrophe?

JULIETTE.

— Il est encore là, et je le tiens bien; — on ne l'arrachera pas de moi.

LAURENCE.

— Patience, madame!

JULIETTE.

— Patience! ah! maudit prêtre! — tu parles de patience à une misérable comme moi!

LAURENCE.

— O fatale erreur! Lève-toi, belle désolée, — et fuis cette scène de mort.

JULIETTE.

Ne m'approche pas; — ou ce poignard va venger la mort de mon Roméo.

Elle tire un poignard.

LAURENCE.

— Je ne m'en étonne pas, la douleur te rend folle.

Voix au dehors criant : Venez! venez!

LAURENCE.

— Quel est ce bruit? Chère Juliette, fuyons! — Un pouvoir au-dessus de nos contradictions — a déconcerté nos plans. Viens, échappons-nous! — Malheureuse femme, je te placerai — dans une communauté de saintes religieuses.

Voix au dehors criant : Par où? par où?

— Plus de questions! le guet arrive... — Allons, viens chère Juliette... Je n'ose rester plus longtemps.

Il s'enfuit.

JULIETTE.

— Va, sors d'ici, car moi, je ne m'en irai pas. — Qu'est ceci? une fiole?... Oui, la fin prématurée de Roméo! — L'égoïste! il a tout bu, il n'a pas laissé une goutte amie — pour m'aider à le rejoindre... Je veux baiser tes lèvres; peut-être — y trouverai-je un reste de poison!

Voix au dehors : Conduis-nous, page : par où?

— Encore du bruit! hâtons-nous donc! O heureux poignard! — Voici ton fourreau!... Repose là, et laisse-moi mourir.

Elle se poignarde et meurt.

Entrent BALTHAZAR et LE PAGE entourés de gardes, puis LE PRINCE et ses gens portant des torches.

BALTHAZAR.

— Voici l'endroit, monseigneur.

LE PRINCE.

— Quel est le malheur matinal — qui enlève notre personne à son repos?

Entrent CAPULET et des seigneurs.

CAPULET.

— Pourquoi ces clameurs qui retentissent partout? — Dans les rues les uns crient : Roméo! — d'autres, Juliette! d'autres, Pâris! et tous accourent — en jetant l'alarme, vers notre monument.

LE PRINCE.

— D'où vient cette épouvante qui fait tressaillir nos oreilles?

BALTHAZAR.

— Mon souverain, voici le comte Pâris tué, et Roméo, mon maître, mort! et Juliette, — qu'on croyait déjà morte, semble avoir été tuée, il n'y a qu'un moment.

CAPULET.

— Hélas! ce spectacle funèbre est le glas — qui appelle ma vieillesse au sépulcre.

Entrent MONTAGUE *et des seigneurs.*

LE PRINCE.

— Approche, Montague : tu ne t'es levé avant l'heure — que pour voir ton fils, ton héritier couché avant l'heure.

MONTAGUE.

— Hélas! mon suzerain, ma femme est morte cette nuit. — L'exil de mon fils l'a suffoquée ! — Quel est le nouveau malheur qui conspire contre mes années?

LE PRINCE.

— Regarde, et vois !

MONTAGUE.

— Oh! malappris, y a-t-il donc bienséance — à prendre le pas sur ton père dans la tombe?

LE PRINCE.

— Fermez la bouche aux imprécations, — jusqu'à ce que nous ayons pu éclaircir ces mystères — et reconnaître leur source et leur cause. En attendant, contenez-vous, — et que l'affliction s'asservisse à la patience. — Produisez les suspects.

Entre Frère LAURENCE.

LAURENCE.

Je suis le principal.

LE PRINCE.

— Dis donc vite ce que tu sais de tout ceci.

LAURENCE.

— Retirons-nous de ce sinistre théâtre de la mort, — et je vous révélerai tout ; si dans ceci — il est arrivé malheur par ma faute, — que ma vieille vie — soit sacrifiée, quélques heures avant son épuisement, — à la rigueur des lois les plus sévères.

LE PRINCE.

— Nous t'avons toujours connu pour un saint homme. — Que le valet de Roméo et que ce page nous suivent. — Nous allons sortir, et examiner à fond ce triste désastre. — Sages trop tard, messeigneurs, vous pouvez déplorer maintenant — les tragiques résultats de votre mutuelle haine. — Que de malheurs terribles causent les discordes privées ! — Quelle qu'en soit la cause, l'effet inévitable est une calamité.

Tous sortent.

FIN DES NOTES.

APPENDICE.

TROISIÈME HISTOIRE TRAGIQUE

Extraite des œuvres italiennes de Bandel et mise en langue française

Par Pierre Boisteau, surnommé Launay.

DE DEUX AMANTS DONT L'UN MOURUT DE VENIN, L'AUTRE DE TRISTESSE [1].

Du temps que le seigneur de l'Escale était seigneur de Vérone, il y avait deux familles en la cité qui étaient plus renommées que les autres, tant en richesse qu'en noblesse, l'une desquelles s'appelait les Montesches, l'autre les Cappelets : mais, ainsi que le plus souvent il y a envie entre ceux qui sont en pareil degré d'honneur, aussi survint quelque inimitié entre eux, et combien que

---

[1] Dans le recueil de Bandello, cette histoire est la neuvième nouvelle de la seconde partie et a pour titre : *La sfortunata morte di dui infelicissimi Amanti, che l'uno di veleno, e l'altro di dolore morirono*. Il est à remarquer que, dans la nouvelle francisée, Juliette ne meurt pas *de tristesse*, mais d'un coup de poignard. Pierre Boisteau n'a pas pensé à rectifier ce titre, qui n'est plus d'accord avec le dénoûment improvisé par lui.

l'origine en fût légère et assez mal fondée, si est-ce que par intervalle de temps elle s'enflamma si bien qu'en diverses menées, qui se dressèrent d'une part et d'autre, plusieurs y laissèrent la vie. Le seigneur Barthélemy de l'Escale, voyant un tel désordre en sa République, s'essaya par tous les moyens de réduire et concilier ces deux ligues, mais tout en vain, car leur haine était si bien enracinée qu'elle ne pouvait être modérée par aucune prudence ou conseil, de sorte qu'il ne put gagner sur eux autre chose que leur laisser les armes pour un temps, attendant quelque autre saison plus opportune où avec plus de loisir il espérait apaiser le reste.

Cependant que ces choses étaient en tel état, l'un des Montesches, qui se nommait Rhoméo, âgé de vingt à vingt et un ans, le plus beau et mieux accompli gentilhomme qui fût en toute la jeunesse de Vérone, s'enamoura de quelque damoiselle de Vérone[1], et en peu de jours fut tellement épris de ses bonnes grâces, qu'il abandonna toutes ses autres occupations pour la servir et honorer. Et après plusieurs lettres, ambassades et présents, il se délibéra enfin de parler à elle, et de lui faire ouverture de ses passions, ce qu'il fit sans rien pratiquer, car elle, qui n'avait été nourrie qu'à la vertu, lui sut tant bien répondre et retrancher ses affections amoureuses, qu'il avait occasion pour l'avenir de n'y plus retourner, et même se montra si austère qu'elle ne lui fit la grâce d'un seul regard; mais plus le jeune enfant la voyait rétive, plus s'enflammait, et, après avoir continué quelques mois en telle servitude sans trouver remède à sa passion, se délibéra enfin de s'en aller de Vérone pour expérimenter si, en changeant de lieu, il pourrait changer d'affection, et disait en soi-même : Que me sert d'ai-

---

[1] *Rosaline*, dans le drame.

mer une ingrate, puisqu'elle me dédaigne ainsi ? Je la suis partout, et elle me fuit : je ne puis vivre si je ne suis auprès d'elle, et elle n'a contentement aucun, sinon quand elle est absente de moi. Je me veux donc pour l'avenir étranger de sa présence, car peut-être que, ne la voyant plus, ce mien feu qui prend viande et aliment de ses beaux yeux s'amortira peu à peu : mais, pensant exécuter ses pensers, en un instant ils étaient réduits au contraire, de sorte que, ne sachant en quoi se résoudre, passait ses jours et ses nuits en plaintes merveilleuses : car amour le sollicitait de si près, et lui avait si bien empreinte la beauté de la demoiselle en l'intérieur de son cœur, que, n'y pouvant plus résister, il succombait au faix et se fondait peu à peu comme la neige au soleil.

De quoi émerveillés ses parents et alliés plaignaient grandement son désastre : mais sur les autres un sien compagnon [1], plus mûr d'âge et de conseil que lui, commença à le reprendre aigrement : car l'amitié qu'il lui portait était si grande, qu'il se ressentait de son martyre, et participait à sa passion, qui fut cause que, le voyant agité de ses rêveries amoureuses, il lui dit :

— Rhoméo, je m'émerveille grandement comme tu consumes ainsi le meilleur de ton âge à la poursuite d'une chose de laquelle tu te vois méprisé et banni, sans qu'elle ait respect ni à ta prodigue dépense, ni à ton honneur, ni à tes larmes, ni même à ta misérable vie qui émeuvent les plus constants à pitié. Par quoi je te prie, par notre ancienne amitié et par ton propre salut, que tu apprennes à l'avenir à être tien, sans aliéner ta liberté à personne tant ingrate, car, à ce que je puis conjecturer par les choses qui sont passées entre toi et elle, ou elle est amoureuse de quelque autre, ou bien est en délibéra-

[1] *Benvolio.*

tion de n'aimer jamais aucun. Tu es jeune, riche des biens de fortune, et plus recommandé en beauté que gentilhomme de cette cité ; tu es bien instruit aux lettres, tu es fils unique de ta maison. Quel crève-cœur à ton pauvre vieillard de père et à tes autres parents de te voir ainsi précipité en cet abîme de vices et en l'âge où tu leur dussent donner quelque espérance de ta vertu ! Commence donc désormais à reconnaître l'erreur en laquelle tu as vécu jusqu'ici. Ote ce voile amoureux qui te bande les yeux et qui t'empêche de suivre le droit sentier par lequel tes ancêtres ont cheminé, ou bien, si tu te sens si sujet à ton vouloir, range ton cœur en autre lieu, et élis quelque maîtresse qui le mérite, et ne sème désormais tes peines en si mauvaise terre que tu n'en reçoives aucun fruit. La saison s'approche qu'il se fera assemblée des dames par la cité, où tu en pourras regarder quelqu'une de si bon œil qu'elle te fera oublier tes passions précédentes.

Ce jeune enfant, ayant ententivement écouté toutes les raisons persuasives de son ami, commença quelque peu à modérer cette ardeur et reconnaître que toutes les exhortations qu'il lui avait faites ne tendaient qu'à bonne fin, et dès lors délibéra les mettre en exécution, et de se retrouver indifféremment par toutes les assemblées et festins de la ville, sans avoir aucune des dames non plus affectée que d'autres. Et continua en cette façon de faire deux ou trois mois, pensant par ce moyen éteindre les étincelles de ses anciennes flammes.

Advint donc quelques jours environ la fête de Noël que l'on commença à faire festins, où les masques, selon la coutume, avaient lieu. Et parce que Antoine Capellet était chef de sa famille, et des plus apparents seigneurs de la cité, il fit un festin, et, pour le mieux solenniser, il convia toute la noblesse, tant des hommes que des femmes, en laquelle on put voir aussi la plus grande part de la jeunesse de Vérone. La famille des Capellets (comme nous avons montré au commencement de cette histoire) était en disside avec celle des Montesches, qui fut la cause pour pour laquelle les Montesches ne se trouvèrent à ce convi, hormis ce jeune adolescent Rhoméo Montesche, lequel vint en masque après le souper avec quelques autres jeunes gentilshommes. Et après qu'ils eurent demeuré quelque espace de temps la face couverte de leurs masques, ils se démasquèrent. Et Rhoméo tout honteux se retira en un coin de la salle; mais, pour la clarté des torches qui étaient allumées, il fut incontinent avisé de tous, spécialement des dames, car, outre la naïve beauté de laquelle la nature l'avait doué, encore s'émerveillaient-elles davantage de son assurance, et comme il avait osé entrer avec telle privauté en la maison de ceux qui avaient peu d'occasion de lui vouloir bien. Toutefois les Capellets, dissimulant leur haine, ou bien pour la révérence de la compagnie, ou pour le respect de son âge, ne lui méfirent, ni d'effet ni de paroles. Au moyen de quoi, avec toute liberté il pouvait contempler les dames à son aise, ce qu'il sut si bien faire, et de si bonne grâce, qu'il n'y avait celle qui ne reçut quelque plaisir de sa présence.

Et après avoir assis un jugement particulier sur l'excellence de chacune, selon que l'affection le conduisait, il avisa une fille entre autres d'une extrême beauté, laquelle, encore qu'il ne l'eût jamais vue, elle lui plut sur toutes, et lui donnait en son cœur le premier lieu en toute perfection de beauté. Et la festoyant incessamment par piteux regards, l'amour qu'il portait à sa première damoiselle demeura vaincu par ce nouveau feu, lequel prit tel accroissement et vigueur, qu'il ne se put oncques éteindre que par la seule mort, comme vous pourrez entendre par l'un de ces plus étranges discours que l'homme mortel ne saurait imaginer. Le jeune Rhoméo, donc, se sentant agité de cette nouvelle tempête, ne savait quelle contenance tenir, mais était tant surpris et altéré de ses dernières flammes, qu'il se méconnaissait presque soi-même, de sorte qu'il n'avait la hardiesse de s'enquérir qui elle était, et n'était ententif seulement qu'à repaître ses yeux de la vue d'icelle : par lequel il humait le doux venin amoureux, duquel il fut enfin si bien empoisonné, qu'il finit ses jours par une cruelle mort. Celle pour qui Rhoméo souffrait une si étrange passion s'appelait Juliette, et était fille de Capellet, maître de la maison où on faisait cette assemblée, laquelle ainsi que ses yeux ondoyaient çà et là, aperçut de fortune Rhoméo, lequel lui sembla le plus beau gentilhomme qu'elle eût oncques vu à son gré. Et Amour adonc qui était en embûche, lequel n'avait point encore assailli le tendre cœur de cette jeune damoiselle, la toucha si au vif que quelque résistance qu'elle sût faire, n'eut pouvoir de se garantir de ses forces, et dès lors commença à contemner toutes les pompes de la fête, et ne sentait plaisir en son cœur, sinon lorsque par emblée elle avait jeté ou reçu quelque trait d'œil de Rhoméo. Et après avoir contenté leurs cœurs passionnés par une infinité d'amoureux regards, lesquels se rencontrant le plus souvent et les mêlant ensemble, leurs rayons ardents donnaient suffisant témoignage de quelque commencement d'amitié. Amour ayant fait cette brêche au cœur de ces amants, ainsi qu'ils cherchaient tous deux les moyens de parler ensemble. Fortune leur apprêta une prompte occasion, car quelque seigneur de la troupe prit Juliette par la main pour la faire danser au bal de la torche, duquel elle se sut si bien acquitter et de si bonne grâce, qu'elle gagna pour ce jour le prix d'honneur entre toutes les filles de Vérone.

Rhoméo, ayant prévu le lieu où elle devait se retirer,

fit ses approches et sut si discrètement conduire les affaires, qu'il eut le moyen à son retour d'être auprès d'elle. Juliette, le bal fini, retourna au même lieu duquel elle était partie auparavant, et demeura assise entre Rhoméo et un autre appelé Marcucio[1], courtisan fort aimé de tous, lequel, à cause de ses facéties et gentillesses, était bien reçu en toutes compagnies. Marcucio, hardi entre les vierges comme un lion entre les agneaux, saisit incontinent la main de Juliette, lequel avait une coutume tant l'hiver que l'été d'avoir toujours les mains froides comme un glaçon de montagne, même étant auprès du feu. Rhoméo, lequel était au côté senestre de Juliette, voyant que Marcucio la tenait par la main dextre, afin de ne faillir à son devoir, prit l'autre main de Juliette, et, la lui serrant un peu, se sentit tellement pressé de cette nouvelle faveur, qu'il demeura court, sans pouvoir répondre ; mais elle qui aperçut par sa mutation de couleur que le défaut procédait d'une trop véhémente amour, désirant de l'ouïr parler, se tourne vers lui, et la voix tremblante, avec une honte virginale entremêlée d'une pudicité, lui dit : « Bénie soit l'heure de votre venue à mon côté ! » Puis, pensant achever le reste, Amour lui serra tellement la bouche, qu'elle ne put achever son propos. A quoi le jeune enfant tout transporté d'aise et de contentement, en soupirant lui demanda qu'elle était la cause de cette fortunée bénédiction. Juliette, un peu plus assurée, avec un regard de pitié lui dit en souriant :

— Mon gentilhomme, ne soyez point émerveillé si je bénis votre venue, d'autant que le seigneur Marcucio,

[1] Ce nom, légèrement modifié par le traducteur anglais Arthur Brooke, a été donné par Shakespeare à l'ami intime de son Roméo. Il n'y a, du reste, aucun rapport entre le rôle insignifiant joué par le Marcucio de la légende, et le rôle si important soutenu par le Mercutio du drame. La figure tragi-comique de Mercutio est toute entière la création du poëte.

longtemps avec sa main gelée, m'a toute glacé la mienne, et vous, de votre grâce, la m'avez échauffée.

A quoi soudain répliqua Rhoméo :

— Madame, si le ciel m'a été tant favorable, que je vous aie fait quelque service agréable, pour m'être trouvé casuellement en ce lieu, je l'estime bien employé, ne souhaitant autre plus grand bien, pour le comble de tous les contentements que je prétends en ce monde, que de vous servir, obéir et honorer partout où ma vie se pourra étendre, comme l'expérience vous en fera plus entière preuve, lorsqu'il vous plaira en faire essai : mais au reste, si vous avez reçu quelque chaleur par l'attouchement de ma main, bien vous puis-je assurer que ses flammes sont mortes au regard des vives étincelles et du violent feu qui sort de vos beaux yeux, lequel a si bien enflammé toutes les plus sensibles parties de moi que, si je ne suis secouru par la faveur de vos divines grâces, je n'attends que l'heure d'être du tout consumé et mis en cendre.

A peine eut-il achevé ces dernières paroles, que le jeu de la Torche[1] prit fin, dont Juliette, qui toute brûlait d'amour, lui serrant la main étroitement, n'eut loisir que de lui dire tout bas :

— Mon cher ami, je ne sais quel autre plus assuré témoignage vous voulez de mon amitié, sinon que je vous puis acertener que vous n'êtes point plus à vous-même que je suis vôtre, étant prête et disposée de vous obéir en tout ce que l'honneur pourra souffrir, vous suppliant de vous contenter de ce, pour le présent, attendant quelque

---

[1] Le pas *del Torchio* était une danse par laquelle les bals se terminaient, au quatorzième siècle, dans l'Italie du Nord. Chaque dame invitait son danseur en lui présentant une torche allumée. Le divertissement *dei Moccoletti*, qui encore aujourd'hui à Rome égaie la fin des soirées du carnaval, paraît être un reste de cet ancien usage.

autre saison plus opportune où nous pourrons communiquer plus privément de nos affaires.

Rhoméo se sentant pressé de partir avec la compagnie, sans savoir par quel moyen il pourrait revoir quelque autre fois celle qui le faisait vivre et mourir, s'avisa de demander à quelque sien ami qui elle était, lequel lui fit réponse qu'elle était fille de Capellet, maître de la maison où avait été fait ce jour le festin, lequel indigné outre mesure de quoi la fortune l'avait adressé en lieu si périlleux, jugeait en soi-même qu'il était presque impossible de mettre fin à son entreprise. Juliette, convoiteuse d'autre côté de savoir qui était le jouvenceau qui l'avait tant humainement caressé le soir, et duquel elle sentait la nouvelle plaie en son cœur, appela une vieille dame d'honneur [1] qui l'avait nourrie et élevée de son lait, à laquelle elle dit, étant appuyée : « Mère, qui sont ces deux jouvenceaux qui sortent les premiers avec deux torches devant? » A laquelle la vieille répondit, selon le nom des maisons dont ils étaient issus. Puis elle interrogea derechef : « Qui est ce jeune qui tient un masque en sa main, et est vêtu d'un manteau de damas? — C'est, dit-elle, Rhoméo Montesche, fils du capital ennemi de votre père et de ses alliés. »

Mais la pucelle, au seul nom de Montesche, demeura toute confuse, désespérant du tout de pouvoir avoir pour époux son tant affectionné Rhoméo pour les anciennes inimitiés d'entre les deux familles : néanmoins elle sut (pour l'heure) si bien dissimuler son ennui et mécontentement, que la vielle ne le put comprendre, mais lui persuada de se retirer en sa chambre pour se coucher, à quoi elle obéit ; mais étant au lit, et cuidant prendre son accoutumé repos, un grand tourbillon de divers pense-

---

[1] *La nourrice*, dans le drame.

ments commencèrent à l'environner et traiter de telle sorte, qu'elle ne sut oncques clore les yeux, mais se tournant, ça et là, fantastiquait diverses choses en son esprit, faisant tantôt état de retrancher du tout cette pratique amoureuse, tantôt de la continuer. Ainsi était la pucelle agitée de deux contraires desquels l'un lui donnait adresse de poursuivre sa délibération, l'autre lui proposait le péril éminent auquel indiscrètement elle se précipitait, et après avoir longtemps vagué en ce labyrinthe amoureux, ne savait enfin à quoi se résoudre, mais elle pleurait incessamment et s'accusait soi-même, disant : « Ah ! chétive et misérable créature, dont procèdent ces inaccoutumées traverses que je sens en mon âme qui me font perdre le repos ! Mais, infortunée que je suis, que sais-je si ce jouvenceau m'aime comme il dit ? Peut-être que, sous le voile de ses paroles amiellées, il me veut ravir l'honneur pour se venger de mes parents qui ont offensé les siens, et par ce moyen me rendre par une éternelle infamie la fable du peuple de Vérone. » Puis soudain après elle condamnait ce qu'elle soupçonnait au commencement, disant : « Était-ce possible que, sous une telle beauté et accomplie douceur, déloyauté et trahison eussent mis leur siége ? S'il est ainsi que la face est la loyale messagère des conceptions de l'esprit, je me puis assurer qu'il m'aime : car j'ai expérimenté tant de mutation de couleur en lui, lorsqu'il parlait à moi, et l'ai vu tant transporté et hors de soi, que je ne dois souhaiter autre plus certain augure de son amitié en laquelle je veux persister, immuable jusques au dernier soupir de ma vie, moyennant qu'il m'épouse, car peut-être que cette nouvelle alliance engendrera une perpétuelle paix et amitié entre sa famille et la mienne. »

Arrêtée en cette délibération, toutes les fois qu'elle avisait Rhoméo passer devant sa porte, elle se présentait avec un visage joyeux, et le conduisait du clin de l'œil, tant qu'elle l'eût perdu de vue. Et après avoir continué en cette façon de faire par plusieurs jours, Rhoméo, ne se pouvant contenter du regard, contemplait tous les jours l'assiette de la maison, et un jour entre autres, il avisa Juliette à la fenêtre de sa chambre, qui répondait à une rue fort étroite, vis-à-vis de laquelle y avait un jardin, qui fut cause que Rhoméo (craignant que leurs amours fussent manifestées) commença dès lors à ne passer plus le jour devant sa porte, mais sitôt que la nuit avec son brun manteau avait couvert la terre, il se promenait lui seul avec ses armes en cette petite ruelle : et après y avoir été plusieurs fois à faute, Juliette, impatientée en son mal, se mit un soir à la fenêtre, et aperçut aisément, par la splendeur de la lune, son Rhoméo joignant sa fenêtre, non moins attendu qu'attendant. Lors elle lui dit tout bas, la larme à l'œil, avec une voix interrompue de soupirs :

— Seigneur Rhoméo, vous me semblez par trop prodigue de votre vie, l'exposant à telle heure à la merci de ceux qui ont si peu d'occasion de vous vouloir bien : lesquels, s'ils vous surprenaient, vous mettraient en pièces, et mon honneur, que j'ai plus cher que ma vie, en serait à jamais interressé.

— Madame, répondit Rhoméo, ma vie est en la main de Dieu, de laquelle lui seul peut disposer, si est-ce que si quelqu'un voulait faire effort de me l'ôter, je lui ferais connaître en votre présence comme je la sais défendre, ne m'étant point toutefois si chère, ni en telle recommandation, que je ne la voulusse sacrifier pour vous à un besoin ; et quand bien mon désastre serait si grand que j'en fusse privé en ce lieu, je n'aurais point d'occasion d'y avoir regret, sinon que la perdant, je perdrais le moyen de vous faire connaître le bien que je vous veux, et la servitude que j'ai à vous, ne désirant la conserver pour aise que je sente ni pour autre regard fors que pour vous aimer, servir et honorer, jusques au dernier soupir d'icelle.

Soudain qu'il eut donné fin à son propos, lors amour et pitié commencèrent à s'emparer du cœur de Juliette, et tenant sa tête appuyée sur une main[1], ayant la face toute baignée de larmes, répliqua à Rhoméo :

— Seigneur Rhoméo, je vous prie de ne plus me remémorer ces choses : car la seule appréhension que j'ai d'un tel inconvénient me fait balancer entre la mort et la vie, étant mon cœur si uni au vôtre, que vous ne sauriez recevoir le moindre ennui de ce monde, auquel je ne participe comme vous-même, vous priant au reste que si vous désirez votre salut et le mien, que vous m'exposiez en peu de paroles quelle est votre délibération pour l'avenir : car, si vous prétendez autre privauté de moi que l'honneur ne le commande, vous vivez en très-grande erreur : mais si votre volonté est sainte et que l'amitié, laquelle vous dites me porter, soit fondée sur la vertu, et qu'elle se consomme par mariage, me recevant pour votre femme et légitime épouse, vous aurez telle part en moi que, sans avoir égard à l'obéissance et révérence que je dois à mes parents ni aux anciennes inimitiés de votre famille et de la mienne, je vous ferai maître et seigneur perpétuel de moi et de tout ce que je possède, étant prête et appareillée de vous suivre partout où vous me commanderez : mais si votre intention est autre, et que vous pensez recueillir le fruit de ma virginité, sous

---

[1] Ce trait pittoresque a été ajouté par Pierre Boisteau au texte original. Shakespeare l'a littéralement reproduit dans ce vers que dit Roméo apercevant Juliette à son balcon :

See, how she leans her cheek upon her hand !
« Voyez comme elle appuie sa joue sur sa main ! »

le prétexte de quelque lascive amitié, vous êtes bien trompé, vous priant vous en déporter et me laisser désormais vivre en repos avec mes semblables.

Rhoméo, qui n'aspirait à autre chose, joignant les mains au ciel, avec un aise et contentement incroyable, lui répondit :

— Madame, puisqu'il vous plaît me faire honneur de m'accepter pour tel, je l'accorde et m'y consens, du meilleur endroit de mon cœur, lequel vous demeurera pour gage et assuré témoin de mon dire, jusques à ce que Dieu m'ait fait la grâce de le vous montrer par effet. Et afin que je donne commencement à mon entreprise, je m'en irai demain au conseil à frère Laurens, lequel, outre qu'il est mon père spirituel, a de coutume de me donner instruction en toutes mes autres affaires privées, et ne faudrai (s'il vous plaît) à me retrouver en ce lieu, à la même heure, afin de vous faire entendre ce que j'aurai moyenné avec lui.

Ce qu'elle accorda volontiers, et se finirent leurs propos sans que Rhoméo reçut pour ce soir autre faveur d'elle que de parole.

Ce frère Laurens, duquel il sera fait plus ample mention ci-après, était un ancien docteur en théologie, de l'ordre des frères mineurs, lequel, outre l'heureuse profession qu'il avait faite aux saintes lettres, était merveilleusement versé en philosophie, et grand scrutateur des secrets de nature, même renommé d'avoir l'intelligence de la magie et des autres sciences cachées et occultes, ce qui ne diminuait en rien sa réputation. Et avait ce frère, par sa prudhommie et bonté, si bien gagné le cœur des citoyens de Vérone, qu'il les oyait presque tous en confession : et n'y avait celui depuis les petits jusques aux grands qui ne le révérât et aimât, et même le plus savant, par sa grande prudence, était quelquefois appelé aux plus étroites affaires des seigneurs de la ville. Et entre autres il était grandement favorisé du seigneur de l'Escale, seigneur de Vérone, et de toute la famille des Montesches et des Capellets et de plusieurs autres.

Le jeune Rhoméo (comme avons jà dit) dès son jeune âge avait toujours eu je ne sais quelle particulière amitié avec frère Laurens, et lui communiquait ses secrets. Au moyen de quoi, partant d'avec Juliette, s'en va tout droit à saint François, où il raconta par ordre tout le succès de ses amours au bon père, et la conclusion du mariage prise entre lui et Juliette, ajoutant pour la fin qu'il élirait plutôt une honteuse mort que lui faillir de promesse : auquel le bon père, après lui avoir fait plusieurs remontrances et proposé tous les inconvénients de ce mariage clandestin, l'exhorta d'y penser plus à loisir ; toutefois il ne lui fut possible de le réduire ; par quoi vaincu de sa pertinacité et aussi projetant en lui-même que ce mariage serait (peut-être) moyen de réconcilier ces deux lignées, lui accorda enfin sa requête, avec la charge qu'il aurait un jour de délai pour excogiter le moyen de pourvoir à leur fait.

Mais si Rhoméo était soigneux de son côté de donner ordre à ses affaires, Juliette semblablement faisait bien son devoir du sien : car, voyant qu'elle n'avait personne autour d'elle, à qui elle pût faire ouverture de ses passions, s'avisa de communiquer le tout à sa nourrice qui couchait en sa chambre et lui servait de femme d'honneur, à laquelle elle commit entièrement tout le secret des amours de Rhoméo et d'elle. Et quelque résistance que la vieille fît au commencement de s'y accorder, elle la sut enfin si bien persuader et la gagner, qu'elle lui promit de lui obéir ce qu'elle pourrait, et dès lors la dépêcha pour aller en diligence parler à Rhoméo et savoir de lui par quel moyen ils pourraient s'épouser, et qu'il lui fit entendre ce qui avait été déterminé entre frère Laurens et lui. A laquelle Rhoméo fit réponse comme, le premier jour qu'il avait informé frère Laurens de son affaire, il avait différé jusques au jour subséquent qui était ce même jour, et qu'à peine y avait une heure qu'il en était retourné pour la seconde fois, et que frère Laurens et lui avaient avisé que le samedi suivant elle demanderait congé à sa mère d'aller à confesse, et se trouverait en l'église de Saint-François, en certaine chapelle en laquelle secrètement les épouserait, et qu'elle ne faillît à se trouver [1].

Ce qu'elle sut si bien conduire et avec telle discrétion, que sa mère lui accorda sa requête, et, accompagnée seulement de la bonne vieille et d'une jeune damoiselle [2], se trouva au jour déterminé; et, sitôt qu'elle fut entrée en l'église, elle fit appeler le bon docteur frère Laurens, à laquelle on fit réponse qu'il était au confessionaire, et qu'on l'allait avertir de sa venue. Sitôt que frère Laurens fut averti de la venue de Juliette, il entra au grand corps de l'église, et dit à la bonne vieille et à la jeune damoiselle qu'elles allassent ouïr la messe, et qu'il les ferait appeler, dès qu'il eût fait avec Juliette : laquelle entrée en la cellule avec frère Laurens, ferma la porte sur eux, comme il avait de coutume, même qu'il y avait près d'une heure que Rhoméo et lui étaient ensemble enfermés. Auxquels frère Laurens, après les avoir ouïs en confession, il dit à Juliette : « Ma fille, selon que Rhoméo (que

---

[1] Boisteau a modifié le plan indiqué par l'auteur de la légende originale. Dans la nouvelle de Bandello, les deux amants ont, avant leur mariage, une entrevue nocturne dans la chambre de Juliette, et c'est là qu'ils conviennent de leur stratagème pour accomplir leur union clandestine. Le traducteur a supprimé cet incident et établi, par l'intermédiaire de la nourrice, l'entente entre les jeunes gens.

[2] Dans la légende italienne, Juliette se rend à confesse, accompagnée de sa mère, donna Giovanna, et de deux autres femmes.

voici présent) m'a récité, vous êtes accordée avec lui de le prendre pour mari, et lui semblablement pour son épouse : persistez-vous encore maintenant en ces propos ? » Les amants répondirent qu'ils ne souhaitaient autre chose. Et voyant leurs volontés conformes, après avoir raisonné quelque peu à la recommandation de la dignité de mariage, il prononça les paroles desquelles on use, selon l'ordonnance de l'église, aux épousailles. Et elle ayant reçu l'anneau de Rhoméo, se levèrent de devant lui, lequel leur dit : « Si avez quelque autre chose à conférer ensemble de vos menues affaires, diligentez-vous, car je veux faire sortir Rhoméo d'ici, au désu des autres. » Rhoméo, pressé de se retirer, dit secrètement à Juliette qu'elle lui envoyât après dîner la vieille, et qu'il ferait faire une échelle de cordes, par laquelle (le soir même) il monterait en sa chambre par la fenêtre où plus à loisir ils aviseraient à leurs affaires.

Les choses arrêtées entre eux, chacun se retira en sa maison, avec un contentement incroyable, attendant l'heure heureuse de la consommation de leur mariage. Rhoméo, arrivé à sa maison, déclara entièrement tout ce qui s'était passé entre lui et Juliette à un sien serviteur nommé Pierre [1], auquel il se fût fié de sa vie, tant il avait expérimenté sa fidélité, et lui commanda de recouvrer promptement une échelle de cordes, avec deux forts crochets de fer, attachés aux deux bouts : ce qu'il fit aisément, parce qu'elles sont fort fréquentes en Italie. Juliette n'oublia au soir, sur les cinq heures, d'envoyer la vieille vers Rhoméo, lequel, ayant pourvu de ce qui était nécessaire, lui fit bailler l'échelle et la pria d'assurer Juliette que, ce soir même, il ne faudrait au premier somme de se trouver au lieu accoutumé ; mais si cette

---

[1] *Balthazar*, dans le drame.

journée sembla longue à ces passionnés amants, il en faut croire ceux qui ont fait autrefois essai de semblables choses, car chaque minute d'heure leur durait mille ans, de sorte que, s'ils eussent pu commander au ciel, comme Josué au soleil, la terre eût été bientôt couverte de très-obscures ténèbres.

L'heure de l'assignation venue, Rhoméo s'accoûtra des plus somptueux habits qu'il eût, et, guidé par sa bonne fortune, se sentant approcher du lieu où son cœur prenait vie, se trouva tant délibéré, qu'il franchit agilement la muraille du jardin. Étant arrivé joignant la fenêtre, aperçut Juliette qui avait jà tendu son laçon de corde pour le tirer en haut, et avait si bien agrafé ladite échelle que, sans aucun péril, il entra en la chambre, laquelle était aussi claire que le jour, à cause de trois mortiers de cire vierge que Juliette avait fait allumer pour mieux contempler son Rhoméo[1]. Juliette, de sa part, pour toute parure seulement de son couvrechef, s'était coiffée de nuit : laquelle incontinent qu'elle l'aperçut, se brancha à son col, et, après l'avoir baisé et rebaisé un million de fois, se cuida pâmer entre ses bras, sans qu'elle eût pouvoir de lui dire un seul mot, mais ne faisait que soupirer, tenant sa bouche serrée contre celle de Rhoméo, laquelle ainsi transie le regardait d'un œil piteux, qui le faisait vivre et mourir ensemble. Et après être revenue quelque peu à soi, elle lui dit, tirant un profond soupir de son cœur :

— Ah ! Rhoméo, exemplaire de toute vertu et gentillesse, vous soyez le très-bien venu maintenant en ce lieu, auquel pour votre absence, et pour la crainte de votre personne, j'ai tant jeté de larmes, que la source en est presque épuisée ; mais maintenant que je vous tiens

---

[1] Ces détails curieux sont de l'imagination du traducteur.

entre mes bras, fassent désormais la mort et la fortune comme elles entendront, car je me tiens plus que satisfaite de tous mes ennuis passés, par la seule faveur de votre présence.

A laquelle Rhoméo, la larme à l'œil, pour ne demeurer muet, répondit :

— Madame, combien que je n'aie jamais reçu tant de faveur de fortune que vous pouvoir faire sentir par vive expérience la puissance qu'avez sur moi, et le tourment que je recevais à tous les moments du jour à votre occasion, si vous puis-je assurer, que le moindre ennui où je me suis vu pour votre absence m'a été mille fois plus pénible que la mort, laquelle longtemps eût tranché le filet de ma vie, sans l'espérance que j'ai toujours eue en cette heureuse journée, laquelle me payant maintenant le juste tribut de mes larmes passées, me rend plus content que si je commandais à l'univers, vous suppliant (sans nous amuser à remémorer nos anciennes misères) que nous avisions pour l'avenir de contenter nos cœurs passionnés, et à conduire nos affaires avec telle prudence et discrétion, que nos ennemis, n'ayant aucun avantage sur nous, nous laissent continuer le repos et tranquillité [1].

Et ainsi que Juliette voulait répondre, la vieille survint qui leur dit :

— Qui a temps à propos et le perd, trop tard le recouvre ; mais puisqu'ainsi est que vous avez tant fait endurer de mal l'un à l'autre, voilà un champ que je vous ai dressé, dit-elle, leur montrant le lit de camp qu'elle avait appareillé : prenez vos armes, et en tirez désormais la vengeance [2].

---

[1] Ce dialogue est une longue amplification du texte italien.
[2] Dans la légende originale, la nourrice ne paraît pas pendant la nuit de

A quoi ils s'accordèrent aisément : et lors étant entre les draps en leur privé, après s'être chéris et festoyés de toutes les plus délicates caresses dont amour les pût aviser, Rhoméo, rompant les saints liens de virginité, prit possession de la place, laquelle n'avait encore été assiégée, avec tel heur et contentement que peuvent juger ceux qui ont expérimenté semblables délices. Leur mariage ainsi consommé, Rhoméo, se sentant pressé par l'importunité du jour, prit congé d'elle, avec protestation qu'il ne faudrait de deux jours l'un à se retrouver en ce lieu, et avec le même moyen et à heure semblable, jusqu'à ce que la fortune leur eût apprêté sûre occasion de manifester sans crainte leur mariage à tout le monde. Et continuèrent ainsi quelques mois ou deux leurs aises, avec un contentement incroyable, jusques à tant que la fortune, envieuse de leur prospérité, tourna sa roue pour les faire trébucher en un tel abîme, qu'ils lui payèrent l'usure de leurs plaisirs passés par une très-cruelle et très-pitoyable mort, comme vous entendrez ci-après par le discours qui s'ensuit.

Or, comme nous avons déduit ci-devant, les Capellets et les Montesches n'avaient pu être si bien réconciliés par le seigneur de Vérone, qu'il ne leur restât encore quelques étincelles de leurs anciennes inimitiés, et n'attendaient d'une part et d'autre que quelque légère occasion pour s'attaquer : ce qu'ils firent. Les fêtes de Pâques (comme les hommes sanguinaires sont volontiers coutumiers, après les bonnes fêtes commencent les méchantes œuvres) auprès la porte de Boursari, devers le château vieux de Vérone, une troupe des Capellets rencontrèrent quelques-uns des Montesches, et sans autres paroles, commencèrent à chamailler sur eux,

noces. Boisteau esquisse ici grossièrement la figure comique que Shakespeare doit peindre plus tard.

et avaient les Capellets, pour chef de leur glorieuse entreprise, un nommé Thibaut [1], cousin-germain de Juliette, jeune homme dispos, et bien adroit aux armes, lequel exhortait ses compagnons de rabattre si bien l'audace des Montesches, qu'il n'en fût jamais mémoire. Et s'augmenta la rumeur de telle sorte par tous les cantons de Vérone, qu'il survenait du secours de toutes parts : de quoi Rhoméo averti, qui se promenait par la ville avec quelques siens compagnons, se trouva promptement en la place où se faisait ce carnage de ses parents et alliés, et, après en avoir avisé qu'il y en avait plusieurs blessés des deux côtés, dit à ses compagnons : « Mes amis, séparons-les, car ils sont si acharnés les uns sur les autres, qu'ils se mettront tous en pièces avant que le jeu départe : » et ce dit, il se précipita au milieu de la troupe, et ne faisant que parer aux coups, tant des siens que des autres, leur criant tout haut : « Mes amis, c'est assez, il est temps désormais que nos querelles cessent, car outre que Dieu y est grandement offensé, nous sommes en scandale à tout le monde, et mettons cette République en désordre. » Mais ils étaient si animés les uns contre les autres, qu'ils ne donnèrent aucune audience à Rhoméo, et n'entendaient qu'à se tuer, démembrer et déchirer l'un l'autre, et fut la mêlée tant cruelle et furieuse entre eux, que ceux qui la regardaient s'épouvantaient de les voir tant souffrir, car la terre était toute couverte de bras, de jambes, de cuisses et de sang, sans qu'ils donnassent témoignage aucun de pusillanimité, et se maintinrent ainsi longuement, sans qu'on pût juger qui avait du meilleur. Lors Thibaut, cousin de Juliette, enflammé d'ire et de courroux, se tournant vers Rhoméo, lui rua une estocade, pensant le

---

[1] Tybalt.

traverser de part en part, mais il fut garanti du coup par le jaques qu'il portait ordinairement, pour le doute qu'il avait des Capellets, auquel Rhoméo répondit :

— Thibaut, tu peux connaître, par la patience que j'ai eue jusqu'à l'heure présente, que je ne suis point venu ici pour combattre ou toi ou les tiens, mais pour moyenner la paix entre nous; et si tu pensais que, par défaut de courage, j'eusse failli à mon devoir, tu ferais grand tort à ma réputation, mais je te prie de croire qu'il y a quelque autre particulier respect qui m'a si bien commandé jusques-ici que je me suis contenu comme tu vois : duquel je te prie n'abuser, mais sois content de tant de sang répondu, et de tant de meurtres commis dans le passé, sans que tu me contraignes de passer les bornes de ma volonté.

— Ha! traître, dit Thibaut, tu te penses sauver par le plat de ta langue, mais entends à te défendre, car je te ferai maintenant sentir qu'elle ne te pourra si bien garantir ou servir de bouclier, que je ne t'ôte la vie.

Et ce disant, lui rua un coup de telle furie que, sans que l'autre le parât, il lui eût ôté la tête de dessus les épaules, mais il ne fit que le prêter à celui qui le lui sut incontinent rendre; car étant non-seulement indigné du coup qu'il avait, mais de l'injure que l'autre lui avait faite, Rhoméo commença à poursuivre son ennemi d'une telle vivacité, qu'au troisième coup d'épée qu'il lui rua, il le renversa mort par terre d'un coup de pointe qu'il lui avait donné en la gorge, si qu'il la lui perça de part en part. A raison de quoi la mêlée cessa; car, outre que Thibaut était chef de la compagnie, encore était-il issu de l'une des plus apparentes maisons de la cité : qui fut cause que le podestat fit congréger en diligence des soldats pour emprisonner Rhoméo, lequel, voyant son désastre, s'en va secrètement vers frère Laurens, à Saint-

François, lequel, ayant entendu son fait, le retint en quelque lieu secret du couvent, jusqu'à ce que la fortune en eût autrement ordonné.

Le bruit divulgué par la cité de l'accident survenu au seigneur Thibaut, les Capellets accoutrés de deuil firent porter le corps mort devant le seigneur de Vérone, tant pour l'émouvoir à pitié que pour lui demander justice, devant lequel se trouvèrent ainsi les Montesches, remontrant l'innocence de Rhoméo et l'aggression de l'autre. Le conseil assemblé, et les témoins ouïs d'une part et d'autre, il leur fut fait un étroit commandement par ledit seigneur de poser les armes. Et quant au délit de Rhoméo, parce qu'il avait tué l'autre se défendant, il serait banni à perpétuité de Vérone. Et ce commun infortune publié par la cité, tout était plein de plaintes et de murmures. Les uns lamentaient la mort du seigneur Thibaut, tant pour la dextérité qu'il avait aux armes que pour l'expérience qu'on avait un jour de lui, et des grands biens qui lui étaient préparés, s'il n'eût été prévenu par tant cruelle mort : les autres se doulaient (et spécialement les dames) de la ruine du jeune Rhoméo, lequel outre une beauté et bonne grâce, de laquelle il était enrichi, encore avait-il je ne sais quel charme naturel, par les vertus duquel il attirait si bien les cœurs d'un chacun que tout le monde lamentait son désastre ; mais sur tout l'infortunée Juliette, laquelle avertie tant de la mort de son cousin Thibaut que du bannissement de son mari, faisait retentir l'air par une infinité de cruelles plaintes et misérables lamentations, puis se sentant par trop outragée de son extrême passion, entra en sa chambre, et vaincue de douleur, se jeta sur son lit où elle commença à renforcer son deuil par une si étrange façon qu'elle eût ému les plus constants à pitié, puis comme transportée, regardant çà et là, et avisant de fortune la fenêtre (par laquelle soulait Rhoméo entrer en sa chambre), s'écria :

— O malheureuse fenêtre par laquelle furent ourdies les amères trames de mes premiers malheurs, si par ton moyen j'ai reçu autrefois quelque léger plaisir ou contentement transitoire, tu m'en fais maintenant payer un si rigoureux tribut que mon tendre corps, ne le pouvant plus supporter, ouvrira désormais la porte à la vie, afin que l'esprit déchargé de ce mortel fardeau cherche désormais ailleurs plus assuré repos. Ah! Rhoméo, Rhoméo, quand au commencement j'eus accointance de vous et que je prêtais l'oreille à vos fardées promesses confirmées par tant de jurements, je n'eusse jamais cru qu'au lieu de continuer notre amitié et d'apaiser les miens, vous eussiez cherché l'occasion de la rompre par un acte si lâche et vitupérable que votre renommée en demeure à jamais intéressée, et moi misérable que je suis sans consort et époux. Mais si vous étiez si affamée du sang des Capellets, pourquoi avez-vous épargné le mien, lorsque par tant de fois et en lieu secret m'avez vue exposée à la merci de vos cruelles mains? La victoire que vous aviez eue sur moi ne vous semblait-elle assez glorieuse, si pour mieux la solenniser elle n'était couronnée du sang du plus cher de tous mes cousins? Or, allez donc désormais ailleurs décevoir les autres malheureuses comme moi, sans vous trouver en part où je sois, ni sans qu'aucune de vos excuses puisse trouver lieu en mon endroit. Et cependant je lamenterai le reste de ma triste vie avec tant de larmes, que mon corps épuisé de toute humidité cherchera en bref son refrigère en terre.

Et ayant mis fin à ces propos, le cœur lui serra si fort qu'elle ne pouvait ni pleurer ni parler, et demeura du tout immobile, comme si elle eût été transie, puis étant quelque peu revenue, avec une faible voix disait :

— Ah! langue meurtrière de l'honneur d'autrui, comment oses-tu offenser celui auquel ses propres ennemis donnent louange? Comment rejettes-tu le blâme sur Rhoméo, duquel chacun approuve l'innocence? où sera désormais son refuge, puisque celle qui dut être l'unique propugnacle et assuré [1] rempart de ses malheurs, le poursuit et le diffame. Reçois, reçois donc, Rhoméo, la satisfaction de mon ingratitude par le sacrifice que je te ferai de ma propre vie, et par ainsi, la faute que j'ai commise contre ta loyauté sera manifestée, toi vengé et moi punie [2]!

Et cuidant parler davantage, tous les sentiments du corps lui défaillirent, de sorte qu'il semblait qu'elle donnât les derniers signes de mort, mais la bonne vieille qui ne pouvait imaginer la cause de la longue absence de Juliette, se douta soudain qu'elle souffrait quelque passion, et la chercha tant par tous les endroits du palais de son père, qu'à la fin elle la trouva en sa chambre étendue et pâmée sur son lit, ayant toutes les extrémités du corps froides comme marbre, mais la vieille, qui la pensait morte, commença à crier comme si elle eût été forcenée, disant :

— Ah! chère nourriture, combien votre mort maintenant me grève!

Et ainsi qu'elle la maniait par tous les endroits de son corps, elle connut qu'il y avait encore scintille de vie, qui fut cause que l'ayant appelée plusieurs fois par son

---

[1] De même la Juliette du drame :.

    Ah! my poor lord, what tongue shall smooth thy name,
    When I, thy three-hours wife, have mangled it?

« Ah! mon pauvre seigneur, quelle est la langue qui caressera ta renommée, — quand moi, ton épousée de trois heures, je viens de la déchirer? »

[2] Tout ce monologue est l'œuvre du traducteur français, ainsi que la scène suivante entre Juliette et la nourrice.

nom, elle la fit retourner d'extase. Puis elle lui dit :

— Mademoiselle Juliette, je ne sais dont vous procède cette façon de faire, ni cette immodérée tristesse, mais bien vous puis-je assurer que j'ai pensé depuis une heure en çà vous accompagner au sépulcre.

— Hélas! ma grande amie (répond la désolée Juliette) ne connaissez-vous à vue d'œil la juste occasion que j'ai de me douloir et plaindre, ayant perdu en un instant les deux personnes du monde qui m'étaient les plus chères!

— Il me semble, répond cette bonne dame, qu'il vous sied mal (attendu votre réputation) de tomber en telle extrémité, car lorsque la tribulation survient, c'est l'heure où mieux se doit montrer la sagesse. Et si le seigneur Thibaut est mort, le pensez-vous révoquer par vos larmes? Que doit-on accuser que sa trop grande présomption et témérité! Eussiez-vous voulu que Rhoméo eût fait ce tort à lui et aux siens de se laisser outrager par un à qui il ne cédait en rien? Suffise vous que Rhoméo est vif, et ses affaires sont en tel état qu'avec le temps il pourra être rappelé de son exil, car il est grand seigneur comme vous savez, bien apparenté et bien voulu de tous. Par quoi armez-vous désormais de patience, car combien que la fortune le vous éloigne pour un temps, si suis-je certaine qu'elle vous le rendra au paraprès avec plus d'aise et de contentement que vous n'eutes onques; et afin que nous soyons plus assurées en quel état il est, si me voulez permettre de ne vous plus contrister ainsi, je saurai ce jourd'hui de frère Laurens où il est retiré.

Ce que Juliette accorda. Et cette bonne dame prit le droit chemin à Saint-François où elle trouva frère Laurens qui l'avertit que ce soir Rhoméo ne faudrait à l'heure accoutumée visiter Juliette, ensemble lui faire entendre quelle était sa délibération pour l'avenir. Cette journée donc se passa comme sont celles des mariniers, lesquels après avoir été agités de grosses tempêtes, voyant quelque rayon de soleil pénétrer le ciel pour illuminer la terre, se rassurant et pensant avoir évité naufrage, soudain après la mer vient à s'enfler et à mutiner les vagues par telle impétuosité qu'ils retombent en plus grand péril qu'ils n'avaient été au précédent.

L'heure de l'assignation venue, Rhoméo ne faillit la promesse qu'il avait faite de se rendre au jardin où il trouva son équipage prêt pour monter en la chambre de Juliette, laquelle ayant les bras ouverts commença à l'embrasser si étroitement qu'il semblait que l'âme dût abandonner son corps. E furent plus d'un gros quart d'heure en telle agonie tous deux sans pouvoir prononcer un seul mot. Et ayant leurs faces serrées l'une contre l'autre, humaient ensemble avec leurs baisers les grosses larmes, qui tombaient de leurs yeux. De quoi s'apercevant Rhoméo, pensant la remettre quelque peu, lui dit :

— M'amie, je n'ai pas maintenant délibéré de vous déduire la diversité des accidents étranges de l'inconstante et fragile fortune, laquelle élève l'homme en un moment au plus haut degré de sa roue, et toutefois en moins d'un cil d'œil elle le rabaisse et déprime si bien qu'elle lui apprête plus de misères en un jour que de faveurs en cent ans; ce qui s'expérimente maintenant en moi-même, qui ai été nourri délicatement avec les miens, maintenu en telle prospérité et grandeur que vous avez pu connaître, espérant pour le comble de ma félicité par moyen de notre mariage réconcilier vos parents avec les miens, pour conduire le reste de ma vie à son période déterminé de Dieu. Et néanmoins toutes mes entreprises sont renversées et mes desseins tournés au contraire, de sorte qu'il me faudra désormais errer vagabond par diverses provinces, et me séquestrer des miens sans avoir lieu assuré de ma retraite. Ce que j'ai bien voulu mettre devant vos yeux, afin de vous exhorter à l'avenir de porter patiemment tant mon absence que ce qui vous est destiné de Dieu.

Mais Juliette, toute confite en larmes et mortelles angoisses, ne voulut laisser passer outre, mais lui interrompant ses propos, lui dit :

— Comment, Rhoméo, aurez-vous bien le cœur si dur éloigné de toute pitié de me vouloir laisser ici seule, assiégée de tant de mortelles misères qu'il n'y a heure ni moment au jour où la mort ne se présente mille fois à moi? et toutefois mon malheur est si grand que je ne puis mourir : de sorte qu'il semble proprement qu'elle me veut conserver la vie, afin de se délecter en ma passion et de triompher de mon mal, et vous, comme ministre et tyran de sa cruauté, ne faites conscience (à ce que je vois), après avoir recueilli le meilleur de moi, de m'abandonner. En quoi j'expérimente que toutes les lois d'amitié sont amorties et éteintes, puisque celui duquel j'ai plus espéré que de tous les autres, et pour lequel je me suis faite ennemie de moi-même, me dédaigne et me contemne. Non, non, Rhoméo, il vous faut résoudre en l'une des deux choses ou de me voir incontinent précipiter du haut de la fenêtre en bas après vous, ou que vous souffriez que je vous accompagne partout où la fortune vous guidera : car mon cœur est tant transformé au vôtre que, lorsque j'appréhende votre département, je sens ma vie incontinent s'éloigner de moi, laquelle je ne désire continuer pour autre chose que pour me voir jouir de votre présence et participer à toutes vos infortunes comme vous-même. Et par ainsi, si oncques la pitié logea en cœur de gentilhomme, je vous supplie, Rhoméo, en toute humilité, qu'elle trouve place en votre endroit, que vous me receviez pour votre servante et fidèle compagne de vos ennuis; et si voyez que ne puissiez me recevoir commodément en l'état de femme, et qui me gardera de changer d'habits? Serai-je la première qui en a usé ainsi pour échapper la tyrannie des siens? Doutez-vous que mon service ne vous soit aussi agréable que celui de Pierre, votre serviteur? Ma loyauté sera-t-elle moindre que la sienne? Ma beauté, laquelle vous avez autrefois tant exaltée, n'aura-t-elle aucun pouvoir sur vous? Mes larmes, mon amitié et les anciens plaisirs que vous avez reçus de moi, seront-ils mis en oubli?

Rhoméo, la voyant entrer en ces altères, craignant qu'il lui advînt pis, la reprit de rechef entre ses bras, et, la baisant amoureusement, lui dit:

— Juliette, l'unique maîtresse de mon cœur, je vous prie, au nom de Dieu et de la fervente amitié que me portez, que vous déraciniez du tout cette entreprise de votre entendement, si ne cherchez l'entière ruine de votre vie et de la mienne: car si vous suivez votre conseil, il ne peut advenir autre chose que la perte des deux ensemble, car, lorsque votre absence sera manifestée, votre père fera une si vive poursuite après vous, que nous ne pourrons faillir à être découverts et surpris, et enfin cruellement punis, moi comme rapteur, et vous fille désobéissante à son père; et ainsi cuidant, vivre contents, nos jours prendront leur fin par une mort honteuse. Mais si vous voulez vous fortifier un peu à la raison plus qu'aux délices que nous pourrions recevoir l'un de l'autre, je donnerai tel ordre à mon bannissement que dedans trois ou quatre mois, pour tout délai, je serai révoqué. Et s'il en est autrement ordonné, quoi qu'il en advienne, je retournerai vers vous, et avec la puissance de mes amis, je vous enlèverai de Vérone à main forte, non point en habit dissimulé, comme étrangère, mais comme mon épouse et perpétuelle compagne. Et par ainsi modérez désormais vos passions, et vivez assurée que la mort seule me peut séparer de vous, et non autre chose.

Les raisons de Rhoméo gagnèrent tant sur Juliette, qu'elle lui répondit :

— Mon cher ami, je ne veux que ce qui vous plaît. Si est-ce quelque part que vous tiriez, mon cœur vous demeurera pour gage du pouvoir que vous m'avez donné sur vous. Cependant, je vous prie ne faillir me faire entendre souvent par frère Laurens en quel état seront vos affaires, même le lieu de votre résidence [1].

Ainsi ces deux pauvres amants passèrent la nuit ensemble, jusques à ce que le jour qui commençait à poindre causa leur séparation avec extrême deuil et tristesse. Rhoméo, ayant pris congé de Juliette, s'en va à Saint-François, et, après qu'il eût fait entendre son affaire à frère Laurens, partit de Vérone accoutré en marchand étranger, et fit si bonne diligence que, sans encombrier, il arriva à Mantoue (accompagné seulement de Pierre, son serviteur, lequel il renvoya soudainement à Vérone, au service de son père), où il loua maison ; et, vivant en compagnie honorable, s'essaya pour quelques mois à décevoir l'ennui qui le tourmentait. Mais, durant son absence, la misérable Juliette ne sut donner si bonnes trèves à son deuil que, par la mauvaise couleur de son visage, on ne découvrît aisément l'intérieur de sa passion.

A raison de quoi sa mère, qui l'entendait soupirer à toute heure et se plaindre incessamment, ne se put contenir de lui dire :

---

[1] Ce dialogue diffère entièrement, sinon par le fond, du moins par la forme, du texte italien.

— M'amie, si vous continuez en ces façons de faire, vous avancerez la mort à votre bon homme de père, et à moi semblablement qui vous ai aussi chère que la vie. Parquoi modérez-vous pour l'avenir, et mettez peine de vous réjouir, sans plus songer à la mort de votre cousin Thibaut, lequel, s'il a plu à Dieu de l'appeler, le pensez-vous révoquer par vos larmes et contrevenir à sa volonté?

Mais la pauvrette, qui ne pouvait dissimuler son mal, lui dit :

— Madame, il y a longtemps que les dernières larmes de Thibaut sont jetées, et crois que la source en est si bien tarie, qu'il n'en renaîtra plus d'autre.

La mère, qui ne savait où tendaient tous ces propos, se tut de peur d'ennuyer sa fille. Et quelques jours après, la voyant continuer en ses tristesses et angoisses accoutumées, tâcha par tous moyens de savoir, tant d'elle que de tous les domestiques de la maison, l'occasion de son deuil, mais tout en vain. De quoi la pauvre mère, fâchée outre mesure, s'avisa de faire entendre le tout au seigneur Antonio, son mari. Et, un jour qu'elle le trouva à propos, lui dit :

— Monseigneur, si vous avez considéré la contenance de notre fille et ses gestes, depuis la mort du seigneur Thibaut, son cousin, vous y trouverez une si étrange mutation, que vous en demeurerez émerveillé. Car elle n'est pas seulement contente de perdre le boire, le manger et le dormir, mais elle ne s'exerce à autre chose qu'à pleurer et lamenter, et n'a autre plus grand plaisir et contentement que de se tenir recluse en sa chambre, où elle se passionne si fort que, si nous n'y donnons ordre, je doute désormais de sa vie, et, ne pouvant savoir l'origine de son mal, le remède sera plus difficile. Car encore que je me sois employée à toute extrémité, je n'en ai rien su comprendre, et combien que j'aie pensé au commencement que cela lui procédât pour le décès de son cousin, je crois maintenant le contraire, joint qu'elle-même m'a assurée que les dernières larmes en étaient jetées ; et ne sachant plus en quoi me résoudre, j'ai pensé en moi-même qu'elle se contristait ainsi pour un dépit qu'elle a conçu de voir la plupart de ses compagnes mariées et elle non, se persuadant peut-être que nous la voulons laisser ainsi. Par quoi, mon ami, je vous supplie affectueusement, pour notre repos et pour le sien, que vous soyez pour l'avenir, curieux de la pourvoir en lieu digne de nous.

A quoi le seigneur Antonio s'accorda volontiers, lui disant :

— M'amie, j'avais plusieurs fois pensé ce que me dites : toutefois, voyant qu'elle n'avait encore atteint l'âge de dix-huit ans, je délibérais y pourvoir plus à loisir. Néanmoins, puisque les choses sont en terme et que c'est un dangereux trésor que de filles, j'y pourvoirai si promptement que vous aurez occasion de vous en contenter, et elle de recouvrer son embonpoint qui se perd à vue d'œil. Cependant, avisez si elle n'est point amoureuse de quelqu'un, afin que nous n'ayons point tant d'égard aux biens ou à la grandeur de la maison où nous la pourrions pourvoir qu'à la vie et santé de notre fille : laquelle m'est si chère, que j'aimerais mieux mourir pauvre et déshérité que de la donner à quelqu'un qui la traitât mal.

Quelques jours après que le seigneur Antonio eut éventé mariage de sa fille, il se trouva plusieurs gentilshommes qui la demandaient tant pour l'excellence de sa beauté que pour sa richesse et extraction ; mais, sur tous autres, l'alliance d'un jeune comte nommé Pâris, comte de Lodronné, sembla plus avantageuse au seigneur

Antonio, auquel il l'accorda libéralement, après toutefois l'avoir communiqué à sa femme. La mère, fort joyeuse d'avoir rencontré un si honnête parti pour sa fille, la fit appeler en privé et lui fit entendre comme les choses étaient passées entre son père et le comte Pâris, lui mettant la beauté et bonne grâce de ce jeune comte devant les yeux, les vertus pour lesquelles il était recommandé d'un chacun, ajoutant pour conclusion, les grandes richesses et faveurs qu'il avait aux biens de fortune, par le moyen desquelles elle et les siens vivraient en éternel honneur. Mais Juliette, qui eût plutôt consenti d'être démembrée toute vive que d'accorder ce mariage, lui dit avec une audace non accoutumée :

— Madame, je m'étonne comme avez été si libérale de votre fille de la commettre au vouloir d'autrui, sans premier savoir quel était le sien; vous en ferez ainsi que l'entendrez, mais assurez-vous que, si vous le faites, ce sera outre mon gré. Et quant au regard du comte Pâris, je perdrai premier la vie qu'il ait part à mon corps, de laquelle vous serez homicide, m'ayant livrée entre les mains de celui lequel je ne puis ni ne veux, ni ne saurais aimer. Par quoi je vous prie me laisser désormais vivre ainsi sans prendre aucun soin de moi, tant que ma cruelle fortune ait autrement disposé de mon fait.

La dolente mère, qui ne savait quel jugement asseoir sur la réponse de sa fille, comme confuse et hors de soi, va trouver le seigneur Antonio auquel, sans lui rien déguiser, fit entendre le tout. Le bon vieillard, indigné outre mesure, commanda qu'on l'amenât incontinent par force devant lui, si de bon gré elle ne voulait venir. Et sitôt qu'elle fut arrivée toute éplorée, elle commença à se jeter à ses pieds, lesquels elle baignait tous de larmes pour la grande abondance qui distillait de ses yeux.

Et cuidant ouvrir la bouche pour lui crier merci, les sanglots et soupirs lui interrompaient si souvent la parole, qu'elle demeura muette sans pouvoir former un seul mot; mais le vieillard, qui n'était en rien ému des larmes de sa fille, lui dit avec très-grande colère :

— Viens çà, ingrate et désobéissante fille, as-tu déjà mis en oubli ce que tant de fois as ouï raconter à ma table de la puissance que les anciens pères Romains avaient sur leurs enfants? Auxquels il n'était pas seulement loisible de les vendre, engager et aliéner (en leur nécessité) comme il leur plaisait, mais qui plus est, ils avaient entière puissance de vie et mort sur eux. De quels fers, de quels tourments, de quels liens te châtiraient ces bons pères, s'ils étaient ressuscités, et s'ils voyaient l'ingratitude, félonie et désobéissance de laquelle tu uses envers ton père, lequel, avec maintes prières et requêtes, t'a pourvue de l'un des plus grands seigneurs de cette province, des mieux renommés en toute espèce de vertus, duquel toi et moi sommes indignes, tant pour les grands biens (auxquels il est appelé) comme pour la grandeur et générosité de la maison de laquelle il est issu, et néanmoins tu fais la délicate et rebelle, et veux contrevenir à mon vouloir. J'atteste la puissance de celui qui m'a fait la grâce de te produire sur terre que si, dedans mardi pour tout le jour, tu faux à te préparer pour te trouver à mon château de Villefranche [1], où doit se rendre le comte Pâris, et là donner consentement à ce que ta mère et moi avons déjà accordé, non-seulement je te priverai de ce que j'ai des biens de ce monde, mais je te ferai épouser une si étroite austère prison, que tu maudiras mille fois le jour et l'heure de ta naissance. Et avise désormais à ce que tu as à faire; car, sans la pro-

---

[1] Villafranca, lieu de triste mémoire, aux environs de Vérone.

messe que j'ai faite de toi au comte Pâris, je te ferais dès à présent sentir combien est grande la juste colère d'un père indigné contre l'enfant ingrat [1].

Et, sans attendre autre réponse, le vieillard part de sa chambre et laisse là sa fille à genoux, sans vouloir attendre aucune réponse d'elle. Juliette, connaissant la fureur de son père, craignant d'encourir son indignation ou de l'irriter davantage, se retira (pour ce jour) en sa chambre [2] et exerça toute la nuit plus ses yeux à pleurer qu'à dormir. Et, le matin, elle partit, feignant aller à la messe, avec sa dame de chambre, arriva aux Cordeliers, et, après avoir fait appeler frère Laurens, le pria de l'ouïr en confession. Sitôt qu'elle fut à genoux devant lui, elle commença sa confession par larmes, lui remontrant le grand malheur qui lui était préparé pour le mariage accordé par son père avec le comte Pâris, et, pour la conclusion lui dit :

— Monsieur, parce que vous savez que je ne puis être mariée deux fois et que je n'ai qu'un Dieu, qu'un mari et qu'une foi, je suis délibérée partant d'ici, avec ces deux mains que vous voyez jointes devant vous, ce jourd'hui donner fin à ma douloureuse vie : afin que mon esprit porte témoignage au ciel et mon sang à la terre, de ma foi et loyauté gardée.

Puis, ayant mis fin à ce propos, elle regardait çà et là, faisant entendre, par sa farouche contenance, qu'elle bâtissait quelque sinistre entreprise. De quoi frère Lau-

---

[1] Tout ce discours est l'œuvre de Boisteau.

[2] Le traducteur supprime ici un incident important de la légende italienne. D'après le récit de Bandello, Juliette, une fois retirée dans son appartement, écrit à Roméo tout ce qui s'est passé et lui fait parvenir la lettre par l'intermédiaire du père Lorenzo. Roméo lui répond qu'elle soit tranquille, que bientôt il viendra la chercher et l'emmènera avec lui à Mantoue. — Boisteau a jugé nécessaire que Rhoméo ignorât jusqu'au bout le péril qui menace sa femme, et cette correction sagace a été consacrée par Shakespeare.

rens, étonné outre mesure, craignant qu'elle n'exécutât ce qu'elle avait délibéré, lui dit :

— Madamoiselle Juliette, je vous prie, au nom de Dieu, modérez quelque peu votre ennui et vous tenez coie en ce lieu jusqu'à ce que j'ai pourvu à votre affaire : car avant que vous partiez de céans, je vous donnerai telle consolation et remédierai si bien à vos afflictions que vous demeurerez satisfaite et contente.

Et l'ayant laissée en cette bonne opinion, sort de l'église et monte subitement en sa chambre, où il commença à projeter diverses choses en son esprit, se sentant sollicité en sa conscience de ne souffrir qu'elle épousât le comte Pâris, sachant que par son moyen elle en avait épousé un autre; sentant ores son entreprise difficile, et encore plus périlleuse l'exécution, d'autant qu'il se commettait à la miséricorde d'une jeune simple damoiselle peu accorte, et que, si elle défaillait en quelque chose, tout leur serait divulgué, lui diffamé, et Rhoméo son époux puni. Néanmoins, après avoir été agité d'une infinité de divers pensements, fut enfin vaincu de pitié et avisa qu'il aimait mieux son honneur que de souffrir l'adultère de Pâris avec Juliette. Et, étant résolu en ceci, ouvrit son cabinet et prit une fiole, et s'en retourna vers Juliette, laquelle il trouva quasi transie, attendant nouvelles de sa mort ou de sa vie, à laquelle le bon père demanda :

— Juliette, quand est-ce l'assignation de vos noces?

— La première assignation, dit-elle, est à mercredi qui est le jour ordonné pour recevoir mon consentement au mariage accordé par mon père au comte Pâris, mais la solennité des noces ne se doit célébrer que le dixième jour de septembre.

— Ma fille, dit le religieux, prends courage, le Seigneur m'a ouvert un chemin pour te délivrer, toi et

Rhoméo, de la captivité qui t'est préparée. J'ai connu ton mari dès le berceau. Il m'a toujours commis les plus intérieurs secrets de sa conscience, et je l'ai aussi cher que si je l'avais engendré : par quoi mon cœur ne saurait souffrir qu'on lui fît tort, en chose où je pusse pourvoir par mon conseil. Et d'autant que tu es sa femme, je te dois par semblable raison aimer, et m'évertuer de te délivrer du martyre et angoisse qui te tient assiégée. Entends donc, ma fille, au secret que je vais à présent manifester, et te garde surtout de le déclarer à créature vivante, car en cela consiste ta vie et ta mort. Tu n'es point ignorante, par le rapport commun des citoyens de cette cité et par la renommée qui est publiée partout de moi, que j'ai voyagé quasi par toutes les provinces de la terre habitable : de sorte que par l'espace de vingt ans continus, je n'ai donné repos à mon corps, mais je l'ai le plus souvent exposé à la merci des bêtes brutes par les déserts, et quelquefois à celle des ondes, à la merci des pirates, et de mille autres périls et naufrages qui se retrouvent tant en la mer que sur la terre. Or, est-il, ma fille, que toutes mes pérégrinations ne m'ont point été inutiles, car, outre le contentement incroyable que j'en reçois ordinairement en mon esprit, encore en ai-je recueilli un autre fruit particulier, lequel, avec la grâce de Dieu, tu ressentiras en bref. C'est que j'ai éprouvé les propriétés secrètes des pierres, plantes, métaux et autres choses cachées aux entrailles de la terre, desquelles je me sais aider (contre la commune loi des hommes), lorsque la nécessité me survient, spécialement aux choses esquelles je connais mon Dieu en être moins offensé. Car, comme tu sais, étant sur le bord de ma fosse (comme je suis) et que l'heure approche qu'il me faut rendre compte, je dois désormais avoir plus grande appréhension des jugements de Dieu, que lorsque les ardeurs de l'inconsidérée jeunesse bouillonnaient en mon corps. Entends donc, ma fille, qu'avec les autres grâces et faveurs que j'ai reçues du ciel, j'ai appris et expérimenté longtemps la composition d'une pâte que je fais de certains soporifères, laquelle, peu après réduite en poudre et bue avec un peu d'eau, en un quart-d'heure endort tellement celui qui la prend, et ensevelit si bien ses sens et autres esprits de vie, qu'il n'y a médecin tant excellent qui ne juge pour mort celui qui en a pris. Et a encore davantage un effet plus merveilleux : c'est que la personne qui en use ne sent aucune douleur ; et, selon la quantité de la dose qu'on a reçue, le patient demeure en ce doux sommeil, puis, quand son opération est parfaite, il retourne en son premier état. Or, reçois donc maintenant l'instruction de ce que tu dois faire, et dépouille cette affection féminine, et prends un courage viril, car en la seule force de ton cœur consiste l'heur ou malheur de ton affaire. Voilà une fiole que je te donne, laquelle tu garderas comme ton propre cœur, et le soir dont le jour suivant seront tes épousailles, ou le matin avant jour, tu l'empliras d'eau et boiras ce qui est contenu dedans, et lors tu sentiras un plaisant sommeil, lequel glissant peu à peu par toutes les parties de ton corps, les contraindra si bien qu'elles demeureront immobiles, et sans faire leurs accoutumés offices, perdront leurs naturels sentiments ; et demeureras en telle extase l'espace de quarante heures pour le moins, sans aucun pouls ou mouvement perceptible : de quoi étonnés ceux qui te viendront voir te jugeront morte, et selon la coutume de notre cité, ils te feront apporter au cimetière qui est près notre église et te mettront au tombeau où ont été enterrés tes ancêtres les Capellets. Et cependant j'avertirai le seigneur Rhoméo par homme exprès de toute notre affaire, lequel est à Mantoue, qui ne faudra à se trouver la nuitée suivante où nous ferons, lui et moi, ouverture du sépulcre, et enlèverons ton corps. Et puis l'opération de la poudre parachevée, il te pourra emmener secrètement à Mantoue, au deçu de tous tes parents et amis, puis peut-être quelquefois la paix de Rhoméo faite, ceci pourra être manifesté avec le contentement de tous les tiens.

Les propos du bon père finis, nouvelle joie commença à s'emparer du cœur de Juliette, laquelle avait été si attentive à les écouter qu'elle n'en avait mis un seul point en oubli. Puis elle lui dit :

— Père, n'ayez doute que le cœur me défaille en l'accomplissement de ce que vous m'avez commandé : car, quand bien serait quelque forte poison et venin mortel, plutôt le mettrais-je en mon corps que de consentir de tomber ès-mains de celui qui ne peut avoir part en moi. A plus forte raison donc, me dois-je fortifier et exposer à tout mortel péril, pour m'approcher de celui duquel dépend entièrement ma vie et tout le contentement que je prétends en ce monde.

— Or va donc, ma fille (dit le bon père) à la garde de Dieu, lequel je prie te tenir la main et te confirmer cette volonté en l'accomplissement de ton œuvre.

Juliette, partie d'avec frère Laurens, s'en retourna au palais de son père sur les onze heures, où elle trouva sa mère à la porte qui l'attendait en bonne dévotion de lui demander si elle voulait encore continuer en ses premières erreurs : mais Juliette, avec une contenance plus gaie que de coutume, sans avoir patience que sa mère l'interrogeât, lui dit :

— Madame, je viens de Saint-François où j'ai séjourné peut-être plus que mon devoir ne requérait, néanmoins ce n'a été sans fruit et sans apporter un grand repos à ma conscience affligée par le moyen de notre père spirituel, frère Laurens, auquel j'ai fait une bien ample déclaration de ma vie, et même lui ai communiqué en confession ce qui était passé entre monseigneur mon père et vous sur le mariage du comte Pâris et de moi ; mais le bon homme m'a su si bien gagner par ses saintes remontrances et louables hortations, qu'encore que je n'eusse aucune volonté d'être jamais mariée, si est ce que je suis maintenant disposée de vous obéir en tout ce qu'il vous plaira me commander. Par quoi, madame, je vous prie, impétrez ma grâce envers mon seigneur et père et lui dites, s'il vous plaît, qu'obéissant à son commandement, je suis prête d'aller trouver le comte Pâris à Villefranche, et là, en vos présences, l'accepter pour seigneur et époux : en assurance de quoi je m'en vais à mon cabinet élire tout ce qu'il y a de plus précieux, afin que me voyant en si bon équipage, je lui sois plus agréable.

La bonne mère, ravie de trop grand aise, ne peut répondre un seul mot, mais s'en va en diligence trouver le seigneur Antonio son mari, auquel elle raconta par le menu le bon vouloir de sa fille, et comme par le moyen de frère Laurens elle avait du tout changé de volonté : de quoi le bon vieillard, joyeux outre mesure, louait Dieu en son cœur disant :

— M'amie, ce n'est pas le premier bien que nous ayons reçu de ce saint homme, même qu'il n'y a citoyen en cette République qui ne lui soit redevable : plût au Seigneur Dieu que j'eusse acheté vingt de ses ans la tierce partie de ma vie, tant m'est grième son extrême vieillesse !

Le seigneur Antonio à la même heure va trouver le comte Pâris auquel il pensa persuader d'aller à Villefranche. Mais le comte lui remontra que la dépense serait excessive, et que ce serait le meilleur de la réserver au jour des noces pour les mieux solenniser : toutefois qu'il était bien d'avis, s'il lui semblait bon, d'aller voir Juliette, et ainsi s'en partirent ensemble pour l'aller trouver. La mère, avertie de sa venue, fit préparer sa fille à laquelle elle commanda de n'épargner ses bonnes grâces à la venue du comte, lesquelles elle sut si bien déployer, qu'avant qu'il partît de la maison, elle lui avait si bien dérobé son cœur, qu'il ne vivait désormais qu'en elle, et lui tardait tant que l'heure déterminée n'était venue qu'il ne cessait d'importuner et le père et la mère de mettre une fin et consommation à ce mariage. Et ainsi se passa cette journée assez joyeusement, et plusieurs autres, jusques au jour précédant les noces, auquel la mère de Juliette avait si bien pourvu qu'il ne restait rien de ce qui appartenait à la magnificence et grandeur de leur maison. Villefranche, duquel nous avons fait mention, était un lieu de plaisance où le seigneur Antonio se voulait souvent récréer, qui était un mille où deux de Vérone, où le dîner devait se préparer, combien que les solennités requises dussent être faites à Vérone.

Juliette sentant son heure approcher, dissimulait le mieux qu'elle pouvait, et quand ce vint l'heure de se retirer, sa dame de chambre lui voulait faire compagnie et coucher en sa chambre, comme elle avait accoutumé. Mais Juliette lui dit :

— Ma grand'amie, vous savez que demain se doivent célébrer mes noces, et parce que je veux passer la plupart de la nuit en oraisons, je vous prie pour aujourd'hui me laisser seule et venez demain sur les six heures m'aider à m'accoûtrer [1].

Ce que la bonne vieille lui accorda aisément, ne se doutant pas de ce qu'elle se proposait de faire. Juliette, s'étant retirée seule en sa chambre, ayant un bocal d'eau

---

[1] Dans la légende italienne, Juliette n'éloigne pas sa gouvernante, qui passe la nuit dans sa chambre. La précaution prise ici de congédier la camériste est due à la sagacité du traducteur français.

sur la table, emplit la fiole que le bon père lui avait donnée : et après avoir fait cette mixtion, elle mit le tout sous le chevet de son lit, puis elle se coucha : et, étant au lit, nouveaux pensers commencèrent à l'environner, avec une appréhension de mort si grande qu'elle ne savait en quoi se résoudre, mais se plaignant incessamment, disait :

— Ne suis-je pas la plus malheureuse et désespérée créature qui naquit onques entre les femmes ? Pour moi n'y a au monde que malheur, misère et mortelle tristesse, puisque mon infortune m'a réduite à telle extrémité que, pour sauver mon honneur et ma conscience, il faut que je dévore ici un breuvage duquel je ne sais la vertu. Mais que sais-je (disait-elle) si l'opération de cette poudre se fera point plus tôt ou plus tard qu'il n'est de besoin et que, ma faute étant découverte, je demeure la fable du peuple ? Que sais-je davantage si les serpents et autres bêtes venimeuses qui se trouvent coutumièrement aux tombeaux et cachots de la terre m'offenseront pensant que je sois morte ? Mais comment pourrai-je endurer la puanteur de tant de charognes et ossements de mes ancêtres qui reposent en ce sépulcre ? Si de fortune je m'éveillais avant que Rhoméo et Laurens me vinssent secourir ?

Et ainsi qu'elle se plongeait en la contemplation de ces choses, son imagination fut si forte qu'il lui semblait avis qu'elle voyait quelque spectre ou fantôme de son cousin Thibaut, en la même sorte qu'elle l'avait vu blessé et sanglant, et appréhendait qu'elle devait vive être ensevelie à son côté avec tant de corps morts et d'ossements dénués de chair que son tendre corps et délicat se prit à frissonner de peur, et ses blonds cheveux à hérisser tellement que, pressée de frayeur, une sueur froide commença à percer son cuir et arroser tous ses membres, de sorte qu'il lui semblait avis qu'elle avait déjà une infinité de morts autour d'elle qui la tiraillaient de tous côtés et la mettaient en pièces : et sentant que ses forces se diminuaient peu à peu, et craignant que par trop grande débilité elle ne pût exécuter son entreprise, comme furieuse et forcenée, sans y penser plus avant, elle engloutit l'eau contenue en la fiole ; puis, croisant les bras sur son estomac, perdit à l'instant tous ses sentiments du corps et demeura en extase.

Sa dame de chambre, qui l'avait enfermée avec la clef, ouvrit la porte, et, la pensant éveiller, l'appelait souvent, et lui disait : « Madamoiselle, c'est trop dormir ! Le comte Pâris nous viendra lever. » La pauvre femme chantait aux sourds, car, quand tous les plus horribles et tempétueux sons du monde eussent résonné à ses oreilles, ses esprits de vie étaient tellement liés et assoupis, qu'elle ne s'en fût éveillée.

De quoi la pauvre vieille étonnée commença à la manier, mais elle la trouva partout froide comme marbre : puis, lui mettant la main sur sa bouche, jugea soudain qu'elle était morte, car elle n'y avait trouvé aucune respiration : dont comme forcenée et hors de soi, courut l'annoncer à la mère, laquelle effrénée comme un tigre qui a perdu ses faons, entra soudainement en la chambre de sa fille et, l'ayant avisée en si piteux état, la pensant morte s'écria :

— Ah ! mort cruelle, qui as mis fin à toute ma joie et félicité, exécute le dernier fléau de ton ire contre moi, de peur que, me laissant vivre le reste de mes jours en tristesse, mon martyre ne soit augmenté.

Lors elle se prit tellement à soupirer qu'il semblait que le cœur lui dût fondre : et ainsi qu'elle renforçait ses cris, voici le père, le comte Pâris, et grande troupe de gentilshommes et damoiselles, qui étaient venus pour honorer la fête : lesquels, sitôt qu'ils eurent le tout entendu, menèrent tel deuil, que, qui eût vu lors leurs contenances, il eût pu aisément juger que c'était la journée d'ire et de pitié, spécialement le seigneur Antonio, lequel avait le cœur si serré, qu'il ne pouvait ni pleurer ni parler, et, ne sachant que faire, mande incontinent quérir les plus experts médecins de la ville, lesquels, après s'être enquêtés de la vie passée de Juliette, jugèrent d'un commun rapport qu'elle était morte de mélancolie, et lors les douleurs commencèrent à se renouveler. Et si oncques journée fut lamentable, piteuse, malheureuse et fatale, certainement ce fut celle en laquelle la mort de Juliette fut publiée par Vérone : car elle était tant regrettée des grands et des petits, qu'il semblait à voir les communes plaintes que toute la République fût en péril, et non sans cause. Car, outre la naïve beauté, accompagnée de beaucoup de vertus, desquelles nature l'avait enrichie, encore était-elle tant humble, sage et débonnaire, que, pour cette humilité et courtoisie, elle avait si bien dérobé les cœurs d'un chacun, qu'il n'y avait celui qui ne lamentât son désastre.

Comme ces choses se menaient, frère Laurens dépêcha en diligence un bon père de son couvent nommé frère Anselme [1] auquel il se fiait comme en lui-même, et lui donna une lettre écrite de sa main, et lui commanda expressément ne la bailler à autre qu'à Rhoméo, en laquelle était conté tout ce qui était passé entre lui et Juliette, nommant la vertu de la poudre, et lui mandant qu'il eût à venir la nuit suivante, parce que l'opération de la poudre prendrait fin, et qu'il emmènerait Juliette avec lui à Mantoue en habit dissimulé, jusqu'à ce que la fortune en eût autrement ordonné. Le Cordelier fit si bonne dili-

---

[1] *Frère Jean*, dans le drame.

gence, qu'il arriva à Mantoue peu de temps après. Et pour ce que la coutume d'Italie est que les Cordeliers doivent prendre un compagnon à leur couvent pour aller faire leurs affaires par la ville, le Cordelier s'en va à son couvent, mais depuis qu'il y fut entré, il ne lui fut loisible de sortir à ce jour comme il pensait, parce que quelques jours avant, il était mort quelque religieux au couvent (comme on disait) de peste : par quoi les députés de la santé avaient défendu au gardien que les Cordeliers n'eussent à aller par ville, ni communiquer avec aucun des citoyens, tant que Messieurs de la justice leur eussent donné permission : ce qui fut cause d'un grand mal, comme vous verrez ci-après. Ce Cordelier étant en cette perplexité de ne pouvoir sortir, joint aussi qu'il ne savait ce qui était contenu en la lettre, voulut différer pour ce jour.

Cependant que ces choses étaient en cet état, on se prépara à Vérone pour faire les obsèques de Juliette. Or, ont une coutume qui est vulgaire en Italie, de mettre tous les plus apparents d'une lignée en un même tombeau, qui fut cause que Juliette fut mise en la sépulture ordinaire des Capellets, en un cimetière près l'Église des Cordeliers, où même Thibaut était enterré.

Et les obsèques parachevées honorablement, chacun s'en retourna ; auxquelles Pierre [1], serviteur de Rhoméo, avait assisté, car, comme nous avons dit ci-devant, son maître l'avait renvoyé de Mantoue à Vérone faire service à son père, et l'avertir de tout ce qui se bâtirait en son absence à Vérone. Et ayant vu le corps de Juliette enclos dans le tombeau, jugeant comme les autres qu'elle était morte, prit incontinent la poste et fit tant par sa diligence, qu'il arriva à Mantoue où il trouva son maître en sa mai-

---

[1] *Balthazar.*

son accoutumée, auquel il dit, ayant ses yeux tout mouillés de grosses larmes :

— Mon seigneur, il vous est survenu un accident si étrange, que, si vous ne vous armez de constance, j'ai peur de devenir le cruel ministre de votre mort. Sachez, monseigneur, que depuis hier matin madamoiselle Juliètte a laissé ce monde pour chercher repos en l'autre, et l'ai vue en ma présence recevoir sépulture au cimetière de Saint-François.

Au son de ce triste message, Rhoméo commença à mener tel deuil qu'il sembla que ses esprits, ennuyés du martyre de sa passion, dussent à l'instant abandonner son corps; mais son fort amour qui ne put lui permettre de faillir jusques à l'extrémité, lui mit en fantaisie que s'il pouvait mourir auprès d'elle, sa mort serait plus glorieuse, et elle (ce lui semblait) mieux satisfaite. A raison de quoi, après s'être lavé la face, de peur qu'on ne connût son deuil, il part de sa chambre et défend à son serviteur de le suivre, puis il s'en va par tous les cantons de la ville, chercher s'il pourrait trouver remède propre à son mal. Et ayant avisé entre autres la boutique d'un apothicaire assez mal peuplée de boîtes et autres choses requises à son état, il pensa lors en lui-même que l'extrême pauvreté du maître le ferait volontiers consentir à ce qu'il prétendait lui demander. Et après l'avoir tiré à part, lui dit en secret :

— Maître, voilà cinquante ducats que je vous donne, et me délivrez quelque violente poison, laquelle en un quart d'heure fasse mourir celui qui en usera.

Le malheureux, vaincu d'avarice, lui accorda ce qu'il lui demandait, et feignant lui donner quelque autre médecine devant les gens, lui prépare soudainement le venin, puis lui dit tout bas :

— Monseigneur, je vous en donne plus que n'avez

besoin, car il n'en faut que la moitié pour faire mourir en une heure le plus robuste homme du monde [1].

Rhoméo, après avoir serré son venin, s'en retourna à sa maison où il commanda à son serviteur qu'il eût à partir en diligence et s'en retourner à Vérone, et qu'il fît provision de chandelles, de fusil et d'instruments propres pour ouvrir le sépulcre de Juliette, et surtout qu'il ne faillît à l'attendre joignant le cimetière de Saint-François, et sur la vie qu'il ne dît à personne son désastre. A quoi Pierre obéit, en la forme que son maître lui avait commandée et fit si bonne diligence qu'il arriva de bonne heure à Vérone, donna ordre à tout ce qui lui était enchargé.

Rhoméo cependant sollicité de mortels pensements, se fit apporter encre et papier, et mit en peu de paroles tout le discours de ses amours par écrit, les noces de lui et de Juliette, le moyen observé en la consommation d'icelles, le secours de frère Laurens, l'achat de sa poison, finalement sa mort, puis ayant mis fin à sa triste tragédie, il ferma les lettres et les cacheta de son cachet, puis mit la superscription à son père, et serrant ses lettres en sa bourse, il monta à cheval et fit si bonne diligence, qu'il arriva par les obscures ténèbres de la nuit en la cité de Vérone, avant que les portes fussent fermées, où il trouva son serviteur qui l'attendait, avec lanternes et instruments susdits, propres pour ouvrir le sépulcre, auquel il dit :

— Pierre, aide-moi à ouvrir ce sépulcre et, sitôt qu'il sera ouvert, je te commanderai sur peine de la vie, de n'approcher de moi, ni de mettre empêchement à chose

---

[1] Cette scène, que Shakespeare a si merveilleusement développée, est due toute entière à l'imagination de Pierre Boisteau. Le texte italien dit tout simplement : « Roméo prit avec lui un flacon rempli d'un poison très-violent, et sous le costume d'un marchand allemand, monta à cheval. »

que je veuille exécuter. Voilà une lettre que tu présenteras demain au matin à mon père à son lever, laquelle peut-être lui sera plus agréable que tu ne penses.

Pierre ne pouvant imaginer quel était le vouloir de son maître, s'éloigna quelque peu afin de contempler ses gestes et contenances. Et lorsque le cercueil fut ouvert, Rhoméo descend deux degrés, tenant sa chandelle à la main, et commença à aviser d'un œil piteux le corps de celle qui était l'organe de sa vie, puis, l'ayant arrosée de ses larmes et baisée étroitement, la tenant entre ses bras, ne se pouvant rassasier de sa vue, mit ses craintives mains sur le froid estomac de Juliette et, après l'avoir maniée en plusieurs endroits, et n'y pouvant asseoir aucun jugement de vie, il tira la poison de sa boîte, et en ayant avalé une grande quantité, il s'écrie :

— O Juliette, de laquelle le monde était indigne, quelle mort pourrait élire mon cœur qui lui fût agréable que celle qu'il souffre près de toi? quelle sépulture plus glorieuse que d'être enfermé en ton tombeau? quelle plus digne ou excellente épitaphe se pourrait sacrer à la mémoire, que ce mutuel et piteux sacrifice de nos vies?

Et cuidant renforcer son deuil, le cœur lui commença à frémir pour la violence du venin, lequel peu à peu s'emparait de son cœur, et, regardant çà et là, avisa le corps de Thibaut, près de celui de Juliette, lequel n'était encore du tout putréfié, parlant à lui comme s'il était vif, disait :

— Cousin Thibaut, en quelque lieu que tu sois, je te crie maintenant merci de l'offense que je fis de te priver de vie, et si tu souhaites vengeance de moi, quelle autre plus grande ou cruelle satisfaction saurais-tu désormais espérer que de voir celui qui t'a méfait, empoisonné de sa propre main et enseveli à tes côtés?

Puis, ayant mis fin à ce propos, sentant peu à peu la

vie lui défaillir, se prosternant à genoux, d'une voix faible dit assez bas :

— Seigneur Dieu, qui pour me racheter es descendu du sein de ton père et as pris chair humaine au ventre de la Vierge, je te supplie prendre compassion de cette pauvre âme affligée : car je connais bien que ce corps n'est plus que terre.

Puis, saisi d'une douleur désespérée, se laissa tomber sur le corps de Juliette de telle véhémence que, le cœur atténué de trop grand tourment, ne pouvant porter un si dur et dernier effort, demeura abandonné de tous les sens et vertus naturelles : en façon que le siége de l'âme lui faillit à l'instant, et demeura raide étendu [1].

[1] Ainsi que je l'ai dit à l'introduction, Pierre Boisteau a complétement modifié la fin de la légende italienne. Dans la nouvelle de Bandello, Roméo et Juliette se reconnaissent avant de mourir. J'extrais de la traduction de M. de Guénifey, publiée en 1836, le récit de cette funèbre entrevue :

«..... Roméo, ayant pris Juliette entre ses bras, lui prodiguant les plus tendres caresses, attendait une mort inévitable et prochaine, en conjurant Piétro de fermer la tombe sur lui. Le temps était venu où la poudre entièrement digérée avait perdu toute sa vertu. Juliette se réveilla, et sentant que quelqu'un la tenait embrassée, elle crut que le père Lorenzo venait pour la retirer du cercueil et la conduire dans sa cellule; que, poussé par quelque mauvaise pensée, il osait attenter à sa pudeur. « O mon père ! dit-elle, est-ce » ainsi que vous répondez à la confiance que Roméo a en vous ? Retirez-vous ! » et s'agitant pour s'en débarrasser, elle changea de position, ouvrit les yeux et vit qu'elle était dans les bras de Roméo, qu'elle reconnut aussitôt quoiqu'il fût déguisé en Allemand : « O mon Dieu ! s'écria-t-elle, ma chère » vie, vous ici ! Où est le père Lorenzo ? Pourquoi ne me retirez-vous pas de » ce sépulcre ? Pour l'amour de Dieu, sortons d'ici. »

« Roméo, voyant Juliette ouvrir les yeux et l'ayant ensuite entendue parler, vit clairement qu'elle vivait, qu'elle n'était pas morte ; il en ressentit à la fois une joie et un chagrin indicibles. Il serrait dans ses bras cette chère épouse qu'il arrosait de ses larmes.

— « O ciel ! vie de ma vie, cœur de mon corps, quel homme au monde » éprouva jamais autant de joie que j'en ressens en ce moment ; fermement » persuadé que vous étiez morte, quel est mon bonheur de vous tenir dans » mes bras pleine de vie et de santé ! Mais aussi quelle douleur fut jamais » égale à ma douleur, quelle peine peut être plus cuisante que la mienne de » me voir parvenu à la fin de ma malheureuse carrière et de sentir la vie » prête à m'échapper quand plus que jamais elle me serait agréable ! Car, si » je vis encore une demi-heure, c'est plus que je ne puis espérer. Exista-t-il » jamais au monde une personne qui, dans le même temps, éprouva autant

Frère Laurens qui connaissait le période certain de l'opération de sa poudre, émerveillé qu'il n'avait aucune réponse de la lettre qu'il avait envoyée à Rhoméo par son compagnon frère Anselme, s'en part de Saint-François, et avec instruments propres délibère d'ouvrir le

» d'allégresse et de désespoir que j'en ressens moi-même en ce moment? En
» effet, quelle n'est pas ma satisfaction, chère compagne, de vous retrouver
» vivante après vous avoir cru perdue pour toujours et vous avoir pleurée si
» amèrement! Il est vrai, je dois avec vous me réjouir d'un si heureux événe-
» ment; mais en même temps, à quelle extrême douleur ne suis-je pas en
» proie, pensant que bientôt je ne pourrai plus vous voir, vous entendre,
» rester avec vous et jouir de votre compagnie si douce, si agréable et après
» laquelle j'ai tant soupiré! Il est certain que la joie de vous voir rendue au
» monde surpasse de beaucoup la douleur qui me tourmente en sentant
» approcher l'instant fatal qui doit me séparer à jamais de vous; je prie
» notre divin Créateur qu'autant d'années qui vont se trouver retranchées de
» mon existence, il veuille bien les ajouter à la vôtre et rendre votre sort
» moins funeste que le mien; je sens que déjà ma vie est finie. »

Juliette qui s'était presque entièrement mise sur son séant, entendant ce discours de Roméo, lui dit : « Ah! quelles paroles me dites-vous donc, sei-
» gneur, en ce moment! Est-ce donc là la consolation que je devais attendre?
» êtes-vous venu exprès de Mantoue pour m'apporter une aussi terrible nou-
» velle? quels sont les sentiments qui vous animent? quel mal sentez-vous
» donc pour parler de mourir? »

» L'infortuné Roméo lui raconta alors la circonstance du poison qu'il avait pris.

— « Hélas! infortunée que je suis! s'écria Juliette, qu'est-ce que j'ap-
» prends? que me dites-vous? suis-je assez malheureuse! mon sort est-il
» assez déplorable! mais, d'après ce que j'entends, le père Lorenzo ne vous a
» point écrit quelles étaient les mesures que nous avions adoptées. Il m'avait
» si bien promis qu'il vous instruirait de tout!

» Ainsi, cette jeune femme inconsolable, dans l'amertume de sa douleur, au milieu des pleurs, des cris, des sanglots, presque hors d'elle-même, dans une agitation affreuse, raconta à son mari, avec détail, tout ce qui avait été concerté entre le religieux et elle, afin qu'elle ne fût pas contrainte d'accepter le mari que son père voulait la forcer d'épouser.

» Ces détails, parvenus à la connaissance de Roméo, augmentèrent d'autant plus sa douleur et ses violents chagrins... La pauvre Juliette, la plus effrayée des femmes, car il n'y avait aucun remède à sa douleur, s'adressant à Roméo : « Puisqu'il n'a pas plu à Dieu, dit-elle, de nous accorder la grâce
» de passer notre vie ensemble, qu'il lui plaise au moins que j'aie la consola-
» tion d'être ensevelie ici avec vous, et que nous n'ayons qu'une seule et
» même sépulture. Soyez bien convaincu que, quelque chose qu'il arrive,
» nulle puissance au monde ne pourra m'obliger à quitter ce lieu sans vous.»

Roméo, l'ayant prise de nouveau dans ses bras, recommença avec toutes sortes de caresses, à la supplier de se consoler et de se résigner à vivre, ajoutant que, pour lui, il ne pourrait quitter la vie avec moins de douleur qu'autant sépulcre pour donner air à Juliette, laquelle était prête à s'éveiller. Et approchant du lieu, il avisa la clarté dedans, qui lui donna terreur jusques à ce que Pierre, qui était près, l'eut acertené que Rhoméo etait dedans et n'avait cessé de se plaindre et lamenter depuis deux

qu'il aurait l'assurance que Juliette serait vivante et disposée à prendre soin de ses jours. Il lui dit, à ce sujet, les choses les plus touchantes pour la convaincre. Quant à lui, il se sentait progressivement défaillir; sa vue était déjà presque éteinte, et ses forces l'abandonnaient; tout à coup, il tomba en fixant d'une manière attendrissante ses derniers regards sur sa femme inconsolable; il s'écria : « O ciel! malheureux que je suis! adieu, ma chère Juliette, adieu, » je meurs. »

Le père Lorenzo (quelle qu'en fût la cause) n'avait pas voulu transporter Juliette la nuit même qu'elle fut ensevelie, dans une chambre du couvent. La nuit suivante, voyant que Roméo ne paraissait pas, il emmena avec lui un religieux qui avait sa confiance, et il vint avec tout ce qu'il fallait pour ouvrir le tombeau. Les deux religieux y arrivèrent au moment où Roméo allait exhaler son dernier soupir. Le père Lorenzo, ayant vu que la porte du tombeau était ouverte, et reconnu Piétro, lui dit familièrement : « Eh! l'ami, où est ton maître? » Juliette, entendant parler et ayant reconnu tout de suite la voix du religieux, soulevant la tête, lui adressa ce qui suit : « Que Dieu vous » le pardonne, mon père, mais vous avez été bien exact à envoyer la lettre à » Roméo! » — « Je la lui ai bien certainement adressée, répondit le Père; » et c'est le frère Anselme, que tu connais bien, que j'ai chargé de ce mes- » sage. Mais, ma fille, pourquoi me fais-tu cette question? » Juliette, fondant en larmes, lui répondit : « Venez ici, et vous le verrez. »

» Le religieux se rendit à l'invitation de Juliette et vit, en effet, Roméo couché et à qui il restait à peine un souffle de vie : « Roméo, mon cher fils, » qu'as-tu? quel mal éprouves-tu? » Roméo, quoique à son heure suprême, ouvrit encore ses yeux mourants, reconnut le religieux et lui dit avec une grande difficulté qu'il lui recommandait Juliette, que, pour lui, ni secours ni conseils n'étaient plus nécessaires, et que, répondant de ses fautes, il demandait pardon à Dieu et à lui. A peine l'infortuné Roméo eut-il prononcé ces dernières paroles et se fut-il frappé faiblement la poitrine, qu'il expira.

» Combien ce spectacle fut affreux pour sa jeune femme déjà réduite au désespoir! Mon cœur est incapable de pouvoir le décrire. Que celui qui porte un cœur sensible et qui aime véritablement, s'en fasse une juste idée et cherche, par l'imagination, à se représenter un spectacle aussi horrible. Celle-ci, sanglotant, répétait sans cesse le nom d'un époux adoré, qu'elle appelait en vain : le cœur brisé, elle tomba sur le corps inanimé de Roméo, où sa douleur la retint longtemps évanouie. Le bon religieux et Piétro, excessivement affligés, partageant sa douleur et touchés de son désespoir, réussirent, à force de soins, à la rappeler à la vie. Ayant recouvré le sentiment, elle joignit étroitement ses deux mains et les réunissant avec force, elle donna un libre cours à ses larmes; puis, embrassant avec une extrême tendresse le corps glacé de son mari, elle dit :

— « Ah! cher et seul objet de toutes mes affections, source de tous mes heures. Et lors entrèrent dedans le sépulcre et trouvant Rhoméo sans vie, menèrent un deuil tel que peuvent appréhender ceux qui ont aimé quelqu'un de parfaite amitié.

Et ainsi qu'ils faisaient leurs plaintes, Juliette sortant de son extase et avisant la splendeur dans ce tombeau,

» plaisirs, mon cher et unique seigneur, comment, après m'avoir procuré des
» jours si doux, comment, après avoir fait à toi seul tout mon bonheur,
» peux-tu être la cause de tant d'amertumes? A peine arrivé au matin de la
» vie, tu en as terminé le cours, de cette vie à laquelle tant d'autres atta-
» chent un si grand prix, et à l'âge même qui la rend encore plus agréable.
» Te voilà donc parvenu à ce terme que, tôt ou tard, il nous faut tous
» atteindre. Cher seigneur, tu as voulu finir ici tes jours sur le cœur d'une
» épouse que tu as tant aimée et dont tu étais l'unique amour. C'est volon-
» tairement que tu es venu mourir ici, choisissant pour ta sépulture le lieu
» où tu la croyais ensevelie. Jamais tu n'aurais cru recueillir en ce tombeau
» un tribut de larmes aussi vraies et aussi amères. Non, jamais tu n'as pu te
» décider à aller dans un monde plus heureux sans être persuadé de m'y
» trouver pour ajouter encore à ton bonheur. Je suis sûre que déjà, ne m'y
» ayant pas trouvée, ton âme est revenue ici savoir si je ne te suivais pas. Oui,
» elle est ici, ton âme : ne la vois-je pas errer autour de ces lieux, s'étonner,
» s'affliger de mon retard? Roméo, mon cher seigneur, je te vois, je t'en-
» tends, je te reconnais, je sais que tu ne désireras rien autre que de me
» voir avec toi. Ne crains pas, un seul instant, cher époux, que mon intention
» puisse être de rester séparée de toi sur cette terre; non, ne le crains pas; car
» sans toi, la vie m'y serait mille fois plus cruelle et plus insupportable que
» tous les supplices que les hommes pourraient inventer. Sois donc bien
» assuré, cher Roméo, que je ne tarderai pas à te rejoindre, pour ne plus te
» quitter. Et quelle compagnie puis-je avoir, pour sortir de ce misérable
» monde, qui me soit plus chère et plus agréable que la tienne? Oui, je sui-
» vrai tes traces et ne t'abandonnerai pas. »

» Le religieux et Piétro, pénétrés de compassion, fondaient en larmes et faisaient tout leur possible pour lui donner quelque consolation; mais tout cela en vain. Le père Lorenzo lui disait : « Ma fille, nous ne pouvons pas
» revenir sur ce qui est fait et accompli. S'il était possible avec des pleurs de
» ressusciter Roméo, nous fondrions tous en larmes afin de le rappeler à la
» vie, mais il n'y a point de remède. Reprends courage, songe à présent à
» vivre, et si tu ne veux pas retourner dans la maison de ton père, je pourra
» réussir à te placer dans un saint monastère où, te consacrant au ser-
» vice du Seigneur, tu lui adresseras de ferventes prières pour l'âme de ton
» mari. »

» Mais Juliette ne voulant rien écouter, et désespérant de pouvoir racheter la vie de Roméo au prix de la sienne, elle persista dans son cruel dessein et se résolut à mourir. Ayant donc concentré toutes ses pensées sur son malheureux époux qu'elle serrait sur sa poitrine, elle tomba dans une rêverie profonde, puis expira. »

ne sachant si c'était songe ou fantôme qui apparaissait devant ses yeux, revenant à soi, reconnut frère Laurens auquel elle dit :

— Père, je vous prie au nom de Dieu, assurez-moi de votre parole, car je suis toute éperdue.

Et lors frère Laurens, sans lui rien déguiser (parce qu'il craignait d'être surpris pour le trop long séjour en ce lieu) lui raconta fidèlement comme il avait envoyé frère Anselme vers Rhoméo à Mantoue, duquel il n'avait pu avoir réponse, toutefois qu'il avait trouvé Rhoméo au sépulcre, mort, duquel il lui montra le corps étendu joignant le sien : la suppliant au reste de porter patiemment l'infortune survenue, et que, s'il lui plaisait, il la conduirait en quelque monastère secret de femmes où elle pourrait (avec le temps) modérer son deuil et donner repos à son âme. Mais à l'instant qu'elle eut jeté l'œil sur le corps mort de Rhoméo, elle commença à détouper la bonde à ses larmes par telle impétuosité que, ne pouvant supporter la fureur de son mal, elle haletait sans cesse sur sa bouche, puis, se lançant sur son corps et l'embrassant étroitement, il semblait qu'à force de soupirs et de sanglots, elle dut le vivifier et remettre en essence. Et après l'avoir baisé et rebaisé un million de fois, elle s'écria :

— Ah ! doux repos de mes pensées et de tous les plaisirs que jamais j'eus, as-tu bien eu le cœur si assuré d'élire ton cimetière en ce lieu, entre les bras de ta parfaite amante, et de finir le cours de ta vie à mon occasion, en la fleur de ta jeunesse lorsque le vivre te devait être plus cher et délectable ? Comment ce tendre corps a-t-il pu résister au furieux combat de la mort lorsqu'elle s'est présentée ? Comment ta tendre et délicate jeunesse a-t-elle pu permettre son gré, que tu te sois confiné en ce lieu ordurier et infect où tu serviras désormais de pâture à vers, indignes de toi? Hélas! hélas! quel besoin m'était-il maintenant que les douleurs se renouvelassent en moi, que le temps et ma longue patience devaient ensevelir et éteindre? Ah! misérable et chétive que je suis! pensant trouver remède à mes passions, j'ai émoulu le couteau qui a fait la cruelle plaie dont je reçois le mortel hommage! ah! heureux infortuné tombeau qui servira ès siècles futurs de témoin de la plus parfaite alliance qu'ont les deux plus infortunés amants qui furent oncques! reçois maintenant les derniers soupirs et accès du plus cruel de tous les cruels sujets d'ire et mort.

Et comme elle pensait continuer ses plaintes, Pierre avertit frère Laurens qu'il entendait un bruit près de la citadelle, duquel intimidés ils s'éloignèrent promptement, craignant être surpris. Et lors Juliette se voyant seule et en pleine liberté, prit de relief Rhoméo entre ses bras, le baisant par telle affection qu'elle semblait être plus atteinte d'amour que de la mort. Et ayant tiré la dague que Rhoméo avait ceinte à son côté, se donna de la pointe plusieurs coups au travers du cœur, disant d'une voix faible et piteuse :

— Ha! mort, fin de malheur et commencement de félicité, sois la bienvenue : ne crains à cette heure de me darder, et ne donne aucune dilation à ma vie, de peur que mon esprit ne travaille à trouver celui de mon Rhoméo entre tant de morts! Et toi, mon cher seigneur et loyal époux Rhoméo, s'il te reste encore quelque connaissance, reçois celle que tu as si loyalement aimée, et qui a été cause de ta violente mort : laquelle t'offre volontairement son âme afin qu'autre que toi ne soit jouissant de l'amour que si justement tu as conquis, et afin que nos esprits, sortant de cette lumière, soient éternellement vivants ensemble, au lieu d'éternelle immortalité!

Et ces propos achevés elle rendit l'esprit.

Pendant que ces choses se passaient, les gardes de la ville passaient fortuitement par là auprès, lesquels, avisant la clarté en ce tombeau, soupçonnèrent incontinent que c'étaient nécromanciens qui avaient ouvert ce sépulcre pour abuser des corps morts et s'en aider en leur art. Et curieux de savoir ce qui en était, entrèrent au cercueil où ils trouvèrent Rhoméo et Juliette, ayant les bras lacés au col l'un de l'autre, comme s'il eût resté quelque marque de vie. Et après les avoir bien regardés à loisir, connurent ce qui en était; et lors tout étonnés cherchèrent tant çà et là, pour surprendre ceux qu'ils pensaient avoir fait le meurtre, qu'ils trouvèrent enfin le beau père frère Laurens et Pierre, serviteur du défunt Rhoméo, qui s'étaient cachés sous une stalle, lesquels ils menèrent aux prisons, et avertirent le seigneur de l'Escale et les magistrats de Vérone de l'inconvénient survenu, lequel fut publié en un instant par toute la cité. Vous eussiez vu lors tous les citoyens avec leurs femmes et enfants abandonner leurs maisons pour assister à ce piteux spectacle. Et afin qu'en présence de tous les citoyens le meurtre fût publié, les magistrats ordonnèrent que les deux corps morts fussent érigés sur un théâtre, à la vue de tout le monde en la forme qu'ils étaient quand ils furent trouvés au sépulcre, et que Pierre et frère Laurens seraient publiquement interrogés afin qu'auparaprès on ne pût murmurer ou prétendre aucune cause d'ignorance. Et ce bon vieillard de frère, étant sur le théâtre, ayant sa barbe blanche toute baignée de grosses larmes, les juges lui commandèrent qu'il eût à déclarer ceux qui étaient auteurs de ce meurtre, attendu qu'à heure indue il avait été appréhendé avec quelques ferrements près le sépulcre. Frère Laurens, homme rond et libre en parole, sans s'émouvoir aucunement pour l'accusation proposée, leur dit avec une voix assurée :

— Messieurs, il n'y a celui d'entre vous qui (s'il avait égard à ma vie passée et à mes vieux ans et au triste spectacle où la malheureuse fortune m'a maintenant réduit) ne soit grandement émerveillé d'une tant soudaine et inespérée mutation : attendu que depuis soixante et dix ou douze ans que je fis mon entrée sur la terre et que je commençai à éprouver les vanités de ce monde, je ne fus oncques atteint, tant s'en faut convaincu de crime aucun qui me sût faire rougir, encore que je me reconnaisse devant Dieu le plus grand et abominable pécheur de la troupe. Si est-ce toutefois que lorsque je suis prêt à rendre mon compte et que les vers, la terre et la mort m'ajournent à tous les moments du jour à comparaître devant la justice de Dieu, ne faisant plus autre chose qu'attendre mon sépulcre, c'est l'heure (ainsi comme vous vous persuadez) en laquelle je suis tombé au plus grand intérêt et préjudice de ma vie et de mon honneur. Et ce qui a engendré cette sinistre opinion de moi en vos cœurs, sont (peut-être) ces grosses larmes qui découlent en abondance dessus ma face : comme s'il ne se trouvait pas en l'écriture sainte, que Jésus-Christ eût pleuré, ému de pitié et compassion humaine, et même que le plus souvent elles sont fidèles messagères de l'innocence des hommes. Ou bien, ce qui est plus probable, c'est l'heure suspecte et les ferrements, comme le magistrat a proposé, qui me rendent coupable des meurtres, comme si les heures n'avaient pas toutes été créées du Seigneur, égales : et ainsi que lui-même a enseigné, il y en a douze au jour, montrant pour cela qu'il n'y a point exception d'heures ni de moments, mais qu'on peut faire bien ou mal à toutes indifféremment, ainsi que la personne est guidée ou délaissée de l'esprit de Dieu. Quant aux ferrements desquels je fus trouvé saisi, il n'est besoin maintenant de vous faire entendre pour quel usage a été créé le fer premièrement, et comme de soi il ne peut rien accroître en l'homme de bien ou de mal, sinon par la maligne volonté de celui qui en abuse. Ce que j'ai bien voulu mettre en avant pour vous faire entendre que ni mes larmes ni le fer ni l'heure suspecte ne me peuvent convaincre de meurtre, ni me rendre autre que je suis, mais seulement le témoignage de ma propre conscience, lequel seul me servirait (si j'étais coupable) d'accusateur, de témoin et de bourreau. Laquelle (vu l'âge où je suis et la réputation que j'ai eue le passé entre vous et le petit séjour que j'ai plus à faire en ce monde) me devrait plus tourmenter là dedans que toutes les peines mortelles qu'on saurait proposer. Mais (la grâce à mon Dieu) je ne sens aucun ver qui me ronge, ni aucun remords qui me pique, touchant le fait pour lequel je vous vois tous troublés et épouvantés. Et afin de mettre vos âmes en repos, et pour éteindre les scrupules qui pourraient tourmenter désormais vos consciences, je vous jure sur toute la part que je prétends au ciel, de vous faire entendre maintenant de fond en comble le discours de cette piteuse tragédie, de laquelle vous ne serez (peut-être) moins émerveillés que de deux pauvres passionnés amants qui ont été forts et patients à s'exposer à la miséricorde de la mort, pour la fervente et indissoluble amitié qu'ils se sont portée.

Et lors le beau père commença à leur déduire le commencement des amours de Juliette et de Rhoméo : lesquelles après avoir été par quelque espace de temps confirmées, s'était ensuivie parole de présent, promesse de mariage entre eux, sans qu'il en sût rien. Et comme (quelques jours après) les amants se sentant aiguillonnés d'une amour plus forte, s'étaient adressés à lui sous le voile de confession, attestant tous deux par serment qu'ils étaient mariés et que, s'il ne lui plaisait solenniser leur mariage en face d'église, ils seraient contraints d'offenser Dieu et vivre en concubinage. En considération de quoi, et même voyant l'alliance être bonne et conforme en dignité, richesse et noblesse de tous les deux côtés, espérant par ce moyen (peut-être) réconcilier les Montesches et Capellets ensemble et faire œuvre agréable à Dieu, leur avait donné la bénédiction en une chapelle : dont la nuit même ils avaient consommé leur mariage, au palais des Capellets : de quoi la femme de chambre de Juliette pourrait encore déposer. Ajoutant puis après le meurtre de Thibaut, cousin de Juliette, être survenu, à raison duquel le ban de Rhoméo, s'était ensuivi, et comme en l'absence dudit Rhoméo, le mariage étant tenu secret entre eux, on l'avait voulu marier au comte Pâris, de quoi Juliette indignée, s'était prosternée à ses pieds en une chapelle de l'église Saint-François avec une ferme espérance de s'occire de ses propres mains, s'il ne lui donnait conseil au mariage accordé par son père avec le comte Pâris. Ajoutant pour conclusion, encore qu'il eût résolu en lui-même (pour une appréhension de vieillesse et de mort) d'abhorrer toutes les sciences cachées auxquelles il s'était délecté en ses jeunes ans, toutefois pressé d'importunité et de piété, et craignant que Juliette exerçât cruauté contre elle-même, il avait élargi sa conscience et mieux aimé donner quelque légère atteinte à son âme que de souffrir que cette jeune damoiselle défît son corps et mît son âme en péril, et partant avait déployé son ancien artifice, et lui avait donné certaine poudre pour l'endormir, par le moyen de laquelle on l'avait jugé morte. Leur faisant puis après entendre comme il avait envoyé frère Anselme avertir Rhoméo par une lettre de toutes leurs entreprises, duquel il n'avait encore eu réponse : déduisant après par le menu comme il avait trouvé Rhoméo au sépulcre, mort, lequel (comme il était vraisemblable) s'était empoisonné ou étouffé, ému de juste deuil qu'il avait de trouver Juliette en cet état, la pensant morte : puis, poursuivant son discours, déclara comme Juliette s'était tuée elle-même de la dague de Rhoméo, pour l'accompagner après sa mort, et comme il ne leur avait été possible de la sauver, pour le bruit survenu des gardes qui les avaient contraints de s'écarter.

Et pour plus ample information de son dire, il supplia le seigneur de Vérone et les magistrats d'envoyer à Mantoue quérir frère Anselme savoir la cause de son retardement, de voir le contenu des lettres qu'il avait envoyées à Rhoméo, de faire interroger la dame de chambre de Juliette, et Pierre le serviteur de Rhoméo, lequel, sans attendre qu'on fît autre enquête, leur dit :

— Messieurs, ainsi que Rhoméo voulut entrer au sépulcre, il me bailla ce paquet (à mon avis, écrit de sa main) lequel il me commanda expressément présenter à son père.

Le paquet ouvert, ils trouvèrent entièrement tout le contenu de l'histoire, même le nom de l'apothicaire qui lui avait vendu le poison, le prix et l'occasion pour laquelle il en avait usé. Et fut le tout si bien liquidé qu'il ne restait autre chose pour la vérification de l'histoire, si non d'y avoir été présents à l'exécution : car le tout était si bien déclaré par ordre qu'il n'y avait plus aucun qui en fît doute.

Et lors le seigneur Barthélemy de l'Escale (qui commandait de ce temps-là à Vérone), après avoir le tout communiqué aux magistrats, fut d'avis que la dame de chambre de Juliette fût bannie pour avoir célé au père de Rhoméo ce mariage clandestin, lequel s'il eût été manifesté en sa saison eût été cause d'un très-grand bien. Pierre, pour ce qu'il avait obéi à son maître, fut laissé en sa première liberté. L'apothicaire pris, gehenné et convaincu fut pendu. Le bon vieillard de frère Laurens, tant pour le regard des anciens services qu'il avait faits à la république de Vérone que pour la bonne vie de laquelle il avait toujours été recommandé, fut laissé en paix, sans aucune note d'infamie. Toutefois il se confina de lui-même, en un petit hermitage, à deux milles près de Vérone, où il vécut encore depuis cinq ou six ans en continuelles prières et oraisons jusques à ce qu'il fût appelé de ce monde à l'autre. Et pour la compassion d'une si étrange infortune, les Montesches et les Capellets rendirent tant de larmes qu'avec leurs pleurs ils évacuèrent leurs colères, de sorte que dès lors ils furent réconciliés, et ceux qui n'avaient pu être modérés par aucune prudence ou conseil humain furent enfin vaincus et réduits par pitié.

Et pour immortaliser la mémoire d'une si parfaite et accomplie amitié, le seigneur de Vérone ordonna que les deux corps de ces pauvres passionnés demeureraient enclos au tombeau auquel ils avaient fini leur vie, qui fut érigé sur une haute colonne de marbre et honoré d'une infinité d'excellentes épitaphes, et est encore pour le jourd'hui en essence : de sorte qu'entre toutes les rares excellences qui se retrouvent en la cité de Vérone, il ne se voit rien de plus célèbre que le monument de Rhoméo et de Juliette.

FIN DE L'APPENDICE.

TABLE

DU TOME SEPTIÈME

                                                      Pages.

Introduction 7

Antoine et Cléopatre 75

Roméo et Juliette 237

Notes. 377

    Appendice :

Troisième histoire tragique extraite de Bandello et mise en langue française par Pierre Boisteau 425

Saint-Denis. — Typographie de A. Moulin.

www.ingramcontent.com/pod-product-compliance
Lightning Source LLC
Chambersburg PA
CBHW050252230426
43664CB00012B/1929